Venture Capital

Christopher Hahn
Hrsg.

Venture Capital

Finanzierung und Bewertung von Start-up-Unternehmen

3., vollständig aktualisierte und überarbeitete Auflage

Springer Gabler

Hrsg.
Christopher Hahn
trustberg LLP Rechtsanwälte
Berlin, Deutschland

ISBN 978-3-658-33699-8 ISBN 978-3-658-33700-1 (eBook)
https://doi.org/10.1007/978-3-658-33700-1

Die Deutsche Nationalbibliothek verzeichnet diese Publikation in der Deutschen Nationalbibliografie; detaillierte bibliografische Daten sind im Internet über http://dnb.d-nb.de abrufbar.

Springer Gabler

Ursprünglich erschienen unter dem Titel: Finanzierung von Start-up-Unternehmen. Praxisbuch für erfolgreiche Gründer: Finanzierung, Besteuerung, Investor Relations

Lektorat/Planung: Catarina Gomes de Almeida
Springer Gabler ist ein Imprint der eingetragenen Gesellschaft Springer Fachmedien Wiesbaden GmbH und ist ein Teil von Springer Nature.
Die Anschrift der Gesellschaft ist: Abraham-Lincoln-Str. 46, 65189 Wiesbaden, Germany

Geleitwort

In Deutschland herrscht seit einigen Jahren Gründerstimmung. Das zeigen die beeindruckenden Zahlen zu den Finanzierungsrunden und den damit verbundenen Investitionen. So konnte selbst 2020 während der weltweiten Corona-Pandemie die Zahl der Deals um rund 6 % auf 743 gesteigert werden. Nach Zählung der Beratungsgesellschaft EY ist zwar die Finanzierungssumme gegenüber 2019 um 15 % auf 5,3 Mrd. Euro zurückgegangen. Aber 2019 war diese mit 6,2 Mrd. Euro im Vergleich zu den Vorjahren außergewöhnlich hoch, so dass die Finanzierungshöhe 2020 immer noch deutlich über dem Durchschnitt der vergangenen Jahre lag.

Diese Gründerstimmung kann einen entscheidenden Beitrag zur Bewältigung der durch die Corona-Pandemie ausgelösten Schwierigkeiten leisten. Die Krise hat wie unter einem Brennglas vorhandene Schwächen und Verletzlichkeiten in der globalen Wirtschaft schonungslos offengelegt, wie beispielsweise die Beschaffung und Bevorratung von elementaren Gesundheitsprodukten. Gleichzeitig hat sie strukturelle Verschiebungen ausgelöst oder beschleunigt, die weit in die Zukunft reichen werden. Zwar war der Trend zur Digitalisierung bereits vor der Krise ein entscheidender Treiber der Wirtschaft, der einerseits in den etablierten Branchen menschliche Arbeitskraft einsparte und auf der anderen Seite neue Tätigkeitsfelder erschuf. Die Corona-Krise hat die Digitalisierung in fast allen Lebensbereichen nochmals beschleunigt und vorhandene Defizite schmerzlich aufgezeigt. Der schnelle Ausbau der notwendigen Infrastrukturen und die Einführung von Innovationen wird nach der Krise unumgänglich sein.

Hier werden Start-ups ein entscheidender Faktor sein. Sie initiieren digitale Innovation, führen technisch-wirtschaftlichen Fortschritt auch in die klassischen Branchen ein, treiben den digitalen Strukturwandel voran und schaffen den Großteil der neuen Arbeitsplätze. Die Start-ups von heute haben viel von jenem Geist, der für die Gründerjahre Ende des 19. Jahrhundert in Deutschland stand. Viele bedeutende Familiendynastien sind nach Krisenzeiten wie der Depression in den 1920er- Jahren oder der Nachkriegszeit mit einem enormen Drang zum Wiederaufbau entstanden. Auch die heutigen Start-ups können der Kristallisationskeim für den neuen Mittelstand von morgen sein, der neue Arbeitsplätze schafft. Allein im Bereich der Digitalwirtschaft arbeiten in Deutschland inzwischen rund 1,3

Millionen Menschen. Seit 2008 haben die Start-ups in diesem Bereich knapp 500.000 neue Stellen geschaffen.

Ein Großteil der Innovationen wird aber immer noch in den klassischen, etablierten Industrieunternehmen entwickelt. In ihrem Umfeld entstehen digitale Innovationen, die ganz konkrete Lösungen für reale Problemstellungen in der Produktion oder der Logistik lösen. Dagegen versuchen Start-ups oft mit grundlegend neuen Angeboten in noch nicht existierende Märkte vorzustoßen und ihre eigene Nachfrage zu kreieren. Beide Welten müssen zusammenkommen. Nach wie vor sind Kooperationen zwischen Mittelständlern und bestehenden Start-ups die verbreitetste Variante. Allein in Berlin arbeiten inzwischen mehr als 100 Digital Hubs großer, technologiestarker Konzerne wie z. B. Daimler, Viessmann, Würth, Allianz und Volkswagen und schließen dort die Lücke zwischen den etablierten Unternehmen und den Newcomern.

Start-ups, die meist sehr schnell in ihre Märkte hineinwachsen, benötigen in allen ihren Wachstumsphasen finanzielle Mittel in unterschiedlicher Form. In der Bundeshauptstadt werden unter der Marke IBB Ventures seit bald einem Vierteljahrhundert Erfahrungen und Aktivitäten im Bereich der Venture Capital-Finanzierung gebündelt. Dabei liegt der Fokus auf Berliner Start-ups in frühen Phasen mit starkem Wachstums- und Innovationspotenzial und herausragenden Gründerteams. Seit 1997 hat die IBB Ventures über 200 Berlinern Kreativ- und Technologieunternehmen in Konsortien mit Partnern rund 1,43 Mrd. Euro zur Verfügung gestellt.

Den Förderbanken der Hauptstadtregion ist es seit Jahrzehnten ein ganz besonderes Anliegen, potentielle Gründer in jeder Hinsicht in die Lage zu versetzen, passgenaue Finanzierungen zu erhalten. Dazu lernen sie zuerst die Grundlagen der Start-up-Finanzierung in Seminaren, Webinaren, Workshops und Foren kennen und werden bei der Erstellung ihres eigenen Businessplans unterstützt. Mit seinem Buch „Venture Capital - Finanzierung und Bewertung von Start-up-Unternehmen" ist es Christopher Hahn hierzu auf exzellente Weise gelungen, dieses äußerst vielschichtige und komplexe Thema einer breiteren Öffentlichkeit übersichtlich und griffig darzustellen. In diesem Sinne ist auch der 3. Auflage des Praxisbuchs für erfolgreiche Gründer eine breite Leserschaft und eine positive Resonanz zu wünschen.

Dr. Jürgen Allerkamp
Vorsitzender des Vorstandes
Investitionsbank Berlin

Vorwort

Liebe Gründerin,
lieber Gründer,

die Vorauflagen unter dem ehemaligen Haupttitel „Finanzierung von Start-up-Unternehmen“ haben sich in den letzten Jahren zu einem regelrechten „Bestseller“ entwickelt. Nicht nur in der Start-up-Szene ist das Buch zu einem festen Bestandteil von Gründerbibliotheken, sondern auch an Hochschulen bei Studenten/-innen zu einem Standardwerk beim Verfassen ihrer Bachelor- oder Masterarbeiten zum Themenkreis „Start-up-Finanzierung“ geworden.

„Gründen“ ist dabei ungeachtet aller globalen Widrigkeiten weiter im Vormarsch. Zahlreiche öffentlichkeitswirksame Exits erfolgreicher Start-ups wie auch weitläufige politische Initiativen haben zu einem Wandel der Wahrnehmung des Wagnisses der Selbstständigkeit geführt. Immer mehr (wenngleich immer noch zu wenige) Menschen können sich vorstellen, (zunächst) auf eine „Corporate-Karriere“ im Unternehmen oder in der Beratung zu verzichten, bzw. kehren dieser den Rücken zu.

Die 3. Auflage wurde vollständig aktualisiert sowie überarbeitet und berücksichtigt die aktuellen Trends der (meist risikokapitalbasierten) Start-up-Finanzierung. Der neue Titel „Venture Capital: Finanzierung und Bewertung von Start-up-Unternehmen“ trägt dabei der steigenden Bedeutung und Bekanntheit der Risikokapitalfinanzierung in Deutschland Rechnung.

Mit einer Erweiterung durch ein neues Kapitel zum Thema „Bewertung“ wird nun auch dieser in der Praxis wichtige Komplex ausführlich behandelt und Gründerinnen und Gründer werden auf die Renditeperspektive der Investoren vorbereitet.

Im Kapitel „Public/Investor Relations“ werden erweiterte Themen wie Öffentlichkeitsarbeit und Investorenansprache, samt Praxisteil mit zahlreichen Tipps und Tricks, erläutert.

Auch diese Auflage verzichtet als Fach- und Praxiswerk für Gründerinnen und Gründer größtenteils auf die Darstellung komplexer theoretischer Abhandlungen. Dafür finden sich wie gewohnt zahlreiche Erläuterungen praktischer (gleichwohl akademischer) Natur sowie etliche Übersichten, Tabellen und Grafiken zum illustrativen Verständnis.

Frau Julia Beregovaja gebührt schließlich besonderer Dank für ihre fach- und tatkräftige Unterstützung zum redaktionellen Gelingen dieser Auflage.

Aus Gründen der besseren Lesbarkeit wird im Buch selbst auf die gleichzeitige Verwendung der Sprachformen männlich, weiblich und divers (m/w/d) verzichtet. Sämtliche Personenbezeichnungen gelten somit gleichermaßen für alle Geschlechter.

Bei Fragen und Anmerkungen steht der Herausgeber auch diesmal wieder gern zur Verfügung und freut sich auf Feedback (christopher.hahn@trustberg.com).

Berlin
Sommer 2021

Christopher Hahn

Die ursprüngliche Version dieses Buches wurde revidiert. Ein Erratum zu diesem Buch finden Sie unter: https://doi.org/10.1007/978-3-658-33700-1

Inhaltsverzeichnis

Teil I

Einführung (Hahn)

Unternehmensgründungen schaffen für die Gründer ein Höchstmaß an individueller Entfaltungsmöglichkeit und Selbstzufriedenheit sowie spiegelbildlich für die in einem Start-up beschäftigten Mitarbeiter flache Hierarchien und somit kurze, der optimalen Selbstverwirklichung dienende Entscheidungswege. In den letzten Jahren hat sich so in Deutschland ein bedeutendes Start-up-Ökosystem entwickelt.

Einleitung 1

Christopher Hahn

1.1 Digitalisierung und Gründertum

Gründen ist weiterhin **„in“**, allerdings haben in den letzten Jahren immer weniger Menschen den Schritt in die Selbstständigkeit gewagt. Aufgrund der positiven Konjunktur der letzten Jahre war es für qualifizierte Fachkräfte noch nie einfacher, einen festen Arbeitsplatz zu finden. Ob dies mittelfristig aufgrund der globalen COVID-19-Pandemie weiter so gilt, bleibt abzuwarten. Die aktuelle Krisenzeit eignet sich jedoch gerade für Gründer von Start-ups hervorragend dazu, neuartige Geschäftsmodelle oder technische Innovationen hervorzubringen. Wie das Beispiel von Amazon zeigt, erzielen viele, meist digitalbasierte Unternehmen Rekordumsätze. Auch Neugründungen mit innovativen Geschäftsmodellen und vor allem mit einer wirklichen technischen Innovation haben somit nicht nur exzellente Chancen, weiterhin eine Finanzierung mit Wachstumskapital (Venture Capital) zu erhalten, sondern auch, während und nach COVID-19 Geld zu verdienen und sich nachhaltig am Markt zu etablieren.

Entgegen anfänglicher Erwartungen zeichnet sich auch nicht ab, dass die Auswirkungen der COVID-19-Pandemie in der Verhandlung und Gestaltung von Beteiligungsverträgen zu spüren sind, etwa in Form niedrigerer Unternehmensbewertungen und somit geringerer (verbleibender) Beteiligungsquoten der Gründer.

In jedem Fall gilt: ungeachtet des volkswirtschaftlichen Stellenwerts des Unternehmertums ist der Gedanke, die eigene Persönlichkeit nur im Wege einer selbstbestimmten, intrinsisch motivierten Tätigkeit entfalten zu können, eine maßgebliche Triebfeder für jede Start-up-Gründung. Unternehmensgründungen schaffen für die Gründer ein Höchst-

C. Hahn (✉)
trustberg LLP Rechtsanwälte, Berlin, Deutschland
E-Mail: christopher.hahn@trustberg.com

C. Hahn (Hrsg.), *Venture Capital*, https://doi.org/10.1007/978-3-658-33700-1_1

maß an individueller Selbstentfaltung und Selbstzufriedenheit sowie spiegelbildlich für die in einem Start-up beschäftigten Mitarbeiter (zumindest der ersten Generation) flache Hierarchien und somit kurze, der eigenen Selbstverwirklichung dienende Entscheidungswege. Darüber hinaus lassen sich mit einem erfolgreichen digitalen Geschäftsmodell innerhalb kürzester Zeit (zumindest theoretisch) erhebliche Gewinne bzw. überprofitable Exits generieren, von denen (teilweise jahrzehntelang am Markt bestehende) Unternehmen der old economy ungeachtet ihrer Innovationskraft und Marktdurchdringung nur träumen können.

Das Internet ermöglicht die **digitale Existenzgründung** von zu Hause aus mit vergleichsweise geringem Kapitaleinsatz. Neue Akteure treffen auf diesem in vielen Bereichen immer noch nicht vollständig erschlossenen Markt (z. B. AI, Legal Tech, FinTech, etc.) auf hervorragende Bedingungen. Die digitale Transformation sämtlicher Lebensbereiche schreitet weiter voran und mit jeder neuen Entwicklung oder auch Krise ergeben sich wiederum neue Geschäftsmodelle. Auch ist nach wie vor nicht die gesamte Bevölkerung online oder zumindest -mangels Ausbaus eines deckenden Glasfasernetzes in Deutschland- nicht schnell genug online, sodass das Wachstumspotenzial weiter ungebrochen ist. Zudem ist es problemlos möglich, über das Internet den globalen Markt inklusive der vielversprechenden Schwellenländer zu erreichen. Kurzum: Unternehmensgründungen, insbesondere im Bereich Online oder Mobile, sind weiterhin aussichtsreich.

Nach dem **Platzen der Dotcom-Blase** um die Jahrtausendwende und nach zahlreichen bemerkenswerten Exits (vgl. bspw. nur runtastic (2009): EUR 220 Mio.; trivago (2012): EUR 477 Mio.; Team Viewer (2014): EUR 830 Mio.; Flaschenpost (2020): EUR 1,0 Mrd.) geht die nächste Generation der Gründer erkennbar umsichtiger vor und baut verstärkt auf belastbare Geschäftsmodelle. Innovative Ideen werden mit solider (Key Performance-) Planung kombiniert, sodass sich auch Kapitalgeber mit dem Wagnis einer finanziellen Beteiligung leichter tun. Im Zusammenspiel von Unternehmergeist und den Möglichkeiten des Internet entstehen auch in Deutschland Start-ups, die nicht nur fremde Ideen kopieren („copy cats"), sondern eigene Innovationen umsetzen. Wer über ein gutes Konzept und Ehrgeiz verfügt, kann aus einer Idee ein Unternehmen machen. Dies gilt allerdings nur dann, wenn die Gründer bereits von Beginn an **die konkrete Umsetzung** der Idee fokussieren („ohne Umsetzung („execution") ist die beste Idee nichts wert"), die maßgeblich über den Erfolg oder Misserfolg des Start-ups entscheidet. Erforderlich hierfür ist ein profundes, durch eine **unternehmensphasengerechte Finanzierung** unterlegtes Business Development, welches die Umsetzung der Idee plant, begleitet und ständig anpasst.

1.2 Was ist ein Start-up?

Wenn vorliegend der Begriff „Start-up" fällt, versteht sich darunter zwar grundsätzlich jedes junge Unternehmen ungeachtet seines Vertriebskanals (online/offline) oder seiner angebotenen Produkte bzw. Dienstleistungen, das sich im (Vor-) Gründungsprozess befindet und auf der Suche nach Kapital ist **(Start-up im weiteren Sinne).** Gleichwohl hat sich im allgemeinen Sprachgebrauch der Begriff Start-up v. a. für **junge Wachstumsunternehmen** eingebürgert, die über ein besonderes **Innovationspotenzial** verfügen und dabei eine Tätigkeit im Bereich Internet/Web (v. a. Tech, Social Media, Mobile, Games) aufzunehmen beabsichtigen **(Start-up im engeren Sinne).** Dieses Buch richtet sich daher vor allem an Unternehmen bzw. eine Unternehmensgründung, die den Vertrieb, das Marketing oder das eigentliche Produkt oder Dienstleistung digitalisieren. Gleichwohl gilt ungeachtet des teilweise schon inflationären Gebrauchs des Begriffes „Start-up", dass die hier vorgestellten, auf die jeweilige Unternehmensphase ausgerichteten Finanzierungsmöglichkeiten grundsätzlich strukturell nicht danach differenzieren, ob das jeweilige Unternehmen online oder offline agiert.

Gleichwohl ist die Großzahl der vorgestellten Kapitalquellen ohnehin nur für (Jung-) Unternehmen geeignet, die aufgrund ihrer besonderen Innovationsstärke (z. B. durch den Einsatz neuer Technologien bei der Entwicklung neuer Produkte bzw. die Ausarbeitung neuer, skalierbarer Geschäftsmodelle oder neuer Dienstleistungsangebote) und ihres überdurchschnittlichen Innovationpotenzials über ein entsprechend ebenso **überdurchschnittliches Wachstums- und Renditepotenzial** verfügen. Nur dann lenken diese Start-ups nämlich überhaupt erst das besondere Interesse der hier aufgeführten Kapitalgeber von Venture Capital auf sich.

1.3 Start-up-Finanzierung

1.3.1 Liquidität, Liquidität, Liquidität

Dieses Buch widmet sich der **Finanzierung von Start-ups** und geht dabei auch auf zahlreiche flankierende Themen ein, deren Kenntnis entweder notwendig und/oder hilfreich ist, um einen Investor zu akquirieren und die mit dem Investor marktüblichen Vereinbarungen zu treffen. Sonstige betriebswirtschaftliche Fragestellungen einer Unternehmensgründung werden entsprechend nur dann am Rande erwähnt, sofern sie in der spezifischen Unternehmensphase mit der Finanzierung selbst in einem untrennbaren Zusammenhang stehen.

Für die Existenz eines Start-ups ist dessen **stets vorhandene, ausreichende Liquidität** überlebensnotwendig. Die Sicherstellung der Liquidität in jeder Unternehmensphase ist somit das wesentliche Motiv für eine Unternehmensfinanzierung sowie unter Berücksichtigung der vorhandenen Liquiditätslage gleichermaßen Korrektiv hinsichtlich der zu wählenden Finanzierungsstruktur sowie der Finanzierungsmittel. Eine bestimmte Kapitalquelle sollte also im Hinblick auf den zuletzt genannten Aspekt auch wirklich erst dann beansprucht werden, wenn dies die Liquiditätslage tatsächlich erfordert.

1.3.2 Irrglauben der Start-up-Finanzierung

Der Leser der szenetypischen Nachrichtenplattformen (insbesondere der „GSDS"-Leser; dieses Akronym soll für die in Deutschland wohl bekanntesten Plattformen „Gründerszene" [gruenderszene.de] sowie „Deutsche Startups" [deutsche-startups.de] stehen) könnte in Anbetracht der dort nahezu täglich berichteten Erfolgsmeldungen über große Finanzierungsrunden glauben, dass die Akquisition einer Beteiligungsfinanzierung, insbesondere von Wagniskapitalgesellschaften (VCs) *conditio sine qua non,* also schlechthin unerlässlich für den Aufbau eines erfolgreichen Start-ups ist.

Hierbei darf nicht außer Acht gelassen werden, dass VCs in der Praxis für nur einen geringen Anteil des gesamten Gründungsfinanzierungsvolumens verantwortlich sind. Die überwiegende Mehrzahl der im Ergebnis ebenso erfolgreichen Start-ups stellt die zur Gründung erforderlichen finanziellen Mittel selbst (auf diese Kapitalquelle greifen nach dem Deutschen Startup Monitor 2020 von pwc [https://deutscherstartupmonitor.de/wp-content/uploads/2020/09/dsm_2020.pdf [https://bit.ly/3mVUfBS] mehr als vier von fünf Gründern zurück) bzw. generiert idealerweise bereits nach vergleichsweise kurzer Zeit einen positiven operativen Cashflow, der dem Start-up den Weg zum klassischen Fremdkapital von Banken öffnet.

Bei einer nicht unerheblichen Anzahl der Unternehmensgründungen sieht die Finanzierungssituation in der Praxis daher so aus, dass die Gründer Fremdkapital mittels der klassischen Bankdarlehen, aber auch durch Kredite von Privatinvestoren oder Familie und Freunden („Family & Friends") in Anspruch nehmen. Dies geschieht in der Praxis meist so, indem sich der oder die Gründer mangels entsprechender Sicherheiten des noch jungen Unternehmens gegenüber dem Kapitalgeber durch eine persönliche (Mit-) Haftung persönlich verpflichten. Obgleich diese Form der Kapitalbeschaffung für ein Unternehmen aus VC-Sicht nicht der Idealfall ist (die persönliche Haftübernahme ist überhaupt nur solange vertretbar, als der Gründer die Mehrheit der Geschäftsanteile am Start-up besitzt), erfahren die Gründer auf diese Art und Weise (ungeachtet der durch die Wahl einer juristischen Person als Unternehmensform eintretenden Haftungsbegrenzung), was es bedeutet, unternehmerisch tätig zu sein und somit auch persönlich für unternehmerische Entscheidungen einzustehen.

Die Start-up-Szene in Deutschland

2

Christopher Hahn

2.1 Von der Garage zur Verbandsgründung

Die Nutzung des Internets ist nicht mehr bloß ein Bestandteil des Alltags, ohne das Internet wäre der Alltag undenkbar. Besonders die sog. „Digital Natives“ wachsen heute in einer Gemengelage aus Kreativität, Technik und stetiger Veränderung auf. Dieser Zeitgeist verbunden mit dem Streben vieler nach Selbstverwirklichung als emotional erfüllendes und subjektiv sinnstiftendes Idealbild ist die inspiratorische Grundlage der Start-up-Szene. Was früher noch lange Zeit kritisch im Vergleich zu einer Festanstellung beäugt wurde, hat sich inzwischen etabliert und ist im Mainstream angekommen. Sowohl Medien als auch Politik wie die gesamte Wirtschaft vom Konzern bis hin zum Mittelstand richten ihre Aufmerksamkeit verstärkt auf Start-ups und erarbeiten auf diese abgestimmte Beteiligungs- und Finanzierungsmodelle. Der Tenor der Berichterstattung in der Presse wechselt von Misstrauen zu Euphorie; entsprechend entwickelt sich auch die öffentliche Wahrnehmung.

In der Politik wird die Internetwirtschaft auf regionaler und nationaler Ebene umgarnt. Im Bund werden bspw. Investments in Start-ups für Investoren besonders gefördert und so die Start-up-Szene unterstützt; lokal erhofft man sich positive Auswirkungen sowohl durch den nicht zu vernachlässigenden emotionalen Kreativfaktor als auch die real messbare Wirtschaftsleistung, vor allem durch die nennenswerte Schaffung neuer Arbeitsplätze. Weitere Unterstützung kommt aus der old economy, deren Beteiligte ihr Portfolio bzw. ihre aufgrund ihrer Konzernstrukturen oftmals verminderte Innovationskraft durch entsprechende onlinefokussierte Akquisitionen („Corporate Venture Capital“) bereichern wollen. Alles in allem wenden sich somit meinungsbildende Akteure den aufstrebenden Start-ups

C. Hahn (✉)
trustberg LLP Rechtsanwälte, Berlin, Deutschland
E-Mail: christopher.hahn@trustberg.com

C. Hahn (Hrsg.), *Venture Capital*, https://doi.org/10.1007/978-3-658-33700-1_2

zu, sodass diese ihr Wachstum unter sich stetig verbessernden Bedingungen vorantreiben können.

Dementsprechend zeichnen sich bereits Entwicklungen ab, die von einer zunehmenden Professionalisierung und **Institutionalisierung der Gründerszene** zeugen. Die Start-ups gründen branchenspezifische Verbände und unterhalten Netzwerke. Hochschulen und Politik führen empirische Untersuchungen zur Start-up-Szene durch und entwickeln gesamtheitliche Strategien, um eine Gründungskultur und mehr Unternehmergeist an Hochschulen zu etablieren (vgl. hierzu die sog. EXIST- Gründerhochschulen, https://www.exist.de/DE/Programm/Ueber-Exist/Exist-Rueckblick/EXIST-Gruenderhochschule/inhalt.html).

Größere Unternehmen stellen Inkubatoren und andere Unterstützung. Mit diesem Rückenwind fassen deutsche Start-ups immer öfter eine Internationalisierung ins Auge (Deutscher Startup Monitor 2020 von pwc [https://deutscherstartupmonitor.de/wp-content/uploads/2020/09/dsm_2020.pdf]). Die globale Internetwirtschaft befindet sich auf Wachstumskurs und in Deutschland gegründete Unternehmen versuchen, ihren Anteil daran zu haben.

2.2 Start-up-Regionen

Innerhalb Deutschlands verteilt sich die Start-up-Szene mittlerweile breit. Insbesondere bestimmte Gründerzentren in den Ballungsräumen um die wichtigen Großstädte, sind ebenso wie Hochschulen – teilweise dank integrierter Gründerzentren – mittlerweile ein fest etablierter Bestandteil der Start-up-Szene.

2.2.1 Osten: Berlin

Die deutsche Hauptstadt ist im bundesweiten Vergleich weniger für wirtschaftlichen Erfolg als für eine bedeutende Kreativszene (**„Kreativstadt Berlin“**) bekannt. Auf dieser Basis ist entstanden, was für viele Menschen die idealen Lebensbedingungen und ein hohes Maß an Lebensqualität darstellt: (immer noch, aber auch immer weniger) bezahlbare Mieten und zahlreiche Möglichkeiten zur Freizeitgestaltung. Der Standort Berlin bietet Start-ups also gute Argumente beim Werben um Mitarbeiter. Des Weiteren sind hier bereits viele Mitstreiter und gewachsene Global Player ansässig, von denen einige schon weit über die Start-up-Phase hinausgewachsen sind bzw. gar seit kurzem im Leitindex DAX der Deutschen Börse gelistet sind (Delivery Hero, HelloFresh, Zalando). Berlin ist über die deutschen Grenzen hinaus als das Start-up-Zentrum Deutschlands, wenn nicht gar Europas bekannt und anerkannt. Infolgedessen arbeiten in Berlin bereits mit steigender Tendenz zahlreiche ausländische IT-Fachkräfte verschiedenster Herkunft.

Die Vernetzung in Berlin ist hervorragend (siehe Kap. 2), ebenso wie auch das Standing gegenüber der Politik. Politiker aller Parteien bemühen sich in Berlin um die Gunst der Start-ups und eine Verbesserung ihrer öffentlichen Wahrnehmung sowie ihrer unternehmerischen

Rahmenbedingungen – nicht zuletzt, weil man sich wohl auch erhofft, dass etwas von der „Coolness“ Berlins und seiner Start-ups auf die Politik abstrahlt. Im Gegenzug wünschen sich die Berliner Start-ups nicht nur mehr Förderung, sondern weiterhin v. a. weniger Bürokratie und niedrigere Hürden zur Zuwanderung talentierter Fachkräfte.

Thematisch lassen sich die Geschäftsfelder der meisten Berliner Start-ups unter dem Spektrum „Dienstleistungen“ (ganz besonders hervorzuheben aber sicherlich der FinTech Bereich) zusammenfassen, wobei vor allem Web- und App-Entwickler stark vertreten sind.

▶ **Tipp** Diesbezüglich findet sich eine ausführliche Link-Sammlung unter: https://www.deutsche-startups.de/startup-lotse-berlin/

2.2.2 Süden: München

München wird in der Regel mit **High-Tech-Gründungen** in Verbindung gebracht. Diese sind aufgrund des hohen technischen Aufwands überdurchschnittlich kostenintensiv. Häufig werden neue Entwicklungen der Spitzentechnologie, bspw. in der Medizintechnik, mit IT-Anwendungen kombiniert, sodass auch der Aspekt der IT-Entwicklung eine Rolle spielt. Kooperationen mit den Hochschulen der Region tragen einen bedeutenden Teil dazu bei, dass in Deutschlands Süden auf hohem Niveau gegründet wird. Dies spiegelt sich auch in der verhältnismäßig hohen Konzentration von Risikokapitalgebern in der Region wider. Doch auch bundesweit bekannte und erfolgreiche Start-ups wie z. B. Flixbus, Runtastic oder Stylite haben ihren Ursprung in München.

▶ **Tipp** Eine Link-Sammlung ist unter: http://www.deutsche-Start-ups.de/Start-up-lotse-muenchen/ abrufbar.

2.2.3 Westen: Rhein-Main-Gebiet

„Rhein-Main-Gebiet“ ist der Überbegriff, unter den die westdeutsche Start-up-Szene geografisch zu fassen ist. Zwar spielen hier mehrere Städte jeweils kleinere Rollen (vor allem Düsseldorf, Frankfurt und Köln), doch liegen diese räumlich sehr eng beisammen. Der Fokus liegt ähnlich breit wie in Berlin auf digitalen Dienstleistungen, allerdings lässt sich im Rhein-Main-Gebiet eine gewisse Spezialisierung auf **medienrelevante Geschäftsmodelle** erkennen. Die Medienstadt Köln bietet einen hervorragenden Nährboden für entsprechende Ideen; verbunden nicht zuletzt mit der Hoffnung der Gründer auf einen Exit an einen der dort ansässigen Medien-Konzerne. Auch ist Köln der Veranstaltungsort einiger großer Start-up-Konferenzen.

▶ **Tipp** Unter: http://www.deutsche-Start-ups.de/start-up-lotse-koeln/ finden sich weitere Links.

2.2.4 Norden: Hamburg

Hamburgs Start-up-Landschaft ist eher unauffällig, was daran liegen mag, dass der Stadt ein klares Profil („Medienstadt Köln“, „Kreativstadt Berlin“) fehlt. Stattdessen ist Hamburg für hohe Mieten bekannt, was junge Gründer nicht unbedingt anzieht. Umso beeindruckender sind aber die Internet-Unternehmen, die einst als Hamburger Start-ups begonnen haben und inzwischen große Unternehmen mit mehreren hundert Mitarbeitern sind. Hervorzuheben ist hier v. a. die **Games-Branche,** die in Hamburg mit mehreren großen Akteuren vertreten ist.

> **Tipp** Eine weiterführende Link-Sammlung kann unter: http://www.deutsche-Start-ups.de/Start-up-lotse-hamburg/ eingesehen werden.

2.2.5 Hochschulen

Obwohl die Fächer Betriebswirtschaftslehre und Informatik an praktisch jeder Hochschule gelehrt werden, tun sich einige von ihnen durch eine besonders hohe Gründerdichte unter ihren Absolventen hervor (https://www.gruenderszene.de/allgemein/top-startup-unis). Bei manchen liegt dies aufgrund ihrer speziellen Ausrichtung nahe: Die privaten Hochschulen Wissenschaftliche Hochschule für Unternehmensführung (WHU), Handelshochschule Leipzig (HHL) und European Business School (EBS) tragen den Willen zur unternehmerischen Tätigkeit bereits in ihren Namen. Entsprechend viele ihrer Absolventen gründen ein eigenes Unternehmen. Ebenso begehrt sind sie als (angehende) Führungskräfte bei Inkubatoren oder bereits etablierten Internetunternehmen.

Auch die Technischen Universitäten (TU) Berlins und Münchens haben ihren Anteil am deutschen Start-up-Boom. Aus der eigenen Forschung ein Unternehmen zu generieren, entspricht schließlich dem Ideal-Typus des technisch orientierten Gründers. Vergleichbare Erfolge können bspw. die Ludwig-Maximilians-Universität München (LMU) und die Freie Universität Berlin (FU) dank hochschuleigener Gründerzentren verzeichnen.

Neue (Master-) Studiengänge, die einen Schwerpunkt auf digitale Fragen legen, sind im Kommen. Hohen Zulauf erfreuen sich unter anderem Entrepreneurship und Innovation (Universität Wuppertal), Entrepreneurship in digitalen Technologien (Universität Lübeck) oder Business Engineering (Universität Stuttgart).

2.3 Vernetzung der Start-ups

2.3.1 Online

Als Teil der digitalen Szene sind die Start-up-Beteiligten selbst in den verschiedenen sozialen Netzwerken aktiv. Über diese privaten Kommunikationskanäle hinaus gibt es aber auch Webseiten, die sich auf die Veröffentlichung von Nachrichten aus der Start-up-Szene spezialisiert haben. Diese Portale finanzieren sich größtenteils durch Werbung. Ihr Anspruch ist eine möglichst umfassende Berichterstattung zu den relevanten Geschehnissen der Internetwirtschaft. Die dortigen Publikationen haben eine immer größer werdende Reichweite und decken von der Entdeckung junger Start-ups mit vielversprechenden Geschäftsideen über die Beobachtung des aktuellen Marktgeschehens bis hin zur Kommentierung einzelner Deals ein breites Spektrum ab.

Besonders umfassend und informativ berichten:

- Gründerszene – www.gruenderszene.de
- Deutsche Start-ups – www.deutsche-startups.de
- Foerderland – www.foerderland.de
- TechCrunch – www.techcrunch.com
- t3n – www.t3n.de

2.3.2 Veranstaltungen

Wie in jeder Wirtschaftsbranche kann die Bedeutung von Treffen im Real Life gar nicht genügend hervorgehoben werden – informelle Zusammenkünfte sind von großer Wichtigkeit für die Kontaktpflege und öffnen auf entspannte Weise mehr Türen als manches stressige Business-Meeting oder gar eine rein virtuelle Kommunikation. Entsprechend zahlreich sind die Gelegenheiten, zu denen sich Start-up-Gründer versammeln. Besonders gut hat sich dies in Berlin, München oder Hamburg etabliert; vom Investoren-Frühstück bis zum Dinner, von einer geselligen Runde bis zur Club-Party, in den Start-up Hubs existieren die unterschiedlichen Möglichkeiten des informellen Gedankenaustausches und des Networkings. In der Zahl etwas geringer, doch gleichwohl qualitativ nicht schlechter, sind die Veranstaltungen in anderen Städten.

Die größten – jährlich stattfindenden – Events mit Bezug zur deutschen Start-up-Szene sind in Tab. 2.1 dargestellt.

Daneben haben sich in den Start-up-Zentren Deutschlands einige Veranstaltungsreihen etabliert, die etwas kleiner sind, dafür aber meist in kürzeren Zyklen stattfinden. Einige von ihnen dienen dem Austausch der Start-ups untereinander, andere haben das Zusammenfinden von Gründern und Investoren zum Ziel. Tab. 2.2 führt beispielhaft einige dieser Veranstaltungen auf.

2.3.3 Verbände

Die erwähnten Veranstaltungen und Branchentreffen dienen v. a. der Vernetzung der Start-up-Szene (Investoren und andere Beteiligte eingeschlossen) untereinander. Mit zunehmender Professionalisierung wächst jedoch auch das Bedürfnis einer Branche, sich zu instituti-

Tab. 2.1 Jährliche Events

Konferenz	Ort	Angebot
Startupnights	Berlin	Startups aus den Bereichen Mobilität, Energie, Kommunikation, AI, AR/VR und Gesundheit präsentieren sich Unternehmen, Investoren und potenziellen Kunden
Heureka!	Berlin	Branchen-Konferenz der digitalen Wirtschaft mit Fokus auf Trends und zukünftigen Entwicklungen. Bietet außerdem Pitch-Sessions und Networking-Runden
NEXT	Berlin	Entscheidungsträger aus Wirtschaft und Forschung beraten über technische Innovationen und ihre Vermarktung. Inklusive Pitch vor potenziellen Investoren
Re:publica	Berlin	Ideen- und Erfahrungsaustausch der Netzgemeinde; Panels zu Blogs, Social Media und digitaler Gesellschaft. Ausrichtung eher (kultur)wissenschaftlich. Großes internationales Renommee
Startup camp	Berlin	Erfahrene Gründer und solche, die es noch werden wollen, treffen auf Investoren und Berater. Konferenz, Workshop und Pitch in einem
Developer Conference	Hamburg	Praxisvorträge, Workshops und Diskussionsrunden für jeden Webentwickler: Vom Studenten über den Berufseinsteiger bis hin zum CTO
Digital Marketing & Media Summit	Hamburg	Vorträge zur digitalen Kommunikation, Schwerpunkt auf Marketing via Social Media und Community-Management
CCC	Hamburg/ Berlin	Der Chaos Communication Congress des Chaos Computer Clubs befasst sich vor allem mit Technologie und dessen (mitunter kritisierbaren) Einfluss auf die Gesellschaft
dmexco	Köln	Stark international ausgerichtete Konferenz zu digitaler Wirtschaft; Schwerpunkte sind Marketing, Medien und Technologie. Renommiert v. a. für Werbung und Kommunikation
Bits&Bretzels	München	Dreitägiges Gründer-Festival mit Vortragsreihen, Networking-Events und verschiedenen Workshops
Munich venture summit	München	Alles über das Gründen eines Internet-Startups; Workshops, Networking und Keynotes von internationalen Speakern

onalisieren, um von außen, v. a. von der Politik, angemessen wahrgenommen zu werden. Die Internetwirtschaft erfordert dabei teilweise andere Rahmenbedingungen als die etablierten Unternehmen; bestimmte tradierte Regulierungen wirken kontraproduktiv und behindern größeren bzw. schnelleren Erfolg. In solchen Fällen ist eine organisierte Lobbyarbeit hilfreich, um den eigenen Interessen Gehör zu verschaffen.

Der zum Jahresende 2012 gegründete **Bundesverband Deutsche Startups (BVDS)** hat sich mittlerweile fest etabliert. Nicht zuletzt teilen wichtige Mitstreiter der Start-up-Szene ihren Sitz mit dem politischen Zentrum Berlin. Der BVDS agiert als einheitlicher Ansprechpartner für die Politik. Darüber hinaus betreibt der BVDS, mit entsprechender Unterstützung der Start-ups wesentliche Öffentlichkeitsarbeit für die Start-up-Szene und trägt so

Tab. 2.2 Weitere Veranstaltungen

Veranstaltung	Ort	Angebot
Berlin 2.0	Berlin	Köpfe der Berliner Internetwirtschaft diskutieren in geschlossener Gesellschaft aktuelle und künftige Entwicklungen der Szene
Entrepreneurship Summit	Berlin	Gründungswillige treffen in Vorträgen und Workshops auf erfolgreiche Gründer, Mentoren und Business Angels. Ziel ist die Konzentration auf das Wesentliche: Finden, Umsetzen und Monetarisieren einer Idee
VentureLounge	Berlin/ München/ Hamburg u. a	Gründer auf Kapitalsuche pitchen vor Unternehmern, Beratern und Investoren
Echtzeit/ Spätschicht	Berlin/ München/ Hamburg/ Köln	Networking: Start-up-Gründer treffen auf Investoren und Business Angels (und andere Gründer)
eBizzTalk	Hamburg	Thematik: Einsatz und Entwicklung neuer Technologien. Zunächst Vorträge über aktuelle Themen der Internetwirtschaft, anschließend Networking
MunichBeta Meetup	München	Erfahrungsaustausch unter Start-up-Gründern jeder Art

dazu bei, die öffentliche Wahrnehmung für die Bedeutung von Unternehmensgründungen in und für Deutschland prominent zu positionieren. Nicht nur Start-ups profitieren davon, sondern letztlich das gesamte wirtschaftliche Ökosystem um sie herum, inklusive Investoren und anderen Unterstützern. Eine hohe Priorität räumt der BVDS auch dem Netzwerk-Gedanken ein: auf der Agenda stehen sowohl die Vernetzung regionaler Start-up-Initiativen als auch der Kontakt zu anderen Branchenverbänden, (politischen) Institutionen und bereits etablierten Unternehmen. Mit der seit einigen Jahren voranschreitenden Gründung branchenspezifischer Fachgruppen innerhalb des BVDS (Food, FinTech, LegalTech, etc.) wird darüber hinaus die fachliche Expertise des Verbandes („Branchen-Know How") und somit auch seiner Mitglieder im schnelllebigen Start-up-Bereich sichergestellt.

Daneben existieren bereits diverse Verbände, welche die Interessen der Internetszene teilen. So gibt es bereits seit 1995 sowohl den Bundesverband Digitale Wirtschaft (BVDW) als auch Eco – Verband der deutschen Internetwirtschaft. Seit 1999 besteht Bitkom, der Bundesverband Informationswirtschaft, Telekommunikation und neue Medien. Insbesondere hinsichtlich des Geschäftsfeldes und der Fokussierung auf die jeweiligen Branchensegmente passen diese drei Interessenverbände hervorragend zur Start-up-Szene. Der Umstand, dass sie bereits seit einigen Jahren existieren, bringt den Vorteil gewachsener Netzwerke und langjährig erprobter Beziehungsgeflechte mit sich. Gleichzeitig ist ihr Alter aber auch weiterhin ein Problem, da sich viele Mitgliedsunternehmen in ganz anderen Entwicklungsphasen als Start-ups befinden und demzufolge andere Interessen verfolgen.

2.4 Wirtschaftsfaktor

Bislang sind globale Erfolgsgeschichten à la Silicon Valley in Deutschland weiterhin selten (und vor allem in deutlich niedrigerem Maßstab) geblieben, dennoch gibt es auch in Deutschland visionäre und erfolgreiche Internet-Unternehmer.

2.4.1 Statistik

Nach einer Veröffentlichung des Deutschen Instituts für Wirtschaftsforschung aus dem Jahre 2016 waren etwa 5 % der 2015 in Berlin gegründeten Unternehmen im Bereich IT tätig (https://www.diw.de/documents/publikationen/73/diw_01.c.539646.de/16-29-4.pdf).

Angesichts des Hypes um die Start-up-Stadt Berlin ist dies zunächst ein sehr überraschender, weil bemerkenswert (weiterhin) niedriger Wert. Allerdings wurden in dieser Statistik E-Commerce-Anbieter wie bspw. Zalando in die Rubrik „Einzelhandel" gezählt, sodass nicht alle infrage kommenden Start-ups bspw. als IT-Start-ups aufgeführt werden (http://venturevillage.eu/infographic-berlin-Start-up). Es ist also festzustellen, dass der innovative Charakter der Start-ups ihre Einordnung in traditionelle Klassifizierungen erschwert. Entsprechende Statistiken haben daher nur eine begrenzte Aussagekraft.

Validere Anhaltspunkte liefern Datensätze, die explizit der Erfassung von Start-ups dienen. Für die Berliner Start-up-Szene des Jahres 2020 liegt eine Untersuchung von Ernst & Young vor, das sog. **Start-up-Barometer.** Daraus geht hervor, dass die Berliner Start-ups das mit Abstand meiste Risikokapital in den Jahren 2019 und 2020 einwerben konnten (EUR 1,49 Mrd., S. 6), wobei sich hier der Bereich Software & Analytics mit einem Finanzierungsvolumen von über EUR 500 Mio. EUR am stärksten hervortat (S. 8). Gegenüber der Vorjahresperiode bedeutet dies einen Zuwachs von fast 30 % (S. 8). Bayerische Start-ups verzeichnen in diesem Bereich mit EUR 237 Mio. den höchsten Zufluss an Investitionskapital (S. 14, Berlin auf Platz zwei mit EUR 222 Mio.). Darüber hinaus ist aber auch weiterhin mit einem Wachstum der Berliner Start-ups zu rechnen, wie das bereits in der ersten Jahreshälfte 2020 investierte Kapital auch in anderen Bereichen zeigt, so zum Beispiel im Bereich FinTech, wo EUR 259 Mio. investiert wurden (S. 18, auch hiervon gingen 83 % nach Berlin). Die Berliner Start-ups sind also dabei, ein bedeutender Wirtschaftsfaktor zu werden. Aber auch Bayern überholt nicht zuletzt im Bereich Mobility Berlin: so konnten dort im ersten Halbjahr 2020 in sieben Finanzierungsrunden EUR 315 Mio. eingesammelt werden – EUR 247 Mio. mehr als in Berlin.

2.4.2 Investitionen

Ein weiterer Indikator für die wirtschaftliche Bedeutung sind die **getätigten Investitionen.** Die gesamten Investitionen durch Wagniskapitalgeber in deutsche Start-ups beliefen sich im ersten Halbjahr 2020 bereits auf ca. EUR 2,2 Mrd. Mehr als die Hälfte des bundesweit investierten Risikokapitals floss dabei in Berliner IT- und Internetunternehmen (EUR 1135 Mrd.), gefolgt von Start-ups aus Bayern (EUR 773 Mio.) und Baden-Württemberg (EUR 105 Mio.), (S. 7, Start-up-Barometer, E&Y).

Sollen Start-ups in Deutschland allerdings auf lange Sicht einen merklichen Wirtschaftsfaktor darstellen, so müsste auch die Versorgung mit hinreichend Risikokapital, v. a. für wirkliche Innovationen und nicht nur für auf anderen Märkten bereits erprobte Geschäftsmodelle oder Kopien ebensolcher, gewährleistet sein.

Teil II

Die Finanzierung des Start-ups (Hahn)

Die Finanzierung des Start-ups ist – neben einer guten Geschäftsidee und deren Umsetzung durch ein kompetentes, von dieser Idee überzeugtes Gründerteam – grundlegende Voraussetzung sowohl für den Erfolg als auch die Existenz des Unternehmens. Für ein innovatives Start-up-Unternehmen ist der idealtypische Weg, dass die Gründer im Rahmen der (Pre-)Seed-Phase die Unternehmung als No-Budget-Modell beginnen und sich während der Start-up- bzw. in der Emerging Growth-Phase durch die Akquisition von Kapitalgebern zum Big-Budget-Modell vorarbeiten.

3 Grundsätzliches zur Finanzierung

Christopher Hahn

Die Finanzierung des Start-ups ist – neben einer guten **Geschäftsidee** und deren **Umsetzung** („execution“) durch ein kompetentes, von dieser Idee überzeugtes **Gründerteam** – die grundlegende Voraussetzung sowohl für den **Erfolg** als auch den **Fortbestand** des Unternehmens.

3.1 Vorbemerkungen

Als Bestandteil der Verwirklichung der „Gründervision“ stellt eine adäquate Finanzierung die Basis der **operativen Tätigkeit** und somit in den meisten Fällen auch die Grundlage zum Erzielen eines operativen Cash-Flows dar.

Die Finanzierung bzw. die Frage nach der für das Start-up optimalen **Finanzierungsform** ist daher von Anfang an sorgfältig zu prüfen und strukturiert anzugehen. Es gilt, diejenige Finanzierungsform zu finden, die nicht nur zum **Geschäftsmodell** des Start-ups passt, sondern darüber hinaus auch die jeweilige **Entwicklungs-** bzw. **Unternehmensphase** des Start-ups, auch für Folgefinanzierungen, berücksichtigt. Gerade für Folgefinanzierungen mit Venture Capital können Fehler in der Anfangsphase (etwa durch die Aufnahme von Investoren, die zu viele Anteile am Unternehmen halten) einen Deal Breaker darstellen und das Start-up finanzierungstechnisch in eine Sackgasse führen.

Alle Finanzierungsformen haben das Ziel, die **Zahlungsfähigkeit** des Unternehmens in jeder Unternehmensphase zu sichern. Daneben sind sie die Quelle für das angestrebte,

C. Hahn (✉)
trustberg LLP Rechtsanwälte, Berlin, Deutschland
E-Mail: christopher.hahn@trustberg.com

C. Hahn (Hrsg.), *Venture Capital*, https://doi.org/10.1007/978-3-658-33700-1_3

oft unerlässliche Wachstum. Dabei ist zu berücksichtigen, dass gerade in der Anfangszeit hohe Investitionen in die **Technologie** sowie den **Unternehmensaufbau** anfallen. Die Frage, welches Finanzierungsmodell in dieser Phase das geeignetste ist, hängt neben der Höhe des erforderlichen Kapitals auch vom konkreten Geschäftsmodell ab. Immer dann, wenn es sich um eine forschungsintensive Gründung handelt, wird das Start-up regelmäßig gezwungen sein, auf einen **Finanzierungs-Mix,** ggf. auch unter Einbeziehung **öffentlicher Fördermittel,** zurückzugreifen.

3.1.1 Strategieorientierte Finanzierungsmodelle

Die **Ausgestaltung** der Gründungsfinanzierung sowie sodann der ersten Finanzierungsrunde in Form der Wahl eines bestimmten Finanzierungsmodells prägt die zukünftige **Entwicklung** des Unternehmens und hat unmittelbare Auswirkungen auf das weitere **Unternehmenswachstum.** Sie terminiert den weiteren Handlungsspielraum der Gründer und somit die Strategie des Start-ups (vgl. Kollmann 2019, S. 219).

Dies gilt maßgeblich für den Cap Table (Hahn 2020) des Start-ups, der Einblick in die Beteiligungsverhältnisse am Unternehmen in Form von Geschäftsanteilen („equity") gibt. Als Faustregel für eine Finanzierung mit Venture Capital gilt: im Cap Table sollten sich nur die operativ tätigen Gründer, andere operativ tätige *key persons* sowie die Kapitalgeber widerfinden. Andere Personen (sog. „**dead equity**") haben dort grundsätzlich nichts verloren.

► Die einfachste Variante des Cap Tables („Capitalization Table") ist die schriftliche Aufstellung aller Beteiligungen am Startup sowie der Bewertung und Vermögenswerte des Unternehmens. Also wem was in welcher Höhe gehört. Cap Tables werden häufig als Analyse- und Berechnungsgrundlage für weitere Finanzierungsrunden genutzt. Anfänglich sind sie meist überschaubar, werden aber mit jeder weiteren Runde komplexer.

Die hier sich stellende Frage ist also, ob die Gründer bereit sind, die aufgrund fehlenden Eigenkapitals gezogenen Grenzen der Entfaltung wirtschaftlicher Tätigkeit und tatsächlicher Handlungsspielräume durch die Nutzung verschiedener **Finanzierungsinstrumente** aktiv zu überwinden (Kollmann S. 219). Gerade in der **old economy** haben die zum Zeitpunkt der Gründung effektiv vorhandenen finanziellen Mittel die Gründungsidee sowie das gesamte Gründungsvorhaben in ihrem weiteren Aktionsradius bestimmt. Erst in Erfahrung und Kenntnis, der innerhalb der **new economy** bzw. insbesondere der **net economy** möglichen Potenzierungseffekte hat sich bei den Gründern wie auch auf Kapitalgeberseite das Bewusstsein gefestigt, dass Geschäftsmodelle unabhängig von den zum Zeitpunkt der Gründung finanziellen Möglichkeiten strategisch geplant und umgesetzt werden können. Die Finanzierung einer Unternehmensgründung kann insoweit entweder strategiebestimmend (**„strategy follows finance"**) oder strategieerfüllend (**„finance follows strategy"**) erfolgen (Nathusius 2001, S. 27 ff.). Ein Überblick über die Modelle der Gründungsfinanzierung und der entsprechenden Strategien findet sich in Abb. 3.1.

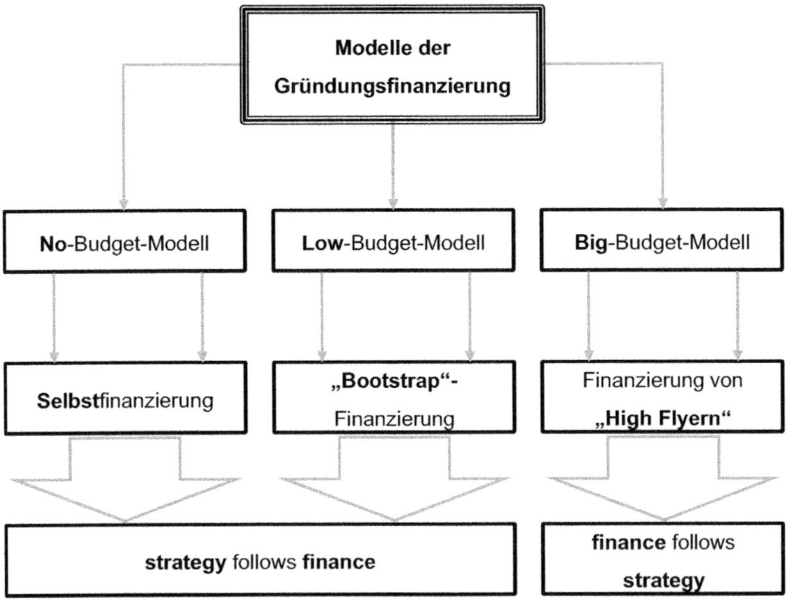

Abb. 3.1 Gründungsfinanzierung und -strategien

3.1.1.1 Strategiebestimmende Gründungsfinanzierung („strategy follows finance")

Die strategiebestimmende Finanzierung ist insbesondere bei Gründungsvorhaben der **old economy** anzutreffen. Gründer akzeptieren dabei ihre beschränkten finanziellen Mittel als gegeben und entscheiden sich nur für ein Geschäftsmodell, das im Rahmen der vorhandenen finanziellen Möglichkeiten realisiert werden kann (Kollmann 2019, S. 219).

Nach dieser Strategie ausgerichtete Gründungsvorhaben billigen das bei der Kreditvergabe restriktive Verhalten der Banken und limitieren die Gründungsidee durch den vorhandenen Kapitalbestand. Derartige Gründungsmodelle sind durch die Gründer selbst finanziert, wobei diesbezüglich wiederum zwischen einer reinen Selbstfinanzierung ohne vorhandenes Eigenkapital **(„self feeding business"/No-Buget-Modell)** und der Selbstfinanzierung mit vorhandenem Eigenkapital **(„bootstrap financing"/Low-Budget-Modell)** zu differenzieren ist (Kollmann 2019, S. 220 f.).

Der Unterschied besteht darin, dass der oder die Gründer neben ihrer eigenen Arbeitsleistung (Selbstfinanzierung ohne Eigenkapital) im letzteren Fall zusätzliches Kapital für notwendige Investitionen aufbringen können, jedoch die gegebene Ressourcenknappheit im finanziellen Bereich durch eine bedingte **„Einschnürung"** der möglichen Vorgehensweise im Rahmen einer Unternehmensgründung (Nathusius 2001, S. 36; Kollmann 2019, S. 221) ausreizen.

Für potenzielle **High Flyer** kommt schließlich eine Finanzierung durch Eigenkapital („equity") in Betracht **(„staged financing"/Big-Budget-Modell),** wobei die einem aussichtsreichen Start-up zur Verfügung gestellten Kapitalmittel und -reserven – insbesondere im Vergleich zur „Bootstrap"-Finanzierung – meist bereits den frühen Unternehmensphasen vergleichsweise umfangreich sind. Demgegenüber steht jedoch der Nachteil, dass die Gründer als Gegenleistung für die bereit gestellten Mittel, eines ihrer im Falle einer positiven Entwicklung des Unternehmens wertvollsten Güter, nämlich (einen Teil der) Geschäftsanteile am Unternehmen selbst an den oder die Investoren abgeben müssen.

Bei einem sog. **High Flyer** handelt es sich um ein Start-up mit überdurchschnittlich hohem Wachstumspotenzial. Die damit verbundenen außergewöhnlichen Renditechancen bei einem Wertanstieg der Beteiligung machen die Investition in das Start-up für Kapitalgeber besonders attraktiv.

3.1.1.1.1 Selbstfinanzierung ohne Eigenkapital

Unternehmensgründungen ohne Eigenkapital sind nicht erst im Bereich der **Digitalwirtschaft** möglich geworden. Immer dann, wenn die Unternehmensidee durch die Erbringung individueller Dienst- oder sonstiger Leistungen der Gründer umgesetzt werden kann, sind sog. **No-Budget-Gründungen** möglich.

Die Gründer können bei derartigen Vorhaben nicht auf **klassische** Finanzierungsinstrumente (Abb. 3.2 stellt die typischen Finanzierungsinstrumente der budgetorientierten Grundmodelle dar) zurückgreifen, sondern müssen unter persönlichem Einsatz versuchen, aus dem berühmten **„Nichts"** Liquidität zu schaffen und gleichzeitig auf eine schnellstmögliche **Monetarisierung** sämtlicher erbrachter unternehmerischer Tätigkeit hinzuwir-

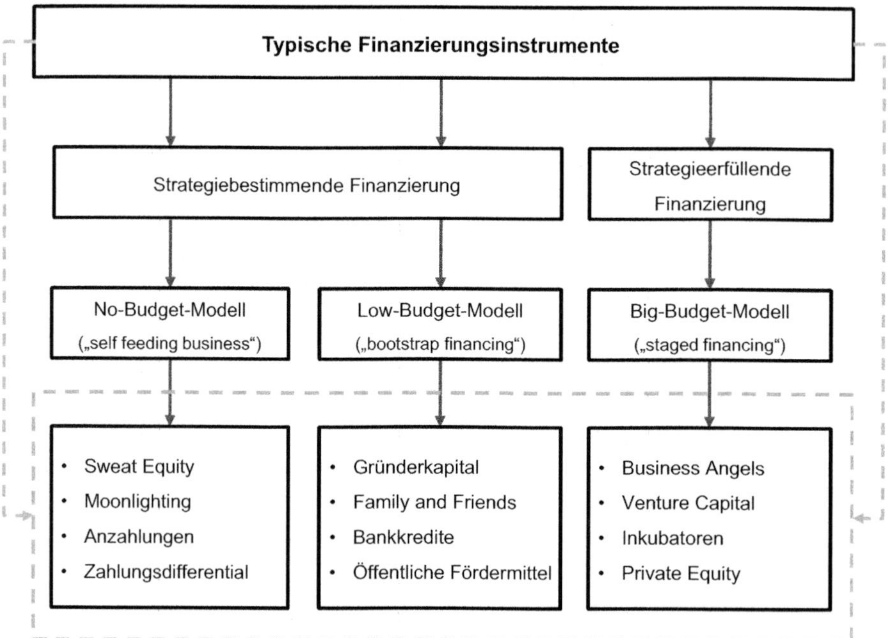

Abb. 3.2 Typische Finanzierungsinstrumente

ken. Zur Selbstfinanzierung haben die Gründer bspw. die im Folgenden aufgeführten Finanzierungsmöglichkeiten (hierzu s. Kollmann und Kuckertz 2003, S. 13):

- Unentgeltlicher Arbeitseinsatz der Gründer (**„Sweat Equity“**)
- Arbeit an der Unternehmensgründung bei gleichzeitiger Absicherung durch Einkünfte aus einer unselbstständigen Tätigkeit (**„Moonlighting“**)
- öffentliche Fördermittel
- von Kunden bereits geleistete **Anzahlungen** auf noch zu erbringende Leistungen
- Generierung von Liquidität durch Verkürzung der Zahlungsziele und Verschiebung der eigenen Zahlungsverpflichtungen möglichst weit in die Zukunft (**„Zahlungsdifferential“**).

Hinzuweisen ist in diesem Zusammenhang darauf, dass die anfängliche Kapitalisierung des Start-ups über **Crowdinvesting** (s. hierzu Abschn. 7.3) selbst dann nicht unter den Begriff der Selbstfinanzierung fällt, wenn die Gründer über kein Eigenkapital verfügen, da für die Zeit der intensiven Ausarbeitung eines für das Crowdinvesting nötigen Businessplans seinerseits finanzielle Mittel erforderlich sind.

3.1.1.1.2 Selbstfinanzierung mit Eigenkapital

Verfügen die Gründer über Eigenkapital aus eigenen Mitteln (**„Gründerkapital“**) oder von Familie und engen Bekannten (**„Family and Friends“**-Finanzierung), besteht die Möglichkeit, das Gründungsvorhaben zunächst ohne Rückgriff auf externe Kapitalquellen zu initiieren. Insoweit bestehen gerade bei digitalen Geschäftsmodellen erhebliche Potenzierungsmöglichkeiten, eine Unternehmensidee mit vergleichsweise geringem Einsatz finanzieller Mittel innerhalb teilweise kürzester Zeit zu launchen (davon zu trennen ist dann der meist kostenintensive Vertrieb). Voraussetzung für den Erfolg einer solchen Vorgehensweise sind vertiefte Kenntnisse und Fertigkeiten im Hinblick auf **Marketingstrategien** (bspw. effizienter Einsatz von „viralem Marketing“) sowie die Bereitschaft, die durch die Knappheit der finanziellen Ressourcen entstandene **Einschränkung** unternehmerischer Entfaltung hinzunehmen bzw. anderweitig zu kompensieren.

Darüber hinaus ist für eine erfolgreiche Eigenfinanzierung wichtig, dass das Start-up baldmöglichst in der Lage ist, auch mit einem geringen Einsatz von Mitteln einen positiven operativen **Cashflow** zu generieren. Gelingt dies nicht und sind die privaten Mittel verbraucht, ist es für die Ausarbeitung einer Strategie zur Kapitalisierung über Fremdkapitalquellen, wie z. B. **Bankkredite** oder **öffentliche Fördermittel,** in aller Regel bereits zu spät.

Auch im Falle einer Eigenfinanzierung des Start-ups empfiehlt sich somit, – selbst bei Vorhandensein überdurchschnittlicher Eigenmittel – von Beginn an eine den konkreten Bedürfnissen des Start-ups entsprechende **Finanzierungsstrategie** auszuarbeiten und festzulegen.

3.1.1.2 Strategieerfüllende Gründungsfinanzierung („finance follows strategy")

Heutzutage unterwerfen sich Gründer regelmäßig nicht mehr den dargestellten finanziellen Beschränkungen, sondern entwickeln ihre Geschäftsidee unabhängig von den bei der Gründung vorhandenen finanziellen Möglichkeiten (Kollmann und Kuckertz 2003, S. 14). Auch die Kapitalgeber legen ihrem Investment dabei nicht den *status quo* des Unternehmens zum Zeitpunkt des Investments zugrunde, sondern investieren aufgrund der von den Gründern im Pitch deck aufgezeigten und selbst für plausibel erachteten zukünftigen Wachstums- und Entwicklungsprognose des Unternehmens.

Maßgeblich sind das **Erfolgspotenzial** der Idee sowie die Fähigkeit, mögliche **Investoren** bzw. Kapitalgeber dafür zu begeistern. Gelingt es den Gründern, einen oder mehrere Kapitalgeber von ihrer Innovation und dem sich daraus ergebenden Wachstumspotenzial zu überzeugen, kann aus einer anfänglichen No- oder Low-Budget-Finanzierung in der Praxis auch rasch eine – eigentlich nur für High Flyer vorstellbare (s. Abschn. 3.1.1.1) – Big-Budget-Finanzierung werden. Hierbei können die Gründer dann – je nach Finanzierungsphase – auf Kapitalquellen wie bspw. **Business Angels** (s. Abschn. 5.2), **Venture Capital** (hierzu vgl. Abschn. 5.4 und 7.2.1), **Inkubatoren** (s. Abschn. 5.3) und **Private Equity** (s. Abschn. 5.5 sowie 8.2.1) zurückgreifen.

Um das Start-up zum Big-Budget-Modell zu befördern, müssen die Gründer jedenfalls vorab definieren, welche kritische Masse finanzieller Mittel erforderlich ist, um das avisierte Vorhaben erfolgreich – d. h. bis zum Erreichen des **„Break-Even-Point"**, (hierzu s. oben Kap. 8) – durchführen zu können. Der erforderliche Finanzbedarf ergibt sich hierbei unmittelbar aus dem jeweiligen Geschäftsmodell. Unverzichtbar für eine solche strategiebestimmte Finanzierung ist das Erstellen eines **Businessplans** als Grundlage des Pitch Decks (hierzu s. Abschn. 6.2). Der Businessplan bildet dabei im Rahmen seiner Finanzplanung den erforderlichen Bedarf finanzieller Ressourcen ab, welcher sich aus dem vorweg darzustellenden Geschäftsmodell sowie der von den Gründern beabsichtigten Strategie der Umsetzung ergibt.

3.1.2 Finanzplanung (im weiteren Sinne)

Für die meisten Unternehmen haben die **Rentabilität, Liquidität, Risikovermeidung** und **-minimierung** sowie die Erhaltung der unternehmerischen **Unabhängigkeit** oberste Priorität (Becker 2018, S. 9). Dies gilt v. a. auch für junge Wachstumsunternehmen/Start-ups. Um diese **finanzwirtschaftlichen Ziele** zu erreichen, bedarf es einer optimalen **Finanzplanung.**

Die Finanzplanung (im weiteren Sinne) dient der Ermittlung des **Finanzierungsbedarfs** in quantitativer Hinsicht; sie ermittelt den Kapitalbedarf des Unternehmens für die jeweilige Unternehmensphase und sichert dessen ständige **Liquidität.** Für die Gewährleistung letzterer wäre grundsätzlich die taggenaue Erfassung aller Einnahmen und Ausgaben für einen beliebig langen Planungszeitraum notwendig. Da dies weder zweckmäßig noch in der Praxis umsetzbar ist, ist dementsprechend zwischen der kurz- bzw. der langfristigen Finanzplanung zu differenzieren (Becker 2018, S. 29; diesbezüglich s. auch Abb. 3.3).

Darüber hinaus ist die Finanzplanung auch zugleich die qualitative Grundlage für die Finanzierung des Start-ups, da sie Voraussetzung für die Inanspruchnahme der verschiedenen **Finanzierungsquellen** ist. Die Finanzplanung fixiert somit die finanziellen Rahmenbedingungen der Unternehmensgründung sowie ihre weitere Entwicklung.

Eine gründliche Finanzplanung ist darüber hinaus ein unentbehrlicher Baustein des Businessplans bzw. des Pitch Decks, dessen **Finanzplan** möglichen Investoren den Kapitalbedarf zur Gründung und zur Aufrechterhaltung der Liquidität des Unternehmens verdeutlichen sowie einen Überblick über die (mögliche) Rentabilität des Start-ups verschaffen soll. Eine vollständige Finanzplanung umfasst dementsprechend die Planung des Kapitalbedarfs sowie der Liquidität und Rentabilität des Unternehmenskonzepts.

Schließlich erfordert sie eine strukturierte, am ermittelten Kapitalbedarf orientierte **Finanzierungsplanung,** welche die Finanzierungsquelle(n) sowie die Finanzierungsstruktur festlegt.

3.1.2.1 Kurzfristige Finanzplanung/Liquiditätsplanung

Die kurzfristige Finanzplanung stellt die Zahlungsfähigkeit des Unternehmens sicher, sodass sie auch als **Liquiditätsplanung** bezeichnet wird (Becker 2016, S. 29). Da die Verfügbarkeit „flüssiger" Mittel für das Start-up überlebenswichtig ist, kommt der Liquidi-

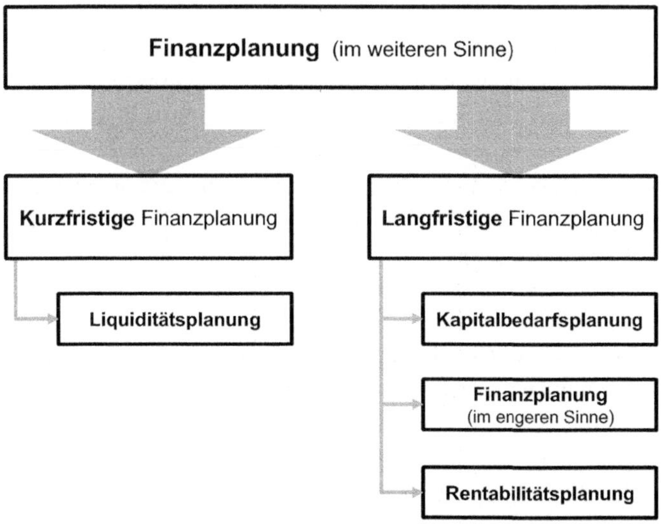

Abb. 3.3 Finanzplanung

tätsplanung unter den Teilbereichen der Finanzplanung die größte Bedeutung zu. Ohne hinreichende Liquidität kann der operative **Geschäftsbetrieb** des Unternehmens nicht aufrechterhalten werden. Darüber hinaus droht einem Unternehmen bei mangelnder Zahlungsfähigkeit die **Insolvenz.**

Eine **gründliche** und **fortlaufende** Liquiditätsplanung ist für jedes Start-up ein „Muss". Maßgeblich bei der Aufstellung der Liquiditätsplanung ist vor allem der prognostizierte monatliche Geldverbrauch, die sog. **„burn rate"**, also die Differenz der Einnahmen („Cash in") und der Ausgaben („Cash out") auf monatlicher Grundlage (vgl. Weitnauer 2019, S. 142). Aus dieser Differenz der erwarteten Einnahmen und Ausgaben lassen sich der monatliche **Überschuss** sowie ein etwaiger **Fehlbetrag** berechnen. Letzterer erfordert zum Ausgleich einen höheren Kapitalbedarf und ist somit durch ein höheres Finanzierungsvolumen zu kompensieren.

Bei der Ermittlung des **Liquiditätsbedarfs** haben die Gründer realistische Annahmen zugrunde zu legen, damit die Liquiditätsplanung ihre Indikatorfunktion für wichtige interne Entwicklungen und externe Veränderungen wie bspw. den Markteintritt eines neuen Mitbewerbers oder allgemeine konjunkturelle Einbrüche, die im Vorfeld weder beeinflussbar noch vorhersehbar sind, überhaupt erfüllen kann (Weitnauer 2019, S. 143). Überraschend auftretende **Liquiditätsengpässe**, gerade durch nicht beeinflussbare externe Faktoren wie die COVID-19-Krise, können sich schnell zu einer existenziellen Gefahr für das Unternehmen ausweiten.

Die Liquiditätsplanung ist insofern nicht nur Grundlage für die **Finanzierungsentscheidung** eines Investors, sondern dient darüber hinaus als Basis für die Finanzierungsbedingungen und Auswahl der konkreten **Finanzierungsinstrumente.** Ihr kommen – soweit sie realitätsnah durchgeführt wird – für das operative Geschäft folgende Aufgaben zu (s. hierzu Ertl 2003, S. 17 f.):

Drohende Liquiditätsengpässe werden rechtzeitig erkannt; das Unternehmen verschafft sich einen zeitlichen Vorsprung, um **Gegenmaßnahmen** einzuleiten (z. B. Kapitalerhöhung, Erweiterung der Kreditlinien, Kostensenkung), **Informationsbedürfnisse** von externen Geschäftspartnern (z. B. Investoren, Banken, Gesellschafter) lassen sich besser befriedigen und **Ertragspotenziale** werden geschaffen (z. B. Ausnutzung von Skonto bei Lieferantenzahlungen; Terminkredite anstelle von teuren Kontokorrentkrediten).

Für unabsehbare externe Veränderungen oder Ausgaben (dazu gehören bspw. auch die bei neuen, oft disruptiven Geschäftsmodellen nicht unüblichen Kosten infolge wettbewerbsrechtlicher Abmahnungen von Konkurrenten!) ist insbesondere eine angemessene **Liquiditätsreserve** (planerisch) zu schaffen bzw. bereits bei der Ermittlung des Kapitalbedarfs entsprechend abzubilden. Eine ggf. erforderliche Nachfinanzierung aufgrund fehlerhafter Annahmen im Vorfeld kann für das Start-up nicht selten das **„Aus"** der unternehmerischen Tätigkeit darstellen.

Hintergrundinformation
Die Liquiditätsplanung ist also eine **kurzfristige** Detailplanung der in das Start-up fließenden bzw. der von dem Start-up zu leistenden Zahlungen. Charakteristisch für die Liquiditätsplanung ist, dass sie einen Planungshorizont von höchstens einem Jahr umfasst, hauptsächlich auf die Verfügbarkeit flüssiger Zahlungsmittel abzielt und mit den Daten der anderen betrieblichen Detailpläne (Kapitalbedarf, Rentabilität, usw.) korreliert (vgl. Becker 2018, S. 29).

3.1.2.2 Langfristige Finanzplanung

3.1.2.2.1 Kapitalbedarfsplanung

Gegenstand der **Kapitalbedarfsplanung** ist die Ermittlung des Kapitalbedarfs für einen festgelegten Zeitraum. Sie hängt insbesondere mit der Liquiditätsplanung untrennbar zusammen.

Die Kapitalbedarfsplanung beantwortet die Frage, **wie viel** Kapital das Unternehmen benötigt. Dazu sind alle Aufwendungen, die für Investitionen in das **Anlagevermögen** (§ 247 Abs. 2 HGB; darunter fallen alle Gegenstände, die dazu bestimmt sind, dauernd dem Geschäftsbetrieb zu dienen, also Büroeinrichtung, Investitionen in die Infrastruktur, Computer, Drucker etc.) sowie für Investitionen in das **Umlaufvermögen** (diejenigen Vermögensgegenstände des Unternehmens, die nicht dazu bestimmt sind, dauerhaft im Unternehmen zu verbleiben, wie z. B. die herzustellenden Produkte) zu berücksichtigen.

In die anfängliche Kapitalbedarfsplanung sind ferner sämtliche Aufwendungen für das **Personal** des Start-ups sowie die sonstigen **Gründungs-** und **Beratungskosten** wie Anwalts- und Notarkosten einzubeziehen.

3.1.2.2.2 Finanzierungsplanung (im engeren Sinne)

In der sich anschließenden **Finanzierungsplanung** (im engeren Sinne) ist der Frage nachzugehen, **wie** der im Vorfeld im Rahmen der Kapitalbedarfsplanung ermittelte Kapitalbedarf für das Unternehmen aufgebracht bzw. gedeckt werden soll. Dabei sind die verschiedenen **Finanzierungsquellen** und **-instrumente** zu eruieren sowie die **Finanzierungsstruktur** (insbesondere die Entscheidung, ob dem Unternehmen Fremd- oder Eigenkapital zugeführt werden soll) festzulegen.

3.1.2.2.3 Rentabilitätsplanung

Der **Rentabilitätsplan** zeigt schließlich auf, welche Auswirkungen die beabsichtigten Investitionen auf den prognostizierten **Umsatz,** die anzunehmenden **Kosten** und den zu erwartenden **Gewinn** des Unternehmens haben. Seine Annahmen bilden die Grundlage dafür, einen Investor von der wirtschaftlichen Tragfähigkeit des Unternehmens sowie der sich daraus abgeleiteten Kapitalrendite (Return-on-Investment („ROI")) zu überzeugen.

Schließlich ist die Vermehrung seines investierten Kapitals unmittelbar davon abhängig, in welcher Relation sich sein zu tätigendes Investment auf Basis der dem Rentabilitätsplan zugrunde liegenden Planzahlen entwickelt. Infolgedessen gehört das Erreichen einer möglichst hohen Rentabilität zu den **Primärzielen** eines erwerbswirtschaftlich geführten Unternehmens (vgl. Becker 2018, S. 9).

▶ Das Return-on-Investment beschreibt das prozentuale Verhältnis zwischen dem investierten Kapital des Investors und dem (Exit-)Gewinn, den das Unternehmen erwirtschaften konnte.

3.2 Gründungs-/Finanzierungsphasen

Die Unternehmensgründung ist typischerweise in verschiedene Phasen unterteilt. Diesen Unternehmensphasen stehen spiegelbildlich die entsprechenden Finanzierungsphasen gegenüber (vgl. dazu Abb. 3.4). Jede Unternehmensphase korreliert daher mit einer Finanzierungsphase.

3.2.1 Early Stages ((Pre-) Seed-, Start-up-Phase)

Am Anfang jeder Unternehmensgründung steht die Idee. Sie muss zunächst gefunden und hinsichtlich der Erfolgsaussichten geprüft werden (**Phase der Ideenfindung,** Kollmann 2019, S. 155). Im weiteren Verlauf sind die Unternehmensidee und das dahinterstehende Geschäftsmodell zu plausibilisieren – also auf ihre konkrete Machbarkeit („feasibility")

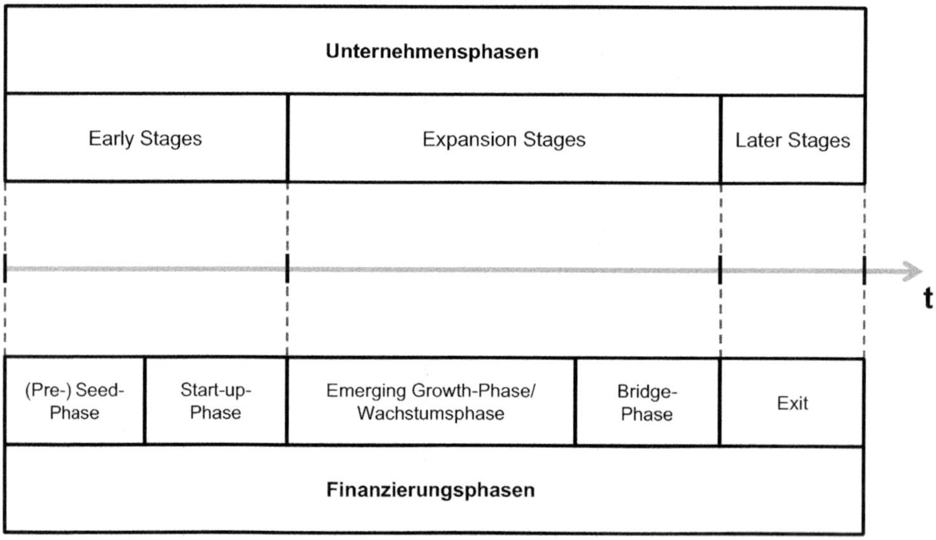

Abb. 3.4 Entwicklung der Unternehmensgründung und Finanzierungsphasen

hin zu überprüfen – und der dazugehörige Businessplan zu erstellen (**Phase der Ideenformulierung,** Kollmann 2019, S. 243). In einem weiteren Schritt müssen der oder die Gründer die Idee konsequent umsetzen (**Phase der Ideenumsetzung,** Kollmann 2019, S. 413). Die vorgenannten Unternehmensphasen der Ideenfindung, -formulierung und -umsetzung werden im Bereich der Unternehmensfinanzierung als **Early Stage** bezeichnet und dabei wiederum in die Pre-Seed, Seed- und Start-up-Phase unterteilt (Pott und Pott 2012, S. 232). Ein Überblick über die wesentlichen Merkmale der Early Stages ist Tab. 3.1 zu entnehmen.

In der **Pre-Seed** und **Seed-Phase** (hierzu s. Kap. 6) ist oft noch kein Unternehmen gegründet wurden, sondern die Gründer fokussieren sich auf die Ideensuche bzw. die Planung und Ausgestaltung der Umsetzung des konkreten Geschäftsmodells (Börner und Grichnik 2005, S. 71 f.). Bereits in dieser frühen Phase, besteht dennoch bereits ein Kapitalbedarf in Form initialer Betriebskosten zur Vorbereitung von z. B. Markt-, Akzeptanz-, und Machbarkeitsüberlegungen. Üblicherweise verwenden die Gründer eigene ersparte Mittel oder greifen auf Kapital aus dem Familien-, Freundes- und/oder Bekanntenkreis zurück.

Viele Gründer schaffen bereits in dieser frühen Phase die erforderlichen rechtlichen Strukturen für das Unternehmen. Gleichwohl ist auch in einem solchen Fall Voraussetzungen

Tab. 3.1 Überblick Early Stages

	(Pre-) Seed-Phase	Start-up-Phase
Tasks	Ausarbeitung der Geschäftsidee bzw. des dahinter stehenden Geschäftsmodells, erste Entwicklungsarbeiten Findung einer passenden (Unternehmens-)Rechtsform Erstellung eines Businessplans samt Pitch Deck	Gründung des Unternehmens Strategische Ausrichtung des Unternehmens/Beginn der operativen Tätigkeit Suche nach Investoren (insbesondere Venture Capital)
Ziel	Optisch ansprechender und inhaltlich belastbarer Businessplan samt Pitch Deck	Launch des Produkts/der Dienstleistung
Umsetzung Geschäftsidee	Erstellung eines Prototyps (Minimum Viable Product, MVP)	Abschluss der Entwicklungsarbeiten/ Produktionsbeginn
Benötigtes Know-how	Vor allem im Bereich Technik/IT	In den Bereichen Technik/IT, Unternehmensgründung und -organisation
Umsatz	Keine Umsätze	Erste Umsätze
Gewinn/Verlust	Keine Gewinne/geringe Verluste	Keine bis wenige Gewinne/sehr hohe Verluste
Kapitalbedarf	Oftmals noch gering	Mittel bis hoch
Unternehmerisches Risiko	Sehr hoch	Hoch

zung, dass die Unternehmensidee, welche schließlich mit dem Unternehmensgegenstand der später bzw. bestenfalls parallel zu gründenden juristischen Person (zu den für Start-ups besonders attraktiven Rechtsformen vgl. Abschn. 6.1.2) korreliert, erfolgreich gefunden und formuliert worden ist. Des Weiteren gilt es in dieser Phase, einen ansprechenden und vor allem belastbaren **Businessplan** zu erstellen, der die „Weichen" für die Investorenakquise stellt.

Erst in der **Start-up-Phase** (diesbezüglich s. Kap. 7) folgt die eigentliche Gründung des Unternehmens. Charakteristisch für dieses Stadium der Unternehmensgründung ist, dass auf der Grundlage des Businessplans das Produkt bzw. das Geschäftsmodell entwickelt, das Gründungsteam zusammenfindet und der Markt weiter erforscht wird. Die Start-up-Phase dient somit der **strategischen Ausrichtung** des Unternehmens und stellt die Weichen für die Aufnahme der **operativen Tätigkeit („Launch").** Da der Kapitalbedarf in dieser Finanzierungsphase bereits rapide ansteigt, empfiehlt sich eine Finanzierung durch Business Angels und ganz besonders **Venture Capital.** Als Gegenleistung für ein Investment wird der entsprechende Kapitalgeber regelmäßig eine Beteiligung („**equity**") an dem Start-up als Gesellschafter verlangen. Diesbezüglich werden die Gründer gemeinsam mit dem Investor einen **Beteiligungsvertrag** samt der dazugehörigen **Gesellschaftervereinbarung** (vgl. Abschn. 7.2.1.3) aushandeln, der ihre ökonomischen, rechtlichen und vor allem finanziellen Interessen hinreichend berücksichtigt und wahrt.

3.2.2 Expansion Stages (Wachstumsfinanzierung)

Mit dem erfolgten **Launch** der Unternehmensidee bzw. des Produktes am Markt endet die eigentliche Start-up-Phase. Die Grenzen zwischen beiden Phasen sind zu diesen frühen Unternehmensphasen fließend.

Eines der strategischen Hauptziele des jungen Unternehmens in der folgenden **Emerging Growth**- bzw. **Wachstumsphase** (hierzu s. Kap. 8; anhand der Tab. 3.2 werden die wichtigsten Merkmale dieses Stadiums dargelegt) besteht darin, die eigene Reichweite (insbesondere durch den Ausbau des Vertriebs über Online Marketing) auszuweiten und einen operativen **Cash-Flow** zu generieren, der im besten Fall die anstehenden Wachstumsinvestitionen selbst finanziert bzw. zumindest aber als Sicherheitspuffer genutzt werden kann. Damit lassen sich sodann perspektivisch neue Finanzierungsquellen (insbesondere eine Fremdfinanzierung) erschließen. Eine entsprechende Selbstfinanzierung ist in der Praxis dann möglich, wenn das Start-up die Gewinnschwelle, d. h. den sog. **Break-Even-Point,** überschreitet.

Für Start-ups mit überdurchschnittlichem Wachstumspotenzial – **High Flyer** – besteht in der Emerging Growth-Phase ferner die Möglichkeit der Vorbereitung des Börsengangs **(Bridge Phase/Pre-IPO).** Der Börsengang erfordert zwar noch weitere Investitionen in das Unternehmen, ermöglicht aber sowohl den Gründern als auch den Kapitalgebern im Ergebnis meist einen finanziell besonders lukrativen **Exit.**

Tab. 3.2 Überblick Expansion Stages

	Emerging Growth-Phase	Bridge-Phase
Tasks	Umfassende Marktdurchdringung Vertrieb auf- und ausbauen Unternehmensstruktur erweitern/verbessern (z. B. im Bereich Management, Human Resources, etc.)	Nochmalige Erweiterung des Vertriebs, Ausbau (Skalierung) der Produktion/Dienstleistungen (Diversifikation)
Ziel	Erreichen der Gewinnschwelle (Break-Even)	Exit, Börsengang (Initial Public Offering = IPO)
Umsetzung Geschäftsidee	Nationaler und internationaler Vertrieb (internationale Skalierung) des Produkts/der Dienstleistung	Nationale und internationale Expansion wird weiter verstärkt; evtl. Adaption neuer Produkte/Dienstleistungen (Vertikalisierung durch sog. „verticals")
Benötigtes Know-how	Nationales und internationales Management	Vor allem im Finanzmarktsektor, darüber hinaus in den Bereichen Technik/IT, Management
Umsatz	Starker Anstieg	Sehr starker Anstieg
Gewinn/Verlust	Gewinne übertreffen erstmals Verluste/Amortisation der Anfangsverluste	Hohe Gewinne/geringe Verluste
Kapitalbedarf	Sehr hoch	Sehr hoch
Unternehmerisches Risiko	Mittel bis gering	Sehr gering

Fazit

Die verschiedenen Modelle der Unternehmensfinanzierung werden – abhängig vom tatsächlichen Kapitalisierungsgrad des Unternehmens – grundsätzlich in das **No-Buget-,** das **Low-Budget-** sowie das **Big-Budget-Modell** unterteilt (vgl. Börner und Grichnik 2005, S. 71).

Für ein innovatives Start-up-Unternehmen ist der idealtypische Weg, dass die Gründer im Rahmen der **(Pre-) Seed-Phase** die Unternehmung als **No-Budget-Modell** beginnen und sich während der **Start-up-** bzw. in der **Emerging Growth-Phase** durch die Akquisition von Kapitalgebern zum **Big-Budget-Modell** vorarbeiten. ◄

Literatur

Becker, H. P. 2018. *Investition und Finanzierung. Grundlagen der betrieblichen Finanzwirtschaft.* Wiesbaden: Gabler.

Börner, C. J., und D. Grichnik. 2005. *Entrepreneurial Finance. Kompendium der Gründungs- und Wachstumsfinanzierung*. Heidelberg: Physica.

Ertl, M. 2003. Liquiditätsplanung – Grundlage eines Finanzierungs- und Liquiditäts-Risikomanagements. *BC* 2003:17–21.

Hahn, C. 2020. *Die 10 wichtigsten Begriffe im Venture Capital.* https://www.gruenderszene.de/business/venture-capital-wichtigste-begriffe-erklaert. Zugegriffen am 21.09.2021.

Kollmann, T. 2019. *E-Entrepreneurship. Grundlagen der Unternehmensgründung in der Net Economy.* Wiesbaden: Gabler.

Kollmann, T., und A. Kuckertz. 2003. *E-Venture-Capital. Unternehmensfinanzierung in der Net Economy. Grundlagen und Fallstudien.* Wiesbaden: Gabler.

Nathusius, K. 2001. *Grundlagen der Gründungsfinanzierung. Instrumente – Prozesse – Beispiele.* Wiesbaden: Gabler.

Pott, O., und A. Pott. 2012. *Entrepreneurship. Unternehmensgründung, unternehmerisches Handeln und rechtliche Aspekte.* Berlin: Springer.

Weitnauer, W. 2019. *Handbuch Venture Capital. – Von der Innovation zum Börsengang.* München: Beck.

Finanzierungsstruktur 4

Christopher Hahn

Die Wahl der richtigen **Finanzierungsstruktur** ist bereits frühzeitig im Hinblick auf die Steigerung des Unternehmenswertes und die Bewertung beim Exit von Bedeutung (vgl. Weitnauer 2019, S. 142). Dies gilt nicht nur für die Sicherstellung ständiger **Liquidität** des Start-ups, sondern ebenso in Bezug auf dessen **Wachstumsgeschwindigkeit,** die maßgeblich davon abhängt, ob sich die Gründer auf die eigentliche Geschäftsentwicklung konzentrieren können, ohne sich fortlaufend um frisches Kapital bemühen zu müssen (Weitnauer 2019, S. 142). Ferner bestimmt die der Finanzierungsstruktur folgende Verteilung der Geschäftsanteile am Unternehmen (cap table) maßgeblich die Struktur sowie Machbarkeit einer Folgefinanzierung.

Hinsichtlich der dem Start-up zur Verfügung stehenden Kapitalquellen ist grundsätzlich zwischen der **Kapitalquelle** (Innen-/Außenfinanzierung) sowie nach der **Rechtsstellung** der **Kapitalgeber** bzw. der **Haftungsqualität** (Eigen-/Fremdkapital) des in das Start-up fließenden Kapitals zu unterscheiden. Diese Differenzierung ist Ausgangspunkt der Unternehmensfinanzierung. Einen Überblick über die denkbaren Finanzierungsstrukturen gibt Abb. 4.1.

4.1 Kapitalherkunft

Zur Stärkung der Eigenkapitalbasis in der Seed- und Start-up-Phase sowie zur Finanzierung des weiteren Wachstums in späteren Unternehmensphasen hat das Unternehmen grundsätzlich zwei Möglichkeiten: die **Innen**- und die **Außenfinanzierung.**

C. Hahn (✉)
trustberg LLP Rechtsanwälte, Berlin, Deutschland
E-Mail: christopher.hahn@trustberg.com

C. Hahn (Hrsg.), *Venture Capital*, https://doi.org/10.1007/978-3-658-33700-1_4

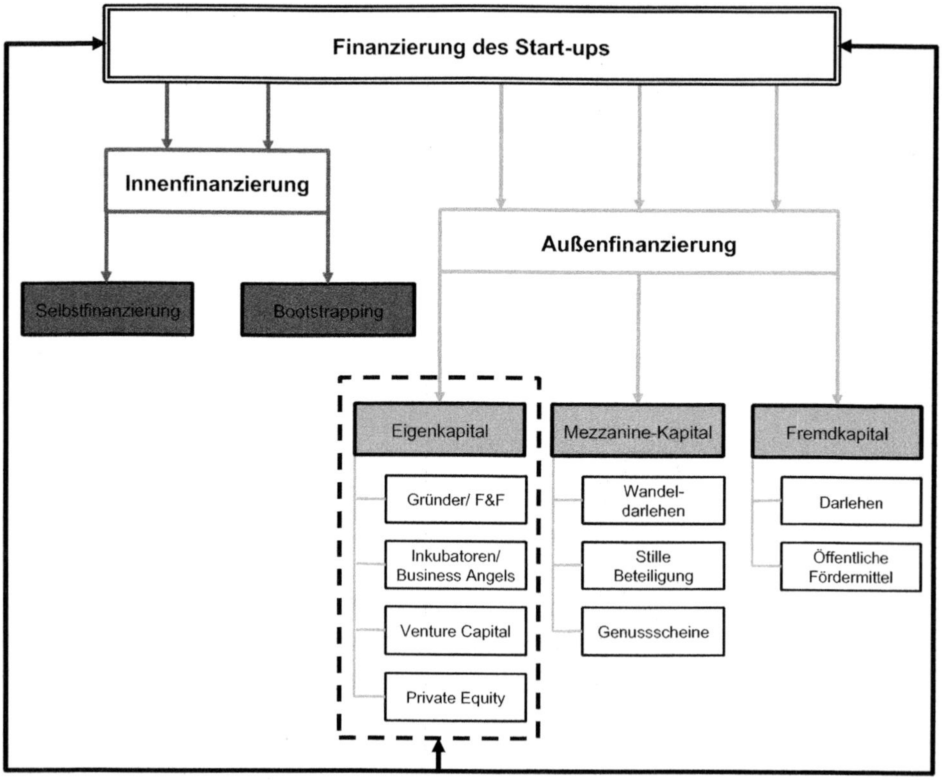

Abb. 4.1 Überblick Finanzierungsstrukturen

Eine starke **Eigenkapitalbasis** hat für die Finanzierung und für die Existenz des Start-ups höchste Priorität, da sie nicht nur die **Liquidität** des Unternehmens sichert, sondern darüber auch die maßgebliche Kennziffer („Eigenkapitalquote“) ist, um **Fremdkapital** zu erhalten.

► Die Eigenkapitalquote, also das Verhältnis vom Eigenkapital zum Gesamtkapital (Bilanzsumme) des Unternehmens ist für die Vergabe von Fremdkapital entscheidend.

4.1.1 Innenfinanzierung

► **Definition** Werden die zur Finanzierung verwendeten Mittel von dem Start-up **selbst erwirtschaftet** und stammen demnach aus dem **eigenen Umsatzprozess** des Unternehmens, liegt eine sog. **Innenfinanzierung** vor.

Eine Innenfinanzierung liegt vor, soweit das Start-up seine Eigenkapitalbasis aus Umsätzen oder sonstigen Erlösen dadurch stärkt, dass es Gewinne einbehält **(thesauriert)** und entsprechende Rücklagen bildet (Eilenberger und Haghani 2008, S. 10). Das Unternehmen erhält dabei keine neue Liquidität von außen, sondern es werden **Finanzierungseffekte** durch vom Unternehmen selbst erwirtschaftete Finanzmittel erzielt (Werner und Kobabe 2007, S. 9, 27 ff.).

Eine Innenfinanzierung kommt somit überhaupt erst dann in Betracht, wenn das Unternehmen **eigene** operative **Erlöse** generiert. Für Start-ups in der Gründungsphase ist eine Innenfinanzierung folglich nur denkbar, sofern das Geschäftsmodell bzw. der Wertschöpfungsprozess des Start-ups bereits aus sich heraus in der Lage ist, Umsätze zu erwirtschaften. In der Praxis wird dies nur bei solchen Geschäftsmodellen der Fall sein, die eine extreme (potenzielle) **Skalierbarkeit** aufweisen. Unter Skalierbarkeit versteht man insoweit den Effekt, dass Erträge eines Unternehmens überproportional gegenüber dem Aufwand wachsen (können), also der erst- und einmalige Launch des Produktes bzw. des Geschäftsmodells **multiplikative Ertragseffekte** nach sich zieht (vgl. Kollmann 2019, S. 269).

Neben dem in das Unternehmen fließenden **Cashflow** aus operativen Erlösen ist darüber hinaus weitere Voraussetzung für eine erfolgreiche Innenfinanzierung, dass die Aufwandssituation im Unternehmen **positiv** ist, also die zur Aufrechterhaltung des Geschäftsbetriebs erforderlichen Gemeinkosten (auch **Overheadkosten**) die erwirtschafteten Erträge nicht übersteigen.

Die wesentlichen Kapitalquellen der Innenfinanzierung sind die **Selbstfinanzierung** – insbesondere durch Sweat Equity, Moonlighting und Anzahlungen (vgl. auch Abschn. 3.1.1.1.1) – und das sog. **Bootstrapping** (diesbezüglich s. Abschn. 5.1), bei dem es sich um eine finanzielle „Einschnürung“ handelt, die sich insofern durch die Akquise verschiedener Ressourcen – ohne hierfür Geld zu leihen oder Eigenkapital aus traditionellen Quellen einzuwerben – auszeichnet (Schultz 2011, S. 108).

► **Wichtig** Für die Start-up-Finanzierung sind die Mechanismen der Innenfinanzierung praktisch eher zu **vernachlässigen,** obgleich der wesentliche Vorteil einer Innenfinanzierung natürlich darin besteht, dass sich die Gründer des Unternehmens ihre vollständige **Autonomie** bewahren, da keine Geschäftsanteile abgegeben werden und somit u. a. weder andere Gesellschafter über Gewinnausschüttungen noch externe Dritten über Zinszahlungen bedient werden müssen.

4.1.2 Außenfinanzierung

► **Definition** Bei der Außenfinanzierung fließt dem Start-up Kapital von außen, also nicht aus dem betrieblichen Umsatzprozess, sondern aus Kapitaleinlagen zu.

Lässt sich – was der praktische Regelfall ist – eine Innenfinanzierung mangels operativer Erlöse in der Anfangsphase nicht bewerkstelligen und besteht daher eine Eigenkapitallücke, muss diese durch **externe Kapitalgeber** geschlossen werden, um die Überlebensfähigkeit des Start-ups und somit der Unternehmensidee zu sichern. Die Gründer haben die

Möglichkeit, **liquide Mittel** in das Start-up einzubringen bzw. die **Eigenkapitalbasis** – welche für Folgefinanzierungen von elementarer Bedeutung ist – durch die Aufnahme von außerhalb des Unternehmens stehender Investoren zu stärken

Stark wachstumsorientierte Technologie-Start-ups sind speziell in den **Early Stages** meist auf externes Kapital angewiesen, um ihren hohen Kapitalbedarf zu decken (Schultz 2011, S. 111). Die Außenfinanzierung kann dabei in Form der klassischen Kreditfinanzierung (**Fremdfinanzierung**) oder als **Eigenfinanzierung** von außen in Form von Einlagen bzw. Beteiligungen erfolgen. Somit ist bspw. auch die Bereitstellung von Kapital durch die bisherigen Gesellschafter (z. B. über ein „Gesellschafterdarlehen") als Außenfinanzierung – genauer: als Eigenfinanzierung von außen – zu qualifizieren (Werner und Kobabe 2007, S. 9).

Bei der Außenfinanzierung ist folglich zwischen Eigen- und Fremdfinanzierung zu unterscheiden, je nachdem, ob das Unternehmen frisches Eigenkapital oder Fremdkapital zur Verfügung gestellt bekommt. Darüber hinaus wird auch eine **Mezzanine-Finanzierung** – bei der es sich um eine Zwischenform der Eigen- und Fremdkapitalfinanzierung handelt und die in der Praxis meist über sog. **Wandeldarlehen** („convertible loan") erfolgt – von der Außenfinanzierung umfasst.

4.2 Haftungsqualität des Kapitals

> Die Begriffe der Innen- und Außenfinanzierung sind streng von dem Begriffspaar Eigen- und Fremdfinanzierung bzw. Eigen- und Fremdkapital zu unterscheiden. Im Gegensatz zu ersteren geben diese nicht Auskunft über die Kapitalherkunft, sondern über die Rechtsstellung der Kapitalgeber bzw. die Haftungsqualität des zur Verfügung gestellten Kapitals (Werner und Kobabe 2007, S. 10).

4.2.1 Eigenkapital

▶ **Definition** Unter **Eigenkapital** („**equity**") versteht man diejenigen Finanzierungsmittel, die von den Gründern und künftigen Gesellschaftern (Investoren) eines Start-ups zu dessen Finanzierung aufgebracht werden.

Die Eigenfinanzierung umfasst die Finanzierung des Unternehmens durch **Eigenkapital.** Das Eigenkapital trägt das höchste Haftungsrisiko, da es in der Rangstelle bei der Rückzahlung im Falle einer Liquidation oder Insolvenz des Unternehmens ganz am Ende steht. Es dient somit dem **Gläubigerschutz,** da die Forderungen der Fremdkapitalgeber vor einer Rückzahlung an die Eigenkapitalgeber vorrangig zu befriedigen sind. Ohne Eigenkapital sind alle sonstigen, auf eine vorhandene Eigenkapitalbasis aufbauenden Finanzierungsinstrumente wie Fremdkapital (vgl. dazu Abschn. 4.2.2) oder Mezzanine Kapital (s. Abschn. 4.3 und 7.2.1.4) nicht zu bekommen (Weitnauer 2019. S. 145).

Bei bereits bestehenden Unternehmen ist vom Begriff der Eigenfinanzierung auch die Innenfinanzierung (Selbstfinanzierung) durch die Einbehaltung erzielter Gewinne umfasst (Werner und Kobabe 2007, S. 10).

Eigenkapitalgeber sind Kapitalgeber, die sich mit ihrem Investment bzw. ihrer Einlage in das Unternehmen einkaufen und entsprechende Anteile am Unternehmen übernehmen. Begrifflich wird diese Finanzierungsform auch als **Einlagenfinanzierung** bezeichnet. Darüber hinaus ist auch das von den Gründern des Start-ups selbst bereitgestellte Kapital, das die Gründer ihrem Unternehmen mittels Einlage privater Mittel aus ihrem Vermögen zuführen, Eigenkapital.

Das Eigenkapital ist stets dem Risiko eines **Totalverlusts** ausgesetzt. Dem Verlustrisiko des Eigenkapitals und seiner nachrangigen Behandlung bei der Befriedigung der Forderungen von Gläubigern folgt eine hohe Renditeerwartung der Kapitalgeber in Form erfolgsabhängiger Dividenden oder Gewinnausschüttungen bzw. – vor allem bei Start-ups – eine ebenso große Erwartung an einen hohen Exit-Erlös. Im Gegensatz zum Fremdkapital wird Eigenkapital dem Start-up zinsfrei und ohne die Verpflichtung zu regelmäßigen Tilgungsleistungen überlassen. Es wird von Investoren unbefristet bereitgestellt und ist – abgesehen von Milestoneregelungen, vgl. Abschn. 7.2.1.3.2.1 – nicht an eine bestimmte Geschäftsentwicklung des Unternehmens gebunden (Kollmann 2019, S. 223).

Die Höhe des Eigenkapitals hat ferner unmittelbare Auswirkungen auf die Rentabilität des Start-ups. So ist der sog. **„Return-on-Investment“ (ROI),** also die für Investoren maßgebliche Kennziffer zur finanzanalytischen Berechnung der Kapitalrendite, die sich aus dem Verhältnis des Gewinns zum eingesetzten Gesamtkapital errechnet, umso größer, je geringer das investierte Eigenkapital ist.

Der **Wert** des Eigenkapitals und somit die Rendite des Investments konkurriert ferner mit dem Unternehmenswert. Firmiert das Start-up als Kapitalgesellschaft (hierzu s. Abschn. 6.1.2), haften die Eigenkapitalgeber **vollumfänglich** mit ihrer Einlage, also in Höhe des Kapitals, das sie dem Start-up zuführen. Als Gegenleistung hierfür werden Eigenkapitalgeber – durch Abschluss eines entsprechenden Beteiligungsvertrags (vgl. Abschn. 7.2.1.3) – am Unternehmen **beteiligt.** Insofern erhalten sie unmittelbare Mitsprache-, Einsichts- und Kontrollrechte am Start-up. Die Einzelheiten und die Reichweite dieser Rechte können nicht pauschal bestimmt werden, sondern richten sich dabei individuell nach den Bestimmungen des Beteiligungsvertrages bzw. der Gesellschaftervereinbarung (diesbezüglich s. Abschn. 7.2.1.3.3).

Zu den wichtigsten Finanzierungsquellen bei einer Eigenkapitalfinanzierung gehören:

- **Eigenleistungen** der Gründer/Gesellschafter,
- **Inkubatoren/Accelerators** (s. Abschn. 5.3),
- **Business Angels** (s. Abschn. 5.2),
- **Venture Capital** (vgl. Abschn. 5.4 und 7.2.1) sowie
- **Private Equity** (vgl. Abschn. 5.5 und 8.2.1).

▶ **Wichtig** Die Bedeutung von Eigenkapital ist in jeder Unternehmensphase **immens**. Eine solide Ausstattung mit Eigenkapital erhöht die Finanzkraft der Liquidität des Unternehmens und ist demzufolge einer der wichtigsten Erfolgsfaktoren für das unternehmerische Wachstum. Darüber hinaus trägt es durch seine uneingeschränkte Haftung ein größeres Risikopotenzial als Fremdkapital und stellt somit seinerseits eine bedeutende Sicherheit für Fremdkapitalgeber dar (Werner und Kobabe 2007, S. 14).

4.2.2 Fremdkapital

▶ **Definition** Bei **Fremdkapital** handelt es sich um Mittel, die dem Start-up von externen Kapitalgebern unter der Maßgabe ihrer Rückzahlung und Verzinsung zur Verfügung gestellt werden.

Als Fremdfinanzierung wird die Finanzierung mit Fremdkapital bezeichnet. Fremdkapitalgeber stellen dem Start-up unter der Maßgabe der Rückzahlung sowie gegen regelmäßige Zins- und Tilgungsleistungen für einen befristeten Zeitraum Kapital zur Verfügung. Typische Finanzierungsinstrumente sind **Bankkredite** (s. Abschn. 5.7) und **öffentliche Fördermittel** (vgl. Abschn. 5.6). Unabhängig von Gewinn oder Verlust ist das Fremdkapital des Unternehmens im Falle einer Liquidation oder Insolvenz des Unternehmens vorrangig zu befriedigen (Werner und Kobabe 2007, S. 8).

Aufgrund der für die Bereitstellung von Fremdkapital bestehenden **strengen** Anforderungen in Bezug auf die vom Empfänger zu gewährenden Sicherheiten, kommt eine entsprechende Finanzierung für das Start-up selbst häufig erst dann in Betracht, wenn es über regelmäßige Einkünfte verfügt und somit selbst Kapital erwirtschaftet oder zumindest mit hinreichend Eigenkapital ausgestattet ist. Davon zu unterscheiden ist die Konstellation, dass die Gründer des Unternehmens persönliche Sicherheiten stellen und somit die Fremdfinanzierung ihres Unternehmens ermöglichen.

Der Fremdkapitalgeber erwirbt weder **Geschäftsanteile** noch sonstige **Mitsprache-** sowie **Kontrollrechte** am Start-up. Im Gegenzug besteht für den Investor auch keine Haftung. Dies hat zur Folge, dass die wirtschaftliche Entwicklung des Start-ups ohne Auswirkungen auf die Zahlungsansprüche des Fremdkapitalgebers ist. Allein die dem Investor zukommenden Zinszahlungen bilden als erfolgsunabhängige Rendite die Motivation des Kapitalgebers zur Kapitalzuführung an das Start-up.

▶ Auch bei einer Finanzierung mit Fremdkapital kann die Rendite erfolgsabhängig ausgestaltet sein. Bei diesen sog. **partiarischen Darlehen** erhält der Kapitalgeber anstelle von Zinsen einen bestimmten Anteil vom Gewinn oder Umsatz des Unternehmens. Partiarische Darlehen haben somit Ähnlichkeit mit der sog. stillen Gesellschaft, vgl. dazu 5.2.2.3.

Sofern die Gründer sowohl Eigen- als auch Fremdkapitalquellen zur Finanzierung ihres Start-ups in Betracht ziehen, sollten ihnen die **charakteristischen Unterschiede** der entsprechenden Finanzierungsstrukturen bekannt sein. Um dies zu erleichtern, zeigt Abb. 4.2 die wichtigsten Wesensmerkmale der Eigen- und Fremdkapitalfinanzierung auf.

> **Wichtig** Die Inanspruchnahme von Fremdkapital hat gegenüber Eigenkapital den Vorteil, dass die Gründer keine Anteile an den Kapitalgeber abgeben müssen und somit den bisherigen Gründern rechtlich keine Eigentums- und Mitspracherechte am Unternehmen verloren gehen. Nachteilig ist, dass Ansprüche der Fremdkapitalgeber gegenüber Ansprüchen der Eigenkapitalgeber vorrangig zu bedienen sind. Darüber hinaus können auch Fremdkapitalgeber im Wege vertraglicher Sondervereinbarungen nicht unerhebliche faktische Mitspracherechte innehaben, die umso intensiver ausgestaltet sind, je größer die Summe des bereitgestellten Kapitals ist.

4.3 Mezzanine – Finanzierung

Definition Unter **Mezzanine-Kapital** versteht man eine Zwischenform von Eigen- und Fremdkapital, die insoweit ein hybrides Finanzierungsinstrument darstellt (Kollmann und Kuckertz 2003, S. 17).

Eine Mischform der Eigen- und Fremdkapitalfinanzierung stellt die sog. **Mezzanine-Finanzierung** (von ital. „mezzo" = halb) dar (hierzu s. auch Abschn. 7.2.1.4, zu den Unterschieden von Eigen-, Mezzanine- und Fremdkapital vgl. Tab. 4.1). Je nach Ausprägung kann diese Finanzierungsform in ihrer rechtlichen und wirtschaftlichen Ausgestaltung eher eigenkapitalähnlich in Form von Wandeldarlehen („convertible loan", s. hierzu Abschn. 5.2.2.2), Genussrechten/-scheinen oder atypisch stillen Beteiligungen gestaltet werden (sog. **„Equity Mezzanine"**) oder als typische stille Beteiligung oder nachrangiges bzw. partiarisches Darlehen strukturell zum Fremdkapital tendieren (sog. **„Debt Mezzanine"**).

Die genaue Ausgestaltung bzw. Zusammensetzung einer mezzaninen Finanzierung folgt keinem festgelegten Muster, sondern unterliegt der individuellen Vereinbarung im Einzelfall. Attraktiv wird sie dadurch, dass sie sowohl aus Risiko- wie auch Renditegesichtspunkten einen interessanten Mittelweg zwischen den Kapitalformen darstellt (Kollmann 2019, S. 224).

Über entsprechende vertragliche Konstruktionen lässt sich einerseits **(„fremdkapitalähnliches")** Eigenkapital beschaffen, dessen befristete Laufzeiten, fixierte Zinszahlungen und feste Rückzahlungsansprüche an sich für Fremdkapital typisch sind. Auf der anderen Seite fließt dem Unternehmen **(„eigenkapitalähnliches")** Fremdkapital zu, das jedoch abweichend vom Normalfall unternehmerische Kontroll- und Entscheidungsbefugnisse der Kapitalgeber mit sich bringt sowie zur Zahlung einer erfolgsabhängigen Dividende

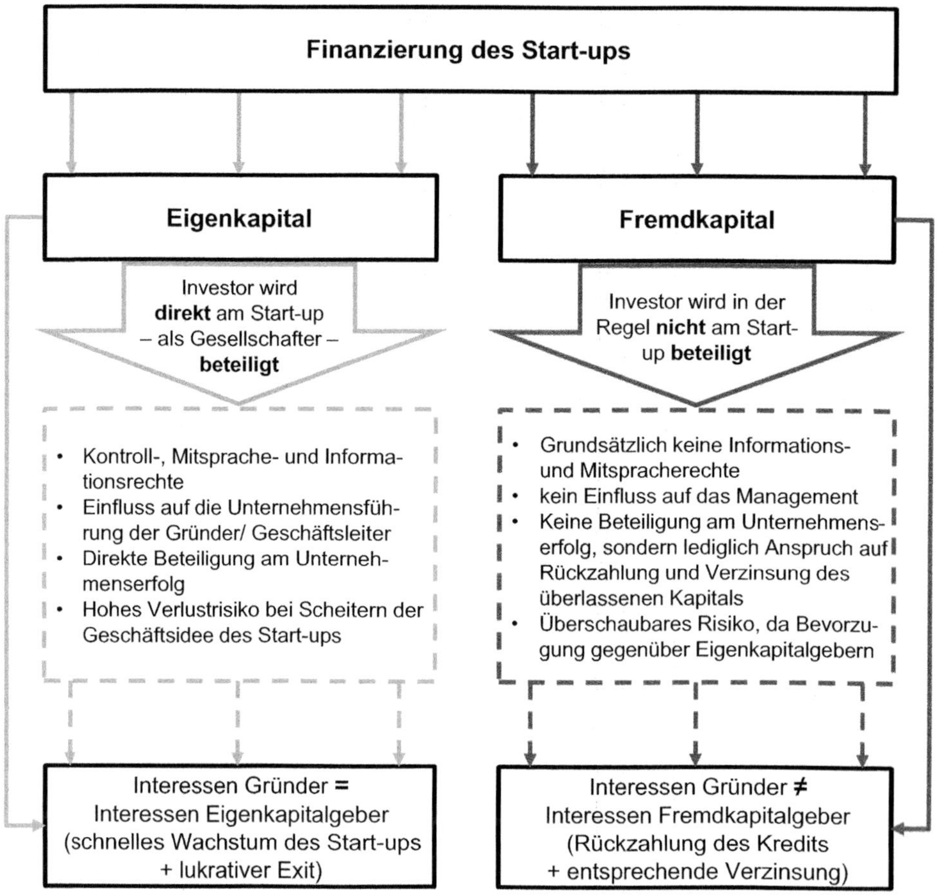

Abb. 4.2 Wesensmerkmale der Eigen- und Fremdkapitalfinanzierung

(im Gegensatz zu einer fixierten Zinszahlung) verpflichtet (Eilenberger und Haghani 2008, S. 86).

Aufgrund dieser Mischung aus Eigen- und Fremdfinanzierung besteht der Vorteil für Investoren darin, dass diese einerseits über das bereitgestellte Eigenkapital an Wertsteigerungen des Unternehmens beteiligt sind, dabei jedoch zugleich über die Finanzierungsbestandteile mit Fremdkapitalcharakter (variable) Rückzahlungsbedingungen festlegen können, ohne dass dieser Rückzahlungsanspruch von der wirtschaftlichen Entwicklung des Start-ups beeinträchtigt wird.

Da das Mezzanine-Kapital **wirtschaftlich** Eigenkapital darstellt, verbessert sich das Verhältnis zwischen Eigen- und Fremdkapital und somit auch die Bilanzstruktur des Unternehmens. Die Sicherheiten des Unternehmens werden dadurch nicht beeinflusst, was dem Unternehmen zu einer besseren Kreditwürdigkeit verhilft.

Tab. 4.1 Unterschiede Eigen-, Mezzanine- und Fremdkapital

	Eigenkapital	Mezzanine-Kapital	Fremdkapital
Rechtsstellung des Investors	Gesellschafter des Start-ups	Gestaltungsabhängig, i. d. R. Gläubiger	Gläubiger des Start-ups
Haftung	Soweit Start-up als Kapitalgesellschaft firmiert, in Höhe der geleisteten Einlage; ansonsten unbegrenzt	Gestaltungsabhängig, bei Wandlung („conversion") beim Wandeldarlehen wie Eigenkapital	Keine Haftung, da Gläubigerstellung
„Gegenleistung" für das Investment	Geschäftsanteile, Beteiligung am Start-up (und der Geschäftsführung)	Rückzahlungspflicht, je nach Gestaltung darüber hinaus erfolgsabhängige Verzinsung, anders bei Wandlungspflicht des Wandeldarlehens	Rückzahlungspflicht und darüber hinausgehende Zinsen
Beteiligung am unternehmerischen Erfolg	Teilhabe an Gewinn und Verlust, Wertentwicklung der Geschäftsanteile und am Exit-Erlös	Erfolgsabhängige Verzinsungsanteile; bei Wandlung wie Eigenkapital plus „Discount"	Nein
Mitsprache-, Kontroll- und Informationsrechte (Einflussnahme auf die Geschäftsleitung)	Werden regelmäßig im Rahmen des Beteiligungsvertrags gewährt sowie nach GmbHG/AktG	Können gewährt werden	Werden in der Regel nicht gewährt (Ausnahme: „Covenants")
Zeitraum des Investments	In der Regel unbefristet	Befristetes Eigenkapital (Ausnahme: „Zwingende Wandlung")	Feste Laufzeit (Kündigung innerhalb vereinbarter Fristen möglich)
Sicherheiten erforderlich	Nein	In der Regel nicht erforderlich	Ja
Auswirkungen von Kapitalerhöhungen	„Verwässerung" der Einlage	Grundsätzlich keine „Verwässerung", (Ausnahme: Wandlung)	Keine Verwässerung
Rang bei Insolvenz	Nachrang gegenüber Fremd- und Mezzanine-Kapital	Nachrang gegenüber Fremdkapital	Vorrangig gegenüber allen anderen Kapitalarten

Wichtig Aus der Perspektive der Gründer hat eine Mezzanine-Finanzierung den Vorteil, dass diese grundsätzlich **„günstiger"** – weniger Anteile am eigenen Unternehmen müssen den Investoren übertragen werden – als eine reine Eigenkapitalfinanzierung ist, da die geringere Risikoerwartung der Investoren – das bereitgestellte Fremdkapital ist ohnehin zurückzuzahlen sowie zu verzinsen – insgesamt zu einer verminderten Renditeforderung der Investoren führt (Kollmann 2019, S. 224). Darüber hinaus ist eine derartige Finanzierung immer dann von Vorteil, wenn die Gründer des Start-ups trotz eines sehr hohen Kapitalbedarfs verhindern wollen, dass sich ihre eigene Beteiligungsquote am Unternehmen dadurch vermindert (**„Verwässerung“**), dass Investoren zu viele Geschäftsanteile übernehmen.

Fazit

Da die Möglichkeiten einer **Innenfinanzierung** oftmals bereits in der **Seed-Phase** erschöpft sein werden, sollten die Gründer schon innerhalb der **Early Stages** der Unternehmensgründung eine **Außenfinanzierung** mittels **Eigen-, Mezzanine- oder Fremdkapital** in Betracht ziehen.

Die Vorteile des Fremdkapitals bestehen darin, dass die Gründer dem Kapitalgeber weder Geschäftsanteile überlassen, noch (in aller Regel) Mitsprache-, Kontroll- und Informationsrechte einräumen müssen. Allerdings sind das überlassene Investment nach einer bestimmten Frist zurückzuzahlen sowie Zinsleistungen zu erbringen. Darüber hinaus wird ein Fremdkapitalgeber in der Praxis regelmäßig Sicherheiten verlangen. Demgegenüber steht das Eigenkapital dem Start-up dauerhaft zur Verfügung und muss nicht zurückgezahlt werden.

Möchten die Gründer die Vorteile der Fremd- und der Eigenkapitalfinanzierung kombinieren, kann eine Finanzierung mittels Mezzanine-Kapital zweckmäßig sein. Bei einer derartigen Kapitalbeschaffung kommt es sodann auf die richtige **„Mischung“** der jeweiligen Finanzierungskomponenten an. ◄

Literatur

Eilenberger, G., und S. Haghani. 2008. *Unternehmensfinanzierung zwischen Strategie und Rendite*. Berlin: Springer.

Kollmann, T. 2019. *E-Entrepreneurship. Grundlagen der Unternehmensgründung in der Net Economy*. Wiesbaden: Gabler.

Kollmann, T., und A. Kuckertz. 2003. *E-Venture-Capital. Unternehmensfinanzierung in der Net Economy. Grundlagen und Fallstudien*. Wiesbaden: Gabler.

Schultz, C. 2011. *Die Finanzierung technologieorientierter Unternehmen in Deutschland. Empirische Analysen der Kapitalverwendung und -herkunft in den Unternehmensphasen*. Wiesbaden: Gabler & Springer Fachmedien.

Weitnauer, W. 2019. *Handbuch Venture Capital – Von der Innovation zum Börsengang*. München: Beck.

Werner, H. S., und R. Kobabe. 2007. *Handelsblatt Mittelstands-Bibliothek*, Finanzierung, 6. Aufl. Stuttgart: Schäffer-Poeschel.

5 Kapitalgeber

Christopher Hahn

5.1 Selbstfinanzierung durch Bootstrapping

Das **Bootstrapping** (engl. für „sich die Schuhe enger schnüren" bzw. „sich aus eigener Kraft hocharbeiten") ist eine Form der **Innen-/Eigenfinanzierung** , die sich durch eine – aufgrund von Ressourcenknappheit im Kapitalbereich bedingte – (finanzielle) **„Einschnürung"** charakterisiert. Dabei greifen die Gründer zur Finanzierung des Start-ups in der Regel auf ihre eigenen **Ersparnisse** sowie auf die Unterstützung ihnen nahestehender Personen **(„Family and Friends")** zurück.

Für die meisten Start-ups wird die Selbstfinanzierung durch **Bootstrapping** (hierzu vgl. auch Abschn. 3.1.1.1) – allenfalls – in der **(Pre-)Seed-Phase** in Betracht kommen. Ausnahmen gelten jedoch für sog. **„life-style Ventures"**, also kleinere Start-ups, die mehr der Selbstverwirklichung der Gründer als der Schaffung eines nachhaltigen Unternehmens dienen (Kollmann 2019, S. 226). Lifestyle Ventures verzichten insofern oftmals gänzlich auf eine Außenfinanzierung, sodass die Gründer **„ihr"** Unternehmen allein anhand ihrer eigenen ideellen Werte und kulturellen Prinzipien entwickeln können.

Durch Bootstrapping wird das Start-up mithilfe der den Gründern zur Verfügung stehenden Ressourcen im Idealfall so weit aufgebaut, bis es sich – und auch den Lebensunterhalt der Gründer – durch das Erwirtschaften eines positiven **Cash-Flows** selbst finanziert. Diese Strategie bietet generell den **Vorteil** (zu Vor- und Nachteilen des Bootstrapping s. auch Abb. 5.1), dass sich die Gründer voll und ganz auf die Entwicklung der Geschäftsidee konzentrieren können, da zeitintensive **„Ablenkungen"** – wie bspw. die Akquise von

C. Hahn (✉)
trustberg LLP Rechtsanwälte, Berlin, Deutschland
E-Mail: christopher.hahn@trustberg.com

C. Hahn (Hrsg.), *Venture Capital*, https://doi.org/10.1007/978-3-658-33700-1_5

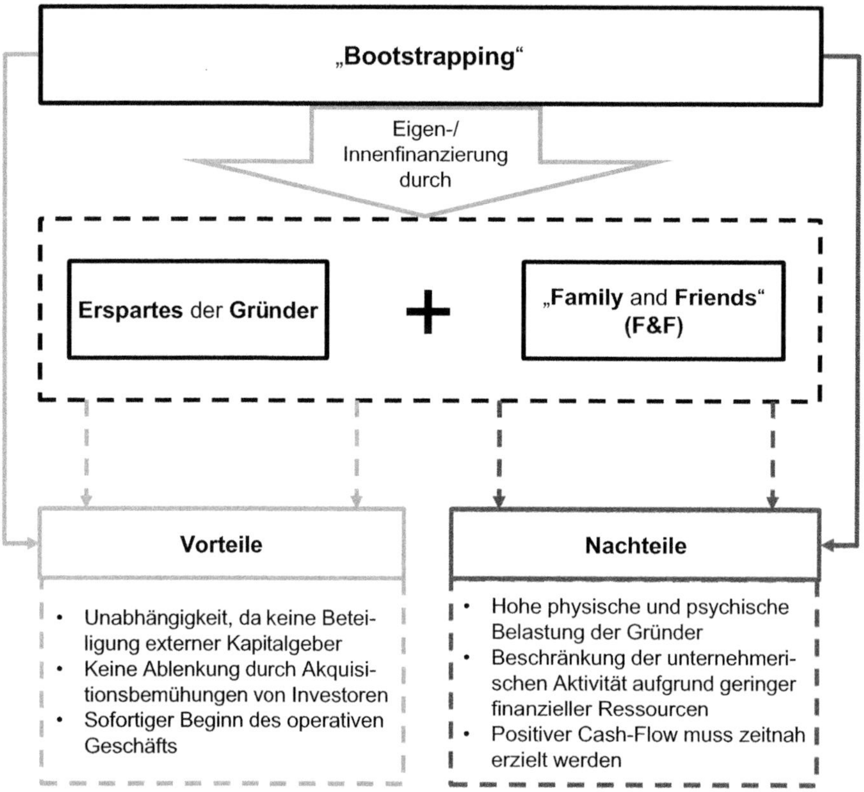

Abb. 5.1 Vor- und Nachteile des Bootstrappens

Investoren – aufgrund der eigenständigen („indogenen") Unternehmensfinanzierung regelmäßig nicht entstehen (Wolpers 2011).

Die Fokussierung auf das **„Wesentliche"** mag in gewisser Weise von einem philosophischen Aspekt getragen sein, führt in der Praxis aber dazu, dass die Gründer – abgesehen von Mitarbeitern, Kunden und Geschäftspartnern – niemandem außer sich selbst Rechenschaft schulden und demnach die vollständige Kontrolle über ihr Unternehmen behalten (Guggi 2012). Um diese **Unabhängigkeit** langfristig aufrecht zu halten, müssen die Gründer allerdings sofort mit dem **operativen Geschäftsbetrieb** beginnen, um schnellstmöglich operative Erlöse zu erzielen.

Ein **Manko** des Bootstrappings ist, dass die unternehmerische Aktivität der Gründer durch die geringen finanziellen Mittel/Ressourcen begrenzt wird (Kollmann und Kuckertz 2003, S. 19). Für Gründer, deren Fokus mehr auf der **unternehmerischen Entwicklung** des Start-ups hin zu einem skalierbaren Geschäftsmodell als auf der subjektiven Selbstverwirklichung als „founder" („Gründen, nur um Gründer zu sein") liegt, wird daher spätestens in der Start-up-Phase eine **Außenfinanzierung** notwendig werden. Schon innerhalb der (Pre-) Seed-Phase erfordern die allgemeinen Vorbereitungskosten zur Ideenfindung bzw. Ausformulierung in einem Businessplan – auch wenn eine unternehmerische Tätigkeit als solche noch gar nicht besteht – einen bestimmten Kapitalbedarf (Kollmann 2019, S. 134), der in der Regel nicht durch das Bootstrapping allein befriedigt werden kann. Gleiches gilt, sofern es dem Start-up nicht gelingt, zeitnah einen **positiven Cash-Flow** zu generieren, der gerade bei digitalen Geschäftsmodellen wiederum oft überhaupt erst mit erheblichen Investitionen in das Marketing erreichbar sein wird.

Sollten die Gründer trotz dieser Nachteile eine dauerhafte Unternehmensfinanzierung durch Bootstrapping in Betracht ziehen, gilt es folgendes zu beachten:

- Bootstrapping setzt voraus, dass sich die Gründer sowohl mit ihrer Geschäftsidee und ihrem Start-up uneingeschränkt **identifizieren** können.
- Jungunternehmer mit Familie sollten vom Bootstrapping eher Abstand nehmen, da die ausschließliche Fokussierung auf die Umsetzung der Unternehmensidee aufgrund der damit einhergehenden Reduzierung des Lebensstandards sowohl zu starken **physischen** sowie **psychischen** Belastungen als auch zur **Vernachlässigung** sozialer Kontakte führen kann.
- **Ziel** des Bootstrapping ist das schnelle Generieren eines positiven operativen **Cash-Flows,** wobei allgemein gilt: Cash-Flow kommt vor unternehmerischem Wachstum bzw. Wachstum kommt vor der Erwirtschaftung von Gewinnen. Diesbezüglich müssen die Gründer die **Ausreizung** von **Kreditlinien,** d. h. „früh kassieren und selbst spät zahlen", beherrschen (Kollmann und Kuckertz 2003, S. 19).
- Schließlich sollten **Misserfolge** von Anfang an eingeplant werden. Die Entwicklung eines „funktionierenden" Unternehmens bzw. eines positiven Cash-Flow kann, gerade wenn man nur über beschränkte Ressourcen verfügt, in Abhängigkeit von der Geschäftsidee und der entsprechenden Nachfrage schnell bis zu **24 Monate** andauern.
- Obgleich für das Bootstrapping der sparsame Einsatz der zur Verfügung stehenden finanziellen Mittel oberste Priorität hat, ist die Beratung durch einen Rechtsanwalt und/oder Steuerberater dringend zu empfehlen: ein **Rechtsanwalt** sollte bezüglicher aller Fragen des Gesellschafts-, AGB-, Marken-, sowie Internetrechts in Anspruch genommen werden, um den Gründern „den Rücken von juristischen Dingen frei zu halten". Ein besonderer Fokus ist ferner von Beginn an darauf zu legen, dass das Start-up über alle zum Betrieb erforderlichen Nutzungsrechte von z. B. Freelancern in urheberrechtlich sauber Weise übertragen bekommen hat. Der **Steuerberater** zwingt die Gründer darüber hinaus, sich mit dem administrativen Geschäft auseinanderzusetzen und unterstützt sie bei allen Auseinandersetzungen mit dem Finanzamt.

► Das Bootstrapping eignet sich für Gründer, denen **Unabhängigkeit** und der Gedanke, sein „eigener Chef zu sein", wichtiger als unternehmerisches **Wachstum** und ein attraktiver **Exit** ist. Gerade im **High-Tech-Sektor** bzw. in der **Digitalbranche,** in der entweder eine aufwendige und teure Produktentwicklung notwendig ist und/oder ein umkämpfter Markt vorliegen, der ein rasches unternehmerisches Wachstum erfordert, stößt diese Finanzierungsform sehr schnell an ihre **Grenzen** (Kollmann und Kuckertz 2003, S. 19 f.), sodass ein Zufluss von externem Kapital erforderlich wird.

► Dennoch wird der elementare Gedanke des Bootstrapping, nämlich Kapital so **effizient** wie möglich einzusetzen, jedem zukünftigen Eigenkapitalinvestor und Fremdkapitalgeber sehr **sympathisch** sein (Guggi 2012) und kann dementsprechend für die künftige Anwerbung von Investoren helfen.

5.2 Private Investoren (Business Angels)

5.2.1 Business Angels

Business Angels sind Privatpersonen, die dem Start-up (meist) innerhalb der **Early Stages** sowohl **Kapital** als auch unternehmerisches **Know-how** („smart money") zur Verfügung stellen. Als Gegenleistung erhalten sie Geschäftsanteile am Start-up und werden somit am Wertzuwachs des Unternehmens beteiligt.

Business Angels investieren **eigenes** Kapital – nicht das Geld von Anlegern – in das Start-up und sind daher **persönlich** am Erfolg des Unternehmens interessiert bzw. von dessen weiterer Entwicklung betroffen. Bei der Gestaltung ihrer Beteiligungen haben Business Angels sämtliche **Freiheiten** und sind dabei nicht etwa an Gremienvorbehalte von Investmentgesellschaften oder anderweitige Restriktionen gebunden. Über die Zufuhr von Kapital hinaus stellen die Business Angels in aller Regel ihr spezifisches Know-how – oftmals in Form **unternehmerischer Erfahrung** – zur Verfügung („**smart money**"). Auch sind Beteiligungsmodelle möglich, wonach dem Start-up, neben der Bereitstellung von Kapital, weitere unmittelbare anderweitige geldwerte Vorteile, etwa in Form von PR-, Media- oder Beratungsleistungen, zufließen. Derartige Leistungen können vertraglich bspw. über die Errichtung einer stillen bzw. virtuellen Beteiligung (vgl. dazu sogleich Abschn. 5.2.2.3) oder unmittelbar als Komponente in den Beteiligungsvertrag aufgenommen werden. Gerade das von Business Angels bereitgestellte **„immaterielle Kapital"** in Form von Beziehungen und Kontakten kann ein entscheidender Faktor für die Folgefinanzierung des Unternehmens sein, sofern der Business Angel über vertiefte Kontakte zu möglichen weiteren Kapitalgebern verfügt.

Wegen der skizzierten Unabhängigkeit von Business Angels können diese als ausgleichendes Element darüber hinaus zwischen den häufig **divergierenden Interessen** von Gründern („Herr im Haus"-Mentalität) und professionellen Finanzinvestoren (Kontroll- und Mitsprachebefugnisse) wirken (Weitnauer 2019, S. 197).

Haben die Gründer keine persönlichen Beziehungen oder Kontakte zu bestehenden Business Angels, können diese in Deutschland bspw. über das **„Business Angels Netzwerk Deutschland e. V.“ (BAND)** gefunden werden. Im Netzwerk des BAND haben angehende Jungunternehmer auch die Möglichkeit, ihre Unternehmensidee den dort zusammengeschlossenen Business Angels zu präsentieren.

5.2.2 Form der Beteiligung

Business Angels stellen dem Unternehmen (in aller Regel) **Eigenkapital** zur Verfügung, sie werden daher **Gesellschafter** am Start-up. Die Beteiligungen kann entweder persönlich oder über eine Beteiligungsgesellschaft (Investment-Vehikel) des Business Angels erfolgen. Beteiligungen über eine Kapitalgesellschaft des Business Angels erfolgen insbesondere aus **steuerlichen** Gründen, da nach geltender Rechtslage Veräußerungsgewinne, die Business Angels aus ihren Beteiligungen erzielen, gleichermaßen wie die Ausschüttungen des Unternehmens, im Ergebnis zu 95 % steuerbefreit sind (vgl. unten Abschn. 11.3.3.4). Soweit Business Angels also darauf bestehen, ihr Investment nur über eine Beteiligungsgesellschaft zu tätigen, erfolgt dies nicht aufgrund fehlenden persönlichen Engagements und/oder Haftungsvermeidung, sondern vielmehr aus steuerlichen Gründen.

Typische Beteiligungsformen eines Business Angels an dem zu finanzierenden Start-up werden in Abb. 5.2 dargestellt. Die Beteiligungsstrukturen Stille Beteiligung, Nachrangdarlehen und Genussscheine stellen dabei keine reine Eigenkapitalbeteiligung, sondern ein mezzanines Investment dar (vgl. oben Abschn. 7.2.1.4.3).

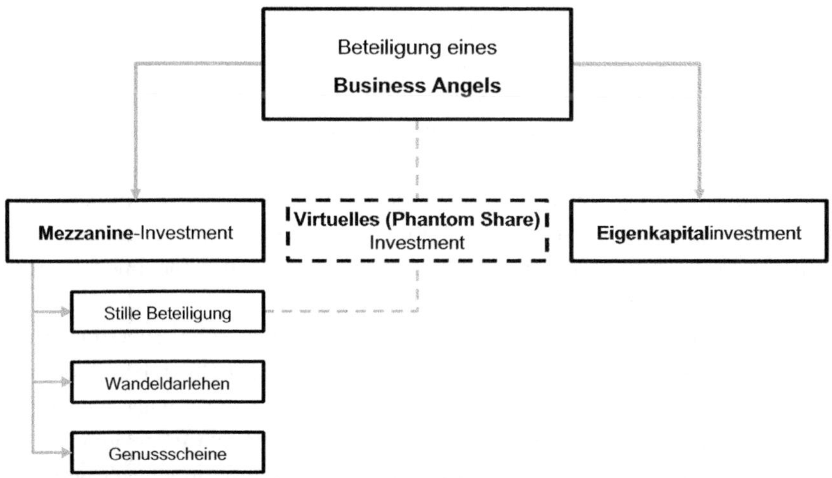

Abb. 5.2 Beteiligungsstrukturen Business Angels

5.2.2.1 Eigenkapitalinvestment

Über ein klassisches **Eigenkapitalinvestment,** im Rahmen dessen der Business Angel zum Gesellschafter des Start-ups mit allen gesellschaftsrechtlichen Mitsprache- und Kontrollbefugnissen wird, bringt dieser sein **Commitment** zum Ausdruck, voll und ganz hinter dem Unternehmen zu stehen und sich auch wirklich als Sparringpartner bzw. Mitunternehmer zu betrachten. Der Umfang der Mitspracherechte des Business Angels ergibt sich aus der Höhe seines Investments und somit seiner Beteiligung am **Stammkapital** (GmbH) oder **Grundkapital** (AG), also seiner Beteiligungsquote am Start-up. Demzufolge ist die Verhandlung der Gründer mit dem Business Angel über die **Höhe** der Einstiegsbewertung des Start-ups zum Zeitpunkt seiner Beteiligung von zentraler Bedeutung, auch als Benchmark für die nachfolgenden Finanzierungsrunden. Dabei gilt: je höher (niedriger) die Bewertung des Start-ups, desto weniger (mehr) Geschäftsanteile erhält der Business Angel für sein Investment.

Bei den Verhandlungen der Höhe der Beteiligung des Business Angels ist selbstverständlich auch der **Wert** der individuellen nicht-monetären Leistungen des Investors angemessen zu berücksichtigen, die er in das Unternehmen einzubringen bereit ist. Bei aller Wichtigkeit von Kapital für das junge Unternehmen, das seine Überlebensfähigkeit bzw. die Entwicklung des Geschäftsmodells ermöglicht, dürfen Gründer nicht den Wert des immateriellen Kapitals, also der besonderen **Beratungskompetenz** des Business Angels vernachlässigen. In diesem Zusammenhang sollten sich die Gründer im Gegenzug für das finanzielle Commitment des Business Angels verpflichtet sehen, dieses bei der Frage der Bewertung seiner speziellen Beratungs- und sonstigen Leistungen angemessen zu berücksichtigen. Das finanzielle Investment allein gilt also als „**dumb money**“ und wird erst mit dem Netzwerk des Business Angels uns ggf. seiner besonderen Branchenerfahrung zum allseits gewünschten „**smart money**“.

Ungeachtet dessen müssen die Gründer in jedem Fall darauf hinwirken, dass der Business Angel die von ihm versprochene Beratungskompetenz auch tatsächlich einbringt. Über entsprechende **Rückübertragungsoptionen** ist dies im Beteiligungsvertrag vertraglich abzusichern. Jungunternehmer befürchten in diesem Zusammenhang häufig, bei der sofortigen Übertragung von Geschäftsanteilen im Beteiligungsvertrag gegen eine erst in der Zukunft zu erbringende Beratungsleistung des Business Angels unangemessenen in Vorleistung zu gehen. Aufgrund der eben geschilderten Vereinbarung von Rückübertragungsoptionen sollte dies jedoch nicht auf allzu große Bedenken stoßen, da schließlich der Business Angel mit seinem Kapital unmittelbar und persönlich für die Unternehmensidee und mithin auch für die Gründer persönlich in Vorleistung tritt, ohne eine entsprechende Erfolgsgarantie zu haben.

Gerade bei einer persönlichen Beteiligung eines Dritten sollte der Grundsatz **„Vertrauen gegen Vertrauen“** gelten. Der Business Angel ist schließlich bereit, das entsprechende Risiko zu tragen. Der Vertrauensgrundsatz gilt darüber hinaus auch für solche Fälle, in denen sich neben einem Business Angel weitere private Investoren am Start-up beteiligen. Insoweit ist zwingende Voraussetzung für eine erfolgreiche Zusammenarbeit aller Beteiligten, dass der Einstieg der jeweiligen Investoren zu jeweils identischen

Konditionen *(„pari passu“)* – insbesondere zu identischen Einstiegsbewertungen – erfolgt (vgl. Weitnauer 2019, S. 322). Neben diesen zu verhandelnden **„hard facts“** ist darauf zu achten, dass die persönliche Chemie mit dem jeweiligen Business Angel stimmt (**„soft facts“**) und sich nicht bereits in einem frühen Stadium Anhaltspunkte für künftige Konflikte ergeben. Dies gilt insbesondere vor dem Hintergrund, dass der Business Angel in Zukunft als Gesellschafter des Unternehmens dessen strategische Ausrichtung – ungeachtet seiner in der Praxis meist vorliegenden Minderheitsbeteiligung – zu einem Teil mitbestimmen (bzw. zumindest blockieren) kann und in der Regel auch mitbestimmen wird.

5.2.2.2 Wandeldarlehen

Bei einem **Wandeldarlehen** gibt der Darlehensgeber der Gesellschaft zunächst ein fest verzinstes Darlehen mit fester Laufzeit. Entscheidet sich der Darlehensgeber zur Wandlung des Darlehensbetrages, tritt er seinen Rückzahlungsanspruch des Darlehens an die Gesellschaft ab und erhält dafür (meist zu besonderen Konditionen) Anteile an der Gesellschaft.

Wandeldarlehen sind eine beliebte Variante der Zwischenfinanzierung, insbesondere zur kurzfristigen Deckung eines akuten Liquiditätsbedarfs bis zum Abschluss der nächsten Finanzierungsrunde (vgl. Abschn. 7.2.1.4.2). Wandeldarlehen werden darüber hinaus regelmäßig mit einer Nachrangabrede ausgestaltet (s. dazu gleich Abschn. 5.2.2.4), was dazu führt, dass sie etwa aus Sicht finanzierender Banken als Eigenkapital gelten.

5.2.2.3 Stille Beteiligung

Auch bei einer sog. **stillen Beteiligung** (§ 230 HGB und vgl. Abschn. 7.3.1.4.1) erbringt der Business Angel als stiller Gesellschafter seine Einlage in Form von Kapital. Allerdings tritt der stille Gesellschafter im Rahmen einer solchen Beteiligung nach außen **nicht** in Erscheinung. Darüber hinaus nimmt der Business Angel bei einem Investment über eine stille Beteiligung nur in **Höhe** der von ihm **geleisteten Einlage** am Verlust des Unternehmens teil (§ 232 Abs. 2 S. 1 HGB). Nicht möglich ist es jedoch, den stillen Gesellschafter vom **Gewinn** der Gesellschaft **auszuschließen** (§ 231 Abs. 2 HGB). Die zwischen dem stillen Gesellschafter und dem Start-up durch den Abschluss eines Gesellschaftsvertrages entstehende stille Gesellschaft ist eine sog. reine **Innengesellschaft,** die im Außenverhältnis, d. h. über das Verhältnis der Gesellschafter hinaus, keine Rechtswirkungen hat. Dies bedeutet, dass der stille Gesellschafter im Außenverhältnis selbst **Gläubiger** der Gesellschaft über seine Gewinnbeteiligung ist.

Der Abschluss des Gesellschaftsvertrages über eine stille Gesellschaftsbeteiligung an einer GmbH ist formfrei möglich, entsteht also grds. bereits durch die **mündliche Einigung** zwischen dem Gründer des Unternehmens und dem stillen Gesellschafter. Gleichwohl ist die **Schriftform** des Vertrages über die stille Gesellschaft aus Gründen der Rechtssicherheit unbedingt zu empfehlen.

Im Ergebnis handelt es sich bei der stillen Gesellschaft entgegen ihrer Bezeichnung nicht um eine klassische gesellschaftsrechtliche Verbindung, sondern vielmehr um eine **schuldrechtliche Rechtsbeziehung** zwischen dem stillen Gesellschafter und dem Start-up (insoweit ist die stille Gesellschaft rechtstechnisch einer sog. virtuellen Beteiligung gleichzusetzen, die ebenso einen schuldrechtlichen Zahlungsanspruch gegen die Gesellschaft begründet, vgl., dazu 5.2.2.6).

Daneben lassen sich über eine stille Beteiligung auch die Beratungsleistungen eines Business Angels abbilden, da diese wie eine entsprechende Kapitalzufuhr als Einlage einer stillen Beteiligung vereinbart werden können (§ 230 HGB i. V. m. § 706 Abs. 3 BGB). Bei einer klassischen gesellschaftsrechtlichen Beteiligung ist dies hingegen nicht möglich, da Beratungs- bzw. Dienstleistungen sowohl bei der GmbH (§ 19 Abs. 4 GmbHG, BGH DB 2009, 780 und somit auch der UG, § 5a Abs. 1 GmbHG) als auch bei der AG (BGH, Urteil v. 1.2.2010 – Az.: II ZR 173/08) nicht (sach-) einlagefähig sind und somit auch nicht über die Ausgabe von Geschäftsanteilen kompensiert werden können.

Die vom Business Angel erwartete Leistung (Kontingent an Dienstleistungen in Form zu leistender Stunden oder „Beratertage") kann entweder vorab mit einem bestimmten Barwert der Einlage vereinbart oder aber nach Erbringung seiner Leistung in bestimmten periodischen Zeitabschnitten bewertet werden („**Performance Vesting**", vgl. zum Begriff auch 7.2.1.3.3.6) und dann zu einer fortlaufenden Aufstockung der Bareinlage bis zu einem bestimmten Höchstbetrag führen (Weitnauer 2019, S. 203 f.).

5.2.2.4 Nachrangdarlehen

Eine weitere Finanzierungsvariante ist die Gewährung eines **Nachrangdarlehens** (diesbezüglich s. ebenfalls Abschn. 7.2.1.4.4.1) durch den Business Angel. Nachrangdarlehen bedeutet, dass die Rückzahlungsansprüche des Business Angels bzw. des Kapitalgebers aus dem gewährten Darlehen im Falle einer Insolvenz des Unternehmens nachrangig, also erst nach Befriedigung der übrigen Gläubiger, bedient werden. Rechtstechnisch wird dies im Darlehensvertrag durch eine sog. **Rangrücktrittserklärung** des Kapitalgebers erreicht, wonach dieser mit seinem Rückzahlungsanspruch hinter die Forderungen anderer Gläubiger zurücktritt (Werner und Kobabe 2007, S. 195).

Die **Vereinbarung des Rangrücktritts** ist (insbesondere sofern die Nachrangabrede Bestandteil eines Wandeldarlehensvertrages ist) **unerlässlich:** fehlt eine solche Abrede, kann die Gesellschaft, ohne dass die Gründer dies bemerken, in den Bereich einer **sog. bilanziellen Überschuldung** (das Eigenkapital ist durch Verluste aufgebraucht, vgl. § 268 Abs. 3 HGB) geraten. In diesem Fall besteht nach § 15a Abs. 1 Satz 1 InsO die gesetzlich verankerte Pflicht, innerhalb von drei Wochen Insolvenzantrag zu stellen. Unterlassen dies die Gründer oder stellen sie den Antrag nicht rechtzeitig, liegt eine **strafbare Insolvenzverschleppung** (§ 15a Abs. 4 InsO) vor, die auch zu einer **persönlichen zivilrechtlichen Haftung** der Gründer führen kann (z. B. nach § 823 Abs. 2 BGB i. V. m. § 15a InsO).

Auch wenn die Gewährung eines Nachrangdarlehens einer klassischen Kreditfinanzierung ähnelt, hat hier das vom Business Angel eingebrachte Kapital aufgrund seiner Haftungsintensität einen ähnlichen Charakter wie das **vollhaftende Eigenkapital**. Mangels Besicherung und der Nachrangigkeit gegenüber anderen Gläubigern hat der Darlehensnehmer neben einer fixen Vergütung in der Regel auch einen **Risikoaufschlag** zu bezahlen. Dieser Risikoaufschlag ist jedoch nur dann zu entrichten, wenn das Unternehmen

Gewinne abwirft, sodass die Finanzierungskosten für das Start-up bei positiver Unternehmensentwicklung höher sind, als wenn diese in die negative Richtung geht. Der Vorteil eines Nachrangdarlehens für das Unternehmen ist, dass die Kosten für das überlassene Kapital **steuerlich abzugsfähig** sind und bei entsprechender rechtlicher Ausgestaltung als die Steuerlast mindernde Betriebsausgabe anerkannt werden (Breithaupt und Ottersbach 2010, Teil 1. C. § 1, Rn. 18).

Kein Nachrangdarlehen, sondern eine stille Beteiligung ist hingegen gegeben, soweit die Gründer und der Kapitalgeber erkennbar die **gleichen Ziele** verfolgen und diese auch ausdrücklich vertraglich festlegen. Eine stille Beteiligung kann somit selbst dann rechtlich vorliegen, wenn die Vereinbarung zur Finanzierung zwischen dem Start-up und dem Kapitalgeber zwar ausdrücklich als **„Darlehensvertrag“** bezeichnet ist, dabei aber zugleich dem Kapitalgeber weitreichende Mitspracherechte im Hinblick auf die Verfolgung des Unternehmensgegenstandes einräumt.

Neben dem erwähnten Risikoaufschlag in Form einer höheren Verzinsung des Nachrangdarlehens wird darüber hinaus regelmäßig vereinbart, dass der Nachrangkapitalgeber bei einem Exit entweder durch Ausübung eines entsprechenden **Optionsrechts** (**„Equity-Kicker“,** vgl. hierzu auch die Ausführungen unter Abschn. 7.2.1.4.2) Geschäftsanteile am Unternehmen oder einen prozentualen Anteil am **Exit-Erlös** erhält (Weitnauer 2019, S. 153).

5.2.2.5 Genussscheine

Eine im Start-up-Bereich ungewöhnliche und fast schon antiquierte Variante der Beteiligung eines Business Angels ist der Abschluss eines **Genussrechtsvertrages** (diesbezüglich vgl. auch § 7.2.1.4.3) zwischen der Gesellschaft und dem Business Angel als Genussrechtskapitalgeber. Hierzu erhält der Business Angel einen Genussschein von der Gesellschaft, der die typischen **Vermögensrechte** (insbesondere Beteiligung am Gewinn und Verlust sowie eine etwaige Verzinsung) **verbrieft.** Demgegenüber verpflichtet sich der Business Angel gegenüber der Gesellschaft zur Erbringung der im Genussrechtsvertrag festgelegten Beratungs- und/oder Geldleistungen.

Beim Genussrecht handelt es sich um ein reines Vermögensrecht. Abweichend von der stillen Gesellschaft ist das Rechtsverhältnis zwischen dem Unternehmen und dem Genussrechtsinhaber demnach nicht gesellschaftsrechtlicher, sondern **schuldrechtlicher** Natur. Der Kapitalgeber erhält weder einen Anteil am Unternehmen noch eine sonstige Gesellschafterstellung, sondern stellt dem Unternehmen für einen bestimmten Zeitraum – als Gegenleistung für die Genussrechte – Kapital zur Verfügung und wird zu dessen Gläubiger (vgl. Saenger et al. 2011, § 12, Rn. 367).

Hintergrund der Existenz von Genussrechten ist grds. der Bedarf an haftendem Kapital, das am Gewinn beteiligt ist, darüber hinaus jedoch keine Eigentums- und Mitspracherechte begründet (Werner und Kobabe 2007, S. 184). Maßgeblich sind jedoch allein die im Vorfeld von der Gesellschaft festgelegten **Genussrechtsbedingungen,** bei deren inhaltlicher Ausgestaltung die Gesellschaft viel Gestaltungspielraum hat. Interessant an der Variante eines Investments über einen Genussrechtsvertrag ist die Tatsache, dass eine solche

Vereinbarung nicht der notariellen Beurkundung bedarf, der Business Angel jedoch eine der klassischen Aktie vergleichbare verbriefte Variante in Form eines Genussscheins erhält und somit sein Investment **anonym, schnell** und **ohne Eintragung** in öffentliche Register tätigen kann.

Wird der Genussscheininhaber am Gewinn und Verlust beteiligt und handelt es sich um eine langfristige oder unbefristete Beteiligung, so haben die durch die Genussscheinausgabe beschafften Mittel Eigenkapitalcharakter (Breithaupt und Ottersbach 2010, Teil 1. C. § 1, Rn. 20). Ausschüttungen auf das Genussrechtskapital können darüber hinaus ebenso wie die Ausschüttungen auf Fremdkapital als gewinnmindernde Aufwendungen behandelt werden (Breithaupt und Ottersbach 2010, Teil 1. C. § 1, Rn. 20).

5.2.2.6 Phantom Stock Investment/Virtuelle Anteile

Ähnlich zur (virtuellen) Mitarbeiterbeteiligung (hierzu s. Abschn. 7.2.1.3.4.3) sog. Schlüsselpersonen (**„key-persons"**) am Start-up, kann eine Beteiligung eines Business Angels auch in Form einer **virtuellen Beteiligung** (dazu ausführlich Hahn 2019, S. 11) erfolgen. Diese Variante ermöglicht ein schnelles und anonymes (keine Eintragung in öffentliche Register), unbürokratisches (keine Beurkundungspflicht) Investment des Business Angels. Nicht immer ist die **„starke"** Position eines in die Gesellschafterliste des Handelsregisters eingetragenen Gesellschafters von Investorenseite gewollt. Bei Abschluss einer Phantom Stock Vereinbarung wird der Business Angel schuldrechtlich vermögensmäßig so gestellt, als wäre er in einer bestimmten Anzahl der Geschäftsanteile des Start-ups (**„virtuelle Geschäftsanteile"**) an diesem beteiligt. Der Investor erhält hierbei das vertragliche Recht auf Zahlung einer Gewinnausschüttung sowie auf Zahlung eines seiner virtuellen Beteiligung entsprechenden Exiterlöses. Bei einem Phantom Stock Investment wird aber regelmäßig auf die bei der (virtuellen) Mitarbeiterbeteiligung üblichen Verfallklauseln („Vesting", vgl. hierzu Hahn 2019, S. 18) verzichtet, da der sich der Business Angel bereits mit seinem Kapitalinvestment seine virtuellen Anteile am Start-up zu vollem Recht „verdient" hat.

5.2.2.6.1 Zahlung einer Gewinnausschüttung

Eine Gewinnausschüttung an den Investor als Begünstigter virtueller Anteile wird dergestalt realisiert, dass sich das Start-up schuldrechtlich verpflichtet, dem Investor einen entsprechenden Betrag **auszuzahlen,** der dem Produkt der pro Geschäftsanteil der Gesellschaft beschlossenen Gewinnausschüttung multipliziert mit der Anzahl der virtuellen Geschäftsanteile entspricht. Eine Gewinnausschüttung steht dem Investor also nur dann zu, sofern die Gesellschafter der Gesellschaft eine solche gemäß § 29 GmbHG tatsächlich auch beschließen, wobei damit eine Beteiligung am Jahresüberschuss im Sinne des § 266 Abs. 3 Buchst. A. V. HGB nicht gemeint ist. Die Zahlung an den Investor stellt dabei keine Gewinnverwendung nach § 29 GmbHG, sondern betrieblichen Aufwand auf Ebene der Gesellschaft dar.

► Bei der Vereinbarung einer Teilhabe an Gewinnausschüttungen gilt es zu beachten, dass die Beteiligungsverträge meist Bestimmungen vorsehen, wonach Gewinne grundsätzlich nicht ausgeschüttet werden dürfen. Dies ergibt sich aus der von den

Investoren verfolgten Exit-Strategie, wonach sämtliche Liquiditätsabflüsse (etwa in Form von Gewinnausschüttungen) bis zum erwünschten Exit zu unterbleiben haben.

5.2.2.6.2 Beteiligung an Wertsteigerungen des Start-ups

In der Berechnung etwas komplizierter, weil weniger transparent, ist die Beteiligung des Investors an der **Wertsteigerung** des Unternehmens, da die tatsächliche Wertsteigerung erst berechnet werden muss und sich nicht wie etwa bei einer börsennotierten AG aus dem Börsenwert des Unternehmens ergibt. Hierzu ist zunächst der aktuelle Unternehmenswert des Start-ups zum Zeitpunkt des Investments (etwa anhand vorangegangener Finanzierungsrunden) zwischen den Parteien zu fixieren und somit der anteilige Wert pro virtuellen Geschäftsanteil als Basiswert („strike") festzulegen. Ferner bedarf es einer ausdrücklichen Vereinbarung, zu welchem Zeitpunkt der Investor seine virtuellen Geschäftsanteile an die Gesellschaft zurückgeben und auch die Wertsteigerung seiner virtuellen Geschäftsanteile realisieren, also ausüben kann. Im Rahmen einer derartigen Vereinbarung ist insbesondere auf die stets zu sichernde Liquidität sowie auf andere gewichtige Belange des Start-ups angemessen Rücksicht zu nehmen.

So ist bspw. Vorsorge zu treffen, dass der Business Angel seine virtuellen Geschäftsanteile nicht zu einem, insbesondere in Bezug auf das (Folge-) Investment weiterer (VC-) Investoren **ungünstigen** Zeitpunkt realisieren kann. Übt der Investor seine virtuellen Geschäftsanteile aus, ist das Start-up schuldrechtlich verpflichtet, die Differenz zwischen dem Wert eines Geschäftsanteils im Zeitpunkt der Ausübung der virtuellen Geschäftsanteile und dem im Vorfeld vereinbarten Wert eines Geschäftsanteils im Zeitpunkt der Gewährung (**„Wertdifferenzausgleich"**) an den Investor zu zahlen.

▶ Vor allem bei einer Finanzierung mit Corporate Venture Capital (CVC) kann es aufgrund der oftmals vorhandenen Konzernstrukturen passieren, dass ein Exit-Szenario des Unternehmens unwahrscheinlich, wenn nicht gar ausgeschlossen ist. In diesem Fall bietet es sich zur Motivation der Begünstigten an, diesen die Möglichkeit zu geben, ihre virtuellen Anteile zu vorab festgelegten Konditionen an das Unternehmen verkaufen zu können. Rechtlich lässt sich dies über eine entsprechende Put-Option unter genauer Festlegung der Optionsvoraussetzungen vereinbaren.

Die Bestimmung des **für das Phantom Stock Investment maßgeblichen** Unternehmenswerts, der als Basiswert die Grundlage für den späteren Ausgleichsanspruch im Verhältnis zur tatsächlichen Unternehmensbewertung im Exit-Fall bestimmt, ist bereits in der Phantom Stock Vereinbarung festzulegen und möglichst anhand vorab festgelegter Kriterien zu verobjektivieren. Maßgeblicher Bezugspunkt für die Unternehmensbewertung kann insoweit etwa die Bewertung des Start-ups im Rahmen der letzten Finanzierungsrunde oder (bei bereits länger bestehenden Unternehmen) der letzte vorausgehende **Bilanzstichtag** sein, zu dem basierend auf den Jahresabschluss eine Unternehmensbewertung stattzufinden hat. Ferner hat die Vereinbarung im Sinne einer rechtlichen Störfallvorsorge eine Regelung für den Fall zu treffen, dass sich der Investor und die Gründer auf keinen einheitlichen Wert des Unternehmens zum Zeitpunkt der Ausübung der Phantom Stocks einigen können.

5.2.2.6.3 Rechtsnatur

Im Ergebnis handelt es sich bei einem Vertrag über ein Phantom Stock Investment rechtlich um eine sog. **typische stille Beteiligung** (§ 230 HGB), im Rahmen derer der Investor nicht an der Geschäftsführung beteiligt, sondern allein auf **Informationsrechte** (§ 233 HGB) beschränkt ist. Ein Business Angel, der dem Start-up Risikokapital zur Verfügung stellt, wird sich aber allein mit dem vorgenannten Informationsrecht einer typischen stillen Beteiligung selten zufriedengeben und nicht auf – der Höhe seines Investments entsprechende – **Mitspracherechte** in Bezug auf die Geschäftsführung verzichten wollen. Wird daher darüber hinaus vereinbart, dass der stille Gesellschafter zumindest indirekt an der Geschäftsführung mitwirken sowie Informations-und Kontrollrechte ausüben kann, handelt es sich um eine sog. **atypisch ausgestaltete stille Beteiligung.** Letztere Variante ist bei einem Phantom Stock Investment eines Business Angel – im Gegensatz zur virtuellen Mitarbeiterbeteiligung – der Regelfall.

5.2.3 Die Akquise eines Business Angels

Der deutsche Business Angels **Markt** ist vielfältig und weit verzweigt. Start-ups auf der Suche nach Business Angels (diesbezüglich vgl. auch Abb. 5.3) sollten daher die im Folgenden aufgeführten Hinweise zwingend beachten (die im Folgenden wiedergegebenen

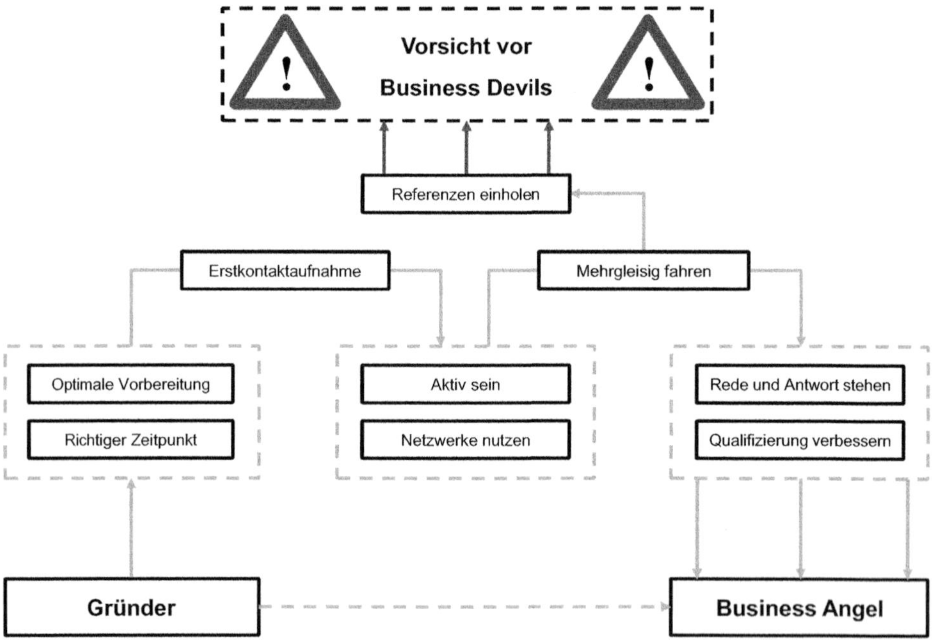

Abb. 5.3 Akquise eines Business Angels

Hinweise entstammen allesamt dem Ratgeber **„Der Weg zum Business Angel"** des Business Angels Netzwerk Deutschland e.V., abrufbar unter https://www.business-angels.de/start-ups/der-weg-zum-business-angel, Zugriff am 21.09.2021).

5.2.3.1 Optimale Vorbereitung

Voraussetzung für die Erstansprache eines Business Angels ist ein von seiner eigenen Idee **begeistertes** Gründerteam, das seinen **Zielmarkt** fest im Blick hat, weiß, wo seine **Kunden** sind und womit es **Geld** verdienen will. Marken und Patente sollten beantragt, eventuelle Prototypen erstellt sowie Marketing- und Vertriebspartner angesprochen sein. Gründer müssen sich genau überlegen, was sie von ihrem Business Angel erwarten. Dass darüber hinaus ein vollständiger Businessplan bzw. zumindest ein exzellentes Pitch Deck vorhanden sein sollte, versteht sich von selbst.

5.2.3.2 Richtigen Zeitpunkt wählen

Wer zu früh und/oder schlecht vorbereitet Kontakt zu Business Angels sucht, läuft Gefahr, **„verbrannt"** zu werden. Business Angels sind bestens vernetzt, ein „misslungener" erster Auftritt in der Szene ist schnell kommuniziert. Wer hingegen zu spät kommt, verpasst die Chance, mit ausreichend Kapital an den Start zu gehen und damit die Basis für Wachstum zu legen. Viele Business Angels handeln nach dem Motto des sprichwörtlichen „frühen Vogels", andere wollen schon mehr sehen. Letztlich ist der Zeitpunkt der Akquise eines Business Angels vom **Finanzbedarf** des Start-ups in der jeweiligen Gründungsphase abhängig.

5.2.3.3 Erste Kontaktaufnahme über den BAND One Pager

Die Website vom BAND http://www.business-angels.de/ ist für Kapital suchende Start-ups ein sehr gutes Einfallstor in den Business Angels Markt. Dort steht der BAND One Pager zum Download bereit, das von nahezu allen deutschen Business Angels Netzwerken für die erste Kontaktaufnahme akzeptierte Formular. Start-ups füllen den One Pager aus und senden ihn hiernach an **band@business-angels.de.** Dort wird das Formular einer Plausibilitätsprüfung unterzogen und an alle BAND Mitglieder weitergeleitet. So erreicht das Start-up Unternehmen mit einer einzigen Mail mehr als 40 Investorennetzwerke. Im Idealfall werden die Manager dieser Netzwerke nach Erhalt des One Pagers direkt Kontakt zu dem betreffenden Unternehmen aufnehmen.

5.2.3.4 Aktiv sein – niemals abwarten

Für den Fall, das sich nach dem Versand des BAND One Pagers niemand beim Kapital suchenden Unternehmen meldet, heißt es, **selbst aktiv** werden. Auf der BAND-Website sind alle deutschen Business Angels Netzwerke mit **Kontaktdaten** und **Kurzprofil** gelistet. Da der One Pager bei den Netzwerken bereits vorliegt, kann die Ansprache gezielt erfolgen.

5.2.3.5 Mehrwert von Business Angels Netzwerken nutzen

Business Angels Netzwerke anzusprechen, lohnt sich in jedem Fall. Zum einen garantieren sie eine gewisse **Seriosität** ihrer Angels, zum anderen profitiert jedes Unternehmen von dem professionellen **Feedback** der Netzwerkmanager. In diesem Zusammenhang werden bspw. Schwachstellen identifiziert und Ablehnungen begründet. Start-ups mit positivem **Screeningergebnis** erhalten über das Netzwerk Kontakt zu einer Vielzahl ganz unterschiedlicher Business Angels.

5.2.3.6 Mehrgleisig fahren

Einen Business Angel in das Start-up zu holen, ist eine zentrale Stellschraube für den **Aufbau** des jungen Unternehmens. Das geht nicht von jetzt auf gleich, sondern dauert in der Regel mehrere Monate. Niemand sollte glauben, dass es ausreicht, ein oder zwei Versuche zu starten. Schon gar nicht sollte man sich vom ersten „Nein" **entmutigen** lassen. Inzwischen gibt es in Deutschland eine Vielzahl ganz unterschiedlicher **Matchingveranstaltungen.** Nicht jede ist für jedes Unternehmen geeignet. Deshalb empfiehlt es sich, Veranstaltungen – mit denen sich die Gründer und/oder deren Geschäftsidee identifizieren können – gezielt auszuwählen und zu besuchen.

5.2.3.7 Rede und Antwort stehen

Business Angels wissen, dass junge Unternehmen niemals **perfekt** sein können. Dennoch geben sie ihr Geld, ihre Zeit und ihr Know-how. Sie haben also ein **Recht** darauf zu erfahren, wie es um das Unternehmen steht. Deshalb sollte das Unternehmerteam sich allen Fragen gegenüber aufgeschlossen zeigen, Kritik akzeptieren und Probleme offen ansprechen. Aber das gilt auch umgekehrt. Gründer sollten genau prüfen, **wem** sie vertrauen.

5.2.3.8 Vorsicht vor Business Devils

Wie überall gibt es auch unter den Business Angels **schwarze Schafe.** Business Devils geben vor, Business Angels zu sein. Insofern versprechen sie viel, halten aber nur wenig und geben kaum Auskünfte über sich selbst.

5.2.3.9 Referenzen einholen

Den besten Schutz gegen Business Devils bietet die **Nachfrage** bei den Portfoliounternehmen des in Frage kommenden Business Angels. Wird von dort Positives berichtet, stimmt die Chemie zwischen Gründerteam und Business Angel und passt der „Know-how-Flügel" zum Unternehmen, sollte der Unterzeichnung eines **LOI (Letter of Intent,** hierzu s. Abschn. 7.2.1.2.1) nichts mehr im Wege stehen.

5.2.3.10 Qualifizierungsangebote nutzen

Um gewappnet zu sein – und zwar nicht nur für die Stolpersteine der Erstansprache eines Business Angels, sondern vor allem für die folgenden schwierigen Phasen der Unternehmensbewertung und der Vertragsgestaltung –, empfiehlt sich die Teilnahme an **Weiterbildungsseminaren,** die speziell für die Bedürfnisse Kapital suchender Unternehmen in der Frühphase konzipiert sind (**„Investment Readiness"** Programme).

▶ **Business Angels** beteiligen sich bevorzugt in den Frühphasen **(Early Stages)** der Unternehmensgründung – also hauptsächlich in der **(Pre-)Seed-** und teilweise auch noch in der **Start-up-Phase** – an einem Start-up. Durch die Bezeichnung „Angel" wird angedeutet, dass die Unterstützung des jungen Unternehmens von **zwei Flügeln** – nämlich der Kapitalüberlassung und der zusätzlichen Unterstützung durch unternehmerisches Know-how – **„getragen"** wird (Kollmann und Kuckertz 2003, S. 20). Da die (erfolgreiche) Umsetzung der Geschäftsidee in den Early Stages allerdings noch vage ist und Business Angels durch ihr Investment in der Regel hohe Risiken eingehen, werden sie einen entsprechenden Abschlag der Unternehmensbewertung (= mehr Anteile) zu ihren Gunsten sowie **Mitbestimmungs-, Kontroll-** und **Informationsrechte** verlangen. Ein weiterer Nachteil von Business-Angels ist, dass diese – sobald sie ihr Investment dem Start-up ausgezahlt haben – oftmals kein weiteres Kapital **„nachschießen"**. Aufgrund der niedrigen **Unternehmensbewertung** in den Frühphasen haben die Gründer damit zu rechnen, Business Angels oftmals verhältnismäßig **viele Geschäftsanteile** für ein vergleichsweise **geringes Investment** überlassen zu müssen.

5.3 Inkubatorenen/Accelerators

Inkubatoren (auch bekannt als **„Accelerators"**) investieren zwar selbst auch Kapital in das Start-up, zeichnen sich meist aber vielmehr dadurch aus, dass sie jungen Unternehmen Ideen, Teams, Prozesse, Räumlichkeiten und Ideenkontakte als Gegenleistung für eine Beteiligung am Start-up liefern. Da Inkubatoren zusätzlich bei der operativen Umsetzung der Geschäftsidee helfen, werden sie oftmals auch als eine Art **„Full-Service-Dienstleister"** für Start-ups in den Early Stages angesehen, (Kaczmarek 2013). Sie unterstützen das Unternehmen aktiv ab den frühesten **Gründungsphasen**, wobei ihr Beistand und Netzwerk aber auf **Dauer** und somit über die Early Stages hinaus angelegt sind. In der Regel ist die Beziehung zwischen Gründer und Investoren bei einem Inkubator noch einmal deutlich enger als bei anderen Modellen: die Aufnahme ist an strenge Kriterien, erfolgt oft ausschließlich nur für bestimmte branchenbezogene Geschäftsmodelle und die Gründer erhalten meist höhere Finanzierungen. Dafür müssen sie aber auch oftmals mehr Anteile und Einflussmöglichkeiten an den Investor abgeben (Weitekamp 2016).

Im Unterschied zu den klassischen Venture Capital-Gebern, die dem Start-up in erster Linie Eigenkapital zur Verfügung stellen und dazu flankierend das Unternehmen (in unterschiedlicher Intensität) an ihren sonstigen Ressourcen wie Personal, Markting, Admin oder Netzwerk teilhaben lassen (hierzu sogleich Abb. 5.4), liegt der Schwerpunkt der Tätigkeit eines **Inkubators** vor allem im **Coaching** und in der Zurverfügungstellung von

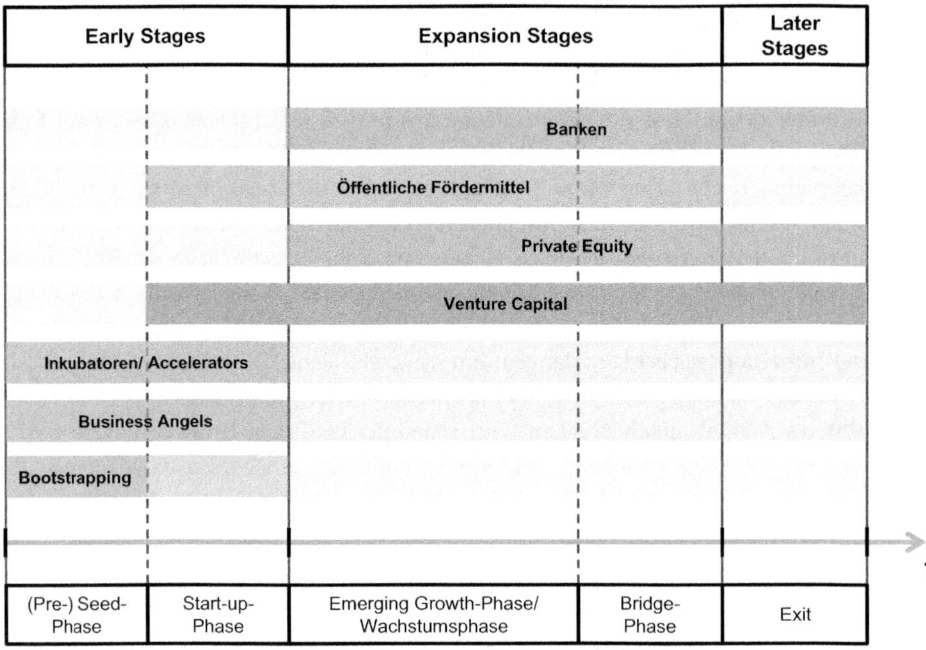

Abb. 5.4 Kapitalgeber und Gründungsphasen

Dienstleistungen. Allerdings wird auch der Inkubator häufig versuchen, vor allem für künftige Finanzierungsrunden Investoren zu finden, die das benötigte Kapital zum Wachstum zur Verfügung stellen können. Inkubatoren verstehen sich als umfassende Provider, die den Gründern eine Art **Dienstleistungszentrum** zur Verfügung stellen, indem ihnen in der Gründungsphase beim Aufbau unternehmerischer Strukturen erfahrene Experten zur Seite stehen (Weitnauer 2019, S. 195). Die wesentlichen Dienstleistungen eines Inkubators reichen von der Finanzierungsvermittlung, Beratung und Coaching einschließlich der Vermittlung externer Beratungsleistungen, Kontaktvermittlung und Bereitstellung von Büroflächen und Infrastruktur bis hin zur operativen Unterstützung, technischer Realisierung, Controlling, Administration, Recruiting von Mitarbeitern, PR, Marketing und Webdesign/Media.

Als **Gegenleistung** für sein Dienstleistungsportfolio erwartet der Inkubator in aller Regel die **Übertragung** von **Geschäftsanteilen** am Start-up. Diese ist logische Konsequenz daraus, dass das Start-up in der Frühphase nicht über eigene finanzielle Mittel verfügt, um die Dienstleistungen des Inkubators zu vergüten. Gerade aufgrund der Tatsache, dass die Gründer insoweit in **Vorleistung** gehen, als der Inkubator seine Gegenleistung für die an ihn übertragenen Geschäftsanteile erst noch in der Zukunft zu erbringen hat, haben sich die Gründer intensiv über die Reputation des Inkubators zu informieren und dafür Sorge zu tragen, dass die Beteiligung des Inkubators einer fairen und marktangemessenen **Unternehmensbewertung** entspricht, die nicht weitere Finanzierungsrunden blockiert.

Die eigentliche **Finanzierung** des Start-ups kann schließlich entweder über einen **Dritten** (Investor), der vom Inkubator vermittelt wird, oder vom **Inkubator selbst** erfolgen. In diesem Falle sucht sich der Inkubator seinerseits Investoren, die das Kapital jeweils alleine oder als Investment-Pool bereitstellen.

Abzugrenzen ist ein Inkubator von Forschungseinrichtungen sowie den Technologie- und Gründerzentren. Diese Transferstellen bieten nur punktuelle Hilfe und keine auf Dauer angelegte Unterstützung beim operativen Unternehmenssaufbau.

▶ Die Unternehmensfinanzierung durch **Inkubatoren** hat für Gründer den **Vorteil,** dass sie bei allen im Zusammenhang mit der Entwicklung und operativen Umsetzung des Geschäftsmodells auftretenden Problemen bzw. Fragen **Unterstützung** durch die Inkubatoren erfahren. Dies hat – im Unterschied zu klassischen Kapitalgebern wie Business Angels oder Venture-Capital-Gebern, die zwar auch Gesellschafter des Unternehmens werden, diesen jedoch als Gegenleistung **unmittelbar** und (in aller Regel) sofort **Eigenkapital** zur Verfügung stellen – jedoch den **Nachteil,** dass der Inkubator Kapital (wenn überhaupt) oftmals nur in **geringem** Umfang zur Verfügung stellt. Soweit Gründer auf dieses Dienstleistungs-Konzept zurückgreifen wollen, müssen sie die **Seriosität** und **Reputation** des Inkubators im Vorfeld umfassend und vor allem **selbst** recherchieren. Insofern sollten sie ihre Entscheidung für oder gegen einen Inkubator an folgenden Kriterien ausrichten:

- Ist der Inkubator auf eine bestimmte **Branche** ausgerichtet und passt diese Ausrichtung auf das eigene Unternehmen?
- Welche **Dienstleistungen** in welcher **Qualität** bietet der Inkubator an?
- Wie hoch ist der vom Inkubator hierfür geforderte **Anteil** am Stammkapital des Start-ups?
- Wie stark sind das **Unternehmensportfolio** des Inkubators und das **Netzwerk** an strategischen Partnern/externen Beratern und wie gut ist der **Zugang** dorthin?
- Wie sind **Struktur** und **Kooperationsmechanismen** des internen/externen Netzwerks des Inkubators?

5.4 Venture Capital Gesellschaften

Unter **Venture Capital** ist die Beteiligungsfinanzierung an jungen Unternehmen zu verstehen, die für den Investor sowohl mit **großen Verlustrisiken** als auch **großen Gewinnchancen** verbunden ist. Kapitalgeber überlassen Start-ups dabei **hohe Investitionssummen** und erhalten hierfür **Geschäftsanteile** in Form einer Minderheitsbeteiligung sowie umfassende **Mitbestimmungs- und Sonderrechte.** Das Investment erfolgt in der Hoffnung, dass das Start-up überdurchschnittlich **expandiert** und/oder wirtschaftlich **wächst** und der Venture Capital-Geber seine Geschäftsanteile nach fünf bis acht Jahren – oftmals in der Praxis aber auch viel früher – wieder veräußern kann.

Tab. 5.1 Vergleich Business Angels und Venture Capital

	Business Angel	Venture Capital
• Zeitpunkt des Investments	Early Stages: *(Pre-)Seed-* und teilweise auch Start-up-Phase	Grds. in allen Phasen, hauptsächlich aber innerhalb der *Start-up-* und *Emerging Growth-Phase*
• Umfang des Investments	*Kapital* und/oder *Know-how*	*Kapital* sowie idealerweise auch *Know-how/Netzwerk*
• Risikobereitschaft	Hoch bis sehr *hoch*	*Hoch*
• Investitionssumme	Vergleichsweise *gering*	Sehr *groß*
• Möglichkeit einer Folgeinvestition („Nachschuss“)	In der Regel *Nein*	Oftmals *Ja*
• Abschluss eines Beteiligungsvertrags	*Ja*	*Ja*
• Einfluss auf die Geschäftsführung	*Gering*	*Hoch*
• Gewährung von Mitbestimmungsrechten	*Ja*	*Ja*
• Zweck des Investments	Gewinnerzielungsabsicht + Nichtfinanzielle Absichten/Unterstützung von Freunden und Familie (*monetäre* und/oder *nicht monetäre* Ziele)	Gewinnerzielungsabsicht; Return-on-Investment (*monetäre* Ziele)
• Ortsbindung des Investments	Investition erfolgt meist nur in einem bestimmten *Radius*	Deutschland/-Weltweite Investments/*Keine Ortsbindung*

5.4.1 Venture Capital

Venture Capital (kurz **„VC“**) wird auch als **Risiko** – oder **Wagniskapital** bezeichnet (diesbezüglich vgl. auch Abschn. 7.2.1). Venture Capital stellt neben einer Finanzierung durch Business Angels eine weitere, meist erst nach dem ersten Proof of Concept des Geschäftsmodells des Start-ups hinzutretende Möglichkeit der Eigenkapitalfinanzierung – von Außen – dar (zum Verhältnis von Venture Capital und Business Angels s. Tab. 5.1). Es ermöglicht Unternehmen in ihrer Frühphase, das für die Entwicklung ihrer Idee zu einem belastbaren Geschäftsmodell hin erforderliche Kapital zu beschaffen. Da in den **Early Stages** die **üblichen** Finanzierungsquellen – wie bspw. **Banken** – nicht zur Verfügung stehen, da sie zur Übernahme des in dieser Phase gewöhnlich nicht absicherbaren Finanzierungsrisikos nicht bereit bzw. wegen der an sie selbst gestellten Eigenkapitalanforderungen außer Stande sind, ist Venture Capital für Start-ups und Gründer von **elementarer Bedeutung** (vgl. auch Weitnauer 2019, S. 4). Neben klassischen Start-ups greifen aber auch bereits etablierte Unternehmen auf Venture Capital als Quelle zur Wachstumsfinanzierung zurück.

Von einer klassischen Bankenfinanzierung unterscheidet sich die VC-Finanzierung dadurch, dass sich der VC-Geber ohne Stellung von **Sicherheiten** durch den VC-Nehmer langfristig – in der Regel für einen Zeitraum von drei bis acht Jahren – zur Finanzierung des unternehmerischen Vorhabens bzw. des unternehmerischen Risikos (Venture) in Form haftenden Eigenkapitals gegen eine Beteiligung am Unternehmen bereit erklärt. Bei einer VC-Finanzierung sind die Gründer zur **Rückzahlung** und **Verzinsung** des Investments **nicht** verpflichtet (Weitnauer 2019, S. 4). Der VC-Geber trägt mithin das unternehmerische **Risiko** des Start-ups als haftender Mitgesellschafter und ist im Gegenzug am Erfolg des Unternehmens unmittelbar beteiligt.

5.4.2 VC-Gesellschaften

VC-Gesellschaften tätigen ihre Investments auf der Grundlage von bei (institutionellen und/oder vermögenden) Anlegern gesammelten Kapitals, welches sie in einem **Fonds** verwalten, der von Dachfonds oder auch institutionellen Anlegern, wie Banken, Versicherungen und Pensionskassen sowie vermögenden Privatpersonen (Family Office) gespeist wird und aus denen dann die Investments erfolgen. Dabei sind sie – im Gegensatz zu autonom handelnden Business Angels – hinsichtlich ihrer Investmententscheidungen in aller Regel an bestimmte Investitionskriterien, die das Start-up zwingend zu erfüllen hat, gebunden.

Die VC-Gesellschaften handeln insoweit als **Intermediär** zwischen den Investoren/Anlegern und den Start-ups. Ein tatsächliches Mitspracherecht der Anleger, in welche Unternehmen die VC-Gesellschaften das Kapital investieren sollen, besteht allerdings meist nicht. Demgegenüber verfügen VC-Gesellschaften in aller Regel über **größere** Finanzmittel als Business Angels, da sie ihren Kapitalstock aus einer Mehrzahl von Investoren füllen. Während einige VC-Fonds nur in der Seed-Phase tätig werden, investieren andere wiederum allein in der Expansions- und Wachstumsphase eines Unternehmens. Neben dieser Differenzierung nach dem **Stadium** der Unternehmensentwicklung, fokussieren sich andere Fonds auf bestimmte Wirtschaftszweige, tätigen also nur branchenspezifische Investments wie bspw. Healthcare, Food oder FinTech.

Ähnlich wie Business Angels stellen VC-Gesellschaften den Gründern neben Kapital auch **Beratungsleistungen** und vor allem ihr meist großes Netzwerk zur Verfügung („smart money"). Schon aufgrund ihres Eigeninteresses an einem möglichst schnellen und hohen Wertzuwachs des Start-ups sind sie daran interessiert, ihre eigenen Erfahrungen in das junge Unternehmen einzubringen (Pott und Pott 2012, S. 252).

Wenn Gründer an VC – Gesellschaften herantreten, müssen sie stets bedenken, dass ein Investment bzw. jegliche Beteiligung stets auf einen **Exit** ausgerichtet ist. Dies geht mit extrem hohen Renditeerwartungen einher, die nicht selten zwischen 20 bis 40 % pro Jahr liegen (Werner und Kobabe 2007, S. 55). Solche überdurchschnittlichen **Renditeerwartungen** sowie die Fokussierung auf den Exit begründen regelmäßig ein **straffes Verhältnis** zwischen dem VC-Geber und den Gründern in Hinsicht auf die Einräumung von Mitbestimmungsrechten und sonstigen im Beteiligungsvertrag festgelegten, die rechtliche und wirtschaftliche Stellung des VC-Unternehmens begünstigende Klauseln (bspw. die Vereinbarung einer sog. **Liquidationspräferenz,** vgl. hierzu die Ausführungen unter Abschn. 7.2.1.3.3.5). Die Mitsprache- und Kontrollrechte, die VC-Gesellschaften neben den Geschäftsanteilen an Unternehmen erhalten, übersteigen stets den Umfang, den diese eigentlich aus der – der Höhe ihres Investments entsprechenden – Beteiligungsquote ausüben könnten. Dessen ungeachtet gehen VC-Gesellschaften nur **Minderheitsbeteiligungen** am Start-up ein. Die Gründer selbst bleiben bis zu späteren hochvolumigen Finanzierungsrunden stets Mehrheitsgesellschafter des Unternehmens, da gegenüber dem Gründerteam nicht der Eindruck erweckt werden soll, die Unternehmung selbst übernehmen zu wollen und -was noch viel wichtiger ist- die Motivation der operativ tätigen Gründer entscheidend für den Gesamterfolg eines jeden Investment ist. Ein VC-Investor sollte in diesem Zusammenhang stets darauf Wert legen, dass die Gründer zur Sicherstellung ihrer Eigenmotivation nicht zu schnell zu viele ihrer Anteile verlieren.

▶ Vermeintlich „gute Deals" eines Investors, der (auf Grundlage einer hart nach unten verhandelten Bewertung des Unternehmens) zu viele Anteile übernimmt (im worst case gar eine Mehrheitsbeteiligung), gehen daher schnell nach hinten los, da sich die operativ tätigen Gründer nicht mehr als „Herr" in ihrem eigenen Unternehmen fühlen und deswegen nicht mehr motiviert sind, die anfänglich dem Investor kommunizierten Ziele zu erreichen. Eine zu hohe Beteiligungsquote eines (frühen) Investors kann ferner dazu führen, dass folgende Finanzierungsrunden allein aufgrund des unattraktiven cap tables (zu viele Anteile in der Hand der nicht operativ tätigen Gründer) scheitern.

Die konkreten Rechte und Pflichten der VC-Gesellschaft richten sich nach den vertraglichen Vereinbarungen, die die Gründer mit der VC-Gesellschaft im Rahmen des **Beteiligungsvertrags** treffen (s. oben Abschn. 7.2.1.3). Auch bei einer VC-Finanzierung in der Frühphase des Start-ups gilt, dass der **Businessplan** sowie das Pitch Deck (diesbezüglich vgl. Abschn. 6.2) bei der Auswahl der in das Beteiligungsportfolio des VC-Gebers aufzunehmenden Unternehmen ein wichtiges Selektionskriterium darstellen.

5.4.3 Öffentliche VC-Fonds

Öffentliche VC-Fonds finanzieren Unternehmensgründungen in der Regel nur dann, wenn sich mit ihnen auch ein sog. **Lead Investor**, der meist eine VC-Gesellschaft ist, beteiligt. Die Beteiligung eines privaten Investors, der zumindest in gleicher Höhe („*pari passu*") wie der öffentliche VC-Fonds Risikokapital zur Verfügung stellt, ist insoweit aus europa-/beihilferechtlichen Gründen erforderlich (Weitnauer 2019, S. 12).

Öffentliche VC-Fonds sind **mittelständische Beteiligungsgesellschaften** oder (halb-) staatliche Fördereinrichtungen (z. B. die IBB Beteiligungsgesellschaft auf Initiative der

Investitionsbank Berlin und des Landes Berlin), die ihre Arbeit in den meisten Fällen im politischen Auftrag zur Förderung von Innovationen leisten (Weitnauer 2019, S. 12 f.). Interessant ist die Ansprache von öffentlichen VC-Fonds zur Kapitalbeschaffung wiederum vor allem für Start-ups in den Frühphasen/**Early Stages.** Die **Doppelstruktur,** bestehend aus dem Investment eines öffentlichen Kapitalgebers und dem eines weiteren Lead-Investors, ist sowohl für das Start-up – da dieses einen größeren Mittelzufluss erwarten kann – als auch für renditeorientierte Beteiligungsgesellschaften vorteilhaft, da sie durch das Co-Investment ihr **Risiko-Ertragsprofil** insgesamt verbessern können (Weitnauer 2019, S. 12).

5.4.4 Corporate Venture Capital (CVC)

Eine weitere Form einer Venture Capital Beteiligung lässt sich unter den Begriff Corporate Venture Capital (**CVC**) fassen. Das zu investierende Kapital stammt hier von großen (Industrie-) Unternehmen selbst, die nicht im Finanzsektor tätig sind. In aller Regel handelt es sich dabei um Tochtergesellschaften großer **Konzerne,** die für den Mutterkonzern in Anlehnung an dessen Kerngeschäft strategische Investments tätigen. Sie setzen Corporate Venture Capital gezielt als **Instrument** für eine aktive Konzernentwicklung und zur Wahrung eigener strategischer Interessen ein. Corporate Venture-Unternehmen haben so die Möglichkeit, innovative Lösungsansätze und Geschäftsmodelle zu integrieren, ohne diese selbst entwickeln zu müssen.

Bekannte Corporate Venture-Gesellschaften sind bspw. Seven Ventures (ProSiebenSat.1), Axel Springer Digital Ventures (Verlag Axel Springer), Tengelmann Ventures (Kaiser's Tengelmann) oder HV Holtzbrinck Ventures (Verlag Holtzbrinck), um nur einige zu nennen. Im Gegensatz zum klassischen Venture Capital, dessen Investment allein mit dem Ziel größtmöglicher Rendite im Falle eines Exits erfolgt, sichern sich auf diese Weise industrielle (und eben nicht institutionelle Finanz-) Investoren den Zugang zu technologischen Innovationen (**„window on technology“**) bzw. zu neuen Absatz- und Kundenkreisen und schaffen so auch Synergieeffekte, ohne (allein) Exit-getrieben zu sein.

Für das kapitalsuchende Start-up liegt der besondere Vorteil einer Corporate Venture Capital Finanzierung neben der Bereitstellung von Kapital vor allem in den Ressourcen des CVC-Gebers selbst. Dies kann etwa in Form von Medialeistungen (**„Media-for-Revenue“** bzw. **„Media-for-Equity“**) oder der Integration in die Marketing-/Vertriebskanäle des Mutterkonzerns bzw. durch den Abschluss von Kooperationsvereinbarungen erfolgen. Darüber hinaus führt das Investment eines namhaften CVC-Gebers in aller Regel zu einer immensen Steigerung des **Renommees** des Start-ups selbst. Umgekehrt bedeutet das Engagement eines CVC-Gebers für das Start-up allerdings erfahrungsgemäß, dass andere CVC-Geber nicht mehr zu einem Engagement bereit sind, da die Beteiligung eines strategischen CVC-Gebers in der Regel auch eine Festlegung auf dessen strategische Interessen bedeutet. Auch gilt es zu vermeiden, dass ungewollt (zu früh) Know-how vom Start-up an den CVC-Geber abfließt.

In den letzten Jahren hatten sich die Investments nach den bekannten Zahlen zumindest relativ konstant in einer Größenordnung von durchschnittlich EUR 90 Mio. gehalten, dies verteilt auf etwa 50 Unternehmen, und vor allem eingesetzt im Startup und Later Stage-Bereich, hingegen kaum in der Seed-Frühphase (PEREP Analytics, BVK 2011–2014). CVC-Geber haben jedoch auch einen geringeren Exitdruck als sonstige VC-Geber und sind somit nicht auf zeitnahen Verkauf ihrer Beteiligung angewiesen (Weitnauer 2019, S. 14).

▶ Für Start-ups ist die Beteiligungsfinanzierung durch **Venture Capital** von überragender Bedeutung. Gerade in der High-Tech- und IT-Branche können Unternehmen die Schwelle zur Gewinnerzielung – den sog. **„Break-Even-Point"** – in der Regel nur durch die finanzielle Unterstützung eines VC-Gebers erreichen. Ein weiterer Vorteil einer VC-Finanzierung ist, dass die Gründer das Investment **nicht zurückzahlen** müssen, keine **Verzinsung** schulden und dem VC-Geber darüber hinaus auch keine – wie bei Bankkrediten notwendig – **Sicherheiten** stellen müssen. Im Gegenzug werden die Gründer den VC-Gebern umfassende **Mitbestimmungs-** und **Informationsrechte** einräumen, die **Kapitalgeber** an der **Geschäftsführung beteiligen** und/oder zumindest eine **Beeinflussung** der Geschäftsführung dulden sowie regelmäßig **Reportings** über erreichte/nicht erreichte Unternehmensziele (**„Milestones"**) liefern müssen. Venture Capital bringt das Start-up zwar **„zum Laufen"**, kostet die Gründer aber einen großen Teil ihrer (unternehmerischen) **Unabhängigkeit** in Form von Geschäftsanteilen am Unternehmen selbst.

5.5 Private Equity

Private Equity bezeichnet Beteiligungskapital, das in Start-ups investiert wird, um deren unternehmerisches Wachstum – insbesondere in den **Expansion Stages** – zu unterstützen (Breithaupt und Ottersbach 2010, Teil 1. C. § 2, Rn. 60). Ziel der Kapitalgeber ist, dem Unternehmen mithilfe der Finanzierung zu ermöglichen, nicht nur die Gewinnschwelle **(Break-Even-Point)** zu überschreiten, sondern ein überproportionales unternehmerisches Wachstum zu generieren und schließlich den Wert der Geschäftsanteile ebenso überproportional zu erhöhen. Da der Private Equity-Geber (als Gegenleistung für das Investment) selbst Anteile an dem Start-up erworben hat, steigert er den Wert seiner eigenen Beteiligung. Erreicht der Unternehmenswert des Start-ups die von den Investoren angestrebte Höhe, werden die Private Equity-Geber versuchen, durch die **Veräußerung** ihrer Geschäftsanteile oder eine **Rekapitalisierung** größtmögliche Gewinne zu erzielen.

Hat sich das Start-up mit dem **operativen Geschäft** sowie den damit verbundenen wachsenden Umsätzen am Markt **etabliert,** können die Gründer nunmehr auf eine **Private Equity-Finanzierung** zurückgreifen (hierzu s. Abschn. 8.2.1). Da eine derartige Kapitalüberlassung erst in den Expansion-Stages erfolgen kann, kommt die Akquise von Private Equity-Investoren für Gründer folglich frühestens ab der **Emerging Growth-Phase** in Betracht.

Private Equity-Geber **kaufen** Unternehmensanteile und finanzieren das Start-up im Gegenzug mit sehr **hohen Krediten** (vgl. Martinek et al. 2016, § 48, Rn. 29). Im engeren Sinne bezeichnet Private Equity dabei Beteiligungskapital, das ein Unternehmen ohne Einschaltung von Börsen aufnimmt. Insofern kann Private Equity im Deutschen als **„außerbörsliches Eigenkapital"** verstanden werden. Durch dieses sammelt ein Finanzinvestor – auch Private Equity-Gesellschaft genannt – Kapital von vermögenden Privatpersonen („Family Offices") und institutionellen Anlegern ein und erwirbt damit Unternehmensbeteiligungen (Martinek et al. 2016, § 48, Rn. 29).

Eine Private Equity-Finanzierung kann in der Praxis als
- Management Buy-Out (MBO) bzw. Management Buy-In (MBI),
- Leverage Buy-Out (LBO) oder
- Rekapitalisierung

ausgestaltet sein.

5.5.1 Management Buy-Out (MBO)/Management Buy-In (MBI)

Ein Management Buy-Out (MBO) kann zunächst so realisiert werden, dass der oder die **Geschäftsführer** die **Mehrheit** der Geschäftsanteile der übrigen Gesellschafter bzw. Gründer **aufkaufen.** Da für eine solche Transaktion erhebliche finanzielle Ressourcen notwendig sind, greift das Management dabei auf die finanzielle Unterstützung eines Private Equity -Gebers zurück und beteiligt ihn als Gegenleistung am Unternehmen. Die Übernahme der Geschäftsanteile kann dabei nach zwei Modellen erfolgen: entweder als **unmittelbare Übernahme** der Geschäftsanteile durch die **Geschäftsführer selbst** oder als **mittelbare Übernahme** durch eine neu zu gründende **Gesellschaft** (Beisel und Klumpp 2016, Kap. 13, Rn. 4 f.).

Erwirbt die derzeitige Geschäftsführung die Mehrheit der Geschäftsanteile des Unternehmens, handelt es sich um einen **MBO.** Beteiligen sich hingegen unternehmensfremde Manager an der Gesellschaft, spricht man von einem **MBI.** Vorzugswürdig ist insoweit der MBO, da das aktuell operativ tätige Management die Branche, die Konkurrenz und natürlich auch das eigene Unternehmen von innen heraus in der Regel sehr gut kennt (Breithaupt und Ottersbach 2010, Teil 1. C. § 2, Rn. 64).

5.5.2 Leverage Buy Out (LBO)

Ein **LBO** (diesbezüglich s. auch Abschn. 8.2.1.1) ist grds. als MBO/MBI ausgestaltet, bei dem die Übernahme der Geschäftsanteile durch **Fremdkapital** finanziert wird (Beisel und Klumpp 2016, Kap. 13, Rn. 1). Unter einem **Leverage** (=„Hebel") versteht man in diesem Zusammenhang das Verhältnis von Eigen- zu Fremdkapital, das zum einen das für den Erwerb eines Unternehmens zur Verfügung stehende **Kapital vervielfacht** und darüber hinaus die **Renditen** der Beteiligten – im Erfolgsfall – deutlich **erhöht** (Breithaupt und Ottersbach 2010, Teil 1. C. § 2, Rn. 65).

5.5.3 Rekapitalisierung

Bei einer **Rekapitalisierung** ersetzt der Investor nach dem Erwerb der Geschäftsanteile des Unternehmens dessen **Eigen**- durch **Fremdkapital** bzw. löst **Kapitalrücklagen** auf und zahlt sich selbst Kapital zurück. Die Höhe der Beteiligung bleibt dadurch unverändert und die schnelle Rückzahlung des eingesetzten Eigenkapitals wirkt sich positiv auf die Rendite des Private Equity -Gebers aus (Breithaupt und Ottersbach 2010, Teil 1. C. § 2, Rn. 67).

▶ Neben **Venture Capital** handelt es sich bei **Private Equity** um eine **weitere Kapitalquelle** für etablierte Start-ups, um unternehmerisches Wachstum zu generieren, den Wert der Geschäftsanteile zu erhöhen und schließlich den **Break-Even-Point** nachhaltig zu erreichen. Obgleich eine Finanzierung durch Venture Capital bereits ab der **Start-up-Phase** möglich ist – wohingegen ein Private Equity-Investment frühestens in der **Emerging Growth-Phase** in Betracht kommt – haben beide Finanzierungsarten gemeinsam, dass der Kapitalgeber dem Start-up das Investment überlässt, um als Gegenleistung Geschäftsanteile zu erhalten und somit unmittelbar am unternehmerischen Wachstum teilhaben zu können. Insofern existiert keine scharfe Trennung zwischen Private Equity und Venture Capital (Breithaupt und Ottersbach 2010, Teil 1. C. § 2, Rn. 61), **beide vermengen sich in der Praxis oftmals** (gerade bei größeren Series C- oder Series D- Finanzierungsrunden im zwei- oder dreistelligen Millionenbereich).

5.6 Öffentliche Fördermittel

Der **gesamtwirtschaftliche Stellenwert** von Digitalunternehmen hat unter Einfluss der Maßnahmen der Bundesregierung hin zum digitalen Wandels mittlerweile umfassende Förderprogramme der öffentlichen Hand hervorgerufen, die Start-ups durch die Bereitstellung von **Eigenkapital** unterstützen. Charakteristisch für öffentliche Fördermittel ist, dass die Finanzierung zwar an bestimmte **Bedingungen** geknüpft ist, in der Regel aber **nicht zurückgezahlt** werden muss. Darüber hinaus können Gründer auf diese Form der Kapitalbeschaffung grds. in **allen Phasen** der Unternehmensentwicklung zurückgreifen.

5.6.1 Grundsätzliches

Die Inanspruchnahme öffentlicher Fördermittel kann neben der Finanzierung über Eigenkapital oder Bankkredite ein wichtiger **Bestandteil** eines **gesamtheitlichen Finanzierungskonzepts** des Start-ups sein (Weitnauer 2019, S. 182). Das Spektrum der Fördermittel umfasst hierbei neben Kreditprogrammen bspw. auch innovative Programme zur Stärkung der **Eigenkapitalbasis.** Insbesondere durch Letztere hat das Start-up überhaupt erst die Möglichkeit, an **Fremdkapital** in Form von Krediten **zu gelangen,** die es ohne die öffentliche Förderung – gerade wegen seiner unzureichenden Eigenkapitalquote – nicht erhalten würde.

Regelmäßig ist der Förderantrag bei dem Kreditinstitut (meist die Hausbank des Start-ups) zu stellen, welches den Antrag als Vermittler an den Fördermittelgeber weiterleitet und zugleich im Falle einer positiven Entscheidung die Auszahlung unmittelbar bewirkt.

Auf Seite der Fördermittelgeber ist besonders häufig die **Kreditanstalt für Wiederaufbau (KfW)**, die der Aufsicht des Bundesfinanzministeriums untersteht, anzutreffen. Die KfW wurde nach dem Zweiten Weltkrieg zum Wiederaufbau der deutschen Wirtschaft gegründet und dient heute der gesamtwirtschaftlichen Wachstumsförderung. Neben der vergleichsweise niedrigschwelligen Finanzierung von Existenzgründungen stemmt sie auch weitaus größere Finanzierungsvolumina und leistet somit einen nicht unerheblichen Beitrag zum Wachstum der Digitalwirtschaft.

Die KfW gewährt ihre Kredite **nicht direkt** an den Antragsteller, sondern über ein **Kreditinstitut.** Dieses entscheidet bereits im Vorfeld über Weiterleitung an die KfW und über ggf. zu stellende Sicherheiten. Die Kooperation zwischen dem Antragsteller und der bearbeitenden Bank ist somit entscheidend, um das Kreditinstitut von der Umsetzbarkeit und Rentabilität des Unternehmenskonzeptes zu überzeugen bzw. damit dieses eine Antragstellung bei der KfW überhaupt erst veranlasst. Der eigentliche Antrag besteht dann aus einem Vordruck, der gemeinsam mit dem Bankberater des Antragstellers ausgefüllt wird. Die klassischen Kreditinstitute haben insoweit eine **Intermediärfunktion** zwischen Beschaffung und Bereitstellung des Kapitals.

Auch andere Bundesministerien tragen zur Unternehmensförderung bei; so existieren bspw. eigene Programme des **Bundesministeriums für Wirtschaft und Technik (BMWi)** sowie des **Bundesministeriums für Bildung und Forschung (BMBF).** Auch die **Länder** verfügen über besondere Einrichtungen, welche die jeweiligen Regionen stärken sollen. Als Beispiel sei hier die Investitionsbank Berlin (IBB) genannt, die der deutschen (Start-up-) Hauptstadt finanzielle Unterstützung gewährleistet.

Je nach Branche, Umsatzzahlen oder Größe eines Unternehmens kommen verschiedene Förderprogramme infrage. Entscheidend ist, für welchen Zweck die Mittel konkret eingesetzt werden sollen – so erfordern die meisten Programme als Grundvoraussetzung das Vorhandensein eines **innovativen** Projekts.

Das Fördermittel selbst wird meist dem Unternehmen direkt gewährt; eine Ausnahme hiervon bildet etwa der **INVEST – Zuschuss für Wagniskapital,** der im Falle der Förderfähigkeit eines Investitionsvorhabens unmittelbar dem Investor in Form eines Zuschusses ausbezahlt wird.

5.6.2 Zuwendungsformen

Unabhängig vom Zweck der Zuwendung lassen sich Fördermittel ihrer Form nach wie folgt unterscheiden (hierzu vgl. Weitnauer 2019, S. 183; Werner und Kobabe 2007, S. 98):

- Zuwendung in Form **„verlorener"**, nicht rückzahlbarer **Zuschüsse,**
- **Darlehen,** dessen Verzinsung unter den üblichen Marktzinsen liegt,
- **offene** oder **stille Beteiligungen,** deren Konditionen bezüglich Verzinsung und Gewinnbeteiligung ebenfalls unter dem Marktüblichen liegen,
- **Subventionierung** von Zins- und Tilgungsleistungen, die zu einer Entlastung des Cash-Flow des Unternehmens führt,
- Übernahme von Finanzierungsrisiken durch **Haftungsfreistellungen** für Banken mittels Bürgschaften, indem die Banken von der Haftung für die Rückzahlung bei Zahlungsunfähigkeit des Unternehmens anteilig freigestellt werden sowie
- **Refinanzierungsprogramme** für Banken.

5.6.3 Rahmenbedingungen

Es gelten grundsätzliche Voraussetzungen zur Inanspruchnahme öffentlicher Fördermittel, welche vom antragstellenden Unternehmen zu beachten sind.

Die wichtigste Voraussetzung zur Inanspruchnahme öffentlicher Fördermittel ist, dass der **Zeitpunkt** der **Antragstellung stets vor** dem **Beginn des konkreten Vorhabens** liegen muss, da ansonsten ein förderschädlicher sog. vorzeitiger Maßnahmebeginn vorliegt. Im Rahmen von Beteiligungs- oder Investitionsförderungen bedeutet dies, dass der Antrag für das konkrete Fördermittel stets vor **Abschluss** des **Beteiligungsvertrages** bzw. vor **Auszahlung der Investitionssumme** anlässlich eines Wandeldarlehensvertrages gestellt werden muss.

Ferner gilt, dass ein konkretes unternehmerisches Projekt grundsätzlich nur **einmal** gefördert werden kann, wobei es jedoch möglich ist, das Gründungsvorhaben des Start-ups in verschiedene Projekte zu unterteilen und damit auch diverse Förderprogramme **kumuliert** zu nutzen (Weitnauer 2019, S. 183). Eine ausdrückliche Ausnahme hiervon bildet bspw. die Förderfähigkeit von Anschlussfinanzierungen im Rahmen des INVEST – Zuschuss für Wagniskapital, sofern die vom Investor gehaltenen Anteile am Unternehmen bereits bei ihrem Erwerb mit dem INVEST-Zuschuss gefördert wurden und die Möglichkeit von Anschlussinvestitionen im ursprünglichen Geschäftsplan bereits vorgesehen war.

Bereits im Rahmen der Gründung sollten Start-ups ihre **Förderfähigkeit** für öffentliche Mittel bspw. bei der Ausgestaltung ihrer gesellschaftsrechtlichen Strukturen berücksichtigen. So ist etwa für alle Fördermittel eine wesentliche Voraussetzung, dass sich das zu fördernde Unternehmen **nicht** im **Mehrheitsbesitz** einer **anderen Kapitalgesellschaft** befindet.

In jedem Fall sind die konkreten Förderrichtlinien detailliert zu studieren, um eine verbindliche Aussage über die Förderfähigkeit des Unternehmens bzw. des Investitionsvorhabens treffen zu können.

5.6.4 Förderphasen

Jeder **Finanzierungsphase** lassen sich bestimmte Förderprogramme zuordnen, welche auf diese zugeschnitten sind. Dabei gilt, dass einige der Programme, die nachfolgend erst im Rahmen einer späteren Finanzierungsphase aufgeführt sind, grds. bereits in den Early Stages eingesetzt werden können – eine auf die Early Stages ausgerichtete Förderung demgegenüber aber nicht mehr in den Expansion Stages gewährt wird.

5.6.4.1 Early Stages

5.6.4.1.1 ERP-Gründerkredit Startgeld der KfW

Das Startgeld ist ein Gründerkredit in Höhe von bis zu EUR 125.000, der von kleinen und mittleren Unternehmen **(KMU)** zur Förderung von Neugründungen sowie zur Festigung des Unternehmens in Anspruch genommen werden kann. Ein Eigenkapitalanteil ist nicht notwendig. Antragsberechtigt sind Existenzgründer (auch freiberuflich oder im vorläufigen Nebenerwerb), Unternehmensnachfolger und Gesellschafter junger Unternehmen. Wichtigste Bedingung für die Antragsberechtigung ist eine maximal fünf Jahre im Vorfeld der Antragstellung aufgenommene Geschäftstätigkeit. Sind mehrere Gründer beteiligt, so kann jeder einzelne Gründer das Startgeld beantragen, wodurch die Gesamtfördersumme für das Start-up kumuliert werden kann.

Bei Gewährung des Startgelds kann der Beginn der Tilgung je nach Laufzeit bis zu zwei Jahre nach Auszahlung hinausgezögert werden. Während der gesamten Laufzeit gilt in jedem Fall eine Zinsbindung (ab 2,7 % effektiver Jahreszins); bei außerplanmäßiger Tilgung wird eine Vorfälligkeitsentschädigung berechnet. Für die Rückzahlung haftet der Kreditnehmer persönlich bzw. bei Unternehmen mit beschränkter Haftungsform die Anteilseigner entsprechend ihrer Beteiligungsquote.

5.6.4.1.2 ERP-Gründerkredit Universell der KfW

Mit dem Gründerkredit Universell unterstützt die KfW Investitionsvorhaben in Höhe von bis zu EUR 25 Mio. Unternehmer bzw. Unternehmen, die maximal fünf Jahre am Markt firmieren, können von dem Programm profitieren, sofern der konsolidierte Umsatz aller verbundenen Unternehmen maximal EUR 50 Mio. beträgt. Zur Förderung zugelassen sind Vorhaben nahezu aller Art, insbesondere auch Ausgaben zur Aufrechterhaltung des laufenden Betriebs wie bspw. Personalkosten, Mieten oder Marketingmaßnahmen. Ausgeschlossen hingegen sind vor allem Investitionen in Anlagen für erneuerbare Energien, Baumaßnahmen für „Betreutes Wohnen", Landwirtschafts- und Fischereibetriebe sowie Sanierungsfälle.

Der Kredit wird bei einer Mindestlaufzeit von 2 Jahren (je nach Bonität und Laufzeit) ab 1 % effektiv verzinst, wobei bis zu drei tilgungsfreie Anlaufjahre gewährt werden. Der Gründerkredit Universell kann flexibel mit anderen öffentlichen Förderprogrammen kombiniert werden. Der Antragsteller muss nicht zwangsläufig eigene Mittel in die Finanzierung einbringen, da der Kredit eine hundertprozentige Finanzierung ermöglicht. Die Besicherung wird mit dem kreditgebenden Institut individuell vereinbart. Da dieses Förderprogramm die jeweilige Bank allerdings nicht von der Rückzahlungshaftung bei Ausfall des geförderten Unternehmens freistellt, sind die individuellen Anforderungen an potenzielle Kreditnehmer entsprechend höher.

5.6.4.1.3 ERP-Kapital für Gründung der KfW

Das ERP-Kapital unterstützt Existenzgründer beim Gründen und Einrichten eines Unternehmens. Die maximale Höhe des Kredits ist auf EUR 500.000 beschränkt, wobei der Kreditnehmer mindestens 10 bis 15 % der Summe selbst aufbringen muss.

Das Unternehmen darf höchstens drei Jahre bestehen (Ausnahme: Übernahme der Geschäftsführung bzw. eines gesamten Unternehmens) und muss die KMU-Kriterien erfüllen (max. 250 Mitarbeiter, max. EUR 50 Mio. Umsatz bzw. EUR 43 Mio. Bilanzsumme). Förderfähig sind Investitionen zur Beschaffung neuer Anlagen, Maschinen oder auch Patente/Lizenzen, nicht aber die Finanzierung des laufenden Betriebs. Der Kredit hat eine Laufzeit von 15 Jahren, bei einem Festzinssatz für 10 Jahre.

Die Antragstellung muss wiederum durch ein Kreditinstitut erfolgen, welches zu 100 % von der Rückzahlungshaftung freigestellt wird. Da es sich bei ERP-Kapital rechtlich um ein Nachrangdarlehen handelt, hat es den Charakter von Eigenkapital und erleichtert somit die Aufnahme weiterer Kredite. Zudem profitiert der Gründer von sieben Jahren Tilgungsfreiheit und niedrigen Zinsen, die für zehn Jahre festeschrieben sind. Die weiteren Konditionen stimmen im Wesentlichen mit denen des ERP-Startgelds überein.

5.6.4.1.4 EXIST -Gründerstipendium des BMWi

Mit dem EXIST -Gründerstipendium werden Gründer aus Forschung und Wissenschaft gefördert. Sowohl Studierende als auch Wissenschaftliche Mitarbeiter kommen für die Teilnahme infrage, sofern sie an öffentlichen, nicht gewinnorientierten Forschungseinrichtungen oder Hochschulen beschäftigt sind (Absolventen und ehemalige Mitarbeiter sind ebenfalls förderberechtigt, sofern ihr Abschluss bzw. Arbeitsverhältnis nicht länger als fünf Jahre zurückliegt.).

Wichtig ist eine enge Kooperation mit der Hochschule bzw. Forschungseinrichtung: Diese beantragt das Stipendium beim Projektträger und stellt den Stipendiaten im Erfolgsfall einen Arbeitsplatz sowie ggf. benötigte Technik, Labore etc. zur Verfügung. Stipendiaten erhalten zudem einen monatlichen Beitrag zum Lebensunterhalt in Höhe von EUR 1000 (Studierende) bis EUR 3000 (promovierte Absolventen), außerdem können Sachausgaben mit bis zu EUR 10.000 (bei Teams max. bis zu EUR 30.000) und Coachings mit maximal EUR 5000 gefördert werden.

Während der Laufzeit des Stipendiums kann auf die Betreuung und Beratung durch einen Hochschullehrer, der sich als Mentor zu Verfügung stellt, zurückgegriffen werden. Mit ihm muss binnen eines Monats nach Gewährung des Gründerstipendiums ein sogenannter Coachingfahrplan erstellt werden; nach zehn Monaten muss zudem ein vollständiger Businessplan vorliegen.

5.6.4.1.5 EXIST -Forschungstransfer des BMWi

Das EXIST -Forschungstransfer-Programm zielt auf Unternehmensgründungen aus der Wissenschaft. Es ist in zwei Förderphasen unterteilt. Die erste Phase dient der Weiterentwicklung von Forschungsergebnissen, die potenzielle Grundlagen für Unternehmensgründungen sind. Die zweite Phase baut darauf auf und soll Produkte zur Marktreife führen.

Für die **erste Förderphase** kommen Forscherteams an Hochschulen (und außeruniversitären Forschungseinrichtungen) infrage, wenn sie aus ihrer Forschungstätigkeit heraus eine Geschäftsidee entwickeln. Bei erfolgreicher Antragstellung können Personalkosten (maximal vier Stellen) sowie zusätzliche Sachkosten bis zu einem Betrag von EUR 250.000 übernommen werden. Mit diesen Mitteln soll die Geschäftsidee auf ihre technische Realisierbarkeit hin überprüft, ggf. ein Prototyp entwickelt und ein Businessplan ausgearbeitet werden. Im besten Fall steht am Ende die Unternehmensgründung.

Auf Grundlage der ersten Phase gegründete Unternehmen kommen wiederum für die **zweite Förderungsphase** in Betracht, die maximal 18 Monate dauert. Bei der Realisierung ihrer technologiegetriebenen Geschäftsidee werden sie in dieser Folgephase mit bis zu EUR 180.000 in Form eines nicht rückzuzahlungspflichtigen Zuschusses gefördert. Voraussetzung ist, dass das Unternehmen eigene Mittel sowie ggf. Beteiligungskapital in Höhe eines Drittels (EUR 60.000) des EXIST-Zuschusses zur Verfügung stellt.

Ziel der zweiten Phase sind die Marktreife des Produkts sowie die Aufnahme der operativen Geschäftstätigkeit. Ferner sollen darüber hinaus im Idealfall die Voraussetzungen für eine externe Anschlussfinanzierung geschaffen werden.

Die Bewerbung ist ausschließlich im Januar sowie im Juli eines jeden Jahres möglich. Antragsberechtigt für die erste Förderphase ist ausschließlich die jeweilige Hochschule bzw. Forschungseinrichtung, mit der die gründungswilligen Forscher folglich eng kooperieren müssen. Die Antragstellung für die zweite Förderphase erfolgt durch das gegründete oder sich in der Gründung befindliche Unternehmen.

5.6.4.1.6 High-Tech Gründerfonds

Der High-Tech Gründerfonds ist eine Public-Private Partnership (hierunter ist die vertragliche Zusammenarbeit zwischen der öffentlichen Hand und einem privatrechtlich organisierten Unternehmen zu verstehen), wobei der weitaus größere Teil des Investitionsvolumens durch den Bund getragen wird. Der Fonds investiert Venture Capital in technologie-orientierte Start-ups, welche die Entwicklung innovativer Produkte planen oder bereits damit begonnen haben. Die Finanzierung soll die Kosten für Forschung und Entwicklung abdecken und schließlich zu einem Prototyp oder zur Markteinführung führen. Dem Start-up werden dafür zunächst EUR 1 Mio. in der Seedphase zur Verfügung gestellt, die im Erfolgsfall auf bis zu EUR 3 Mio. aufgestockt werden können.

Unternehmen sind antragsberechtigt, sofern sie maximal drei Jahre alt sind (Handelsregistereintragung) und in sie bisher nicht durch andere Investoren mehr als EUR 500.000 Eigenkapital, stille Beteiligungen oder Wandeldarlehen erhalten haben. Das Geschäftsmodell sollte auf einer technologischen Neuentwicklung basieren, wobei die entsprechenden Patente und sonstigen Schutzrechte dem Unternehmen uneingeschränkt und exklusiv zur Verfügung stehen müssen. Zudem werden hohe Ansprüche an die Erfolgsaussichten des Produkts gestellt. Es muss einen klar umrissenen Zielmarkt vorweisen können, der hohe Eintrittsbarrieren für Wettbewerber und vor allem ein weit überdurchschnittliches Wachstumspotenzial verspricht. Das Unternehmen sollte ferner über außerordentliche Alleinstellungsmerkmale (= Unique Selling Point/USP) verfügen.

Das Bewerbungsverfahren sieht vor, dass zunächst ein Businessplan eingereicht wird – ggf. unter Zuhilfenahme eines Coaches des High-Tech Gründerfonds. Nach einem persönlichen Gespräch mit den Gründern wird diesen im Erfolgsfall ein Term Sheet mit den Beteiligungskonditionen angeboten. Nach dessen Unterzeichnung wird eine Due Diligence durchgeführt, die sich nochmals detailliert mit allen Aspekten des Geschäftsmodells auseinandersetzt. Vor allem betriebswirtschaftliche Faktoren wie die Analyse des Finanzbedarfs und die langfristige Tragfähigkeit des Geschäftsmodells sind hierbei elementar. Bei erneut positiver Einschätzung gelangt das Konzept vor das zuständige Investitionskomitee, welches – u. a. nach einer Unternehmenspräsentation (Pitch) durch das Gründerteam – über die endgültige Finanzierungszusage entscheidet.

Die Förderung durch den High-Tech Gründerfonds beinhaltet außerdem ein Coaching der Unternehmensführung. Es besteht die Möglichkeit einer Anschlussfinanzierung in Höhe von bis zu 1,5 Mio. EUR. Zudem ist das Programm so konzipiert, dass weitere Forschungszuschüsse in Anspruch genommen werden können.

▶

5.6.4.1.7 German Silicon Valley Accelerator des BMWi

Der German Silicon Valley Accelerator (GSVA) ermöglicht deutschen Start-ups einen dreimonatigen Aufenthalt im Silicon Valley, Cambridge oder New York. Das Programm gewährleistet dabei eine umfassende Unterstützung von der Visa-Beantragung bis hin zur

Bereitstellung von Büroräumen und deren Ausstattung. Für Lebenshaltungs- und Reisekosten müssen die Teilnehmer hingegen selbst aufkommen.

Über die gesamte Projektdauer wird eine Vielzahl von Veranstaltungen und Seminaren angeboten. Vor Ort stehen dabei Mentoren und Coaches als Ansprechpartner bereit. Der Aufenthalt im Silicon Valley soll maßgeblich dem Knüpfen von Kontakten zu potenziellen Geschäftspartnern bzw. bei Bedarf auch zu möglichen Mitarbeitern dienen. Darüber hinaus können die Start-ups ihr Netzwerk um Multiplikatoren erweitern und sich nicht zuletzt durch den „Geist des Silicon Valley" inspirieren lassen.

Voraussetzung für die Teilnahme ist eine Geschäftstätigkeit im Bereich der Informations- und Kommunikationstechnologie. Zudem sollte das Start-up nicht älter als drei Jahre sein und sich in einer Phase befinden, in der eine Teilnahme am GSVA wirtschaftlich sinnvoll ist. Demzufolge muss das Geschäftsmodell problemlos (international) skalierbar sein und ernsthafte Wachstumschancen auf dem US-Markt aufweisen.

Die Bewerbung erfolgt online und wird durch einen Ausschuss überprüft. Zu den wichtigsten Kriterien gehören dabei nicht nur die Innovationskraft des Start-ups, sondern vor allem die tatsächlichen Erfolgschancen auf dem (Welt-) Markt. Dabei spielen externe Faktoren, bspw. die Größe des Marktes und mögliche Wettbewerber, ebenso eine Rolle wie interne Faktoren, z. B. die Kompetenz des Start-up-Teams und seine Geschäftserfahrung. Wer sich um die Unterstützung des GSVA bewirbt, muss den Ausschuss also sowohl von den eigenen unternehmerischen Fähigkeiten als auch von den Erfolgsaussichten des Start-ups überzeugen.

▶

5.6.4.1.8 ProFIT der IBB

In Berlin ansässige Gründer können auf das Programm zur Förderung von Forschung, Innovationen und Technologien der Investitionsbank Berlin zurückgreifen. Für eine Förderung kommen Ideen mit innovativem Charakter, welche die Wettbewerbsfähigkeit des Unternehmens steigern, infrage. Das ProFIT-Programm besteht in zwei verschiedenen Ausprägungen:

Die **ProFIT-Frühphasenfinanzierung** richtet sich an technologieorientierte Gründer, die erst noch eine Unternehmensinfrastruktur sowie Personalkapazitäten aufbauen müssen. Neben der Förderung von bis zu 100 % der Ausgaben ist auch die sachliche Kompetenz der IBB hervorzuheben, die als Ansprechpartner zur Verfügung steht und Feedback durch unabhängige Gutachter verspricht.

Die **ProFIT-Projektförderung** kann von KMU und Forschungseinrichtungen in Anspruch genommen werden, die ein innovatives Projekt zur Marktreife führen wollen. Förderungsfähig sind Ausgaben, die im Rahmen technisch innovativer Forschung anfallen. Für die Phasen der Forschung und Entwicklung sind nicht zurückzuzahlende Zuschüsse verfügbar, während die Markteinführung mit (zinsverbilligten) Darlehen unterstützt wird.

5.6.4.1.9 IBB-Beteiligungsgesellschaft

Die Beteiligungsgesellschaft der Investitionsbank Berlin verwaltet die Fonds „VC Fonds Berlin", „VC Fonds Technologie Berlin" sowie den „VC Fonds Kreativwirtschaft Berlin". Mit ihnen soll jungen Berliner Unternehmen der Zugang zu Eigenkapital erleichtert werden. Insbesondere Start-ups mit hohem Finanzierungsbedarf können hiervon profitieren, da das Engagement der IBB oftmals weitere Investments Dritter vermittelt. So übernimmt die IBB häufig die Rolle des Lead-Investors und verwaltet die Beteiligungen anderer Investoren mit. Zugleich ist sie aber auch als Co- oder Side-Investor beteiligt.

Für die Finanzierung durch die IBB-Beteiligungsgesellschaft kommen Berliner Startups infrage, die zum Strukturwandel des Standorts beitragen können. Der Fokus liegt dabei auf den Branchen Informations- und Kommunikationstechnologie, Lebenswissenschaften und Industrie-Technologie. Eine Investition setzt voraus, dass das Unternehmen die KMU-Kriterien erfüllt (weniger als 250 Mitarbeiter; Jahresumsatz unter EUR 50 Mio.) und sich mehrheitlich im Besitz der aktiven Gesellschafter befindet. Das Produkt sollte mindestens ein technologisches Alleinstellungsmerkmal oder einen bedeutenden Entwicklungsvorsprung aufweisen, sodass mittelfristig mit Wachstum und entsprechender Wertsteigerung gerechnet werden kann.

Zwecks Bewerbung wird zunächst lediglich eine Kurzbeschreibung des Unternehmens bzw. – soweit vorhanden – ein Businessplan an die IBB gesendet. Nach erfolgreicher Vorprüfung wird bereits nach ein bis zwei Wochen ein erstes Gespräch terminiert. Dem folgt eine ausführliche Due Diligence, die im Optimalfall nach weiteren drei bis vier Wochen zur Abgabe eines Beteiligungsangebots führt.

Die Konditionen der IBB sehen vor, dass sich andere Investoren mindestens in gleicher Höhe wie die IBB-Beteiligungsgesellschaft beteiligen. Das Investment ist in juristischer Sicht als offene Beteiligung ausgestaltet, wobei je nach Kapitalbedarf sowie Unternehmenssituation eine zusätzliche stille Beteiligung oder ein Gesellschafterdarlehen – ohne die Stellung von Sicherheiten durch die Gesellschafter – gewährt werden kann.

Die Höchstsumme einer Beteiligung für die erste Finanzierungsrunde beträgt EUR 1,5 Mio. Zwar wird ein Exit innerhalb von fünf bis sieben Jahren angestrebt, gleichwohl ist eine Erhöhung des Engagements auf bis zu EUR 3 Mio. in weiteren Finanzierungsrunden möglich.

▶

5.6.4.1.10 INVEST – Zuschuss für Wagniskapital

Bereits seit 2013 können Start-ups bereits in der Seed-Phase von einem besonderen (mittelbaren) Förderinstrument, dem **INVEST – Zuschuss für Wagniskapital** (früher: Investitionszuschuss Wagniskapital), profitieren. Der Investitionszuschuss hat zum Ziel, die Finanzierungsbedingungen junger, innovativer Unternehmen dadurch zu verbessern, indem er für private Investoren – insbesondere Business Angels – den Anreiz schafft, solchen Unternehmen privates Wagniskapital in Form von Eigenkapital zur Verfügung zu stellen. Darüber hinaus sollen ausweislich der Richtlinie mehr Menschen mit unternehmerischer Orientierung für risikobehaftete Beteiligungen an jungen innovativen Unternehmen begeistert sowie bereits investierende Business Angel dazu angeregt werden, häufiger und mehr Wagniskapital in Start-ups zu investieren.

Rechtsgrundlage des Investitionszuschusses ist die mit Wirkung zum 1. Januar 2017 neu gefasste Förderrichtlinie („Richtlinie zur Bezuschussung von Wagniskapital privater Investoren für junge innovative Unternehmen – INVEST – Zuschuss für Wagniskapital vom 12. Dezember 2016“) samt Änderung vom 15. Februar 2017.

Zusätzlich zum bisherigen Investitionszuschuss (neu Erwerbszuschuss) wird es künftig einen Zuschuss als Kompensation der auf den Gewinn bei der Veräußerung von Anteilen zu entrichtenden Steuern (Exitzuschuss) geben. Der Erwerbszuschuss wird im Vergleich zum bisherigen Verfahren erweitert.

5.6.4.1.10.1 Die Eckpunkte der Förderung

Gefördert werden private Investoren (natürliche Personen), die Gesellschaftsanteile an jungen innovativen Unternehmen erwerben. Die Anteile müssen vollumfänglich an den Chancen und Risiken des Start-ups beteiligt bzw. im Rahmen einer Kapitalerhöhung neu ausgegebenen sein. Der Erwerb bereits bestehender, etwa von den Gründern gehaltener Anteile, kommt somit nicht in Betracht. Seit 2017 sind zudem auch Anteile, die über ein

Wandeldarlehen erworben werden, förderfähig, wenn die Wandlung innerhalb von 15 Monaten nach Ausstellung des Bewilligungsbescheides erfolgt. Der Darlehensvertrag darf hierbei erst nach der Antragstellung des Investors geschlossen werden und muss die Option zur Wandlung des Darlehensrückforderungsanspruchs in Anteile enthalten.

Der private Investor erhält 20 % des Kaufpreises für den Anteilserwerb als Erwerbszuschuss zurückerstattet, sofern er die Beteiligung für mindestens drei Jahre hält. Veräußert der Investor seine Anteile vor Ablauf der Mindesthaltedauer, ist der gewährte Zuschuss zurückzuzahlen.

Darüber hinaus muss der Investor dem Unternehmen mindestens EUR 10.000 zur Verfügung stellen. Die Bereitstellung des Kapitals muss auf der Grundlage eines dem Investor vom Unternehmen vorgelegten Businessplans erfolgen und darf nicht kreditfinanziert sein. Ist die Zahlung des Kaufpreises an die Erreichung von sog. Milestones durch das Unternehmen geknüpft, muss jede einzelne Zahlung des Investors (pro erreichtem Meilenstein) mindestens EUR 10.000 betragen. Jeder Investor kann pro Jahr Zuschüsse für Anteilskäufe in Höhe von bis zu EUR 500.000 beantragen. Pro Unternehmen können Anteile im Wert von bis zu EUR 3 Mio. pro Jahr bezuschusst werden.

Der Antrag auf Förderung ist in jedem Fall vor Abschluss eines entsprechenden Beteiligungs- bzw. Gesellschaftsvertrages zu stellen. Erfolgt der Anteilserwerb vor der Bewilligung des Investitionszuschusses, ist eine (rückwirkende) Förderung ausgeschlossen.

5.6.4.1.10.2 Vorteile für Unternehmen und Investor

Im Rahmen der Antragstellung wird dem Start-up die Förderfähigkeit für den Investitionszuschuss Wagniskapital bescheinigt. Diese Bescheinigung kann zusammen mit Informationen über den Investitionszuschuss Wagniskapital konkret für die Akquise von Investoren eingesetzt werden. Damit vergrößern sich die Chancen, eine Finanzierung über Wagniskapital zu erhalten.

Für den Investor wird das Risiko einer Kapitalbeteiligung durch den Investitionszuschuss Wagniskapital verringert. Der Investor bekommt 20 % der Summe zurückerstattet, mit der er sich an dem Start-up beteiligt. Seine Gesellschaftsanteile verbleiben dagegen komplett bei ihm. Verkauft der Investor nach einer Mindesthaltedauer von drei Jahren seine Anteile, ist er nicht verpflichtet, den Zuschuss zurückzahlen.

5.6.4.1.10.3 Fördervoraussetzungen für das Start-up

Damit die Anteile, die der Investor am Start-up erwirbt, bezuschusst werden können, muss das Unternehmen einige Förderbedingungen erfüllen. Dazu zählt, dass es sich um ein **kleines, unabhängiges** und **innovatives Unternehmen** handelt. Das Unternehmen muss eine Kapitalgesellschaft mit Hauptsitz in der EU sein, die wenigstens eine Zweigniederlassung oder Betriebsstätte in Deutschland hat und im Handelsregister eingetragen ist.

Als **klein** gilt das Unternehmen ausweislich der Bestimmungen in der Anlage der Förderrichtlinien, wenn es über weniger als 50 Mitarbeiter (Vollzeit) verfügt und einen Jahresumsatz oder eine Jahresbilanzsumme von höchstens EUR 10 Mio. hat.

Unabhängig ist das Unternehmen, wenn es von keinem Dritten (Unternehmen oder Person) beherrscht wird. Insbesondere darf das Unternehmen nicht zu mehr als 50 % im Besitz eines anderen Unternehmens sein (Ziff. VII. Abs. 2 der Anlage A zur Richtlinie). Um die Unabhängigkeit des Unternehmens als wesentliche Voraussetzung der Inanspruchnahme des Investitionszuschusses nicht zu gefährden, haben die Gründer somit von Beginn an dafür Sorge zu tragen, dass keine Vereinbarungen bestehen, die seine Unabhängigkeit in der Zukunft infrage stellen, ungeachtet dessen, ob diese Vereinbarungen rechtlich durchsetzbar sind oder nicht. Auch die Konstellation, dass die Gründer selbst die Mehrheit der Geschäftsanteile am Start-up ihrerseits (etwa aus steuerlichen Gründen) über eine dazwischen geschaltete Kapitalgesellschaft halten, kann dazu führen, dass das Unternehmen selbst als nicht unabhängig im Sinne der Investitionszuschussförderung gilt.

Das Start-up muss weiter – gemäß Handelsregisterauszug – einer **innovativen Branche** angehören. Dabei muss das Unternehmen mehr als 75 % seiner Geschäftstätigkeit in einer solchen Branche abwickeln. Bei der Anmeldung des Unternehmens zum Handelsregister ist in Bezug auf den Unternehmensgegenstand bzw. bereits zuvor bei der Fassung des im Gesellschaftsvertrag festgelegten Gesellschaftszwecks idealerweise dafür Sorge zu tragen, dass sich das Start-up ohne Zweifel einer solchen innovativen Branche (z. B. „Erbringung von Dienstleistungen der Informationstechnologie", „Informationsdienstleistungen", „kreative, künstlerische und unterhaltende Tätigkeiten") zuordnen lässt. Die (hauptsächliche) Geschäftstätigkeit des Start-ups ist im Antragsformular entsprechend der Wirtschaftszweigklassifikation der amtlichen Statistik des Statistischen Bundesamtes anzugeben. Eine genaue Lektüre der Erläuterungen und Definitionen zu der Richtlinie, welche dieser als Anlage beigefügt sind und hilfreiche Informationen geben, ist somit unerlässlich.

Schließlich darf es sich bei dem zu fördernden Unternehmen nicht um ein „Unternehmen in Schwierigkeiten" im EU-rechtlichen Sinne (Mitteilung der EU-Kommission (2004/C244/02) bzw. der Verordnung Nr. 800/2008 der Kommission (Allgemeine Gruppenfreistellungsverordnung, Amtsblatt der EU L 214/3 vom 9. August 2008)) handeln. Für Start-ups dürfte diese Voraussetzung – ungeachtet ihrer grds. vorhandenen angespannten Finanzsituation in den Frühphasen – in aller Regel nicht erfüllt sein, da die Erläuterungen der Richtlinie Unternehmen, die jünger als drei Jahre sind, bereits definitorisch von dieser Kategorie herausnehmen. Schließlich darf das Unternehmen nicht an einer Börse gelistet sein.

5.6.4.1.10.4 Voraussetzungen für den Investor

Der Investor muss eine natürliche Person mit Hauptwohnsitz in der EU sein, die nicht mit dem Unternehmen verbunden ist. Dies bedeutet, dass der Kapitalgeber im Zeitraum von zwei Jahren vor dem Eingehen seiner Beteiligung und bis zum Ende der Mindesthaltedauer (drei Jahre ab Unterzeichnung des Gesellschaftsvertrages) etwa nicht Angestellter des Unternehmens (gewesen) sein darf oder bereits bspw. mehr 25 % der Stimmrechte des Unternehmens hält. Auf die Frage der Verbundenheit des Investors mit dem Unternehmen ist besondere Sorgfalt zu legen, auch hierbei sind die Erläuterungen der Richtlinie genauestens zu prüfen und zu befolgen. Dies gilt insbesondere dann, wenn der Investor bereits Beratungs- oder andere Dienstleistungen für das Unternehmen im Vorfeld der Antragstellung erbracht hat, die eine Verbundenheit im Sinne der Förderrichtlinien begründen könnten.

Alternativ kann der Investor die Anteile am Unternehmen auch über eine GmbH oder eine UG als Vehikel erwerben, sofern diese höchstens sechs natürliche Personen als Gesellschafter hat.

Die Beteiligung muss erstmalig am Unternehmen erfolgen, bereits vorhandene Gesellschafter können den Investitionszuschuss daher nicht in Anspruch nehmen.

Die Einhaltung der Voraussetzungen für die Zuschussgewährung ist während der dreijährigen Mindesthaltedauer nachzuweisen.

Ferner ist Voraussetzung, dass der Anteilserwerb des Investors wirtschaftlich motiviert ist, also mit dem Ziel erfolgt, Gewinne durch einen späteren Verkauf der Anteile oder Dividenden zu erzielen. Mit dieser Vorgabe sollen solche Investoren von der Förderung ausgeschlossen werden, die Anteile ausschließlich zu dem Zweck erwerben, hierfür den Investitionszuschuss in Anspruch zu nehmen.

5.6.4.1.10.5 Antragsverfahren

Zur Inanspruchnahme des Investitionszuschusses ist ein Online-Antrag beim Bundesamt für Wirtschaft und Ausfuhrkontrolle (BAFA) einzureichen. Das BAFA bescheinigt sodann die Förderfähigkeit. Anschließend stellt der Investor beim BAFA ebenfalls online einen Antrag. Das BAFA prüft diesen Antrag formal und erteilt dem Investor einen Bescheid. Nachdem der Investor die Zahlung für die Anteile vorgenommen hat, fordert er die Erstattung von 20 % der Investitionssumme beim BAFA an. Hierfür muss dann auch der Gesellschaftsvertrag vorliegen, aus dem die Beteiligung hervorgeht. Im Rahmen der üblicherweise gesellschaftsvertraglich festgelegten Verpflichtungen zur Geheimhaltung ist somit bereits bei der Gestaltung des Beteiligungs- bzw. Gesellschaftsvertrages zu berücksichtigen, dass dem Investor die Übermittlung der vorgenannten Verträge zur Antragstellung an das BAFA ohne Verstoß gegen diese Verpflichtungen möglich ist.

Beteiligt sich der Investor schon bei der Gründung des Unternehmens, reicht zuerst der Investor seinen Antrag ein. Das Unternehmen stellt dann seinen Antrag auf Förderfähigkeit , wenn es gegründet und in das Handelsregister eingetragen ist.

5.6.4.2 Expansion Stages

5.6.4.2.1 ERP-Beteiligungsprogramm der KfW

Mit dem Beteiligungsprogramm erhalten private, in Deutschland ansässige Kapitalbeteiligungsgesellschaften günstige Refinanzierungskredite.

Als Beteiligungsnehmer können Unternehmen fungieren, deren Umsatz EUR 50 Mio. (in Ausnahmefällen: EUR 75 Mio.) im Jahr nicht übersteigt. Die Höhe des Investments darf höchstens EUR 1,25 Mio. (in Ausnahmefällen: EUR 2,5 Mio.) betragen, wobei das vorhandene Eigenkapital der Gesellschaft nicht überschritten werden soll. Die Laufzeit des Kredits beträgt bis zu zehn Jahre in den alten Bundesländern und maximal dreizehn Jahre in den neuen Bundesländern und Berlin.

Die Details der Beteiligung werden zwischen dem Unternehmen und dem Kapitalgeber vereinbart, während die Konditionen des Kredits zwischen dem Kapitalgeber und der KfW bzw. dem ausgewählten Kreditinstitut ausgehandelt werden.

▶

5.6.4.2.2 KMU-innovativ des BMBF

Das Bundesministerium für Bildung und Forschung (BMBF) unterstützt kleine und mittlere Unternehmen (KMU) bei Forschungs- und Entwicklungsvorhaben. Ziel ist eine technologische Vorreiterrolle des deutschen Mittelstands, weshalb das Programm vor allem auf zukunftsfähige Spitzenforschung ausgerichtet ist.

Für das Programm kommen u. a. Projekte aus den Technologiefeldern Biotechnologie, Nanotechnologie, Informations- und Kommunikationstechnologien, Produktionstechnologie oder Medizintechnik infrage.

Zum Qualifikationsprofil des Programms gehören insbesondere Anwendungsnähe und Innovationshöhe, also sowohl wirtschaftliches als auch technologisches Potenzial des angestrebten Produkts. Das Forschungsvorhaben sollte ferner nicht nur für das Unternehmen, sondern (in einem gewissen Maße) auch für die Gesellschaft von Relevanz sein.

Die Bewerbung ist online möglich und erfordert zunächst eine Projektskizze. Halbjährlich (im April und Oktober) werden die eingereichten Skizzen bewertet und selektiert. Bei Erfolg ist sodann ein Förderantrag zu stellen, der wiederum nach Innovationsgrad, technischer Ausführung und Beitragsleistung zur Lösung aktueller gesellschaftlicher Fragestellungen beurteilt wird. Bei entsprechender Eignung ergeht dann ein positiver Bewilligungsbescheid.

Erfolgreiche Bewerber erhalten nicht rückzahlungspflichtige Zuschüsse, wobei erwartet wird, dass 50 % der zuwendungsfähigen Kosten selbst finanziert werden. Die Auszahlung der Fördermittel erfolgt sukzessive mit dem Projektfortschritt; in der Regel über einen Zeitraum von zwei bis drei Jahren. Nach Abschluss des Forschungsvorhabens ist ein Bericht zu erstellen und die weitere Verwertung der Ergebnisse zu erläutern.

▶

5.6.4.2.3 ZIM des BMWi

Das Zentrale Innovationsprogramm Mittelstand (ZIM) des Bundesministeriums für Wirtschaft und Technologie (BMWi) ist ein umfassendes Förderprogramm für Kleine und Mittelständische Unternehmen (KMU). Es ist nicht auf bestimmte Branchen beschränkt und unterstützt insofern auch Unternehmen des Handwerks sowie der freien Berufe.

Die drei Fördermodule Kooperationsprojekte, Netzwerkprojekte und Einzelprojekte ermöglichen sowohl einzelbetriebliche als auch unternehmensübergreifende Anträge, ebenso können (gemeinnützige) Forschungseinrichtungen beteiligt sein. Zwar variieren die genauen Voraussetzungen je nach Fördermodul, allen gemeinsam ist jedoch die Bedingung, dass mindestens ein KMU eingebunden sein muss. Zudem muss das Projekt mit einem erheblichen technischen Risiko behaftet sein und ohne die Förderung nur deutlich später (oder gar nicht) umgesetzt werden können. Ein gewisses Mindestmaß an Innovation – zumindest unternehmensintern – wird vorausgesetzt.

Bei Bewilligung des Antrags erfolgt die Förderung in Form eines nicht zurückzuzahlenden Zuschusses, dessen Gesamthöhe von der Art des Projekts abhängt: Forschungs- und Entwicklungsprojekte können mit bis zu EUR 350.000, Management- und Kooperationsnetzwerke ebenfalls mit bis zu EUR 350.000 und innovationsunterstützende Dienst- und Beratungsleistungen in der Regel mit bis zu EUR 50.000 gefördert werden. Ein bestimmter Anteil ist aus eigenen Mitteln beizusteuern; die genaue Höhe des Fördersatzes ist dabei variabel.

▶

► Öffentliche Fördermittel haben den **Vorteil,** dass das „Investment" in der Regel ohne die Verpflichtung zur **Rückzahlung** geleistet wird. Bis die Fördermittel letztendlich ausgezahlt werden, müssen die Gründer häufig allerdings einige **bürokratische Hürden** nehmen, sodass sich für ambitionierte Gründer oftmals die Frage stellt, ob der Nutzen den Aufwand lohnt (Kaczmarek 2013). Ein weiteres **Manko** kann darin bestehen, dass einige Fördermittel lediglich flankierend zu dem Investment eines bereits akquirierten **Lead-Investors** geleistet werden. Haben die Gründer bereits einen privaten Kapitalgeber gefunden, werden sie in der Praxis eine weitere Eigenkapitalfinanzierung der Finanzierung durch öffentliche Fördermittel regelmäßig vorziehen. Schließlich ist zu berücksichtigen, dass einige Investoren aufgrund der mit öffentlichen Fördermitteln einhergehenden Haltefristen von Geschäftsanteilen bzw. der Vorgaben zur Verwendung der öffentlichen Mittel es oftmals gar bevorzugen, dass keine öffentlichen Fördermittelgeber im Gesellschafterkreis (cap table) sind bzw. die Mittel des Unternehmens ohne öffentlich-rechtliche Vorgaben verwendet werden können.

5.7 Banken

Banken (Sparkassen, genossenschaftliche Institute sowie private Banken) sind klassische **Fremdkapitalgeber.**

Als **Eigenkapitalgeber** kommen Banken grds. **nicht** infrage, da sie zur Übernahme des nicht sicherbaren Finanzierungsrisikos von Start-ups nicht bereit bzw. wegen der an sie selbst gestellten Eigenkapitalanforderungen („Basel II") gar nicht erst nicht im Stande sind (Weitnauer 2019, S. 4). Vorab kalkulierte Totalverluste – etwa durch Überkompensation einzelner überdurchschnittlich profitabler Investments bzw. Kreditbeziehungen – ihrer finanziellen Engagements sind für Banken dementsprechend tabu. In ihrer Funktion als Finanzintermediäre sind sie mit vielen Risiken konfrontiert und müssen bei der Vergabe für Kredite in ihrer Gesamtheit dafür Vorsorge treffen, dass diese Risiken die Solvenz des gesamten Finanzsektors nicht gefährden (Pott und Pott 2012, S. 241).

► Wenige, in Gründerzentren ansässige Geschäftsbanken sind jedoch bereit, auch Start-ups zu einem sehr frühen Zeitpunkt Fremdkapital zur Verfügung zu stellen, sofern sie davon überzeugt sind, dass das Unternehmen bzw. die Gründer ein nachhaltiges Geschäftsmodell aufzubauen in der Lage sind. Solche Kreditangebote sind jedoch stets mit einer persönlichen Bürgschaft der Gründer im Sinne einer Vollhaftung verbunden.

Direkte Beteiligungen als Vollgesellschafter an kleineren und mittleren Unternehmen gehen Banken – wenn überhaupt – nur mittelbar über darauf spezialisierte Beteiligungsgesellschaften ein.

Wie vorweg angesprochen, spielen Banken jedoch mittlerweile auch eine erhebliche Rolle in ihrer Funktion als Vermittler öffentlicher Förderprogramme (s. soeben Abschn. 5.6). In dieser Funktion dienen sie dem jungen Unternehmen als direktes **Bindeglied** zum bankeneigenen Kreditgeschäft, wobei zahlreiche Förderprogramme ihrerseits unmittelbar die Eigenkapitalbasis stärken.

Fazit

Für jede **Gründungsphase** des Start-ups existiert ein passender **Kapitalgeber** (hierzu s. auch Abb. 5.4). Innerhalb der **Early Stages,** in der es auf die Entwicklung des Geschäftsmodells, der Wahl einer passenden Rechtsform sowie den Launch des Unternehmens ankommt, können Gründer – im Rahmen des sog. **Bootstrapping** – zunächst auf **eigene Ersparnisse** und eine finanzielle Unterstützung von Verwandten und Bekannten (**„Family and Friends“**) zurückgreifen. Neben dem Bootstrapping ist in den Frühphasen eine Akquise von **Business Angels** und **Inkubatoren/Accelerators** zweckmäßig. Diese Kapitalgeber bzw. Partner haben gemeinsam, dass sie dem Start-up finanzielle Mittel, Know-how und sonstige Dienstleistungen – im Gegenzug für Geschäftsanteile und eine damit verbundene Beteiligung am Unternehmen – überlassen.

Sobald das Start-up mit dem eigentlichen operativen Geschäft beginnt, steigen die Kosten rapide an. Insofern können die Gründer bereits in der **Start-up-Phase** auf **Venture Capital** und **Öffentliche Fördermittel** zurückgreifen, während für das Erreichen des **Break-Even-Point** innerhalb der **Emerging Growth-Phase** regelmäßig weitere Finanzierungsrunden mit Venture Capital (bzw. Private Equity) erforderlich sind. Bei Venture Capital und Private Equity erfolgt die Beteiligung dadurch, dass der Investor dem Unternehmen – wiederum gegen Abgabe von Geschäftsanteilen – Kapital überlässt. Obgleich VC- und Private Equity-Geber dem Start-up wesentlich mehr finanzielle Mittel als Business Angels und Inkubatoren zur Verfügung stellen, werden sie im Vergleich zu Business Angels und Inkubatoren weniger Geschäftsanteile erhalten, da die **Unternehmensbewertung** mit zunehmender Reputation des Start-ups am Markt steigt und die Anteile am Unternehmen dementsprechend **wertvoller** sind. Dieser **„rote Faden“** der Beteiligungsfinanzierung – also Kapitalbereitstellung ohne Rückzahlungsverpflichtung als Gegenleistung für eine Überlassung von Geschäftsanteilen – zieht sich durch den gesamten Lebenszyklus des Start-ups.

Von diesem roten Faden weicht – abgesehen vom Bootstrapping – lediglich die klassische **Fremdkapitalfinanzierung** durch **Banken** ab. Im Gegensatz zur Beteiligungsfinanzierung kommt es Kreditgebern nämlich nicht auf die Überlassung von Geschäftsanteilen, sondern vielmehr auf die Rückzahlung und Verzinsung des Darlehens an. Da Banken für die Gewährung eines Kredits in der Regel Sicherheiten verlangen werden, kommt diese Finanzierungsform meist erst in den **Expansion Stages** und/oder in den **Later Stages** in Betracht.

Literatur

Beisel, W., und H.-H. Klumpp. 2016. *Der Unternehmenskauf. Gesamtdarstellung der zivil- und steuerrechtlichen Vorgänge einschließlich gesellschafts-, arbeits- und kartellrechtlicher Fragen bei der Übertragung eines Unternehmens*. München: Beck.

Breithaupt, J., und J. H. Ottersbach. 2010. *Kompendium Gesellschaftsrecht. Formwahl – Gestaltung – Muster für die Praxis*. München: Beck.

Guggi, S. 2012. Bootstrapping und Venture Capital. http://www.gruenderszene.de/finanzen/lean-finance-von-bootstrapping-zu-venture-capital. Zugegriffen am 18.01.2021.

Hahn, C. 2019. *Virtuelle Mitarbeiterbeteiligung Grundlagen, Aufbau und praktische Formulierungsbeispiele*, 2. Aufl. Wiesbaden: Gabler.

Kaczmarek, J. 2013. Welcher Investor ist der richtige? https://www.gruenderszene.de/allgemein/investor-finden. Zugegriffen am 18.01.2021.

Kollmann, T. 2019. *E-Entrepreneurship. Grundlagen der Unternehmensgründung in der Net Economy*. Wiesbaden: Gabler.

Kollmann, T., und A. Kuckertz. 2003. *E-Venture-Capital. Unternehmensfinanzierung in der Net Economy. Grundlagen und Fallstudien*. Wiesbaden: Gabler.

Martinek, M., F.-J. Semler, S. Habermeier, und E. Flohr. 2016. *Handbuch des Vertriebsrechts*. München: Beck.

PEREP Analytics, BVK, Konditionen in Deutschland durch CVC-Gesellschaften 2011–2014.

Pott, O., und A. Pott. 2012. *Entrepreneurship. Unternehmensgründung, unternehmerisches Handeln und rechtliche Aspekte*. Berlin: Springer.

Saenger, I., L. Aderhold, K. Lenkaitis, und G. Speckmann. 2011. *Handels- und Gesellschaftsrecht. Praxishandbuch*. Baden-Baden: Nomos.

Weitekamp, L. 2016. Die große Übersicht: Inkubatoren und Acclerator für Startups in Deutschland http://t3n.de/news/inkubatoren-accelerator-startups-deutschland-655475/. Zugegriffen am 18.01.2021.

Weitnauer, W. 2019. *Handbuch Venture Capital – Von der Innovation zum Börsengang*. München: Beck.

Werner, H.S., und R. Kobabe. 2007. *Handelsblatt Mittelstands-Bibliothek*. Finanzierung, Bd. 6. Stuttgart: Schäffer-Poeschel.

Wolpers, S. 2011. Was erfolgreiche Business-Modelle von Bootstrapping-Startups ausmacht: Startups erfolgreich ohne Kapitalgeber gründen. http://t3n.de/magazin/erfolgreiche-business-modelle-bootstrapping-startups-225758/2/. Zugegriffen am 18.01.2021.

Teil III

Finanzierungs-/Gründungsphasen (Hahn)

Jede Wachstumsphase des Unternehmens erfordert eine auf das Entwicklungsstadium des Start-ups abgestimmte Wahl der Finanzierungsmittel. Stehen in den frühen Phasen externe Kapitalquellen nur beschränkt zur Verfügung, spielen im Rahmen späterer Finanzierungsrunden – neben der Wahl der Kapitalquelle – auch strategische Überlegungen im Hinblick auf die Strukturierung der Finanzierung eine Rolle.

Die Finanzierungsphasen des Start-ups kongruieren mit dem Unternehmenszyklus, der sich in drei Stadien unterteilen lässt (s. hierzu Abb. 6.1). Der Gründungsphase folgt idealerweise die Phase unternehmerischen Wachstums (Expansions- oder Wachstumsphase), welche im besten Fall mit einer entsprechenden Exit-Strategie in die Veräußerung des Unternehmens mündet (Exit-Phase). Spiegelbildlich lassen sich die Frühphasenfinanzierung („early stages"), die Wachstums bzw. Expansionsphasenfinanzierung („expansion stages") sowie schließlich die Übernahmefinanzierung bzw. Existenzsicherungsfinanzierung („later stages") unterscheiden. Die jeweilige Finanzierungsphase folgt dabei der konkreten wirtschaftlichen und perspektivischen Situation des Unternehmens.

(Pre-) Seed-Phase

6

Christopher Hahn

Die **(Pre-) Seed-Phase** umfasst den Zeitraum vor dem eigentlichen Gründungsakt. In diesem Stadium fassen die Gründer den Gründungsentschluss und erstellen das Unternehmenskonzept sowie den Businessplan. Wichtige Entscheidungen bezüglich Standort und Rechtsform des Start-ups sind zu treffen. Insbesondere haben die Gründer die Finanzierungsmöglichkeiten abzuwägen und erste Investitionen zum Start des Unternehmens zu tätigen. Schließlich sind die berufliche und wirtschaftliche Existenz der Gründer zu bedenken und entsprechende Entscheidungen zu treffen (Abb. 6.1).

In der **Frühfinanzierungsphase** (Seed-Phase), also dem Stadium vor der unmittelbaren Aufnahme der eigentlichen operativen Tätigkeit, benötigt das Start-up Kapital, um die Entwicklung der Unternehmensidee voranzubringen (zum Ablauf der Seed-Phase s. Abb. 6.2). Die Phase dient somit vor allem der Entwicklung und Formulierung der Unternehmensidee hin zu einem in Zukunft tragfähigen Geschäftsmodell.

Der Beginn des Frühfinanzierungsstadiums überschneidet sich grundsätzlich mit der Ausarbeitungsphase des **Businessplans.** Das Unternehmen bzw. das Gründerteam benötigt auch dann Kapital, wenn der eigentliche formelle Gründungsakt noch nicht vollzogen ist. Gerade die Erstellung des (ersten) Businessplans sollte im Idealfall nicht als ein der Unternehmensgründung vorgeschalteter Akt verstanden, sondern vielmehr als eine Frühphase des Unternehmens selbst betrachtet werden. Das Kapital, das benötigt wird, um den Gründern den finanziellen Spielraum zu schaffen, den Businessplan überhaupt konzent-

C. Hahn (✉)
trustberg LLP Rechtsanwälte, Berlin, Deutschland
E-Mail: christopher.hahn@trustberg.com

C. Hahn (Hrsg.), *Venture Capital*, https://doi.org/10.1007/978-3-658-33700-1_6

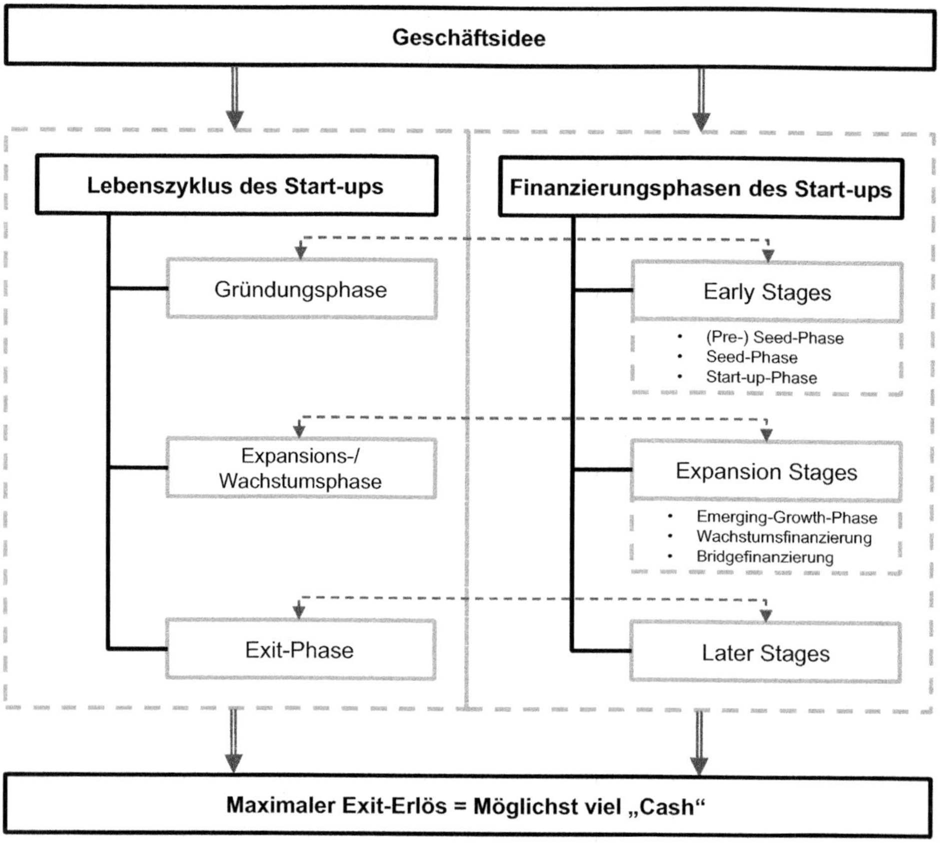

Abb. 6.1 Finanzierungs- Gründungsphasen

riert ausarbeiten zu können, ist demnach ein nicht unwesentlicher Bestandteil einer Frühphasenfinanzierung.

Es liegt auf der Hand, dass Kapital in dieser Frühphase nur bei außerordentlicher Risikobereitschaft der Kapitalgeber zur Verfügung gestellt werden wird. So ist es in der Praxis meist erforderlich, die Erstellung des Businessplans durch eigene Mittel (**„Bootstrapping"**, s. hierzu Abschn. 5.1) oder mittels einer **„Friends and Family"**-Finanzierung sicherzustellen, um überhaupt eine reelle Chance zu haben, im Anschluss daran externe Kapitalgeber zu akquirieren. Gelegentlich wird diese der eigentlichen unternehmensbezogenen Tätigkeit vorangeschaltete Phase auch als **„ Pre-Seed-Phase"** bezeichnet. Hierunter fallen insbesondere Kosten der Gründer für Reisen, Recherchen oder sonstige zur Ideenfindung und Ausarbeitung erforderlichen Aufwendungen (Kollmann 2019, S. 225). Die Wahl der konkreten Finanzierungsmittel ist innerhalb der Pre-Seed wie auch der Seed-Phase – ungeachtet der Schwierigkeiten einer genauen begrifflichen Abgrenzung – jedoch identisch.

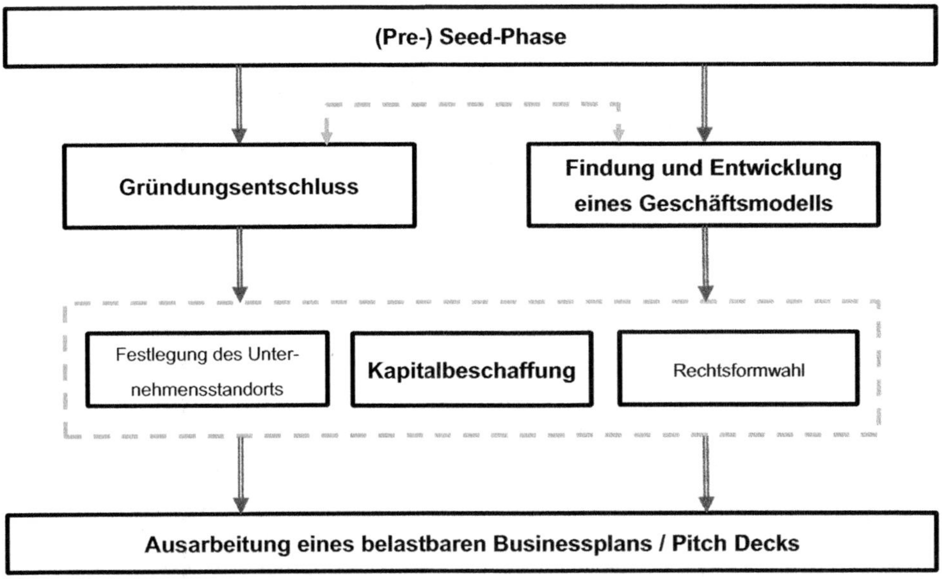

Abb. 6.2 Ablauf der Seed-Phase

In diesem Stadium müssen die Gründer ihre Finanzierungsbemühungen ferner danach differenzieren, ob das Team zunächst finanzielle Mittel allein zur Erstellung des Businessplans benötigt (und erst im Anschluss daran entschieden werden soll/kann, ob eine praktische Umsetzung des Geschäftsmodells lohnt) oder ob das Kapital sogleich die Entwicklung eines Prototyps als sog. minimal funktionsfähiges Produkt (**Minimum Viable Product** – MVP) ermöglichen soll, um eine erste Gewissheit über die Marktchancen der Produktidee zu erhalten.

Selbst risikobereite Kapitalgeber werden ein Investment in dieser frühen Phase nur äußerst zurückhaltend tätigen, außer die Gründer können bereits einen erfolgreichen track record vorausgegangener erfolgreicher Gründungen bzw. Gründungserfahrung nachweisen.

Gerade deswegen ist es in der Frühphase erforderlich, dass das Start-up mögliche Investoren von der Hingabe und Leidenschaft **(„Commitment“)** seiner Gründer, der unternehmerischen Vision sowie (ganz wichtig!) von der Fähigkeit, die unternehmerische Vision auch in tragfähiges Geschäftsmodell tatsächlich umsetzen zu können, überzeugen kann.

► In der **Seed-Phase** erfolgen erste Gründungsinvestitionen und erste Finanzierungsverträge werden geschlossen. Die Phase umfasst darüber hinaus sowohl den juristischen Gründungsakt als auch idealerweise die Entwicklung eines Prototyps als sog. minimal funktionsfähiges Produkt (Minimum Viable Product – MVP), um eine erste Gewissheit über die Marktchancen der Produktidee zu erhalten.

6.1 Rechtsformwahl

▶ Unter **Rechtsform** versteht man die rechtliche Organisationsform des Start-ups, die unmittelbare Auswirkungen auf die Rechte und Pflichten des Unternehmens und aller Beteiligten hat sowie regelmäßig die Geschäftsidee überhaupt erst finanzierungsfähig macht. In der Praxis ist dazu die rechtliche Organisation des Start-ups als Kapitalgesellschaft, insbesondere in der Form der GmbH bzw. der UG (haftungsbeschränkt) erforderlich.

Kein Investor ist bereit, das zur Finanzierung notwendige Kapital dem Gründer persönlich zur Verwendung zu überlassen. Um von Kapitalgebern „ernst genommen" zu werden – und damit die Basis für eine langfristige und erfolgreiche Finanzierung zu schaffen – ist es erforderlich, das Start-up in eine juristische Konstruktion zu „betten", die als „Vehikel" für eine Finanzierung notwendig ist und damit das Start-up überhaupt erst für Venture Capital (bzw. sämtliche Formen von Eigenkapital von Dritten) **finanzierungsfähig** macht. Hierzu müssen die Gründer eine passende Rechtsform für das Start-up finden. Die Wahl der Rechtsform ist eine grundlegende Entscheidung, die die Gründer in der Frühphase der Unternehmensgründung zu treffen haben. Persönliche Gründe spielen hierfür ebenso eine Rolle wie ökonomische und juristische Erwägungen.

Die Gründer werden dabei selten die perfekte Organisationsform finden. Deshalb müssen die zur Verfügung stehenden Rechtsformen dahin gehend abgewogen werden, dass diejenige, bei der die Vor- die Nachteile (zumindest summarisch) überwiegen, gewählt wird (vgl. Kollmann 2019, S. 256). Der so gefundene Kompromiss muss auch nach der getroffenen Rechtsformwahl in regelmäßigen Abständen auf etwaige – interne oder externe – Änderungen der Rahmenbedingungen dahin gehend überprüft werden, ob diese eine Umwandlung des Start-ups in eine andere Rechtsform rechtfertigen. Mögliche Faktoren für eine Anpassung der Rechtsform können bspw. der Ein- oder Austritt von Gesellschaftern, die Berufsunfähigkeit eines geschäftsführenden Gesellschafters, Veränderungen der wirtschaftlichen Marktgegebenheiten oder Änderungen auf dem Gebiet des Steuer- oder Gesellschaftsrechts sein.

6.1.1 Vorüberlegungen

Das Gesellschaftsrecht stellt den Gründern eine Vielzahl von Rechtsformen zur Verfügung (s. Abb. 6.3). Die grundsätzliche privatrechtliche Gestaltungsfreiheit wird dabei durch den „numerus clausus" der Gesellschaftsformen beschränkt.

Der **numerus clausus** im Gesellschaftsrecht begrenzt die Wahl der den Gründern zur Verfügung stehenden Rechtsformen auf die gesetzlich vorgesehenen Gesellschaftsformen (vgl. Gummert 2019, § 1, Rn. 1). Daneben wird die freie Wahl der Rechtsform durch einen sog. **Rechtsformzwang** eingeschränkt. Soll demnach das Start-up als GbR firmieren und wird das vermarktete Produkt gleichzeitig auf die Ausübung eines Handelsgewerbes (vgl.

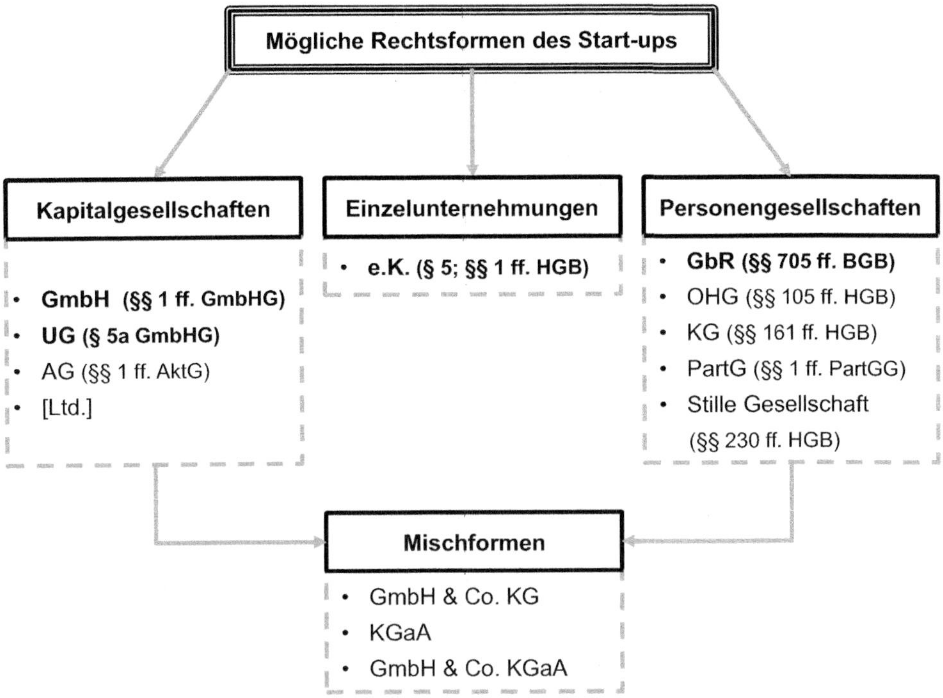

Abb. 6.3 Mögliche Rechtsformen des Start-ups

§ 1 Abs. 2 HGB) ausgerichtet oder erfolgt eine Eintragung der Personengesellschaft ins Handelsregister, entsteht kraft Gesetzes (vgl. § 105 Abs. 1 HGB) eine OHG (Gummert 2019, § 1, Rn. 12). Verzichten die Gesellschafter einer Personengesellschaft jedoch auf die Eintragung in das Handelsregister und erfordert das Gewerbe nicht nach Art und Umfang einen in kaufmännischer Weise eingerichteten Geschäftsbetrieb (siehe Anforderungen hierzu Gummert § 2, Rn. 32 f.), entsteht „nur" eine GbR.

Da es für die Wahl der passenden Rechtsform kein Patentrezept gibt, müssen die Gründer vor ihrer Entscheidung eine umfassende Bestandsaufnahme der ihre Unternehmung betreffenden Kriterien vornehmen. Dabei sind die in Abb. 6.4 dargestellten Aspekte zu berücksichtigen.

Zunächst müssen sich die Gründer verständigen, wer bzw. wie viele Personen das Start-up leiten. Sollen nicht alle Gründer an der Geschäftsführung beteiligt werden, ist als nächstes zu klären, ob bzw. in welcher Intensität diese die Geschäftsführer überwachen und ggf. sogar – durch Mitbestimmungsrechte bspw. über gesellschaftsvertragliche Zustimmungsvorbehalte – beeinflussen dürfen. Die Abstimmung hängt oft von der jeweiligen Anzahl der Gründer ab, wobei die Schwierigkeit, eine für alle Parteien befriedigende Kompetenzverteilung zu finden, mit zunehmender Personenstärke der Gründer erfahrungsgemäß ansteigt. In diesem Zusammenhang sollte auch bedacht werden, ob der Aus- oder Einstieg von Gründern bzw. neuen Gesellschaftern (Gesellschafterwechsel) an bestimmte Bedin-

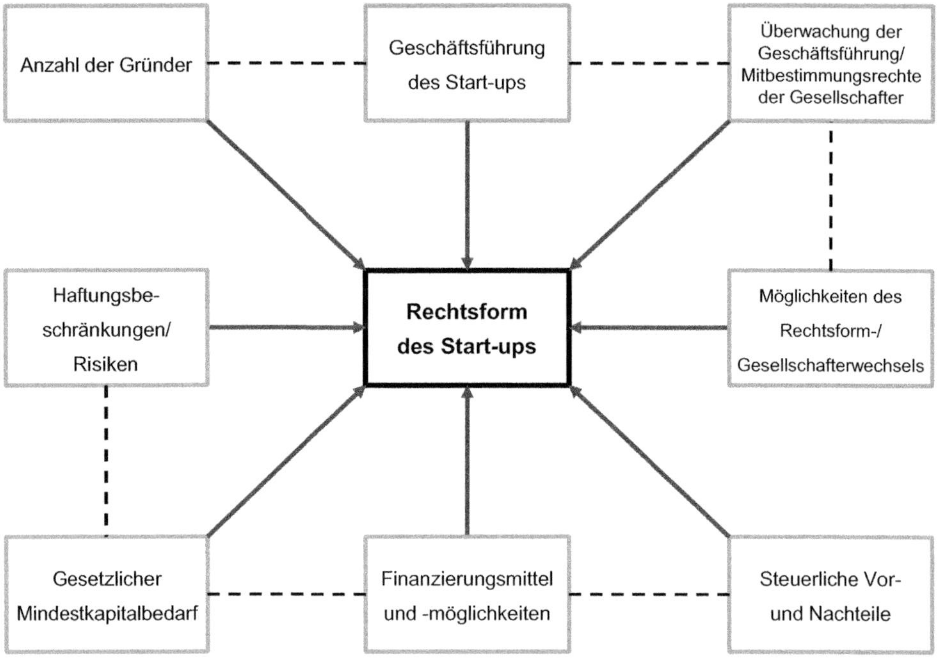

Abb. 6.4 Entscheidungskriterien für die Rechtsformwahl

gungen (bspw. ein freiwilliges Founder-Vesting der Gründungsgesellschafter untereinander, vgl. dazu 7.2.1.3.3.6) geknüpft wird, um dadurch den Zusammenhalt des ursprünglichen „Kernteams" zu stärken. Des Weiteren müssen die Gründer – insbesondere anhand der mit dem Geschäftsbetrieb des Start-ups verbundenen Risiken – abwägen, inwiefern sie eine persönliche Haftung in Kauf nehmen oder eine Haftungsbeschränkung durch die Rechtsformwahl nutzen wollen.

In Bezug auf die Haftung gilt der allgemeine Grundsatz, dass bei Personengesellschaften jeder Gesellschafter persönlich, bei Kapitalgesellschaften dagegen lediglich das Gesellschaftsvermögen haftet. Bei Kapitalgesellschaften ist wiederum zu beachten, dass für den Haftungsfall – vorsorglich – eine bestimmte Mindesthaftungssumme (Stammkapital) zur Verfügung gestellt werden muss. Dieses Stammkapital beträgt bei der GmbH bspw. 25.000 EUR (s. § 5 Abs. 1 GmbHG). Soweit es in dieser Frühphase schon absehbar ist, sollten die Gründer auch den zukünftigen Kapitalbedarf des Start-ups abschätzen und eine damit im Zusammenhang stehende Beteiligung von Investoren – z. B. durch eine Erhöhung des Stammkapitals (vgl. auch Abschn. 7.2.1.2.4) – in ihre Überlegungen einfließen lassen. Ferner müssen die steuerlichen Vor- bzw. Nachteile der jeweiligen Rechtsform beachtet werden (Katins 2015). Daneben können Kriterien wie einer späterer Rechtsformwandel (bspw. von einer GmbH zu einer AG oder UG zur GmbH), der Gründungsaufwand sowie aber auch rechtsformabhängige Imagefragen (eine „AG" hat mehr Marktrenommee als eine „GmbH", eine „GmbH" mehr Marktrenommee als eine „UG") die Rechtsformwahl beeinflussen (Katins 2015). Schließlich ergeben sich in der Praxis weitere, die Rechtsformwahl prägende Selektionsfaktoren aus der von dem Start-up bereitgestellten Dienstleistung und/oder dem angebotenen Produkt. Hierbei spielt bspw. eine gewichtige Rolle, ob die potenziellen Kunden allein auf die persönliche, individuelle Kompetenz des Gründers vertrauen oder aber das Produkt selbst aufgrund seines ihm eigenen Nutzens in Anspruch nehmen, mit der Folge, auf eine persönliche Haftung des Gründers in aller Regel überhaupt keinen besonderen Wert zu legen.

Um die Entscheidungsfindung zu vereinfachen, finden sich nachfolgend die wesentlichen Charakteristika der – für Start-ups – besonders geeigneten Rechtsformen.

6.1.2 Kapitalgesellschaften

Wesentliches Merkmal aller **Kapitalgesellschaften** ist das eingezahlte Haftkapital („Stammkapital"), das – als rechtlich verselbstständigte Haftungsmasse – eigenständig neben den Gesellschaftern steht (Saenger et al. 2011, Kap. 4, Rn. 43). Kapitalgesellschaften gelangen erst durch die Eintragung ins Handelsregister (für die GmbH s. § 11 Abs. 1 GmbHG), nicht bereits durch die Gründung selbst („GmbH i. G."), zur Entstehung (Baumbach und Hueck 2019, § 7, Rn. 1).

Da die Gesellschafter einer Kapitalgesellschaft in der Regel nicht persönlich haften, ist dieser Organisationstypus für Gründer besonders attraktiv. Kapitalgesellschaften handeln als juristische Person bzw. Körperschaft durch eigenständige Organe. Zu diesen zählen die Geschäftsführung, die Gesellschafterversammlung und – abhängig von den gesetzlichen Vorgaben und der Ausgestaltung des Gesellschaftsvertrags/der Satzung – ein (beratender) Aufsichts- oder Beirat (Weitnauer 2019, S. 272 f.). Gerade Beiräte erfreuen sich dabei aktuell auf Investorenseite einer steigenden Beliebtheit.

6.1.2.1 Aktiengesellschaft (AG)

Die wichtigsten Rechtsformen unter den Kapitalgesellschaften sind die GmbH und die AG. In der Seed-Phase stehen dem Start-up häufig nur eingeschränkt finanzielle Mittel zur Verfügung, sodass die AG für junge Unternehmen in der Praxis oft als uninteressant angesehen wird. Aufgrund dieser vergleichsweise geringen aktuellen Bedeutung der AG in der Finanzierungspraxis von Start-ups beschränkt sich daher die nachfolgende Darstellung der rechtlichen Organisationsformen einer zu gründenden Kapitalgesellschaft auf die GmbH und die UG.

Unter Kostengesichtspunkten hat die AG – im Vergleich zur GmbH – für Start-ups den (vermeintlichen) Nachteil, dass bei der Gründung einer AG ein Grundkapital in Höhe von mindestens EUR 50.000 notwendig ist, während für die GmbH ein Stammkapital von lediglich EUR 25.000 (§ 5 Abs. 1 GmbHG) ausreicht. Was jedoch viele nicht berücksichtigen: wie bei der GmbH muss davon bei der Gründung der AG nur ein Teil auf das Unternehmenskonto eingezahlt werden, genauer gesagt nur ein Viertel des Grundkapitals (§ 36a Abs. 1 AktG). Somit entspricht der tatsächlich aufzubringende Betrag für eine AG-Gründung mit EUR 12.500 exakt dem bei Gründung von den Gründern auszubringendem Betrag einer GmbH (hier ist mindestens die Hälfte des gesetzlichen Mindeststammkapitals zu erreichen, § 7 Abs. 2 Satz 2 GmbHG). Weitere in diesem Zusammenhang oft angeführte „Nachteile" der AG sind (hierzu s. Saenger et al. 2011, Kap. 4, Rn. 64 ff.), dass

- bei der AG die Bildung eines Aufsichtsrats zwingend gesetzlich vorgeschrieben (§§ 95 ff. AktG) ist, wohingegen bei der GmbH ein solcher freiwillig (fakultativ) errichtet werden kann (§ 52 GmbHG) und
- die AG durch einen umfassenden Verwaltungsaufwand (z. B. Gründungsbericht nach § 32 AktG, Gründungsprüfung gemäß §§ 33 bis 35 AktG oder die Notwendigkeit der notariellen Beurkundung von Beschlüssen der Hauptversammlung nach § 130 AktG) generell erheblich höhere (Verwaltungs-) Kosten verursacht.

Als Vorteile einer AG sind gleichwohl zu nennen (vgl. hierzu auch Hahn 2017, S. 22 ff.), dass

- der Aufwand für Buchhaltung und Verwaltung – zum Beispiel die Pflicht, einen Aufsichtsrat zu gründen – sich insgesamt in Grenzen halten, solange nur geringe Umsätze erzielt werden,
- ein großer Vorteil einer AG das größere „Standing" am Markt ist, was gerade bei B2B-Zielgruppen ein signifikanter Vorteil sein kann,
- die AG attraktive zusätzliche Finanzierungsmöglichkeiten wie ein Private Placement ermöglicht. Hierbei handelt es sich um eine Art „Mini-Börsengang", bei dem, sofern Vorzugsaktien ausgegeben werden, keine Stimmrechte an die Investoren abgegeben werden müssen.

6.1.2.2 Gesellschaft mit beschränkter Haftung (GmbH)

Die Gesellschaft mit beschränkter Haftung (GmbH) ist die praktisch relevanteste Rechtsform für junge Unternehmen. Eine GmbH kann „zu jedem gesetzlichen Zweck durch eine oder mehrere Personen errichtet werden" (§ 1 GmbHG), d. h. die Gründung auch nur einer Ein-Mann- oder Ein-Personen-GmbH ist zulässig. Charakteristisch für diese Form der GmbH ist, dass sich alle Geschäftsanteile in der Hand eines Gesellschafters befinden (vgl. §§ 35 Abs. 3; 48 Abs. 3 GmbHG), der häufig auch gleichzeitig als Geschäftsführer firmiert (vgl. dazu auch Baumbach und Hueck 2019, § 1, Rn. 49 f.). Für einen einzelnen Gründer kommt die Ein-Personen-GmbH insbesondere dann in Betracht, wenn er die Geschäftsidee des Start-ups eigenständig entwickelt hat und aus dieser auch selbst den maximalen Profit erzielen möchte. In einer solchen Fallgestaltung kann es durchaus sinnvoll sein, das Start-up – in der Rechtsform der GmbH – zunächst alleine zu gründen und erst hiernach das zur Umsetzung (in aller Regel) zwingend erforderliche und von Investoren meist auch vorausgesetzte Gründerteam aufzubauen. Natürlich besteht auch nach der Gründung einer Ein-Personen-GmbH die Möglichkeit, weitere Gesellschafter durch einen (meist Steuern auslösenden) Anteilserwerb oder eine (steuerneutrale) Kapitalerhöhung (diesbezüglich s. Abschn. 7.2.1.2.4) an dem Start-up zu beteiligen.

Die GmbH ist eine eigenständige juristische Person (§ 13 Abs. 1 GmbHG) und besteht als solche auch bei einem Wechsel ihrer Gesellschafter fort (Saenger et al. 2011, § 4, Rn. 44). Die Gesellschafter haften nicht für die Verbindlichkeiten der GmbH, da die GmbH über ein eigenes Haftungsvermögen verfügt, das die Gesellschafter ihr in Form von Stammeinlagen bzw. Stammkapital überlassen haben (Breithaupt und Ottersbach 2010, Teil 1. A. Kap. 1, Rn. 77). Der zur Gründung der GmbH erforderliche Gesellschaftsvertrag muss von allen Gesellschaftern unterzeichnet werden und bedarf zu seiner Wirksamkeit zusätzlich der notariellen Beurkundung (§ 2 Abs. 1 GmbHG). Obgleich das Gesetz einen bestimmten Mindestinhalt des Gesellschaftsvertrages vorgibt (s. § 3 GmbHG und s. auch § 7.2.1.3.1), können die Gesellschafter die Satzung darüber hinaus frei gestalten und an eine Vielzahl der jeweiligen branchen- oder produktspezifischen Erfordernisse des Start-ups sowie an aktuelle technische Begebenheiten (z. B. in Form virtueller Gesellschafterversammlungen) anpassen (vgl. Saenger et al. 2011, Kap. 4, Rn. 44).

Innerhalb der Gesellschafterversammlung bestimmen die Gesellschafter über den ihnen in § 46 GmbHG zugewiesenen Aufgabenkreis sowie – sofern entsprechende Regelungen getroffen wurden – über die im Gesellschaftsvertrag festgelegten Bereiche, grundsätzlich jeweils mit einfacher Mehrheit (§ 47 Abs. 1 GmbHG). Bei Abstimmungen in der Gesellschafterversammlung gewährt jeder Euro eines Geschäftsanteils eine Stimme (§ 47 Abs. 1 GmbHG). Ebenfalls abhängig von der Höhe der Beteiligung eines Gesellschafters am Stammkapital ist die Gewinnausschüttung der Gesellschaft, die im Rahmen der Gesellschafterversammlung beschlossen wird (Saenger et al. 2011, § 4, Rn. 48). Die Möglichkeit von Gewinnausschüttungen wird allerdings in der Praxis bei mit Venture Capital finanzierten Start-ups oft auf ausdrücklichen Wunsch der Investoren (trotz ihrer Stellung als Minderheitsgesellschafter, aber infolge der Exit-Orientierung) im Beteiligungsvertrag bzw. der parallel abzuschließenden Gesellschaftervereinbarung ausgeschlossen.

Je nachdem, wie die Gründungsgesellschafter das benötigte Stammkapital aufbringen wollen, kann die Gründung der GmbH als Bargründung (= Leistung des Stammkapitals in Geld), Sachgründung (= Leistung durch Einbringung von Sachen, z. B. Grundstücke, Hardware, Patente etc.) oder Mischgründung (= Leistung teilweise in Geld und teilweise durch die Einbringung von Sachen) erfolgen.

Die Höhe der Gesellschaftseinlage bei Sachgründungen bestimmt sich nach dem Sachwert der eingebrachten Sache. Da Sachen aber häufig gewissen Wertschwankungen und somit Unsicherheiten hinsichtlich ihrer Bewertung als Einlage unterliegen, normiert das Gesellschaftsrecht hierzu besondere Vorschriften; insbesondere haben die Gesellschafter bei Gründung einen sog. Sachgründungsbericht zu erstellen (§ 5 Abs. 4 Satz 2 GmbHG). Der Sachwert der eingebrachten Sache wird als Euro-Betrag im Gesellschaftsvertrag für die Höhe des jeweils zu erbringenden Gesellschaftsanteils angegeben (Baumbach und Hueck, § 5 Rn. 46). Dienstleistungen wie bspw. die Bereitschaft eines Business Angels, das Unternehmen bzw. seine Gründer über einen vorab festgelegten Zeitraum zu coachen, sind bei der GmbH allerdings anerkanntermaßen nicht (sach-) einlagefähig und können daher (anders als bei Personengesellschaften) nicht bei der Aufbringung des Stammkapitals berücksichtigt werden (BGH, Urt. v. 16.02.2009; Az.: II ZR 120/07).

Es besteht die Möglichkeit, die GmbH im vereinfachten Verfahren (vgl. § 2 Abs. 1a GmbHG) unter Verwendung eines gesetzlichen Musterprotokolls (als Gesellschaftsvertrag) zu gründen, wobei der Begriff „vereinfacht" allerdings nicht bedeutet, dass die Gründung selbst unmittelbare zeitliche oder anderweitige Vorzüge gegenüber dem „normalen" Gründungsverfahren aufweist (Priester und Mayer 2018, § 4, Rn. 15).

So enthält das Musterprotokoll nur die nach § 3 Abs. 1 GmbHG erforderlichen Mindestangaben, sodass im Übrigen die gesetzlichen Vorschriften des GmbHG zur Anwendung kommen. Über die Vorgaben im Musterprotokoll hinausgehende individuelle Absprachen können allerdings nicht vereinbart werden, sodass die „vereinfachte" Gründung unter Verwendung des gesetzlichen Musterprotokolls in der Praxis allenfalls für die Ein-Mann-GmbH, bei der keine Interessenkonflikte zwischen mehreren Gesellschaftern denkbar sind, zu empfehlen ist.

▶ Die **Vorteile** der **GmbH** sind zum einen die Haftungsbeschränkung auf das Gesellschaftsvermögen (§ 13 Abs. 2 GmbHG) und zum anderen die umfangreichen Ausgestaltungsmöglichkeiten des Gesellschaftsvertrages, die fast alle Individualanforderungen des Start-ups berücksichtigen (vgl. Saenger et al. 2011, Kap. 4, Rn. 50), sofern diese nicht ohnehin in eine parallel abzuschließende Gesellschaftervereinbarung aufgenommen werden. Sind mehrere Gründer an dem Startup beteiligt, sollte in jedem Fall zur Streitvermeidung von Anfang an das Miteinander der Gründer sowie die zwischen den Gründern jeweils bestehenden Erwartungshaltungen untereinander in einer Gesellschaftervereinbarung geregelt werden.

Die Rechtsform der GmbH eignet sich insbesondere zur Beschaffung „frischen" Eigenkapitals, was bspw. durch die Aufnahme neuer Gesellschafter und eine damit verbundene Erhöhung des Stammkapitals der Gesellschaft (s. hierzu Abschn. 7.2.1.2.4) realisiert werden kann. Demgegenüber limitiert die Haftungsbeschränkung – und der entsprechende Mangel an Sicherheiten – eine Fremdkapitalfinanzierung durch die Gesellschaft selbst, da Fremdkapitalgeber häufig eine persönliche Haftung der Gesellschafter fordern (vgl. Kollmann 2019, S. 304). Dieser Umstand stellt in der Praxis allerdings keinen echten Nachteil dar, da für die meisten Start-ups eine Finanzierung durch Fremdkapital, gerade aufgrund der Notwendigkeit von Sicherheiten, im Vergleich zur Eigenkapitalfinanzierung generell ausscheidet.

6.1.2.3 Unternehmergesellschaft (haftungsbeschränkt)

Neben der GmbH ist die sog. Unternehmergesellschaft (UG) geeignet für Start-up-Gründer, die zu Beginn über nur geringes Eigenkapital verfügen. Bei dieser Kapitalgesellschaftsform handelt es sich dem Grunde nach um eine GmbH (zu den Unterschieden zwi-

Tab. 6.1 Unterschiede GmbH und UG

	UG	GmbH
Notwendiges Stammkapital	EUR 1,00 bis EUR 24.999,00 (§ 5a Abs. 1 GmbHG)	Mindestens EUR 25.000,00 (§ 5 Abs. 1 GmbHG)
Voraussetzung für die Anmeldung im Handelsregister	Einzahlung des Stammkapitals in vollständiger Höhe (§ 5a Abs. 2 S. 1 GmbHG)	Einzahlung muss wenigstens die Hälfte des Mindeststammkapitals, also EUR 12.500,00 betragen
Art und Weise der Leistung des Stammkapitals	Grds. nur durch Bareinlagen möglich (§ 5a Abs. 2 S. 2 GmbHG); Sacheinlagen sind nur dann zulässig, sofern die UG durch diese das Mindeststammkapital der GmbH (EUR 25.000,00) erreicht	Leistung des Stammkapitals durch Bar-, Sach- und/oder Mischeinlagen möglich
Bildung von Rücklagen	Bei erfolgreichem Geschäftsbetrieb ist die Bildung von (jährlichen) Rücklagen zwingend erforderlich (§ 5a Abs. 3 GmbHG)	Bei der GmbH gibt es keine gesetzliche Verpflichtung zur Bildung von Rücklagen
Zwingende Einberufung der Gesellschafterversammlung	Unverzüglich bei drohender Zahlungsunfähigkeit (§ 5a Abs. 4 GmbHG)	Unverzüglich bei Verlust der Hälfte des Stammkapitals (§ 49 Abs. 3 GmbHG)

Erreicht die UG ein Stammkapital von EUR 25.000 entspricht sie rechtsstrukturell vollständig der GmbH und kann in eine solche überführt werden oder den Namen UG (haftungsbeschränkt) weiterführen (§ 5a Abs. 5 GmbHG)

schen UG und GmbH s. Tab. 6.1), deren Haftungskapital das gesetzlich geforderte Mindestmaß von EUR 25.000 (§ 5 Abs. 1 GmbHG) unterschreitet. Aus diesem Grund muss sie die Bezeichnung „Unternehmergesellschaft" (haftungsbeschränkt) oder „UG" (haftungsbeschränkt) führen (§ 5a Abs. 1 GmbHG). Weil die UG insofern bereits mit einem Stammkapital von einem Euro gegründet werden kann, wird sie vielfach auch als „1-Euro-GmbH" oder „Mini-GmbH" bezeichnet.

Im Gegensatz zur GmbH – bei der die Anmeldung zum Handelsregister möglich ist, sobald das Stammkapital zumindest in Höhe von EUR 12.500 einbezahlt wurde (§ 7 Abs. 2 S. 2 GmbHG) – darf die Anmeldung der UG zum Handelsregister erst bei vollständiger Leistung des Stammkapitals erfolgen (§ 5a Abs. 2 S. 1 GmbHG). Sacheinlagen sind grundsätzlich nicht zulässig (§ 5a Abs. 2 S. 2 GmbHG), es sei denn, die Gesellschaft erreicht durch die Sacheinlage das Mindeststammkapital der GmbH (s. hierzu auch Abschn. 7.2.1.2.4.3).

Durch das geringere Stammkapital werden zudem die Vorgaben zur (gesetzlich vorgeschriebenen) Einberufung einer Gesellschafterversammlung erweitert: diese ist nicht erst bei Verlust der Hälfte des Stammkapitals (s. § 49 Abs. 3 GmbHG) – also sobald das Vermögen der Gesellschaft infolge von Verlusten das Stammkapital nicht mehr wenigstens zur Hälfte deckt –, sondern bereits bei drohender Zahlungsunfähigkeit unverzüglich (§ 5a Abs. 4 GmbHG) einzuberufen.

Als weiterer Nachteil gegenüber der GmbH kann sich die gesetzliche Verpflichtung zur kontinuierlichen Rücklage von 25 % des um etwaige Verlustvorträge geminderten Jahresüberschusses (§ 5a Abs. 3 S. 1 GmbHG) erweisen. Eine derartige gesetzliche Vorgabe zur Bildung von Rücklagen gibt es bei der GmbH nicht. Verstöße der UG gegen diese Verpflichtung führen zur Nichtigkeit der Feststellung des Jahresabschlusses und entsprechender Gewinnverwendungsbeschlüsse (Saenger et al. 2011, Kap. 4, Rn. 54). Andererseits endet diese Pflicht, sobald die UG durch die Rücklagen das Mindeststammkapital der GmbH in Höhe von EUR 25.000 erreicht hat (vgl. § 5a Abs. 5 GmbHG), was etwa durch Umwandlung der gesetzlichen Rücklage in Kapital oder auch durch eine effektive (ordentliche) Kapitalerhöhung durch den Zufluss neuen Kapitals von außen bewirkt werden kann (Hirte 2008, S. 762).

Im Übrigen gelten die oben zur GmbH gemachten Ausführungen (s. Abschn. 6.1.2.2) für die UG entsprechend.

▶ Das geringe Mindeststammkapital von nur EUR 1 ist die größte **Stärke** der **UG** gegenüber der GmbH. Dieser (vermeintliche) Vorteil ist zugleich aber auch die größte **Schwäche** dieser Rechtsform: verfügt ein Start-up über ein Stammkapital von lediglich 1 EUR und kann somit effektiv nicht einmal die Gründungskosten (Notar, Eintragung ins Handelsregister) decken, besteht die latente Gefahr, dass die Gesellschaft bei Eingang der ersten Rechnung bereits „insolvenzreif" ist (Weitnauer 2019, S. 278). Betrachtet man dieses Manko im Zusammenhang mit den weiteren Defiziten gegenüber der GmbH (vollständige Einzahlung des Stammkapitals, grds. nur Bareinlagen möglich sowie die Pflicht zur Bildung von jährlichen Rücklagen [„Thesaurierung"]), sollten sich Gründer sorgfältig überlegen, ob das reduzierte Stammkapital die oben genannten Nachteile rechtfertigt. Zur Führung eines „ernsthaft" intendierten Unternehmens und somit auch für das „Standing" des Unternehmens wie auch des gesamten Gründungsvorhabens nach außen ist es im Zweifel jedenfalls zweckmäßiger, sogleich eine GmbH mit einem Stammkapital von zunächst EUR 12.500 (s. § 7 Abs. 2 S. 2 GmbHG) zu gründen. Hinsichtlich der Finanzierungsmöglichkeiten eignet sich die UG – ebenso wie die GmbH – besonders zur weiteren Eigenkapitalbeschaffung durch die Aufnahme neuer oder stiller Gesellschafter. Eine Fremdkapitalfinanzierung ist durch die Reduzierung des Stammkapitals und dem damit verbundenen Fehlen von Sicherheiten kaum machbar (vgl. Kollmann 2019, S. 304).

6.1.2.4 Limited

Als weiteres Konkurrenzmodell zur deutschen GmbH ist bzw. war (dazu s. unten) die englische private company limited by shares („Limited ") anzusehen. Infolge der Rechtsprechung des EuGH zur Niederlassungsfreiheit und der damit verbundenen Möglichkeit, eine nach dem Recht eines EG- oder EWR-Staates gegründete Gesellschaft auch in anderen Mitgliedstaaten als solche anzuerkennen, können Start-ups in Deutschland bislang auch als Limited firmieren. Die Limited wurde in Deutschland daher nur anerkannt, weil

Großbritannien Mitglied der EU ist. Da dies infolge des Austritts des Vereinigten Königreichs aus der Europäischen Union („Brexit“) seit 31.01.2020 nicht mehr der Fall ist, ist die vorerwähnte Rechtsprechung des EuGH nicht mehr anwendbar und die Gesellschafter einer britischen Limited haften (nach Ablauf der Übergangsfrist bis 31.12.2020) aus deutscher Sicht für die Verbindlichkeiten der Gesellschaft unbeschränkt persönlich. Es bleibt daher abzuwarten, ob die Anerkennung der Limited in Deutschland künftig, etwa auf der Grundlage eines bilateralen Staatsvertrages, anderweitig bestehen bleibt bzw. ob sich etwa die Ltd. anderer EU-Mitgliedstaaten (insbesondere Irland) durchsetzen wird.

Die Limited ist eine juristische Person nach englischem Recht. Strukturell ist sie ebenfalls mit der deutschen GmbH vergleichbar, da in dem Gründungsvertrag der Limited („memorandum of association“) ein festes Grundkapital bestimmt werden muss. Allerdings ist ein Mindestkapital nicht vorgeschrieben (Saenger et al. 2011, Kap. 4, Rn. 75). Durch die nicht vorgegebene Höhe des Haftungskapitals hat die Limited gegenüber der UG keine wirklichen Vorteile. Diesbezüglich gelten die zur UG gemachten Ausführungen für die Limited entsprechend.

► **Hauptargument gegen** die **Limited** war deren schlechtes Image bei Gläubigern, Kunden und Banken (Bayer und Hoffmann 2007, S. 416) sowie die Tatsache, dass auf sie englisches Gesellschaftsrecht Anwendung findet. Aus diesem Grund wirkte ein in Deutschland als Limited agierendes Start-up auf Business-Angels, VC- wie auch Mezzanine-Kapitalgeber bereits schon bisher eher abschreckend. Gründern, die das zur Errichtung einer GmbH erforderliche Mindestkapital nicht aufbringen können, ist folglich die Rechtsform der UG zu empfehlen. Die zusätzlichen Risiken aus dem Brexit sind aktuell ein K.O.-Argument gegen die britische Limited.

6.1.3 Personengesellschaften

► Bei **Personengesellschaften** schließen sich mindestens zwei Personen zur Erreichung eines gemeinsamen Zwecks zusammen (vgl. § 705 BGB). Die Gesellschafter einer Personengesellschaft haften für die Gesellschaftsverbindlichkeiten persönlich mit ihrem Privatvermögen, da die Gesellschaft als solche – im Unterschied zu Kapitalgesellschaften – über kein fest eingezahltes Haftungskapital verfügt. Grundform der Personengesellschaften ist die Gesellschaft des bürgerlichen Rechts (sog. „GbR“ oder auch „BGB-Gesellschaft“).

Bei der Entwicklung der Personengesellschaft ging der Gesetzgeber von einer Gesellschaft mit einem kleinen Kreis von Gesellschaftern aus, deren Zusammenschluss aufgrund von persönlichem Vertrauen erfolgt. Demzufolge ist das Personengesellschaftsrecht grds. darauf ausgerichtet, dass der Bestand der Gesellschaft von der Zusammensetzung und dem Zusammenhalt des Gesellschafterkreises abhängt (Gummert 2019, § 1, Rn. 20). Im Gegensatz zu Kapitalgesellschaften, für die das Gesetz bestimmte Mindestinhalte des

Gesellschaftsvertrages vorsieht (z. B. § 3 GmbHG oder § 23 AktG, s. auch § 7.2.1.3.1.3), genießen die Gesellschafter einer Personengesellschaft hinsichtlich der Gestaltung des Gesellschaftsvertrages größtmögliche Freiheit. Infolgedessen ist der Inhalt des Gesellschaftsvertrages bei Streitfragen auch stets nach dem tatsächlichen Willen der Gesellschafter auszulegen (BGH NJW 1993, S. 3193).

Im Unterschied zu den Kapitalgesellschaften verfügen Personengesellschaften über keine zusätzlichen Organe wie einen (Fremd-) Geschäftsführer, die Gesellschafterversammlung, den Aufsichtsrat oder sonstige Beiräte. Die Geschäftsführung und Vertretung der Gesellschaft wird vielmehr von den Gesellschaftern selbst übernommen („Selbstorganschaft", vgl. Saenger et al. 2011, Kap. 4, Rn. 10, im Gegensatz zur „Fremdorganschaft" bei GmbH, UG oder AG).

Darüber hinaus ist das Gesellschaftsvermögen der Personengesellschaft als Gesamthandsvermögen einzuordnen und dementsprechend auch gesamthänderisch an alle Gesellschafter gebunden. Für Gesellschaftsverbindlichkeiten haften die Gesellschafter persönlich (Gummert 2019, § 1, Rn. 25).

Solange das Start-up nicht auf die Führung eines Handelsgewerbes ausgerichtet ist (siehe hierzu Gummert § 2, Rn. 32 f.), kommt für die Gründer die Rechtsform der GbR in Betracht. Diese Rechtsform ist attraktiv, weil die Gründung formfrei ist und den Gründern folglich keine oder zumindest lediglich geringe Gründungskosten entstehen (Saenger et al. 2011, Kap. 4, Rn. 8).

6.1.3.1 Gesellschaft bürgerlichen Rechts (GbR)

Die Gesellschaft bürgerlichen Rechts (GbR) (§§ 705 ff. BGB) stellt die Grundform aller Personengesellschaften dar. Dies bedeutet, dass eine GbR immer dann „automatisch" von Gesetzes wegen vorliegt bzw. entsteht, wenn sich zwei Personen gegenseitig verpflichten, die Erreichung eines gemeinsamen Zwecks in einer vertraglich bestimmten Weise zu fördern. Ein darüber hinausgehender Rechtsakt, der explizit auf die Gründung einer GbR gerichtet ist, also insbesondere ein Gesellschaftsvertrag, ist nicht erforderlich. Von daher liegt eine GbR häufig vor, ohne dass sich die Beteiligten dieses Umstands bewusst sind bzw. ohne dass die Beteiligten diese Rechtsform gezielt angestrebt haben (Gummert 2019, § 2 Rn. 8).

Der Zusammenschluss der Gründer beruht regelmäßig auf einem persönlichen Vertrauen der Beteiligten, das in der Regel nur dann besteht, soweit die Gründer über ihre geschäftlichen Beziehungen hinaus auch privaten Kontakt pflegen. Aufgrund dieses besonderen Vertrauens beschränkt sich die Anzahl der Gesellschafter der GbR häufig auf geringe Mitgliederzahlen, wenigstens jedoch zwei.

Eine weitere Ausprägung des Vertrauensprinzips bewirkt, dass ein Austritt eines Gesellschafters grds. zur Auflösung der gesamten GbR führt (vgl. §§ 723 ff. BGB). Diese Regelung ist allerdings dispositiv (s. § 736 Abs. 1 BGB) und kann folglich (vertraglich) abbedungen werden. Insofern ist auch die Übertragung der Gesellschaftsanteile auf Dritte grundsätzlich nicht vorgesehen (§§ 719 Abs. 1, 717 S. 1 BGB). Etwas anderes gilt nur dann, sofern alle Gesellschafter mit einer abweichenden Regelung einverstanden sind oder eine solche Vorgehensweise im Gesellschaftsvertrag vereinbart wurde.

Nach dem – dem Grunde nach für alle Personengesellschaften geltenden – Prinzip der Selbstorganschaft, steht die Geschäftsführung allen Gesellschaftern gemeinschaftlich zu (§ 709 Abs. 1 BGB). Da eine solche Gesamtgeschäftsführung in der Praxis aber meist nicht praktikabel ist, gestattet das Gesetz auch die Übertragung der Geschäftsführung auf einzelne oder mehrere Gesellschafter (vgl. §§ 710 S. 1, 711 BGB). Eine entsprechende Vereinbarung kann ebenso hinsichtlich der Vertretungsbefugnis (s. § 714 BGB) getroffen werden (Breithaupt und Ottersbach 2010, Teil 1. A. Kap. 1, Rn. 42).

Die GbR entsteht, ohne dass es der Einhaltung einer Form bedarf. Die Pflicht zur notariellen Beurkundung (und damit zur Einhaltung einer gesetzlich vorgeschriebenen Form) besteht aber dann, wenn die Gründung der GbR unter Einbringung von Grundstücken (s. § 311b Abs. 1 S. 1 BGB) oder GmbH-Anteilen (§ 15 Abs. 3 GmbHG) erfolgt (Breithaupt und Ottersbach 2010, Teil 1. A. § 1, Rn. 40).

Schließlich gilt für die GbR der Grundsatz der unmittelbaren Außenhaftung, d. h. die Gesellschafter haften für die Gesellschaftsverbindlichkeiten grds. unmittelbar mit ihrem Privatvermögen.

▶ Eine Eigenkapitalfinanzierung kann theoretisch auch bei einer GbR dadurch erfolgen, dass der Investor als Gegenleistung für sein Investment eine Beteiligung am Gesamthandsvermögen der Gesellschaft erhält. Das Gesamthandsvermögen ist das gesamthänderisch gebundene Gesellschaftsvermögen (§ 718 BGB) der GbR. Nach § 719 Abs. 1 BGB kann ein Gesellschafter allerdings nicht über seinen Anteil an dem Gesellschaftsvermögen verfügen und ist darüber hinaus auch nicht berechtigt, vor Beendigung des Gesellschaftsvertrages Teilung zu verlangen. Dieser Umstand macht ein Investment in ein als GbR organisiertes Start-up unattraktiv und in der Praxis faktisch nicht realisierbar. Denkbar – aber mangels Sicherheiten oft nicht durchführbar – ist ferner eine Fremdkapitalfinanzierung z. B. durch Bankkredite. Für den Fall, dass sich ein Investor dazu entscheidet, in ein als GbR organisiertes Start-up zu investieren, wird in der Praxis stets vor dem Investment das Vermögen der GbR in eine juristische Person eingebracht, an der sich der Investor sodann beteiligt oder der Investor gründet die Kapitalgesellschaft gemeinsam mit den Gesellschaftern der GbR als Gründungsgesellschafter.

Erst eine Kapitalgesellschaft (i. d. R. GmbH) macht das Start-up somit **finanzierungsfähig für Investoren**. Die „Umwandlung" der GbR in eine GmbH kann dabei rechtlich über verschiedene Wege umgesetzt werden:

- Formwechsel nach §§ 190 ff. UmwG
  Vorteil eines Formwechsels nach §§ 190 ff. UmwG ist, dass die GmbH im Wege der sog. **Gesamtrechtsnachfolge** an die Stelle des bisherigen Unternehmens tritt. Bestehende Verträge mit der GbR (z. B. Mietverträge über Geschäftsräume oder Providerverträge etc.) müssen nicht gekündigt und neu verhandelt werden, sondern gehen „automatisch" auf die GmbH über.

Bevor allerdings eine GbR in eine GmbH formwechselnd nach den §§ 190 ff. UmwG umgewandelt werden kann, ist die GbR durch einen Gesellschaftsvertrag zunächst in eine OHG (s. 6.1.3.2.) zu überführen, da der Formwechsel in eine Kapitalgesellschaft nur von einer Personenhandelsgesellschaft erfolgen kann (§§ 214 bis 225 UmwG).

Entscheidend ist, ob die Tätigkeit ein Handelsgewerbe ist oder nicht. Ein Handelsgewerbe ist dabei jeder Gewerbebetrieb, es sei denn, dass das Unternehmen nach Art und Umfang keinen in kaufmännischer Weise eingerichteten Gewerbebetrieb erfordert, § 1 Abs. 2 HGB.

- Sachgründung durch Einbringung der Wirtschaftsgüter, § 5 Abs. 4 GmbHG
  Das Stammkapital (mindestens EUR 25.000) und der Nennwert der Geschäftsanteile (EUR 1 je Geschäftsanteil) müssen im Gesellschaftsvertrag stets als feste Euro-Beträge angegeben werden, doch kann die konkrete Einlagepflicht nach § 14 GmbH über die Einbringung von Sachen oder sonstigen Vermögenswerten erfolgen.

  Einbringungsfähige Vermögenswerte können dabei sein (vgl. bereits 6.1.2.2):
  - immaterielle Vermögensgegenstände (bspw. Patente, Marken, Lizenzen)
  - bewegliche Sachen (bspw. Computer, Waren, Materialien)
  - unbewegliche Sachen (bspw. Grundstücke)
  - Finanzanlagen (bspw. Beteiligungen an anderen Unternehmen)
  - Forderungen (bspw. Forderungen der GbR gegen Kunden)

  Nach § 5 Abs. 4 S. 2 GmbHG ist für jede Sachgründung ein sog. Sachgründungsbericht, der alle für die Beurteilung der Angemessenheit der Sacheinlage wichtigen Angaben enthalten muss, zwingend erforderlich.
- Bargründung einer GmbH, § 5 Abs. 2 und 3 GmbHG
  Die GmbH erwirbt nach einer Bargründung die Vermögenswerte der GbR durch schuldrechtliche Vereinbarung. Diese Variante verursacht jedoch häufig Schwierigkeiten, insbesondere wenn eine sog. **verdeckte Sacheinlage** vorliegt.

  Nach § 19 Abs. 4 GmbHG ist dies der Fall, wenn „die Geldeinlage eines Gesellschafters bei wirtschaftlicher Betrachtung und aufgrund einer im Zusammenhang mit der Übernahme der Geldeinlage getroffenen Abrede vollständig oder teilweise als Sacheinlage zu bewerten" ist. Eine eigentliche Sacheinlage (Übertragung der Vermögenswerte der GbR) wird dabei nicht transparent offen dargestellt, um keine Bewertung der Sacheinlage vornehmen zu müssen. Um die (aufwändigeren) Regelungen zur Sacheinlage zu umgehen, wird somit eine Bargründung vorgenommen und die Bareinlage dazu verwendet, die Vermögenswerte zu erwerben.

  Die rechtlichen Folgen einer verdeckten Sachgründung sind immens. Die Gesellschafter sind nicht nur verpflichtet, den Differenzbetrag zwischen der vereinbarten Stammeinlage und der erbrachten Sachleistung zu erbringen (§ 9a Abs. 1 und 2 GmbHG), sondern müssen das gesamte Betriebsvermögen einschließlich der aufgedeckten stillen Reserven versteuern (die verdeckte Sachgründung wird steuerrechtlich als Betriebsaufgabe gem. § 16 EStG eingeordnet

6.1.3.2 Offene Handelsgesellschaft (OHG) und Kommanditgesellschaft (KG)

Ist die GbR auf die Ausführung eines Handelsgewerbes ausgerichtet, entsteht kraft Gesetzes eine OHG (§ 105 Abs. 1 HGB). Diese ist bei dem Gericht, in dessen Bezirk sich der Gesellschaftssitz befindet, zur Eintragung in das Handelsregister anzumelden (§ 106 Abs. 1 HGB). Im Unterschied zur GbR ist jeder Gesellschafter der OHG zur Vertretung der Gesellschaft berechtigt (§ 125 HGB).

Bei einem als OHG organisierten Start-up haftet jeder Gesellschafter mit seinem Privatvermögen für die Verbindlichkeiten der Gesellschaft (§ 128 S. 1 HGB). Da diese Regelung für die meisten Gründer unattraktiv ist, besteht ferner die Möglichkeit, das Start-up als KG (§§ 161 ff. HGB) zu gründen. Im Unterschied zur OHG (zu Gemeinsamkeiten und Unterschieden der GbR, OHG und KG s. auch Tab. 6.2) haften bei der KG nur die geschäftsführenden Gesellschafter (sog. „Komplementäre“) mit ihrem gesamten Vermögen – persönlich – für die Verbindlichkeiten der Gesellschaft (§ 161 Abs. 1 HGB). Demgegenüber ist die Haftung der sog. „Kommanditisten“ auf die Höhe ihrer jeweiligen Einlage begrenzt (§ 171 Abs. 1 HGB). Diese Haftungsbeschränkung führt allerdings dazu, dass die Kommanditisten grundsätzlich sowohl von der Geschäftsführung (s. § 164 S. 1 HGB) als auch von der Vertretung der Gesellschaft (§ 170 HGB) ausgeschlossen sind.

6.1.3.3 Mischformen

Neben den klassischen Personengesellschaftsformen besteht darüber hinaus die Möglichkeit, Personen- und Kapitalgesellschaften zu sog. Mischformen zu kombinieren. Hierzu zählen insbesondere die GmbH-/UG- und AG & Co. KG. Diese Mischformen haben alle gemeinsam, dass ihr Komplementär – also der für die Gesellschaftsverbindlichkeiten unbegrenzt und persönlich haftende Gesellschafter – eine Kapitalgesellschaft in der Rechtsform der GmbH/UG oder AG ist.

Tab. 6.2 Vergleich GbR, OHG und KG

<table>
<tr><th></th><th>GbR</th><th>OHG</th><th>KG</th></tr>
<tr><td>Kapitalbedarf bei Gründung</td><td colspan="3">Keine bzw. allenfalls geringe Kosten</td></tr>
<tr><td>Formbedürftigkeit (z. B. notarielle Beurkundung) des Gesellschaftsvertrags</td><td colspan="3">Grds. besteht kein Formerfordernis</td></tr>
<tr><td>Eintragung ins Handelsregister erforderlich</td><td>Nein</td><td>Ja</td><td>Ja</td></tr>
<tr><td>Haftung</td><td colspan="2">Unbegrenzte und persönliche Haftung aller Gesellschafter</td><td>Unbegrenzte und persönliche Haftung der Komplementäre, Kommanditisten haften nur bis zur Höhe ihrer Geschäftseinlage</td></tr>
<tr><td>Geschäftsführung</td><td rowspan="2">Alle Gesellschafter gemeinsam</td><td rowspan="2">Jeder Gesellschafter einzeln</td><td rowspan="2">Jeder Komplementär einzeln</td></tr>
<tr><td>Vertretung</td></tr>
</table>

6.1.4 Einzelunternehmung

Handelt ein Gründer lediglich als Einzelperson und möchte er das Start-up ohne die Beteiligung weiterer Gründer führen, so kann er – neben der Ein-Personen-GmbH (vgl. Abschn. 6.1.2.2) – als Einzelunternehmer tätig werden.

Hierfür wird der Gründer im Rechtsverkehr als eingetragener Kaufmann (e. K.) auftreten. Ein **Kaufmann** zeichnet sich durch den Betrieb eines Handelsgewerbes aus (§ 1 Abs. 1 HGB), wobei unter „Gewerbe" eine auf Dauer angelegte, selbstständige Tätigkeit, die mit einer Gewinnerzielungsabsicht betrieben wird, zu verstehen ist (Saenger et al. 2011, Kap. 5, Rn. 329).

Bei Gründung des Einzelunternehmens besteht das Gesamtvermögen des Unternehmensgründers ausschließlich aus dem Privatvermögen, das nach der Gründung zu Betriebsvermögen wird. Auch nach dieser Umwandlung bleibt das dem Unternehmen gewidmete Betriebsvermögen Teil des Gesamtvermögens des Einzelunternehmers (Breithaupt und Ottersbach 2010, Teil 1. A. § 1, Rn. 6). Da der Einzelunternehmer für Verbindlichkeiten der Unternehmung persönlich und unbegrenzt haftet, gehören sowohl das Privat- als auch das Betriebsvermögen zur Haftungsmasse (Kollmann 2019, S. 298). Für den Einzelunternehmer gelten die vorherigen Ausführungen zur GbR (s. 6.1.3.1) entsprechend: erst eine Kapitalgesellschaft (i. d. R. GmbH) macht das Einzelunternehmen finanzierungsfähig für Investoren.

6.2 Der Businessplan (Pitch Deck)

Der Businessplan bzw. das Pitch Deck sind ein wesensnotwendiger Bestandteil der Start-up-Finanzierung. Er bildet als grundsätzliche Voraussetzung zur Kapitalbeschaffung das **Fundament** der **Finanzierung** bzw. **deren strategischen Rahmen** sowie begleitet und sichert die **operative Umsetzung** der Geschäftsidee. Der Business Plan dient somit den Gründern als gedankliche Herausforderung und liefert somit aus seiner Erstellung heraus selbst wertvolles Feedback, ob die Geschäftsidee überhaupt das Potenzial haben kann, ein tragfähiges Geschäftsmodell zu werden.

Ohne eine hinreichende Finanzierung kann so gut wie kein Unternehmen – so einzigartig oder kreativ sein Geschäftsmodell oder sein **USP** auch sein mag – wirtschaftlich erfolgreich sein oder existieren. Gerade innovative Ideen profitieren zu ihrer Umsetzung erheblich von der Güte und Ausgestaltung des Businessplans, der die Geschäftsidee gegenüber möglichen Gesellschaftern, strategischen Partnern sowie sonstigen Investoren schriftlich fixiert und diesen oft als alleiniges Dokument zur Entscheidungsgrundlage für weitere Gespräche über ein mögliches Investment dient. Allein auf Grundlage des Businessplans bzw. des Pitch Decks hat das Start-up die Möglichkeit, sein Potenzial darzulegen und auf diese Weise Eigenkapital zu erhalten. Was **„hard facts"** wie Umsatzerlöse oder die Ertragskraft (Profitabilität) perspektivisch im weiteren Unternehmensstadium zur

Beschaffung von Fremdkapital sein werden, sind in der Gründungsphase der Businessplan bzw. ein fein ausgearbeitetes Pitch Deck.

▶ **USP** steht für **„unique selling point“** oder **„unique selling proposition“.** Hierunter sind hervorstechende Eigenschaften des Produkts und/oder der Dienstleistung zu verstehen, durch die sich das Start-up von Konkurrenzunternehmen abheben kann. Der USP ist somit das „Verkaufsargument“ für das Start-up.

Selbst wenn die Gründungsfinanzierung durch eigene Mittel – etwa im Rahmen einer sog. Friends and Family-Finanzierung – bewerkstelligt wird, und der Gründer demnach nicht auf eine Plausibilisierung seiner Idee gegenüber Dritten angewiesen ist, dient der Businessplan dem Start-up gewissermaßen als internes **Backup** der **Unternehmensidee** zur Plausibilisierung der selbst getroffenen geschäftlichen Annahmen. Bereits seine sorgfältige Ausarbeitung und Erstellung führt den Gründern exemplarisch das aufzunehmende operative Geschäft vor Augen und überprüft die Idee ihrerseits auf ihre potenzielle Marktfähigkeit. Der Businessplan ist somit eine vorweggenommene, der operativen Tätigkeit des Unternehmens antizipierte schriftliche **Dokumentation** des **Business Developments.**

Der Geschäftsplan ist demnach kein notwendiges Übel. Ganz im Gegenteil: er ist ein der Unternehmensgründung bzw. der Aufnahme der operativen Tätigkeit **vorgelagertes unabdingbares Instrument unternehmerischer Tätigkeit.** Er verschafft dem Gründungsteam möglicherweise selbstreflektive Erkenntnisse, die sich im **„trial and error“**-Betrieb ansonsten erst zu einem späteren Zeitpunkt zeigen würden und beugt somit einem Scheitern des Start-ups vor. Der Businessplan sollte also von den Gründern nicht als lästige Pflicht, sondern als notwendiges Business-Tool eines professionellen Business Developments bzw. als eine der ersten Managementaufgaben verstanden werden.

6.2.1 Begriff

Ein Businessplan – der auch als **Geschäfts-** oder **Gründungsplan** bezeichnet wird – ist die **schriftliche Fixierung** des **betriebswirtschaftlichen Konzepts** und der **Realisierungsstrategie** der **Unternehmensgründung** (Kuckertz 2006, S. 70). Abhängig von der Teamstärke der Gründer enthält er detaillierte Zielformulierungen für den Einsatz einzelner Ressourcen, Wettbewerbsabgrenzungen im Marketing und legt Strategien hinsichtlich der Entwicklung und Ausgestaltung

- des Produkts bzw. der Dienstleistung,
- des Personals,
- von Patenten und sonstigen ggf. erforderlichen geistigen Schutzrechten (bspw. Designrecht, Markenrecht)
- von Investitionen sowie
- zukünftigen Kapitalbedürfnissen

fest (vgl. Breithaupt und Ottersbach 2010, Teil 1. C. Kap. 1, Rn. 5). Die Umsetzung der Unternehmensidee durch den Businessplan erfolgt in der Regel über einen Zeithorizont von **ein** bis **fünf Jahren**. Die ersten Jahre sind am detailliertesten zu bearbeiten, wobei das erste Jahr in Monatsschritten, das zweite Jahr in Quartalsschritten, das dritte Jahr in Halbjahreschritten und die übrigen Jahre in Ganzjahresschritten betrachtet werden sollten. Ein besonderes Augenmerk ist dabei auf den prognostizierten Break Even zu legen, also den Zeitpunkt, wann erstmals die Gewinnschwelle erreicht werden soll.

6.2.2 Pitchdeck und Teaser

Der herkömmliche Businessplan als in Fließtextform verfasstes Dokument (**„klassisches Modell"**) hat sich in der Praxis der VC-Finanzierung oftmals überholt. Dies ist maßgeblich auch dem Umstand geschuldet, dass kein Investor über die notwendige Zeit verfügt, sich mit einem langseitigen Dokument länger auseinandersetzen, sondern die benötigten Informationen kurz und knapp bzw. ansprechend dargestellt zur Verfügung gestellt bekommen möchte (**„Pitch Deck – Modell")**.

Eine weitere Untervariante des Pitch Deck ist der **Teaser** (engl. to tease) bzw. **One-Pager,** dem die grundsätzlichen Informationen zum Geschäftsmodell des kapitalsuchenden Start-ups auf einer einzigen Seite und somit „auf einen Blick" entnommen werden können. Der Investor kann so bspw. entscheiden, ob das ihm zur Investmententscheidung vorgelegte Geschäftsmodell überhaupt in seinen Branchenfokus passt oder bereits für weitere initiale Gespräche über ein Investment ausscheidet.

Wenn im Folgenden daher von Businessplan gesprochen wird, sind damit zwar grundsätzlich sowohl das klassische Modell wie auch das Pitch Deck – Modell umfasst. Je nach der Zielgruppe der Kapitalgeber haben sich hier aber klare Präferenzen abgezeichnet. So verlangen Business Angels und vor allem Venture Capital Geber die Gestaltung als Pitch Deck mit (nach qualifiziertem Interesse des Kapitalgebers) sodann bereitzustellendem Business Case, wohingegen Kreditinstitute als Fremdkapitalgeber meist (noch) nach einem klassischen Businessplan in Fließtext verlangen.

6.2.3 Inhalt und Form

Gerade bei der Start-up-Finanzierung können auf die **optische Gestaltung** des inhaltlich ausgereiften Businessplans nicht genügend Zeit und persönliche Ressourcen investiert werden.

Ungeachtet der Tatsache, dass die Entscheidung über ein Investment selbstverständlich nicht mit der Optik, sondern mit dem Inhalt des im Plan dargestellten Geschäftsmodells steht und fällt, ist die grafische Gestaltung des Businessplans in Anbetracht der großen Zahl von Ideen, die alltäglich mit der Bitte um wohlwollende Prüfung an Kapitalgeber herangetragen werden, von nicht zu unterschätzender Bedeutung. Da bspw. ein

Investmentmanager einer größeren Venture-Capital-Gesellschaft täglich eine Vielzahl von Businessplänen zur Finanzierungsentscheidung vorgelegt bekommt, ist es absolut notwendig, sich bereits auf den ersten Blick positiv von der Masse abzuheben (vgl. auch Reichelmann 2013).

Jeder Businessplan sollte mit einer individualisierten **Begleit-E-Mail** versendet werden, die sich idealerweise unmittelbar an den **persönlichen Ansprechpartner** des Kapitalgebers richtet. Die Gründer haben dadurch die Möglichkeit, fernab der üblichen Formalien des Businessplans persönliche Worte zu ihrer Unternehmensidee sowie ihrer individuellen, persönlichen Motivation und Vision zu finden. Wenn nicht bereits im Vorfeld ein (zumindest telefonischer) Kontakt zu dem die finale Investmentscheidung treffenden oder zumindest vorbereitenden Ansprechpartner besteht, sollte der persönliche Ansprechpartner im Vorfeld anderweitig ausfindig gemacht werden.

Da sich die optische Ausgestaltung der Pitch Decks in der Praxis elementar unterscheidet, stellt die optisch visuelle Aufbereitung ein **Kernkriterium** für die Begeisterung der Kapitalgeber dar. Ein ansprechendes äußeres Erscheinungsbild und die Professionalität des Start-ups bedingen sich gegenseitig bzw. spiegeln sich gegenseitig wider. Eine exzellente optische Darstellung zeugt in diesem Zusammenhang bereits von der Stärke in Bezug auf die spätere Unternehmensdarstellung und durch die Gründer bzw. von ihrer Marketingkompetenz.

Die Qualität und Professionalität der Ausgestaltung bzw. Darstellung des Businessplans ist mithin ein signifikantes Indiz dafür, wie ernst es die Gründer mit ihrer Unternehmensidee meinen (Reichelmann 2013). So liegt es auf der Hand, dass Businesspläne mit formellen und gestalterischen Defiziten nahezu ungelesen aussortiert werden. Gründern, die nicht einmal die nötige Portion Fleiß zur Ausarbeitung und Gestaltung des Businessplans aufbringen, wird schlichtweg nicht zugetraut, die Unternehmensidee erfolgreich (grafisch-visuell) zu präsentieren und somit erst recht nicht operativ umsetzen zu können.

Inhaltlich hat der Businessplan alle Informationen zu enthalten (hierzu s. auch Abb. 6.5), die für eine Investmententscheidung des Kapitalgebers notwendig sind. Entsprechendes gilt für das Pitch Deck (s. auch Abb. 6.6).

Ziel eines jeden (Risiko-) Kapitalgebers ist der gewinnbringende Verkauf seines Investments. Insoweit sollte der Businessplan zumindest indirekt zum Ausdruck bringen bzw. dem Adressaten signalisieren, dass das Unternehmen auch für Mitbewerber von Interesse sein könnte (**„antizipierte Exit-Strategie“**). Eine allzu direkte Fokussierung im frühen Stadium eines Businessplans im Hinblick auf die Geeignetheit und Ausrichtung des Unternehmens für einen späteren Verkauf sollte jedoch unterbleiben, da die Kapitalgeber insoweit den Eindruck gewinnen könnten, dass die Gründer als „Unternehmer“ nicht vollumfänglich hinter ihrer Unternehmensidee stehen, sondern allein der perspektivische persönliche Erlös bei einem Exit die Triebfeder ihres unternehmerischen Handelns ist.

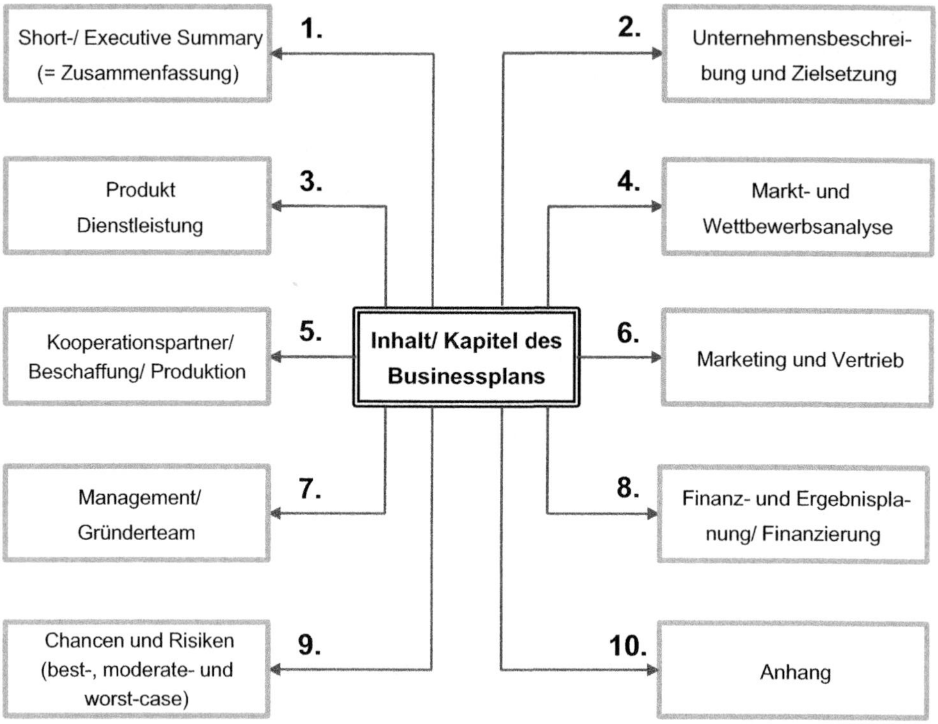

Abb. 6.5 Mindestinhalt des Businessplans

Der Erwartungshorizont des Kapitalgebers (Business Angel, VC-Gesellschaft, etc.) ist somit zugleich das Leitbild wie auch der Maßstab für die in den Plan aufzunehmenden und darzustellenden Informationen. Zweckmäßig ist, wenn die Gründer versuchen, bei jeder ihrer Formulierungen die **Perspektive** eines **potenziellen Investors** einzunehmen. Von dieser Sichtweise aus besteht eine höhere Wahrscheinlichkeit, den USP des Geschäftsmodells sowie die für die Investorenseite maßgebliche Frage, ob hierfür auch ein Markt besteht, besser zu fokussieren.

Des Weiteren sollte der Plan eine klare, **strukturierte Gliederung** haben und in verschiedene Kapitel/Slides unterteilt sein. Hierbei empfiehlt sich nach dem **klassischen Modell** folgende Aufteilung:

- Short-/Executive Summary (Zusammenfassung)
- Unternehmensbeschreibung und Zielsetzung
- Produkt und/oder Dienstleistung
- Markt- und Wettbewerbsanalyse
- Kooperationspartner, Lieferanten, Beschaffung und Produktion
- Marketing und Vertrieb

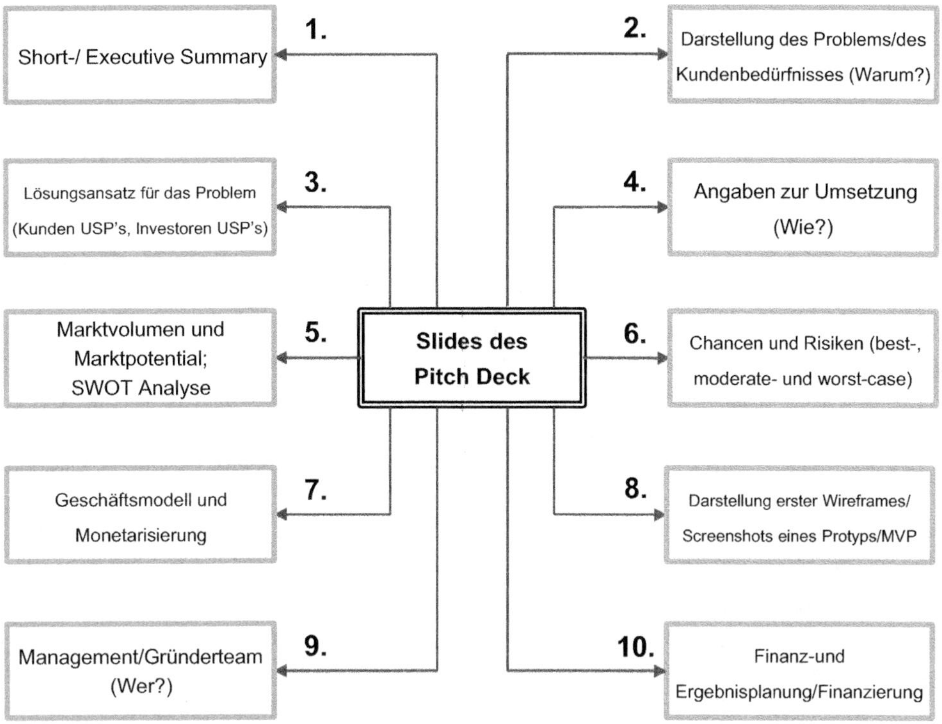

Abb. 6.6 Mindestinhalt des Pitch Decks

- Management/Gründerteam
- Finanz-und Ergebnisplanung/Finanzierung
- Chancen und Risiken (best-, moderate- und worst-case Szenario)
- Anhang

Nach dem **Pitch Deck-Modell** hat sich insbesondere folgende Aufteilung in einzelne **Slides** bewährt:

- Darstellung des Problems/des Kundenbedürfnisses (Warum?)
- Lösungsansatz für das Problem (Kunden USP's, Investoren USP's)
- Angaben zur Umsetzung (Wie?)
- Marktvolumen und Marktpotenzial
- SWOT Analyse; Chancen und Risiken (best-, moderate- und worst-case Szenario)
- Geschäftsmodell (Revenue, Monetarisierung), Wachstumsmöglichkeiten
- Darstellung erster Wireframes/Screenshots eines Protoyps/MVP
- Management/Gründerteam
- Finanz-und Ergebnisplanung/Finanzierung (kumulierter Cashflow)
- Anhang: Business Case

Damit sich der Adressat des Businessplans einen guten Überblick verschaffen kann, sollte ein Inhaltsverzeichnis vorangestellt sein. Dass der Businessplan keine Rechtschreibfehler oder grammatikalischen Schwächen aufweist, ist selbstverständlich.

Ferner sollte der Businessplan verständlich formuliert sein, damit auch ein Laie, der mit der Unternehmensvision der Gründer erstmalig konfrontiert wird, die Idee und deren Potenzial nachvollziehen kann. Hinsichtlich der zu verwendenden **Fachsprache** müssen die Ersteller des Businessplans in jedem Fall die entsprechende betriebswirtschaftliche Fachterminologie wie selbstverständlich verwenden, sich also notfalls im Vorfeld die erforderlichen Kenntnisse durch Lektüre entsprechender Fachliteratur verschaffen bzw. wieder ins Gedächtnis rufen. Es wirkt unprofessionell, wenn ein Businessplan, also ein betriebswirtschaftlicher Geschäftsplan, betriebswirtschaftliche Termini falsch benutzt oder anstelle einschlägiger – zum unternehmerischen Allgemeinwissen gehörender – betriebswirtschaftlicher Fachausdrücke Formulierungen aus der Laiensprache verwendet.

Den Gründern wird oftmals empfohlen, den Businessplan in betont sachlicher Sprache zu verfassen. Grundsätzlich ist dem auch zuzustimmen, da eine sachliche Sprache die Verständlichkeit der Formulierungen fördert. Gleichwohl darf nicht vergessen werden, dass Business Angels oder VC-Geber von den Gründern und deren **Leidenschaft** für die Unternehmensidee „mitgenommen" werden möchten (vgl. hierzu auch Abschn. 7.2.1.1.1). Schließlich sollen sie sich unmittelbar an dem im Businessplan vorgestellten Unternehmen beteiligen. So ist es im Ergebnis durchaus hilfreich, die Vision des Unternehmens zu „emotionalisieren". Ein anderer Weg wäre es, sich im Businessplan tatsächlich auf die harten Fakten zu konzentrieren, und die dem Unternehmen zugrunde liegende Vision, von der die Leidenschaft und Begeisterung der Gründer getragen werden, in eine dem Businessplan als Anlage beigefügte **Unternehmenspräsentation** bzw. in die **Begleit-E-Mail** aufzunehmen.

Die vorstehenden Ausführungen dürfen gleichwohl nicht dazu verleiten, auf die Verifizierung der Ausführungen zu verzichten. Eine allzu optimistische Darstellung der Unternehmensidee, die auf eine differenzierte Ausgestaltung **(worst-, moderate-, best-case)** verzichtet, führt zu einer mangelnden Glaubwürdigkeit des Gründerteams und somit negativen Einschätzung ihrer unternehmerischen Kompetenzen.

Im Übrigen empfiehlt es sich, den Businessplan (einschließlich Anhang) sowohl in der klassischen wie auch in der Pitch Deck – Variante auf höchstens 10 bis 15 Seiten zu begrenzen. Hier ist zu berücksichtigen, dass die Adressaten des Plans täglich nicht selten 100 Geschäftsideen vorgelegt bekommen und somit gar nicht die Ressourcen haben, sich mit längeren Abhandlungen über das zu finanzierende Unternehmen zu beschäftigen.

Viele **öffentliche Förderprogramme** stellen die in einem Businessplan erwarteten und somit von den Gründern anzusprechenden Punkte explizit dar und geben diesbezüglich ausdrückliche Hinweise, wo bzw. in welcher Intensität der Schwerpunkt gelegt werden soll, um in die engere Auswahl für das jeweilige Förderprogramm zu kommen. Darüber hinaus gibt es eine Vielzahl von Hilfsangeboten, die die Gründer bei der Ausarbeitung Ihres Businessplans unterstützen: hierzu gehören vor allem die Kammern – insbesondere

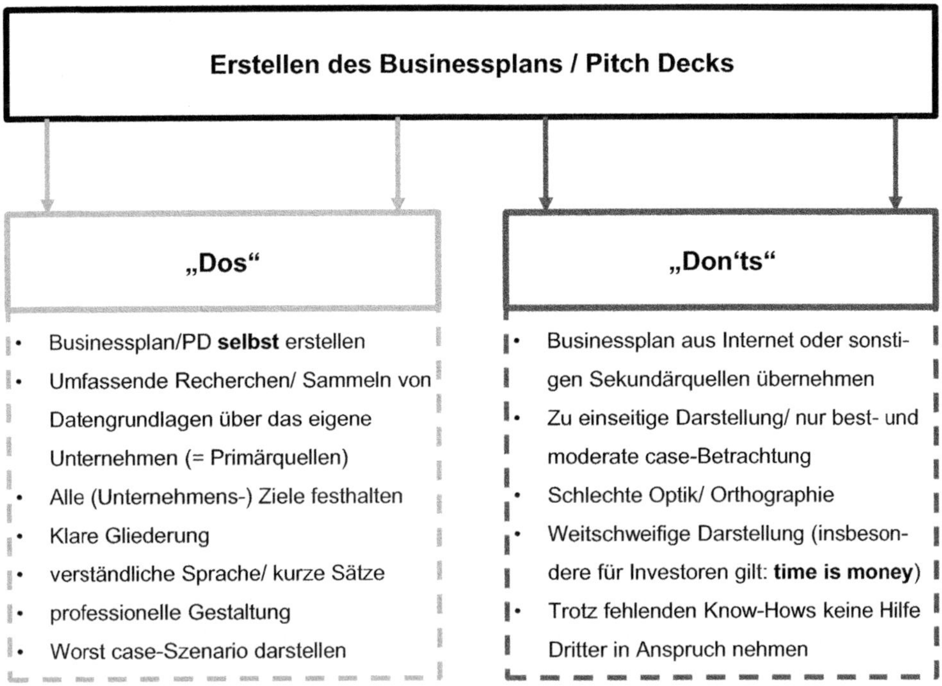

Abb. 6.7 „Do's“ und „Don'ts“ bei der Erstellung des Businessplans

die Industrie- und Handelskammer **(IHK)** –, **Businessplanwettbewerbe,** die **Gründerinitiativen** vor Ort und auch die Beratungsangebote der **KfW**-Bankengruppe.

Speziell Businessplanwettbewerbe ermöglichen den Gründern, über einen längeren Zeitraum mit entsprechender **fachlicher Expertise** (Investoren, Unternehmer, Rechtsanwälte, Steuerberater, etc.) den Geschäftsplan zu erstellen. Eine wichtige Regel ist allerdings: Rat und Hilfe sind zwar unverzichtbar. Gleichwohl müssen die Gründer jede Information und jedes Detail selbst durchdacht haben, um auch ohne Unterstützung den Überblick zu behalten sowie für Investoren ihre Glaubwürdigkeit zu bewahren.

Zusammenfassend ist ein **guter Businessplan** (s. hierzu Abb. 6.7) deshalb

- aussagekräftig
- klar gegliedert
- gut verständlich
- kurz und knapp (nicht zu verwechseln mit mangelnder inhaltlicher Tiefe)
  leicht lesbar
- basierend auf einer umfassenden Recherche und Datengrundlage

und ganz wichtig

- optisch exzellent gestaltet sowie
- unter angemessener Wahrung der Verifizierbarkeit und Plausibilität der Daten die Leidenschaft und Begeisterung der Gründer auf den Adressaten projizierend.

Ein **schlechter Businessplan** hingegen

- wurde (zum Großteil) nicht von den Gründern selbst verfasst
- zeugt von fehlenden Kenntnissen über Markt und Wettbewerbsverhältnisse, indem er zu optimistisch bzw. zu einseitig formuliert ist (nur best- und/oder moderate case-Betrachtung)
- enthält keine überzeugende optische Präsentation
- ist unklar, unverständlich, nicht überschaubar sowie
- ist zu lang.

Der Aufbau des Businessplans folgt einem mehr oder weniger **einheitlichen Muster.** Im Internet sind zahlreiche Handreichungen und Inspirationen kostenlos verfügbar. Bereits hier sei jedoch angesprochen, dass die im Internet verfügbaren Vorlagen keinesfalls ohne tief greifende eigene Überarbeitungen übernommen werden sollten. Jeder potenzielle Investor würde dies nach Lektüre der ersten Seiten sofort bemerken!

6.2.3.1 Executive Summary

▶ Unter **Executive Summary** versteht man die Zusammenfassung des Businesplans, die ein Kurzprofil des Start-ups sowie dessen wesentlichen Unternehmensziele wiedergibt. Im Pitch Deck übernehmen diese Funktion die ersten beiden Slides („Darstellung des Problems/des Kundenbedürfnisses", „Lösungsansatz für das Problem").

Die Executive Summary des Businessplans kann im besten Fall bereits den Investor von der Geschäftsidee überzeugen. Folglich sollte er nach der Lektüre der Zusammenfassung schon begeistert sein bzw. die Geschäftsidee so interessant finden, dass er zum Weiterlesen motiviert ist. Der Executive Summary kommt somit eine **Teaser** -Funktion zu. Beim Pitch Deck übernehmen diese Funktion meist die ersten beiden Slides, aus denen sich ergibt, welches Problem bzw. welches Kundenbedürfnis das Start-up wie lösen möchte.

In der Praxis möchten bzw. können potenzielle Investoren auf das Lesen eines Plans nur wenige Minuten verwenden und sind deshalb darauf angewiesen, in der Zusammenfassung bzw. auf den ersten Slides alle wesentlichen Informationen über das Start-up zu erhalten. Nach dem Studium der Summary bzw. der ersten Slides entscheidet sich zwar in der Regel nicht, ob der Investor bereit ist, in das ihm vorgelegte Geschäftsmodell verbindlich zu investieren. Es entscheidet sich allerdings sehr wohl, ob der Adressat den Businesplan zur Seite legt und sich somit mit dem Rest des Plans gar nicht mehr beschäftigt. Die

Executive Summary hat daher eine immense Bedeutung in Bezug auf die Negativselektion der Finanzierung.

Die Zusammenfassung sollte zwei Seiten keinesfalls überschreiten. Durch die Lektüre der Summary sollte der Investor einen grundlegenden Eindruck von der Idee, ihrer Machbarkeit (**„feasibility“**) sowie der hinter der Idee stehenden Vision (**USP, Nutzen** für die Kunden/User) erhalten. Neben der klassischen Executive Summary kann es hilfreich sein, dem Leser zusätzlich eine „**Short Summary**“ anzubieten, in der die Unternehmensidee in vier bis fünf Sätzen umrissen wird (Reichelmann 2013). Dies ermöglicht einem potenziellen Investor, die Kernidee des Unternehmens schneller zu erfassen.

Bei der Ausarbeitung des Businessplans sollte die auf die wesentlichen Fakten des Businessplans komprimierte Zusammenfassung erst nach Fertigstellung der übrigen Punkte des Geschäftsplans angefertigt werden. Andererseits ist es – aufgrund des Leitbildcharakters der Summary für den gesamten Plan – auch zweckmäßig, die Zusammenfassung vorab als „Marschroute“ zu formulieren und sodann (nach Fertigstellung der übrigen Kapitel) mit den dort detailliert ausgearbeiteten Daten und Erkenntnissen abzugleichen wie auch zu plausibilisieren. Letzteres ist unbedingt notwendig, um sicherzustellen, dass sich die Executive Summary und der Rest des Businessplanes nicht widersprechen, da ansonsten die Glaubwürdigkeit des Businessplans und des Start-ups insgesamt leiden würden.

Die Executive Summary ist keine Inhaltsangabe oder Einleitung. Sie ist vielmehr eine **eigenständige Darstellung** der Geschäftsidee und des zu lösenden Problems bzw. Kundenbedürfnisses, die überblicksartig die Vision sowie die Zielsetzungen und strategische Grundausrichtung des Unternehmens darstellt. Die Zusammenfassung gibt ferner beim klassischen Modell einen groben Ausblick über die aus der Geschäftsidee erwarteten Vorteile, die Marktsituation sowie Absatzchancen. Beim Pitch Deck-Modell folgen die Darstellung der Marktsituation sowie der Absatzchancen auf den nachfolgenden separaten Slides.

Beim klassischen Modell sollten bereits in der Summary knappe Ausführungen zur Erfahrung und Qualifikation des Gründerteams aufgenommen werden. Aussagen zum Kapitalbedarf sollten innerhalb der Summary äußerst knapp bemessen werden, dabei jedoch dem Adressaten einen Eindruck vermitteln, in welcher Größenordnung sich ein potenzielles Investment bewegen würden. Indes ist es nicht notwendig, in der Zusammenfassung bereits die Rentabilität bzw. Profitabilität eines möglichen Exits anzusprechen. Diese ergibt sich aus der Finanz-und Ergebnisplanung des Businessplans und stellt eine eigenständige Bewertung des Investors dar, die der Ersteller des Businessplans grundsätzlich nicht vorab zu antizipieren hat.

Die Beschreibung der Idee sowie der hinter dieser liegenden Vision ist der zentrale Punkt der Zusammenfassung. Die Gründer haben sich dabei mit der Frage zu beschäftigen, (i) was das Start-up anbieten möchte und (ii) welches Alleinstellungsmerkmal der Geschäftsidee (iii) welchen veritablen Kundenvorteil generiert. Bei der Ausarbeitung der vorgenannten Punkte (diesbezüglich s. auch Abb. 6.8) hilft es, wenn sich das Gründerteam anhand der klassischen **W-Fragen** orientiert:

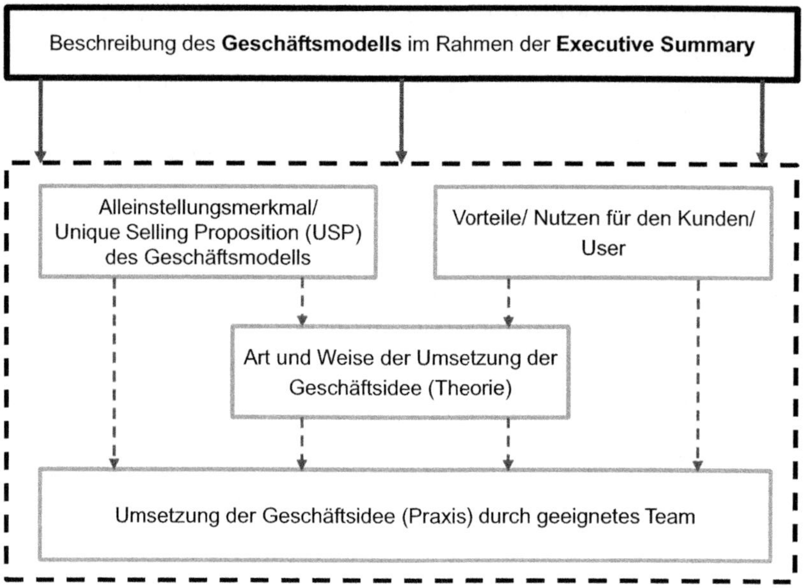

Abb. 6.8 Beschreibung der Geschäftsidee

Was ist die Idee bzw. deren Alleinstellungsmerkmal?
Warum gibt es die Idee bzw. welchen Vorteil bringt sie für Kunden/User?
Wie soll die Umsetzung erfolgen?
Wer ist aufgrund welcher Erfahrung und Qualifikation in der Lage, die drei vorgenannten Punkte zu „beantworten", indem er sie zielorientiert und erfolgreich realisiert?

Die Kernfragen helfen dabei, die Beschreibung der Geschäftsidee auf das Wesentliche zu fokussieren. Darüber hinaus dienen sie während der Ausarbeitung der übrigen Kapitel des Businessplans als hilfreiches selbstreflektives Backup für die Gründer, das ihnen eine ständige Kontrolle der Wesentlichkeit ihrer Ausführungen ermöglicht.

Als weiteres Kontrollinstrument für die richtige Fokussierung bei der Executive Summary dient der sog. **Elevator Pitch** (hierzu vgl. auch Abschn. 7.2.1.1.1), die „Aufzugspräsentation" (Pott und Pott 2012, S. 200). Hierzu stellt sich das Gründungsteam vor, die eigene Geschäftsidee während der kurzen Fahrzeit eines Aufzugs (ca. 30 bis 60 Sekunden) einem Investor präsentieren zu müssen. Gelingt es dem Gründer, den Adressaten (im Rollenspiel also die Mitglieder des Gründungsteams) während der Aufzugsfahrt von der Geschäftsidee zu überzeugen, indem die Inhalte der Zusammenfassung des Businessplans bzw. der ersten Seiten des Pitch Decks verständlich und strukturiert ohne Ausschweifungen in Fachvokabular oder sonstige Worthülsen mündlich dargestellt werden können, spricht dies für die Qualität der Executive Summary bzw. die Strukturiertheit des Pitch Decks. Die Qualität und somit der Erfolg eines Elevator Pitchs begründen sich also gleichermaßen in der Kürze und Prägnanz sowie der emotionalen Überzeugungskraft der

Darstellung. Der Elevator Pitch bildet demnach das verbalisierte Pendant zum Pitch Deck bzw. zur schriftlich fixierten Executive Summary im Businessplan.

6.2.3.2 Unternehmensbeschreibung und Zielsetzung

Im Rahmen der **Unternehmensbeschreibung** und **Zielsetzung** wird die Geschäftsidee eingehend beschrieben, Ziele des Start-ups und diesbezügliche Maßnahmen werden dargestellt sowie die aktuelle wie auch die zukünftig geplante Gesellschafterstruktur (ggf. mit einem cap table) skizziert. Im Pitch Deck ist die Beschreibung vom Unternehmenskonzept und seiner Zielsetzung meist bereits im Slide „Lösungsansatz für das Problem" enthalten.

Die unternehmerische Idee bzw. die dahinter stehende Innovation (vgl. **„Was?"**) bilden das Kernelement dieses Abschnitts des Businessplans. Es ist zugleich das erste selbstständige Kapitel des klassischen Geschäftsplans und gewährt, aufbauend auf den Teaser der Executive Summary, einen vertieften Einblick in die Idee sowie die Vision der Gründer. Potenzielle Investoren werden von der Idee nur dann „mitgenommen", wenn ihr Alleinstellungsmerkmal gegenüber Produkten oder Dienstleistungen der Konkurrenz **(„USP")** hinreichend herausgestellt wird.

Die Ausführungen sollten bestenfalls so gestaltet sein, dass der den Businessplan lesende potenzielle Investor sofort bereit wäre, das Produkt bzw. die Dienstleistung die Unternehmensidee in eigener Person selbst zu erwerben bzw. in Anspruch zu nehmen (s. **„Warum?"**).

Bei der Formulierung der Unternehmensbeschreibung sind Fachausdrücke, Formen oder technische Details zu vermeiden. Das Wichtigste ist, dass der Adressat sämtliche Ausführungen der Gründer verstehen und nachvollziehen kann.

Die Beschreibung eines noch zu gründenden Unternehmens besteht in der Darstellung der unternehmerischen Vision, die Beschreibung eines bereits gegründeten Unternehmens im Idealfall in der Darstellung des Geschäftsmodells selbst. Der Leser des Plans sollte in jedem Fall von der Geschäftsidee mitgerissen werden und persönlich davon überzeugt sein, dass für ihre unternehmerische Umsetzung eine tatsächliche Nachfrage besteht. Dies gilt maßgeblich vor dem Hintergrund, dass die meisten Start-ups in der Praxis daran scheitern, dass keine Nachfrage für ihr Produkt besteht. Folglich gilt es hier, zunächst mit **„soft facts"** Begeisterung zu wecken. Diese Begeisterung muss im weiteren Verlauf des Businessplans mit für den Investor verifizierbaren (prognostizierten) harten Zahlen **(„hard facts")** untermauert werden.

Mit der Darstellung der Vision einher geht auch eine knappe Einschätzung der unternehmerischen Zukunft. Die Gründer haben sich hierbei mit der Zielsetzung Ihres Unternehmens auseinanderzusetzen. Auch kann es nicht schaden, bereits hier Szenarien oder

Strategien zur Erreichung der unternehmerischen Ziele aufzuführen. So ist für den potenziellen Investor von Interesse, welchen Platz das zu finanzierende Unternehmen im Marktumfeld und Wettbewerb einnehmen möchte und welche Überlegungen bestehen, sich in diesem Umfeld gegenüber Konkurrenzunternehmen zu positionieren bzw. durchzusetzen.

6.2.3.3 Produkt/Dienstleistung

Bei der Darstellung des **Produkts**/der **Dienstleistung** des Start-ups müssen sich die Gründer mit der Konkurrenz beschäftigen und die Vorzüge der eigenen Unternehmensidee herausarbeiten. Hierfür ist die Auseinandersetzung mit den Vermarktungsmöglichkeiten des ausgearbeiteten Produkts bzw. der geplanten Dienstleistung notwendig (Breithaupt und Ottersbach 2010, Teil 1. A. Kap. 1 Rn. 8).

Der Abschnitt „Produkt/Dienstleistung" setzt das Kapitel „Unternehmensbeschreibung und Zielsetzung" inhaltlich fort, weil das Produkt/die Dienstleistung die Pfeiler bzw. Umsatzträger des Unternehmens sowie seiner Zielsetzungen sind. Diese Kernpunkte der unternehmerischen Idee sind nunmehr auf den Punkt gebracht darzustellen. Das Produkt bzw. die Dienstleistung sind dabei so zu beschreiben, dass der Investor sowohl die einzelnen Produktionsschritte als auch die Phasen der Leistungserbringung von Beginn an nachvollziehen kann. Er muss in die Lage versetzt werden, aus der inneren Perspektive eines Mitglieds des Gründungsteams die einzelnen Schritte bis zum Endprodukt bzw. bis zur finalen, dem Kunden angebotenen Dienstleistung zu verstehen. Hierzu ist erforderlich, dass das Geschäftsmodell den potenziellen Investor durch eine deutliche, vollständige und detaillierte Beschreibung des Produkts begeistert und er in die Lage versetzt wird, den Kundennutzen (im besten Fall bei sich selbst) zu erkennen.

Besondere Aufmerksamkeit ist hier auf die Verknüpfung zwischen dem Produkt und dem das Produkt in Anspruch nehmenden Kunden zu verwenden. Einfach ausgedrückt: das beste Produkt oder die innovativste Dienstleistung helfen nichts, wenn diese nicht auf die Bedürfnisse der sie beanspruchenden Abnehmer ausgerichtet sind und folglich keine Abnehmer finden. Den Investor interessierende operative Umsätze des Start-ups werden schließlich allein und nur allein dadurch generiert, dass Kunden existieren, die mit den Produkten bzw. Dienstleistungen des Unternehmens ihren jeweiligen Bedarf tatsächlich decken (Weitnauer 2019, S. 116).

6.2.3.4 Markt- und Wettbewerbsanalyse

► Im Rahmen der **Markt- und Wettbewerbsanalyse** sind die Kundenstruktur sowie das Wettbewerbsumfeld – inklusive Marktvolumen wie auch Marktpotenzial – zu ermitteln und zu analysieren.

Abb. 6.9 Marktanalyse

Jede Idee ist nur so gut wie die **Akzeptanz** des Marktes, sie aufzunehmen. Zur Beurteilung der perspektivischen Wertsteigerung des Start-ups sind daher die **Marktsituation** sowie das aktuelle und prospektive **Marktpotenzial** intensiv zu untersuchen und darzustellen (zur Marktanalyse s. auch Abb. 6.9). Eine detaillierte Auseinandersetzung mit den Marktteilnehmern (Wettbewerber, Lieferanten und Kunden) ist daher unerlässlich. Hierbei ist zu bedenken, dass die in diesem Kapitel recherchierten Marktanteile die Basis für die spätere Finanz-und Ergebnisplanung sind (Weitnauer 2019, S. 118). Insofern dürfen Betrachtungen der zu erwartenden Entwicklung der Branche und des Wettbewerbs ebenso wenig fehlen wie (hierzu vgl. Pott und Pott 2012, S. 226):

- Angaben zu vergleichbaren Produkten/Dienstleistungen,
- die Bewertung von ähnlichen Innovationen und
- eine Analyse der Gefahr durch mögliche Substitutionsprodukte, also Produkte die dieselben oder ähnliche Bedürfnisse befriedigen, wie das vom Start-up angebotene Produkt.

Zur Erschließung des Marktumfelds ist der Gesamtmarkt in unterschiedliche Branchen (**Marktsegmente**) zu unterteilen. Der Empfänger des Businessplans kann sich so zunächst ein Bild über den Gesamtmarkt und erst in einem zweiten Schritt Kenntnisse über das von den Gründern avisierte Marktsegment verschaffen. Die zur Unternehmensgründung beabsichtigte Branche lässt sich nach dem Kaufverhalten der Kunden, Regionen sowie demografischen und psychografischen Kriterien einteilen (Pott und Pott 2012, S. 201). So ist eine denkbare Branche: „Alle User aus Deutschland im Alter zwischen 15 und 21 Jahren ohne eigenes Einkommen und Interesse an Social Media-implementierten Games".

Spätestens bei der Analyse des Marktes sowie des Wettbewerbs ist auf eine sachliche, emotionsfreie Sprache zu achten. Insofern ist es zweckmäßig, eine geeignete Kombination von Textpassagen, Zahlenmaterial und entsprechend aufbereiteten Grafiken zu benutzen. Je besser unabhängige Informationsquellen von kompetenter dritter, möglichst unabhängiger Seite (Studien von Bundes-, Branchen- oder anderweitiger Interessenverbänden, Veröffentlichungen und Zahlenmaterial der öffentlichen Hand, wirtschaftswissenschaftliche Veröffentlichungen in Zeitschriften) die Ausführungen und Einschätzungen der Gründer untermauern, desto überzeugender wirkt der Businessplan auf Investoren (Weitnauer 2019, S. 118). Ist Informationsmaterial aus externen Quellen wegen der Besonderheiten der vom Gründerteam geplanten Geschäftsidee nicht verfügbar, müssen die entsprechenden Analysen des Marktes und des Wettbewerbs von den Gründern individuell extrapoliert bzw. geschätzt und zugleich ausführlich erläutert werden.

Zur Untersuchung der unterschiedlichen Branchen bzw. des jeweiligen Kundensegments spielen das Marktpotenzial, das Marktvolumen sowie der relative Marktanteil eine Rolle.

Unter **Marktpotenzial** ist die Gesamtheit der möglich absetzbaren Produktmengen in einem bestimmten Markt zu verstehen. Das Marktpotenzial gibt daher Aufschluss über die höchstmöglich zu erwartende Marktnachfrage. Alle potenziellen Nachfrager, welche theoretisch als Käufer bzw. User (aufgrund ihres Alters, ihres Einkommens, ihres Wohnortes, etc.) infrage kommen, sind darunter zu fassen.

Das **Marktvolumen** hingegen gibt über die tatsächliche Nachfrage innerhalb des Marktpotenzials Auskunft. Es ist eine wesentliche Aufgabe des Marketings sowie der verschiedenen individuellen Marketinginstrumente, das Marktvolumen positiv zu eigenen Gunsten zu beeinflussen, sodass die sog. Nachfragebarrieren, die aufgrund des Unterschieds zwischen Bedarf und Nachfrage vorhanden sind, möglichst minimiert werden.

Der **relative Marktanteil** ist der konkrete Indikator für die Marktstellung des Unternehmens. Dieser volkswirtschaftliche Indikator betrachtet den Umsatz- bzw. Marktanteil des eigenen Unternehmens im Verhältnis zum Umsatz- bzw. Marktanteil des größten Wettbewerbers der Branche. Der **absolute Marktanteil** gibt hingegen Aufschluss über den Anteil des Umsatzes des Unternehmens am Gesamtumsatz der Branche (Marktvolumen). Lässt sich das Produkt der Gründer aufgrund seines besonderen Alleinstellungsmerkmals überhaupt keinem bestehenden Marktvolumen und somit auch keinem (geschätzten) Marktanteil zuordnen, sind an dieser Stelle die wahrscheinlichen Reaktionen potenzieller Wettbewerber im Zeitablauf und entsprechend daraufhin von den Gründern geplante Abwehrmaßnahmen möglichst detailliert aufzuzeigen (Weitnauer 2019, S. 118).

Auch wenn die Gründer von der Einzigartigkeit und Konkurrenzlosigkeit ihrer Idee überzeugt sind bzw. die Idee schlichtweg einmalig ist, entbindet dies nicht davon, den Markt und Wettbewerb umfassend zu sondieren.

Hinter den vorgenannten volkswirtschaftlichen Kennzahlen verstecken sich der Vereinfachung halber letztlich Antworten auf folgende Fragen (Pott und Pott 2012, S. 202 f.):

- Wie groß ist der Gesamtmarkt?
- Wie stark kann der Gesamtmarkt wachsen?
- Besteht bereits ein Absatzmarkt für das neue Produkt/die neue Idee oder muss dieser erst geschaffen werden?
- Wie groß ist der geplante relative und wie groß der geplante absolute Marktanteil?

6.2.3.5 Kooperationspartner, Lieferanten, Beschaffung und Produktion

Die Beschaffungsseite des Start-ups, also die Frage, welche Kooperationspartner und/oder Lieferanten unabdingbar sind, um die Kunden erfolgreich bedienen zu können, ist streng genommen eine Frage der **Marktanalyse.** Schließlich sind auch die Kooperationspartner oder Lieferanten Teilnehmer des Marktes.

Gleichwohl geht dieser Punkt allzu oft unter. Es empfiehlt sich daher, die **Beschaffungsstrategie** des Start-ups mit allen Facetten (Kooperationspartner, Lieferanten, Produktion) gesondert darzustellen. Während sich jeder Businessplan in der Regel ausführlich mit dem potenziellen Absatz, also dem **Verkauf** des Produktes befasst, fehlen in der Regel weitergehende Ausführungen zur Beschaffungsseite, also zum **Einkauf** der Güter und Dienstleistungen, die überhaupt die konkrete Verbindung des jeweiligen Produktes mit dem Markt ermöglicht. Eine unzureichende Koordination der Prozesse des Start-ups mit Lieferanten und anderen notwendigen Kooperationspartnern verursacht jedoch höhere Kosten und stellt somit die dem Businessplan zugrunde gelegte Finanzierungskalkulation des gesamten Unternehmens infrage.

Insbesondere bei einer im Rahmen der Markt- und Wettbewerbsanalyse ausgearbeiteten **hohen Abhängigkeit** von Lieferanten, ist diese Abhängigkeit als ein **Risikofaktor** des Geschäftsmodells im Bereich Beschaffung zu nennen und entsprechend zu erläutern.

Zur Darstellung der Beschaffungsseite sind folgende Fragen hilfreich (Pott und Pott 2012, S. 211):

- Welche sind die wichtigsten Kooperationspartner/Lieferanten?
- Wie viele Kooperationspartner/Lieferanten gibt es?
- Wie groß ist die Abhängigkeit von diesen Kooperationspartnern/Lieferanten?
- Wie ist die Qualität der Kooperationspartner/Lieferanten bzw. der von diesen angebotenen Leistungen/Produkte?
- Bestehen zwischen den Kooperationspartnern/Lieferanten und Wettbewerbern Exklusivverträge?
- Welche Mengen sollen produziert bzw. welcher Umfang von Kooperationsleistungen soll abgerufen werden?

Haben die Gründer die vorgenannten Fragen recherchiert, dienen die gefundenen Ergebnisse als Entscheidungsgrundlage für die Beschaffungsstrategie des Start-ups. Hier ist sodann zu überlegen, ob die Güter bzw. Dienstleistungen von genau einem Partner (**„Single Sourcing“**), zwei Partnern (**„Dual Sourcing“**) oder mehreren Partnern (**„Multiple Sourcing“**) bezogen werden sollen. Ferner ist herauszuarbeiten, ob die benötigten Güter/Dienstleistungen aus dem lokalen Umfeld des Start-ups (**„Local Sourcing“**) oder länderübergreifend bzw. weltweit (**„Global Sourcing“**) bezogen werden können.

Beschaffungsstrategien

Entscheiden sich die Gründer, die notwendigen Dienstleistungen oder Güter von lediglich einem Partner (**Single Sourcing**) zu beziehen, hat dies den Vorteil, dass diese – aufgrund der bei umfangreichen Bestellungen in der Regel gewährten Mengenrabatte – zu günstigeren Einkaufspreisen bezogen werden können. Vor diesem Hintergrund können die Auswahl und Pflege des „richtigen“ Partners zwar zum entscheidenden Wettbewerbsvorteil, gleichzeitig aber auch zur Quelle von Risiken werden. Dazu gehören bspw. Lieferengpässe und die mit dem „Single Sourcing“ verbundene Abhängigkeit gegenüber dem Kooperationspartner bzw. Lieferanten (Hauschka 2016, § 19, Rn. 44).

Möchten die Gründer eine solche Abhängigkeit und/oder Lieferengpässe vermeiden, sollten die notwendigen Dienstleistungen/Produkte von zwei Partnern bezogen werden (**Dual Sourcing**). Bei dieser Methode der Warenbeschaffung werden häufig langfristige Kooperationsbeziehungen eingegangen, um die gleichen Vorteile wie beim Single Sourcing, insbesondere günstige Einkaufspreise, zu erreichen.

Befürchten die Gründer auch beim Dual Sourcing Engpässe, sind mehrere Partner heranzuziehen (**Multiple Sourcing**). Da bei dieser Beschaffungsmethode in aller Regel Mengenrabatte nicht mehr vereinbart werden können, steigen zwangsläufig auch die Kosten. Diese Preissteigerung können die Gründer allerdings durch einen umfassenden Vergleich der zur Verfügung stehenden Kooperationspartner und der von ihnen angebotenen Preise und Zusatzleistungen (z. B. Know-how-Übertragungen und/oder Produktionsanpassungen) kompensieren.

6.2.3.6 Marketing und Vertrieb

Ein erfolgreiches **Marketing-** bzw. **Vertriebskonzept** setzt zunächst eine **Analyse der Zielgruppe** voraus (Breithaupt und Ottersbach 2010, Teil 1. A. Kap. 1 Rn. 9). In einem zweiten Schritt ist der Marketingplan inklusive der angestrebten Wettbewerbsposition, der kalkulierten Preise sowie der geplanten Service- und Garantieleistungen zu erstellen. Dies beinhaltet auch die geplante Werbung und Promotion-Kampagnen.

Die **Marketingstrategie** bzw. insbesondere die **Markteintrittsstrategie** des Start-ups sind für den **Erfolg** oder **Misserfolg** wesentlich. Dabei ist der (richtige) Zugang zum jeweiligen Kunden bzw. User ausschlaggebend. Auch wenn eine Idee aufgrund ihrer Einzigartigkeit ein großes Marktpotenzial hat, wird sie sich im Ergebnis dennoch verlaufen, sofern die möglichen Käufer/User in den einschlägigen Marketingkanälen – aufgrund einer fehlerhaften Marketingstrategie (Markteintritt) – von der Existenz des Produkts des Start-ups nichts erfahren.

Gerade im **digitalen Bereich** existieren unzählige Start-ups mit innovativen Geschäftsmodellen, deren fehlerhafte oder nicht hinreichend ausgearbeitete Marketingstrategie ihr Potenzial verpuffen lässt. Wird hier die kritische Masse („Mindestanzahl") von Kunden nicht innerhalb eines relativ kurzen Zeitraums erreicht, ist das über die Gründungsfinanzierung erhaltende Kapital in aller Regel verbraucht. Weiteres Kapital ist dann oft nicht mehr einzuwerben, da sich aufgrund des gescheiterten Markteintritts ein Wachstumspotenzial des Start-ups objektiv nicht mehr erkennen lässt und so schnell die Marktakzeptanz des gesamten Produkts infrage gestellt wird. Besonders bei digitalen Geschäftsmodellen bestehen aber besonders interessante, weil reichweitenintensive Marketingformen (etwa **virales Marketing, Interactive Branding,** etc.), derer sich mittlerweile auch fast alle Unternehmensgründungen im klassischen, nicht digitalen Bereich bedienen (müssen).

Die Anforderungen an Planung, Vorbereitung und Durchführung des Markteintritts in das jeweilige Marktsegment dürfen in keinem Fall unterschätzt werden. Insbesondere ist zu berücksichtigen, dass die finanziellen Aufwendungen für einen erfolgreichen und nachhaltigen Markteintritt erfahrungsgemäß meist um ein Vielfaches höher liegen als diejenigen Kosten für die Entwicklung des eigentlichen Produkts und/oder die Umsetzung und Ausarbeitung der eigentlichen Unternehmensidee (Weitnauer 2019, S. 119). Da die Entwicklung der Unternehmensidee und deren Markteintritt jedoch untrennbar miteinander verbunden sind, ist die finanzielle Basis für einen erfolgreichen Markteintritt über die Gründungsfinanzierung zu realisieren.

In diesem Abschnitt/Slide sind somit konkrete Strategien zur Kundengewinnung zu definieren sowie Wege der Umsatz- und Gewinngenerierung aufzuzeigen. Die Gründer haben auszuführen, mit welchen Strategien und Maßnahmen die entscheidenden Vorteile des Produkts in die Marketingziele, also in aller Regel in gewinnbringende Umsatzerlöse bzw. einer späteren Rendite für den Investor, umgesetzt werden können (vgl. Weitnauer 2019, S. 119). Die Marketingplanung hat dabei alle Strategien und Maßnahmen zur Erreichung der Marketingziele zu enthalten. Ferner können sämtliche flankierenden Maßnahmen, die die Markteintrittsstrategie unterstützen sollen, zusammenfassend kurz aufgezeigt werden.

Im Rahmen der **strategischen Marketingplanung** sind die Marketingziele für bis zu drei Jahre zu bestimmen, wohingegen die **operative Marketingplanung** mit einem sehr kurzfristigen Planungszeitraum von bis zu maximal einem Jahr, im volatilen Start-up Umfeld auch oftmals von nur wenigen Monaten oder Wochen, kalkuliert. Dabei sind die relevanten Branchen oder Segmente, in denen das Start-up tätig sein wird, festzulegen, die Zielmärkte zu betrachten sowie die Zielkunden und die Frage der konkreten angemessenen Preisgestaltung für das Produkt zu definieren. Bei digitalen Geschäftsmodellen, die zunächst keine unmittelbare Monetarisierung bei ihrer eigentlichen Kundengruppe erwarten lassen (sondern bspw. bei sozialen Netzwerken meist nur von Werbekunden) ist eine ganz besondere Sorgfalt darauf zu legen, welche konkrete Marketingstrategie nach Überzeugung der Gründer mittel- und langfristig geeignet erscheint, die nötigen Umsätze zu generieren.

Gleich ob Online- oder Offline-Business, entscheidend ist die Kombination der individuellen Marketinginstrumente. Die vier klassischen Instrumente des **„Marketing-Mix"** (diesbezüglich s. auch Abb. 6.10) sind die sog. vier **„P's"** (vgl. Martinek et al. 2016, Kap. 2, Rn. 34 f.):

- **Product** (Produktpolitik; „Wem wird welches Produkt/welche Dienstleistung angeboten?")
  Die **Produktpolitik** ist ein elementares Marketinginstrument, da das angebotene Produkt /die Dienstleistung – als Kern des Geschäftsmodells – für den unternehmerischen Erfolg stehen. Grundsätzliche Eigenschaften wie Features, Usability, Design oder

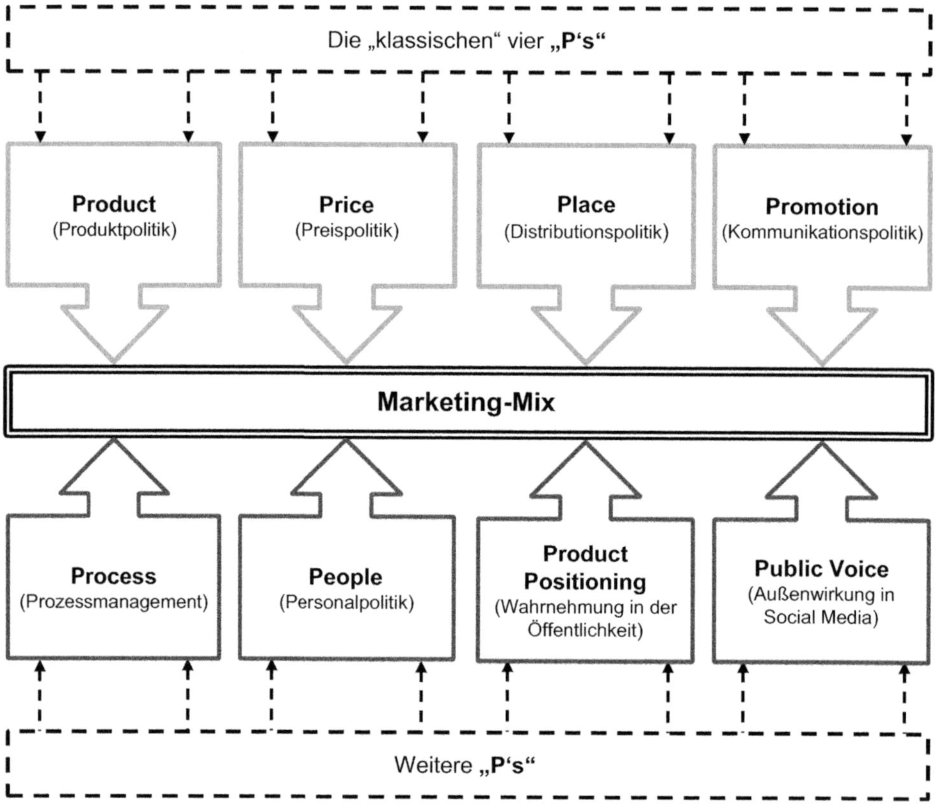

Abb. 6.10 Die wichtigsten „P's" im Marketing-Mix

Qualität sowie weitere produktbegleitende Dienstleistungen müssen daher im Vorfeld ausgearbeitet und im Businessplan/Pitch Deck aufgeführt werden (vgl. Martinek et al. 2016, Kap. 2, Rn. 36).
- **Place** (Distributionspolitik; „Wie kommt das Produkt/die Dienstleistung zum Kunden?“)
  Unter **Distributionspolitik** sind sämtliche Entscheidungen und Handlungen zu verstehen, die in Zusammenhang mit dem Weg des Produkts bzw. der Dienstleistung vom Unternehmen zum Kunden stehen (Martinek et al. 2016, Kap. 2, Rn. 43).
- **Price** (Preispolitik; „Welchen Preis soll das Produkt/die Dienstleistung haben?“)
  Die **Preispolitik** umfasst alle Entscheidungen über das von den Kunden an das Unternehmen zu zahlende Entgelt für das Produkt/die Dienstleistung. Unterschieden wird hierbei zwischen einer nachfrageorientierten, einer kostenorientierten sowie der wettbewerbsorientierten Preispolitik (vgl. Martinek et al. 2016, Kap. 2, Rn. 39).
- **Promotion** (Kommunikationspolitik; „Durch welche Art von Werbung bzw. mit wie viel dafür eingesetztem Kapital soll der Kunde auf das Produkt hingewiesen werden?“)
  Zur **Kommunikationspolitik** zählen sämtliche Entscheidungen zur adressatenorientierten Verbreitung aller das Produkt betreffenden Informationen. Die wesentlichen Instrumente hierfür sind Werbung, Sponsoring, Veranstaltungen, Öffentlichkeitsarbeit sowie Markenpolitik (vgl. Martinek et al. 2016, Kap. 2, Rn. 41).

Mittlerweile werden die ursprünglichen Pfeiler des Marketing-Mix um weitere **„P's“** ergänzt. Zu diesen zählen u. a. (vgl. allgemein Pott und Pott 2012, S. 204):

- **Processes** (Management bzw. Strukturierung digitaler Prozesse)
- **Packaging** (Verpackung als Bestandteil der User Experience, vgl. bspw. sog. Unboxing bei Social Media Kampagnen von Influencern im Rahmen ihrer Instagram Stories),
- **People** (Personalpolitik, Incentivierung von key persons bspw. über Mitarbeiterbeteiligung),
- **Politics** (Interessenvertretung in der Politik, v. a. über soziale Netzwerke),
- **Physics** (Corporate Identity),
- **Physical Evidence** (visuelle Gestaltung des Internetauftritts (UX-Design; Laden- bzw. Shopgestaltung),
- **Personal Politics** (Personalführung, Mitbestimmung der Mitarbeiter),
- **Physical Facilities** (Arbeitsatmosphäre: Ausstattung des Gebäudes, Arbeitsmittel, Kleidung, etc.),
- **Public Voice** (Außenwirkung in Social Media oder Blogs, etc.),
- **Product Positioning** (bspw. Kooperationen mit Influencern in sozialen Medien über Postings, Stories oder Blogbeiträge, Wahrnehmung/Platzierung im öffentlichen/medialen Raum) und
- **Pamper** (Customer Relations, Kundenbindung).

6.2.3.7 Management/Gründerteam

Die Ausführungen zum **Management/Gründerteam** des Start-ups müssen dem potenziellen Investor vermitteln, dass die Gründer aufgrund ihrer Erfahrung und Qualifikation die geeigneten Personen sind, um die Geschäftsidee erfolgreich am Markt zu einem erfolgreichen Geschäftsmodell umzusetzen. Neben den operativen Entscheidungsträgern werden zusätzlich wichtige key persons bzw. Beiratsmitglieder – sofern das Start-up über einen Beirat verfügt – persönlich vorgestellt. Idealerweise sind die jeweiligen Kompetenzen des Gründungsteams anhand eines Organigramms abzubilden.

Die Darstellung des Gründer- bzw. Managementteams im Businessplan soll dem Adressaten des Businessplans nicht nur einen kurzen Einblick in die **unternehmensinterne Organisationsstruktur** geben. Dieser Abschnitt des Businessplans ist vielmehr ein zentrales Element, mit dem eine **positive Entscheidung** potenzieller Investoren **steht** oder **fällt.** Insoweit ist immer zu bedenken, dass Investoren ihre Investitionsentscheidung maßgeblich auf die Persönlichkeiten und Qualifikationen des Gründerteams stützen. Dementsprechend gilt, dass Investoren eher diejenigen Start-ups finanzieren, die durch ein gutes Managementteam überzeugen können – obgleich sie nur über ein mittelmäßiges Produkt verfügen –, als ein Unternehmen, das zwar ein lukratives Geschäftsmodell vorweist, dessen Team allerdings (zumindest aus Investorensicht) nicht die erforderliche Umsetzungskompetenz vermitteln kann (vgl. auch Pott und Pott 2012, S. 211).

Jedes Investment in ein Start-up ist ein **Investment in die hinter dem Unternehmen stehenden Menschen.** Neben den Qualifikationen und den konkreten Zielen des Managementteams sollten die Gründer bei ihrer Eigendarstellung versuchen, den potenziellen Investor davon zu überzeugen, dass genau sie (und niemand anders), geeignet und in der Lage sind, die konkrete Idee gerade jetzt zu einem tragfähigen Geschäftsmodell umzusetzen. Der Investor muss auf beeindruckende Weise gezeigt bekommen, dass die richtigen Persönlichkeiten – Gründer und Management samt aller internen und externen Mitarbeiter – angetreten sind, um die unternehmerischen Zielsetzungen mit der geeigneten Organisationsstruktur umzusetzen (Weitnauer 2019, S. 120). Das **Commitment** des Gründerteams, also die totale Identifikation mit den Anforderungen, aber auch Gefahren der unternehmerischen Tätigkeit, ist somit wesentlich für jede positive Investmentzusage.

Dabei sollte sich das Gründerteam in seinen jeweiligen individuellen Fähigkeiten idealerweise **ergänzen** und dies im Business Plan/Pitch Deck auch so dargestellt werden. Neben einer Person, die das Start-up und die dahinterstehende Unternehmensidee bzw. Unternehmensvision nach außen als **„Frontman" (CEO, Chief Executive Officer)** repräsentiert, kann kein Unternehmen auf die organisatorische Kompetenz eines Teammitglieds verzichten, das die (eher trockene) innerbetriebliche Organisation bzw. die Verantwortung des finanziellen Bereichs (Rechnungswesen, Sicherung der Liquidität, etc.) übernimmt **(CFO, Chief Financial Officer/COO, Chief Operating Officer).** Zusätzlich zu Teammitgliedern mit betriebswirtschaftlichem Fokus verlangt jedes digitale Start-up nach einem kompetenten Programmierer **(CTO, Chief Technology Officer),** der fernab betriebswirtschaftlichen Zahlendenkens die technische Umsetzung überwacht und verantwortet.

Ungeachtet der auch hier verwendeten, in der Praxis jedoch nicht selten inflationär und bereits von Beginn der Unternehmensgründung an geführten englischsprachigen Funktionsbezeichnungen (CEO, CTO, etc.) gilt jedoch, dass diese die Gründer insbesondere in der Anfangsphase allein aus persönlichen Eitelkeiten heraus nicht dazu verleiten dürfen, im tatsächlichen Geschäftsbetrieb nur aufgrund ihrer Positionsbezeichnung als Führungskraft weniger Sorgfalt bei der klassischen „Basisarbeit" des Unternehmensaufbaus an den Tag zu legen.

6.2.3.8 Finanz-und Ergebnisplanung/Finanzierung

In der Finanz – und Ergebnisplanung werden alle vorherigen Bestandteile des Businesplans/Pitchdecks **zahlenmäßig** zusammengefasst (Kollmann und Kuckertz 2003, S. 45). Innerhalb dieser **Zusammenfassung** ist dabei besonders auf eine klare und übersichtlich strukturierte Darstellungsweise zu achten. Sämtliche vorab getätigten Aussagen werden im Finanzierungsplan auf ihre Plausibilität hin untersucht (Weitnauer 2019, S. 121). Insbesondere die Gründungs- und Anlaufkosten sowie die Kosten für unvorhergesehene Entwicklungen (Rücklagen) sind dabei nicht zu unterschätzen.

Fern muss sichergestellt sein, dass dem Unternehmen zu jedem Zeitpunkt die notwendige Liquidität zur Verfügung steht (vgl. Kollmann und Kuckertz 2003, S. 45). Dabei gilt es, mögliche Alternativszenarien für unvorhergesehene Entwicklungen bereits bei der prospektiven Liquiditätsplanung zu bedenken. Gerade junge Unternehmen scheitern in der Praxis oft nicht aufgrund fehlender Rentabilität, sondern an ihrer mangelnden Liquidität (Weitnauer 2019, S. 123). Ein **monatlicher Liquiditätsplan** ist somit für das erste Planjahr der unternehmerischen Tätigkeit unabdingbar. Dabei muss sichergestellt werden, dass ein hinreichender Bestand an liquiden Mitteln zur Verfügung steht, um jederzeit alle fälligen Verbindlichkeiten fristgerecht bedienen zu können.

Ein Beispiel für das Grundmuster eines Finanzierungsplans im weiteren Sinne – der sich in die Teilbereiche Kapitalbedarfsplan, Finanzierungsplanung im engeren Sinne, Liquiditäts- und Rentabilitätsplanung unterteilen lässt (vgl. oben § 3 1.2) – kann der Tab. 6.3 entnommen werden. Ebenso wie bei anderen Vorlagen bedarf das hier aufgezeigte Muster einer Anpassung an die individuellen Anforderungen des Start-ups.

6.2.3.9 Chancen und Risiken (best, moderate und worst-case Szenario)

Bei der **Risikoanalyse** sind technische, marktseitige und organisatorische Unsicherheiten – ohne Verharmlosung oder Verschönerung – darzustellen, die im Zusammenhang mit der Unternehmensgründung eintreten können (Kollmann und Kuckertz 2003, S. 45). Im Gegenzug müssen innerhalb der **Chancenbewertung** die Möglichkeiten des das Start-up tragenden Geschäftsmodells – insbesondere der maximal erzielbare Cash Flow bzw. die denkbaren Höchstgewinne Investoren (und demnach auch für die Gründer) im Rahmen des Exits – hinreichend aufgezeigt werden.

Bei der Abfassung der einzelnen Bestandteile des Business Plans/Pitch Decks haben sich die Gründer bereits umfassend mit sämtlichen Entscheidungs- und Handlungsfeldern unternehmerischer Tätigkeit auseinandergesetzt. Aufgrund der Analyse und Darstellung des Marktes und Wettbewerbs, des Produkts sowie des Marketings und Vertriebs sollte der potenzielle Investor nunmehr einen Überblick über die geplante Positionierung des Start-ups im Wettbewerb und die damit verbundenen Chancen und Risiken erhalten haben.

Tab. 6.3 Muster eines Finanzierungsplans

Finanzierungsplan für das Jahr 2022

Geplanter Launch: 1.Januar 2022

I. Kapitalbedarfsplan

1. Langfristiger Kapitalbedarf

Investitionen	**EURO**
Erwerb/ Miete von Immobilien	
Umbau/ Renovierung/ Nebenkosten	
Anschaffung von Produktionsgeräten/ Maschinen	
Betriebs-und Geschäftsausstattung (Möbel, IT, etc.)	
Fahrzeuge	
Bei Unternehmenskauf: Kauf-/ Übernahmepreis	
Summe	

2. Das erste Geschäftsjahr

2.1 Januar 2022 (inklusive einmaliger Gründungsnebenkosten

Investitionen	**EURO**
Mietkaution	
Patent-, Lizenz-, Franchisegebühr	
Gerichtskosten für Anmeldung im Handelsregister	
Notarkosten (sofern Gesellschaftsvertrag notarieller Beurkundung bedarf)	
Markteinführung/ Marketing/ Werbung	
Kosten für Rechts- und Wirtschaftsberatung	
Zwischensumme	
Personalkosten (Gehalt/ Lohnnebenkosten)	
Raumkosten (Miete/ Pacht/ Nebenkosten	
Internet- / Telefon- und allgemeine Bürokosten	
Fahrzeugkosten	
Darlehensraten und -zinsen (sofern ein Kredit aufgenommen wurde)	
Versicherungen und sonstige Gebühren	
Liquiditätsvorhaltungskosten (für unvorhergesehene Kosten/ Aufwendungen)	
Private Lebensunterhaltskosten	
Summe	

Tab. 6.3 (Fortsetzung)

2.2 Februar 2022

Investitionen	**EURO**
Personalkosten (Gehalt/ Lohnnebenkosten)	
Raumkosten (Miete/ Pacht/ Nebenkosten	
Internet- / Telefon- und allgemeine Bürokosten	
Fahrzeugkosten	
Darlehensraten und -zinsen (sofern ein Kredit aufgenommen wurde)	
Versicherungen und sonstige Gebühren	
Liquiditätsvorhaltungskosten (für unvorhergesehene Kosten/ Aufwendungen)	
Private Lebensunterhaltskosten	
Summe	

2.3 März bis Dezember 2022

Jeden Monat auf der Grundlage von 2.2 aufführen und bearbeiten, ggf. um weitere Kosten (z. B. Wartungs- und Reparaturkosten für Produktionsgeräte ergänzen)**I. Kapitalbedarfsplan**

II. Finanzierungsplan (im engeren Sinne)

1. Eigenkapital

Finanzierungsart	**EURO**
Barvermögen (Gründer)	
Sacheinlagen/ Eigenleistungen	
„Family and Friends“	
Inkubatoren	
Business Angels	
VC-Beiteiligungen	
Summe	

2. Fremdkapital

Finanzierungsart	**EURO**
Bankkredit	
Lieferantenkredit (Vendor Loans) etc.	
Summe	

Tab. 6.3 (Fortsetzung)

III. Liquiditäts- und Rentabilitätsplan

Alle Beträge in Euro und ohne Mehrwertsteuer	1. Geschäftsjahr (1.1. bis 31.12.2020)	2. Geschäftsjahr (1.1. bis 31.12.2021)
1. Umsatz/ Erlöse		
- Wareneinsatz/ Materialeinsatz		
= Rohertrag/ Rohgewinn		
+ sonstige betriebliche Erträgte		
2. Umsatz/ Erlöse/ Provision		
- Wareneinsatz/ Materialeinsatz		
= Rohertrag/ Rohgewinn		
Gesamtrohertrag/ Rohgewinn		
- Personalkosten		
- Geschäftsführerbezüge		
- Miete/ Mietnebenkosten		
- Marketing/ Werbung		
- Telekommunikationskosten		
- Wartung/ Reparaturen		
- Versicherungen		
- Rechtsberatungs-/ Buchführungskosten		
- Gewerbesteuer und sonstige Abgaben		
- Darlehensraten		
Summe Aufwendungen		
Betriebsergebnis		
- Abschreibungen		
Gewinn/ Verlust		

Bei der Abhandlung dieses (letzten eigentlichen) Bestandteils des Businessplans gilt, dass die aufgezeigten Chancen und Risiken für das Start-up in keinem Fall Allgemeinplätzen wie dem allgemeinen Hype um ein bestimmtes vergleichbares Geschäftsmodell oder etwa der allgemeinen konjunkturellen Situation gegenübergestellt werden sollten. Erforderlich ist vielmehr, dass die Gründer die für das Start-up in seinem konkreten Markt- und Wettbewerbsumfeld relevanten Chancen und Risiken betrachten. Nur eine konkrete Analyse vermittelt möglichen Investoren glaubhaft, dass sich die Gründer hinreichend mit der Geschäftsidee beschäftigt und etwaige Risiken erkannt haben (vgl. Janson 2008, S. 32 f.).

Innerhalb der Chancen- und Risikobetrachtung ist nach **best-, moderate-** und **worst-case** Szenarien (exemplarisch für ein best-case Szenario s. Abb. 6.11) zu differenzieren. Auf diese Weise können die Gründer dem potenziellen Investor bestmöglich aufzeigen, wie sie den in dem jeweiligen Szenario identifizierten Risiken optimal entgegenwirken möchten. Hierbei gilt: mögliche Risiken sind nicht zu ignorieren, potenzielle Chancen nicht überzubewerten.

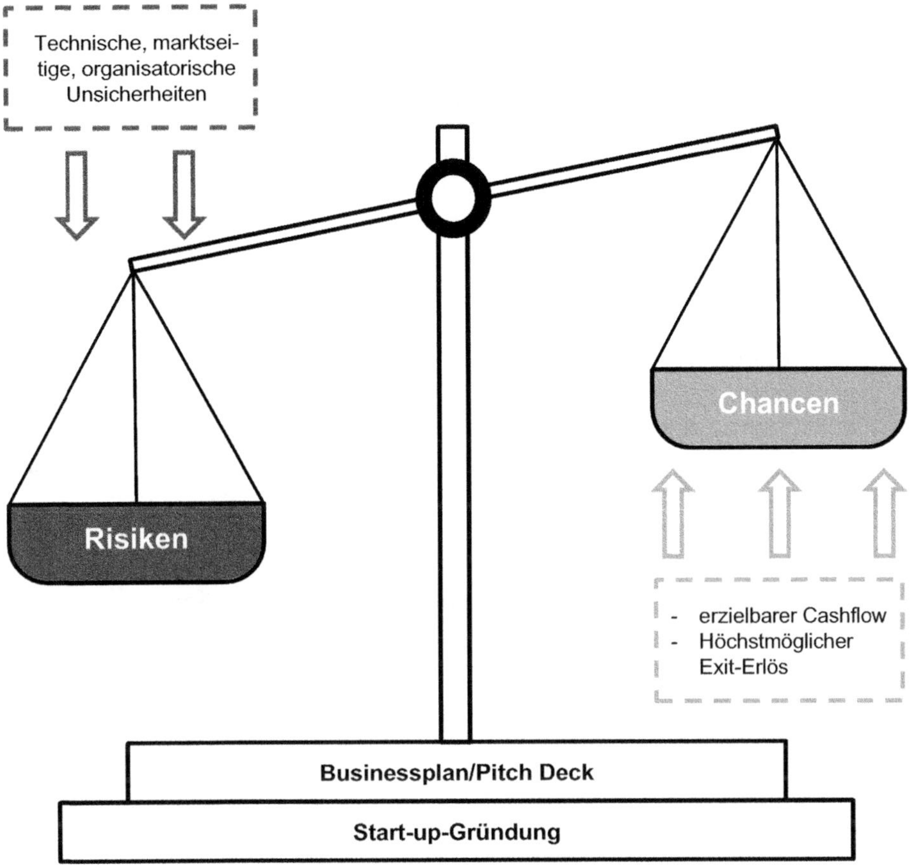

Abb. 6.11 Best-Case Szenario

Zur strukturierten Bearbeitung einer plausiblen Chancen- und Risiken-Analyse sollte auf das als **SWOT-Analyse** (engl. Akronym für Strengths [Stärken], Weaknesses [Schwächen], Opportunities [Chancen] und Threats [Risiken]) bezeichnete **Instrument der strategischen Unternehmensplanung** zurückgegriffen werden. Dieses Instrument wurde in den 1960er Jahren an der Harvard Business School entwickelt, dient der Strategieentwicklung im Unternehmen und hat sich fest etabliert (vgl. Kotler et al. 2010, S. 30).

Bei der Unternehmensanalyse werden dazu interne Faktoren (Stärken und Schwächen) identifiziert sowie externe Faktoren (Möglichkeiten und Gefahren) erfasst bzw. antizipiert und sodann zusammen ausgewertet. Interne (endogene) Faktoren stammen aus dem Unternehmen selbst, wie bspw. das Potenzial innovativer Produktideen oder hoch qualifizierter Mitarbeiter, wohingegen externe (exogene) Faktoren Einflüsse aus der Unternehmensumwelt sind, die von außen kommen und sich aus Änderungen im Markt sowie aus der psychologischen oder sozialen Umwelt des Unternehmens ergeben. Der entsprechende Plan zum Umgang mit den von den Gründern im Rahmen ihrer Analyse gefundenen Risiken sollte in diesem Zusammenhang gründlich dargestellt werden (Janson 2008, S. 32 f.).

Trotz der gewünschten Objektivität bei der Analyse der Chancen und Risiken ist zu bedenken, dass Investoren ihre Investmententscheidung maßgeblich von den im Businessplan/Pitch Deck dargelegten **Chancen des Geschäftsmodells** abhängig machen, wohingegen bspw. Fremdkapitalgeber wie Banken eine Geschäftsidee stärker in Bezug auf ihre Risiken beurteilen (Reichelmann 2013). Um also einen Risikokapitalgeber von der Unternehmensidee begeistern zu können, haben sich die Gründer bei der Erstellung ausführlich darüber Gedanken zu machen, welche Chancen dem Investor geboten werden können, damit dieser seine gewünschte Rendite erhalten kann (Reichelmann 2013). Entsprechend sind die Chancen auch im Businessplan/Pitch Deck darzustellen.

6.2.3.10 Anhang

In einem fakultativen Anhang sind mögliche Marktrecherchen, Beurteilungen, Referenzen, Patente, Wettbewerbsanalysen sowie sämtliche Detailinformationen, die aus Relevanz- oder Platzgründen nicht in den eigentlichen Businessplan aufgenommen wurden, zu erfassen und darzustellen.

6.2.4 Vorgehensweise bei der Erstellung des Businessplans (Pitch Deck)

Eine allgemein verbindliche Reihenfolge bei der Erstellung der einzelnen Kapitel eines Businessplans gibt es nicht. Die Gründer werden sich regelmäßig vor allem zu ihrem Produkt bzw. zum Markt und Wettbewerb besonders intensive Gedanken gemacht und entsprechend in die Darstellung eingearbeitet haben. Im Anschluss daran sind sich die Gründer (meist mehr) im Klaren, inwiefern die Geschäftsidee überhaupt wirtschaftlich machbar ist (**„feasibility“**) und ob ein potenzieller Markt für ihr Produkt besteht. Wichtig ist, dass das Endprodukt – also der fertige Businessplan – klar strukturiert ist, in seiner Gesamtheit keine Widersprüche enthält und verschiedene Szenarien und Handlungsstrategien darstellt (vgl. Janson 2008, S. 17 f.).

Um die gesammelten Ergebnisse auf ihre Realitätsnähe, Widerspruchsfreiheit, Aussagekraft und Verständlichkeit zu überprüfen, empfiehlt es sich, während des gesamten Prozesses der Erstellung die **Meinung Dritter** einzuholen. Dies können (bzw. sollten) neben externen Experten unabhängige Dritte sein, die aus der Perspektive eines möglichen Kunden oftmals interessanten Input von außen geben können. Der Input von außen hilft, Fehler in der Eigenwahrnehmung durch die Gründer zu vermeiden und neue Gesichtspunkte zu erschließen.

Auch wenn es einleuchtend ist, die Geschäftsidee bereits in einem frühen Stadium mit Dritten zu besprechen und anhand ihrer Einschätzungen zu plausibilisieren (und auf diese praktikable und einfache Weise möglicherweise Aufwand und Kosten in der Zukunft zu vermeiden), greifen Gründer in der Praxis auf diese Möglichkeit viel zu selten zurück. Sie befürchten, dass zu einem frühen Zeitpunkt eingeweihte Dritte die gesammelten Informationen zu eigenen Zwecken nutzen können und etwa selbst versuchen, die Geschäftsidee als „copy cat" umzusetzen. Wenn es auch Einzelfälle gibt, in denen in die Geschäftsidee eingeweihte Dritte (bspw. vermeintlich interessierte Business Angel) diese in doloser Absicht für eigene Zwecke zu nutzen versuchen, sollte dies nicht zu einem grundsätzlichen Misstrauen der Gründer führen. Die Gründer sollten vielmehr bedenken, dass (allein) sie sich mit ihrer Idee umfassend und intensiv beschäftigt haben und ein Dritter demnach überhaupt nicht bzw. nicht so schnell in der Lage sein wird, diese selbst umzusetzen.

Im Internet kursieren zahlreiche Vorlagen für Businesspläne und Pitch Decks. Teilweise ist es möglich, selbst branchen- und sektorenspezifische Muster kostenlos oder gegen Entgelt zu erwerben. Von einer Verwendung solcher Vorlagen ist – sofern diese nicht umfassend vom Start-up eigenständig abgewandelt werden – unbedingt abzuraten.

Wie bereits erörtert wurde (s. oben Abschn. 6.2.2), bekommt jeder potenzielle Investor nach der Lektüre der ersten Seiten/Slides einen Eindruck davon, ob die Gründer sich tatsächlich eigenständig mit ihrer Geschäftsidee auseinandergesetzt haben oder ob sie nur unter Verwendung von Vorlagen und Textbausteinen versuchen, die zur Kapitalbeschaffung als notwendig empfundene „Formalie Businessplan" schnellstmöglich abzuarbeiten. Der Businessplan ist für Investoren von noch größerer Relevanz, wenn sie den Eindruck haben, dass er das Ergebnis eines **durchdachten Entwicklungsprozesses** ist und nicht allein der Kapitalbeschaffung dienen soll.

Die Gründer sollten die Erstellung des Businessplans so verstehen, dass diese nicht als einmalige Aufgabe allein der Kapitalbeschaffung dient, sondern als kontinuierlicher Prozess in die Umsetzungsphase des Start-ups und selbst darüber hinaus in die tatsächliche Aufnahme des Geschäftsbetriebs wirkt. Wird der Businessplan in diesem Sinne als Sammelwerk grundlegender Informationen und Daten über das Start-up verstanden, kann dieser im späteren Unternehmensstadium gar als Grundlage für die **Etablierung** eines zielgerichteten **Planungs-** und **Controllingsystems** dienen (Pott und Pott 2012, S. 227).

6.2.5 Businessplan-Wettbewerbe

Eine weitere „Zielgruppe" eines Businessplans sind etliche Wettbewerbe, die mittlerweile mit unterschiedlicher regionaler oder branchenspezifischer Spezialisierung angeboten werden. Über mehrere Runden stellen die Teilnehmer ihre Unternehmensidee einem Expertenpublikum zur Diskussion. Im Laufe des Wettbewerbs besteht dabei die Möglichkeit, das Feedback sowie die konstruktive Kritik der Jury des Wettbewerbs dazu zu nutzen, das Geschäftsmodell zu perfektionieren und konzeptionell fortzuentwickeln. Die an einem Businessplan-Wettbewerb teilnehmenden Gründer können im Idealfall intensiv von den Erfahrungswerten der oft aus ehemaligen Gründern und erfolgreichen Unternehmern besetzten Jury profitieren. Die Teilnehmer erhalten regelmäßig umfassendes Feedback und daneben teilweise sogar ein (kostenloses) Seminarprogramm zu unternehmerischen Fragestellungen. Neben dem zu gewinnenden Preisgeld bieten Businessplan-Wettbewerbe eine interessante Plattform, sich untereinander zu vernetzen und sich mit anderen Gründern auszutauschen. Auch erreichen die Teilnehmer, dass ihre Unternehmensidee medial einem größeren Publikum zur Verfügung gestellt wird, was sich wiederum auf die Bekanntheit des Start-ups positiv auswirkt.

6.3 Besonderheiten der Finanzierung in der Seed-Phase

Die Seed-Phase ist dadurch geprägt, dass den Gründern bereits **vor** dem unmittelbaren **Beginn der operativen Tätigkeit Kosten entstehen.** Neben den Kosten für die Erstellung eines Prototyps (etwa einer prototypischen Website als Minimum Viable Product) wird Kapital benötigt, um dem Gründer den benötigten Freiraum zur Formulierung eines Businessplans und der Ausarbeitung eines tragfähigen Geschäftsmodells zu schaffen (vgl. Kollmann 2019, S. 390). Sofern diese Kosten nicht durch eigene Mittel (in aller Regel Ersparnisse) getragen werden können, muss Kapital akquiriert werden. Dem im Vergleich zu späteren Finanzierungsrunden niedrigen Investitionsvolumen der Kapitalgeber steht in der Seed-Phase ein ausgesprochen hohes Risiko gegenüber (Grummer und Brorhilker 2013). Dementsprechend besteht eine unkalkulierbare Unsicherheit darüber, ob das Produkt/die Dienstleistung überhaupt (technisch, wirtschaftlich) realisierbar **(Produktrisiko)** ist oder ob der Markt überhaupt gewillt ist, das Produkt/die Dienstleistung **(Marktrisiko)** zu akzeptieren (Kollmann 2019, S. 390).

Mangels etablierter (unternehmerischer) Strukturen sowie aufgrund des Produkts- und Marktrisikos äußerst volatiler Erfolgsaussichten halten sich potenzielle Investoren in dieser frühen Phase oftmals zurück. Um Kapitalgeber gleichwohl schon früh begeistern zu können, ist ihnen daher das überdurchschnittliche Wachstumspotenzial eindringlich darzulegen und herauszustellen (vgl. Grummer und Brorhilker 2013).

Schließlich steht allen vorgenannten Risiken eines Investments in der Seed-Phase ein außerordentliches **Wertsteigerungspotenzial** des Unternehmens gegenüber. Sofern sich Investoren bereits zu dieser frühen Unternehmensphase am Start-up beteiligen, können sie aufgrund der zu diesem Zeitpunkt noch niedrigen Einstiegsbewertung des Unternehmens auf eine maximale Kompensation des investierten Kapitals im Erfolgsfall hoffen (vgl. Grummer und Brorhilker 2013).

6.4 Kapitalquellen in der Seed-Phase

Als primäre Kapitalquelle kommt in der Seed-Phase überwiegend **Eigenkapital** in Betracht (zu den Finanzierungsquellen in der Seed-Phase s. auch Abb. 6.12). Dazu zählen die Ersparnisse der Gründer selbst, Gelder aus dem Familien- und Bekanntenkreis, Inkubatoren sowie Business Angels.

Sowohl bei privaten **Einlagen der Gründungsmitglieder** als auch bei der Inanspruchnahme von Geld aus dem **Verwandten- und Freundeskreis** sind das überlassene Kapital sowie die ausgehandelten Rückzahlungsmodalitäten umfassend und schriftlich zu doku-

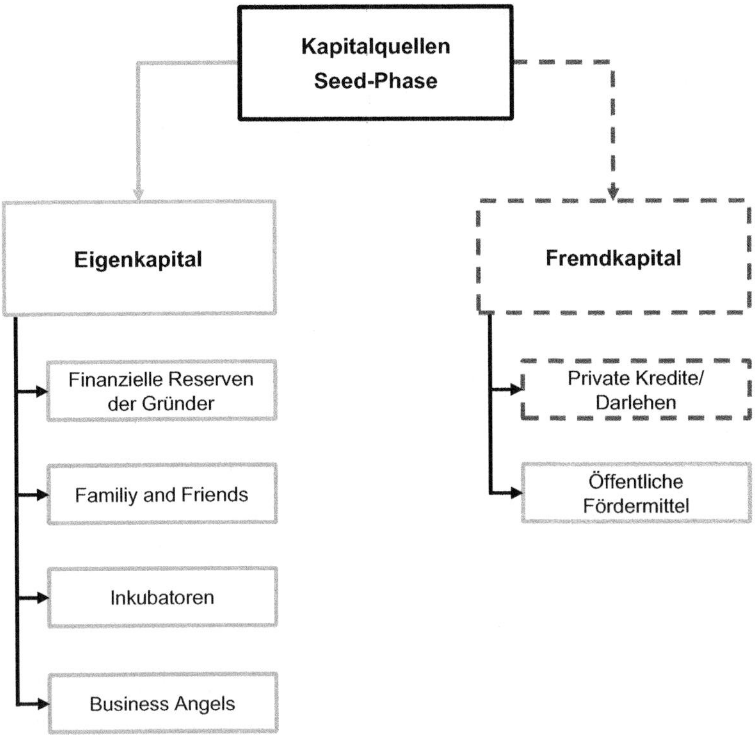

Abb. 6.12 Finanzierungsquellen in der Seed-Phase

mentieren (Grummer und Brorhilker 2013). Solche aus juristischer Sicht zwingend notwendigen Vereinbarungen wirken darüber hinaus auch streitvermeidend („präventive Störfallvorsorge"), sodass ansonsten denkbare Streitigkeiten zwischen Gesellschaftern, Familie und Freunden die Existenzgründung nicht (negativ) beeinflussen bzw. im schlimmsten Fall sogar gefährden.

Inkubatoren (vgl. oben Abschn. 5.3) sind Einrichtungen, die Jungunternehmer in der Gründungsphase durch finanzielle Mittel und fachliche Beratung und/oder Coaching unterstützen. Zusätzlich stellen Inkubatoren den Gründern häufig Infrastrukturleistungen (z. B. Büroräume, Internetzugang) zur Verfügung.

Business Angels (s. hierzu auch Abschn. 5.2) sind Privatpersonen, die eigenes Geld, Zeit und berufliche Kompetenzen in das Start-up investieren und insofern an der gesamten Unternehmensentwicklung – speziell an den Verlustrisiken sowie den Gewinnmöglichkeiten – teilhaben. Im Unterschied zu Inkubatoren ist die Fokussierung auf zusätzliche Beratungsleistungen dabei besonders ausgeprägt, sodass im Zusammenhang mit Business Angels oftmals auch von **„smart money"** gesprochen wird.

Im Vergleich zu Eigenmitteln kommt der **Fremdkapitalfinanzierung** in der Seed-Phase allenfalls eine untergeordnete Bedeutung zu, da die meisten Kreditgeber die Bereitstellung von Darlehen – aufgrund der in dieser Frühphase der Unternehmensgründung in der Regel nicht vorhandenen Sicherungsmöglichkeiten – ablehnen. Eine Ausnahme hiervon können **Öffentliche Förderprogramme** sein, die den Jungunternehmern neben zinsgünstigen Darlehen häufig auch Gründungs- und Beratungsleistungen anbieten.

Fazit

Die **Seed-Phase** ist die Vorgründungsphase des Unternehmens. In diesem Gründungsstadium besteht bereits die **Idee** der Vermarktung eines Produkts und/oder einer bestimmten Dienstleistung; wie diese in der Praxis **umgesetzt** werden kann, ist den Gründern allerdings oft noch nicht (abschließend) klar. Charakteristisch für die Seed-Phase sind die Findung einer passenden **Rechtsform** für das Start-up sowie die Ausarbeitung eines optisch ansprechenden und aussagekräftigen **Businessplans/Pitch Decks**.

Als **Finanzierungsquellen** kommen in diesem Unternehmensstadium überwiegend **eigene finanzielle Reserven** der Gründer, Gelder aus dem Verwandten- und Bekanntenkreis (**„Family and Friends“)**, sowie **Inkubatoren** oder **Business Angels** in Betracht. Daneben ist eine Fremdfinanzierung – insbesondere durch **öffentliche Fördermittel** und Kredite – zwar nicht gänzlich ausgeschlossen, scheitert aber regelmäßig an mangelnden Sicherheiten der Gründer.

Das Kapital wird in der Seed-Phase für den rechtlichen Gründungsakt des Unternehmens (u. a. Einzahlung eines bestimmten Haftungskapitals (**Stammkapital]** bei juristischen Personen). Im Übrigen erfordert die erste Umsetzung der Unternehmensidee in Form eines **Prototyps als Minimum Viable Product (MVP)** einen nicht zu unterschätzenden Kapitalbedarf.

Literatur

Baumbach, A., und A. Hueck. 2019. *GmbHG. Gesetz betreffend die Gesellschaft mit beschränkter Haftung*. München: Beck.

Bayer, W., und T. Hoffmann. 2007. Die Wahrnehmung der limited als Rechtsformalternative zur GmbH. *GmbH-Rundschau* 98:414–417.

Breithaupt, J., und J. H. Ottersbach. 2010. *Kompendium Gesellschaftsrecht. Formwahl – Gestaltung – Muster für die Praxis*. München: Beck.

Grummer, J.-M., und J. Brorhilker. 2013. Phasengerechte Finanzierung: Teil zwei. Vom Samen zum Keim – Möglichkeiten der Finanzierung in der Seed-Phase. http://www.gruenderszene.de/finanzen/phasengerechte-finanzierung-seed-phase. Zugegriffen am 18.01.2021.

Gummert, H. 2019. *Münchener Anwalts Handbuch Personengesellschaftsrecht*. München: Beck.

Hahn, C. 2017. Gründen als Aktiengesellschaft. *StartingUp – Magazin für Gründer und Entrepreneure* 2017(2): 22–24.

Hauschka, C. E. 2016. *Corporate Compliance. Handbuch der Haftungsvermeidung im Unternehmen*. München: Beck.

Hirte, H. 2008. Die „Große GmbH-Reform“ – Ein Überblick über das Gesetz zur Modernisierung des GmbH-Rechts und zur Bekämpfung von Missbräuchen (MoMiG). *Neue Zeitschrift für Gesellschaftsrecht* 2008:761–766.

Janson, S. 2008. *8 Schritte zur erfolgreichen Existenzgründung. Der Grundstein für Ihr neues Unternehmen. Planung, Anmeldung, Finanzierung. Mit Beispiel-Formularen, Anträgen, Checklisten und Tipps, Redline Wirtschaft.* München: FinanzBuch Verlag.

Katins, C. 2015. Von der UG zur GmbH – Eine Schritt-für-Schritt Anleitung. https://www.gruenderszene.de/allgemein/ug-gmbh-umwandlung-anleitung. Zugegriffen am 18.01.2021.

Kollmann, T. 2019. *E-Entrepreneurship. Grundlagen der Unternehmensgründung in der Net Economy*. Wiesbaden: Gabler.

Kollmann, T., und A. Kuckertz. 2003. *E-Venture-Capital. Unternehmensfinanzierung in der Net Economy. Grundlagen und Fallstudien*. Wiesbaden: Gabler.

Kotler, P., R. Berger, und N. Bickhoff. 2010. *The quintessence of strategic management, what you really need to know to survive in business*. Berlin: Springer.

Kuckertz, A. 2006. *Der Beteiligungsprozess bei Wagniskapitalfinanzierungen. Eine informationsökonomische Perspektive*. Wiesbaden: Deutscher Universitäts-Verlag.

Martinek, M., F.-J. Semler, S. Habermeier, und E. Flohr. 2016. *Handbuch des Vertriebsrechts*. München: Beck.

Pott, O., und A. Pott. 2012. *Entrepreneurship. Unternehmensgründung, unternehmerisches Handeln und rechtliche Aspekte*. Berlin: Springer.

Priester, H.-J., und D. Mayer. 2018. *Münchener Handbuch des Gesellschaftsrechts*, Gesellschaft mit beschränkter Haftung, 4. Aufl. München: Beck.

Reichelmann, N.J. 2013. VC-Businessplan – Darauf achten Investoren. http://www.gruenderszene.de/finanzen/vc-businessplan. Zugegriffen am 18.01.2021.

Saenger, I., L. Aderhold, K. Lenkaitis, und G. Speckmann. 2011. *Handels- und Gesellschaftsrecht. Praxishandbuch*. Baden-Baden: Nomos.

Weitnauer, W. 2019. *Handbuch Venture Capital – Von der Innovation zum Börsengang*. München: Beck.

Start-up-Phase

7

Christopher Hahn

Die Start-up-Phase beginnt mit der Markteinführung des Produktes bzw. der angebotenen Dienstleistungen (**product launch**) und ggf. ersten Absatzerfolgen. Dieses Stadium des Unternehmens ist durch hohe Anlaufkosten, schwache Umsatzerlöse und geringe oder überhaupt keine Gewinne geprägt.

Während die Gründer in der **Seed-Phase** noch auf die passende Rechtsform für das Unternehmen, die Ausarbeitung eines Unternehmenskonzepts, die Durchführung von Markt- und Kundenanalysen sowie die Grundlagenentwicklung für das zukünftige Angebot fokussiert waren, verlagern sich die Aktivitäten in der Start-up-Phase nunmehr auf die **offizielle Unternehmensgründung** bis hin zur **Markteinführung** eines **konkurrenzfähigen Produkts.** Daneben muss ein **Geschäftskonzept** ausgearbeitet und zu einem **tragfähigen Geschäftsmodell** umgesetzt werden, es müssen **neue Kapitalquellen** bzw. **Kapitalgeber** gesucht und ggf. an der Unternehmung beteiligt werden. Der Ablauf der Start-up-Phase kann daher grob in

- die tatsächliche Unternehmensgründung,
- die Suche nach neuen Kapitalgebern sowie
- den Beginn der operativen Geschäftstätigkeit

untergliedert werden (s. Abb. 7.1).

C. Hahn (✉)
trustberg LLP Rechtsanwälte, Berlin, Deutschland
E-Mail: christopher.hahn@trustberg.com

C. Hahn (Hrsg.), *Venture Capital*, https://doi.org/10.1007/978-3-658-33700-1_7

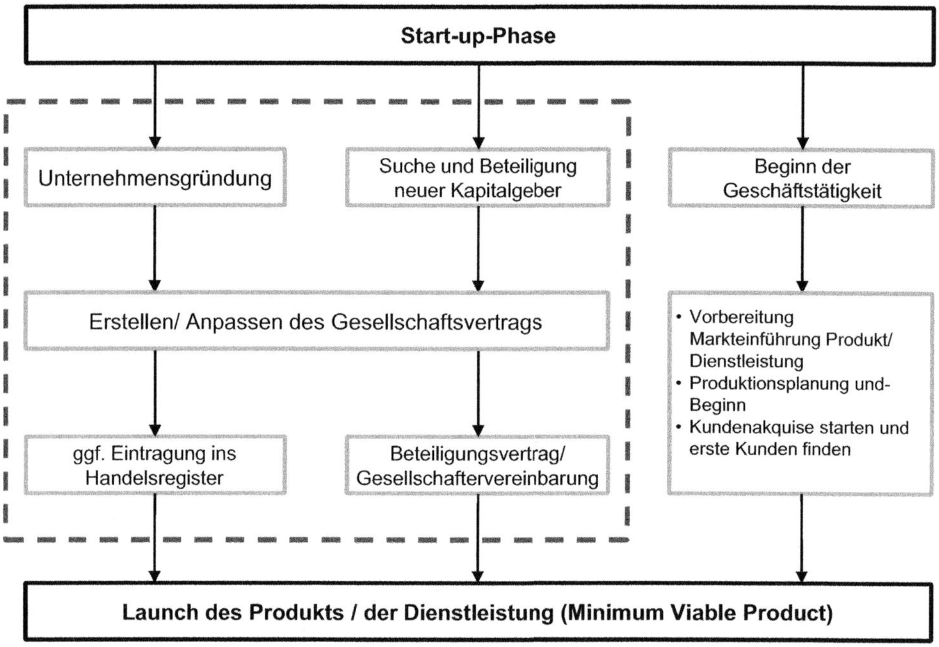

Abb. 7.1 Ablauf der Start-up-Phase

Die Unternehmensgründung muss – entsprechend der bereits in der Seed-Phase erfolgten Rechtsformwahl (s. oben § 6.1) – zunächst formal umgesetzt werden. Hierzu ist ein (möglichst individualisierter) **Gesellschaftsvertrag** zu erstellen und, je nach gewählter Rechtsform, das Unternehmen in das Handelsregister einzutragen (für die GmbH ergibt sich diese Pflicht bspw. aus § 7 Abs. 1 GmbHG).

Der Gesellschaftsvertrag („Satzung") bildet die Grundlage für die Rechtsverhältnisse der Gesellschaft, wie bspw. die Vertretung gegenüber Dritten im Außenverhältnis, ihre Beziehungen zu den Gesellschaftern und die Rechtsstellung ihrer Organe sowie die Befugnisse der Gesellschafter im Innenverhältnis (vgl. Wicke 2020, § 2, Rn. 2). Die Satzungsregelungen wirken insofern über die am Vertragsschluss beteiligten Gründer hinaus, sind als Verfassung des Unternehmens auch für künftige Gesellschafter bindend (sofern sie nicht mehrheitlich aufgehoben oder abgeändert werden) und haben zudem für den allgemeinen Rechtsverkehr Bedeutung (Wicke 2020, § 2, Rn. 2). Der Gesellschaftsvertrag ist darüber hinaus bei einer juristischen Person öffentlich und für jedermann über das Handelsregister abrufbar. Inhaltlich muss der Gesellschaftsvertrag den Sitz der Gesellschaft, den Gegenstand des Unternehmens, den Betrag des Stammkapitals und die Zahl und die Nennbeträge der Geschäftsanteile, die jeder Gesellschafter gegen Einlage auf das Stammkapital (Stammeinlage) übernimmt, enthalten (bspw. bei der GmbH: § 3 Abs. 1 GmbHG).

Um den **„Launch"**, d. h. die Markteinführung des Produkts/der Dienstleistung zu ermöglichen, ist die Zuführung weiteren Kapitals erforderlich. Da Kapitalgeber in der Start-up-Phase mit einer Investition **hohe Risiken** eingehen, werden sie oftmals auf eine **Beteiligung** an dem Start-up bestehen, um das Unternehmenswachstum überwachen zu können und – sofern erforderlich – auf dieses aktiv einzuwirken. Da die Produktentwicklung zu diesem Stadium größtenteils abgeschlossen sein wird, müssen die Gründer nunmehr den Launch vorbereiten. Neben der Produktplanung ist hierfür ein durchdachtes **Vertriebskonzept** notwendig, das zwischen dem Aufbau eines eigenen Netzwerks oder Kooperationen mit Partnern abwägt. Schließlich müssen die Gründer erste Kunden durch ein auf die Zielgruppe und das Angebot des Start-ups ausgerichtetes **Marketing** gewinnen.

7.1 Besonderheiten der Finanzierung in der Start-up-Phase

In der Start-up-Phase sind die **Produktentwicklung**, erste **Marketingaktivitäten** und die **Markeinführung** des Produkts bzw. der Dienstleistung zu finanzieren (Kuckertz 2006, S. 19). Der **Kapitalbedarf** für die operative Umsetzung der Unternehmensidee ist oft **immens.** Gründer müssen daher neue Finanzierungsquellen erschließen, um den Liquiditätsbedarf decken zu können.

Die Finanzplanung sollte für die nächsten zwei bis vier Jahre erfolgen, wobei gerade bei online basierten Geschäftsmodellen oftmals auch bedeutend kürzere Zeiträume aufgrund der Volatilität des digitalen Marktumfelds angemessen sind. Durch eine vorausschauende Planung kann dabei der Unternehmenswert in mehrfacher Hinsicht erhöht werden (Grummer und Brorhilker 2012a). Erstens werden unnötige Kosten vermieden, indem der Zeitraum für die Aufnahme von neuen Finanzmitteln bereits frühzeitig bestimmt wurde und somit ein unerwarteter, kurzfristiger Kapitalbedarf – zu entsprechend ungünstigen Konditionen – in der Regel nicht bestehen wird. Zweitens können Gründer durch eine umsichtige Finanzplanung gegenüber zukünftigen Kapitalgebern eine gewisse Transparenz dahin gehend schaffen, dass finanzielle Mittel nicht kurzfristig benötigt werden (was meist aufgrund der finanziellen Notsituation zu einem spürbaren Bewertungsabschlag führt, s. zur Bewertung ausführlich Kap. 9) und folglich Investitionen von den Kapitalgebern langfristig geplant werden können.

7.2 Finanzierungsquellen in der Start-up-Phase

Venture Capital (VC) ist eine wichtige Kapitalquelle für Unternehmen in der Start-up-Phase. Daneben ist eine Finanzierungen über Inkubatoren, Business Angels, Family and Friends, bereits vorhandenes Eigenkapital oder öffentliche Fördermittel denkbar. Aufgrund meist nicht vorhandener Sicherheiten kommen „klassische" Finanzierungsquellen, wie bspw. Bankkredite, in diesem Stadium der Unternehmensgründung (für das Start-up selbst) eher nicht in Betracht.

Auch in der Start-up-Phase nimmt die **Eigenkapitalfinanzierung** – aufgrund fehlender unternehmerischer Leistungskennzahlen (KPI – Key Performance Indicator), Erfahrungswerte und Sicherheiten, die für den Zugang zu Fremdkapital erforderlich wären – eine zentrale Stellung ein. Die Beschaffung von Eigenkapital kann in **interne** („von innen") und **externe** („von außen") Finanzierungsquellen unterteilt werden (vgl. Reichle 2010, S. 43 f., s. auch § 4.1). Im Unterschied zur Seed-Phase, in der die Finanzierung vorwiegend von innen durch die Gründer selbst oder bspw. durch „Family and Friends " erfolgte, benötigt das Start-up nunmehr Eigenkapital von außen. Die Erhöhung des Eigenkapitals verbessert dabei nicht nur die **Bonität** des Unternehmens, sondern ermöglicht unter Umständen auch die (im weiteren Verlauf des Unternehmens mögliche) Inanspruchnahme von Fremdkapitalfinanzierungen (Grummer und Brorhilker 2012a). Darüber hinaus steigern Eigenkapitalleistungen die **Liquidität** des Start-ups, indem die üblicherweise bei Rückzahlungen von (Fremd-) Krediten zu zahlenden Zins- und Tilgungszahlungen nicht anfallen. Für die Beschaffung von Eigenkapital (s. Abb. 7.2) kann das Start-up zum einen auf Zuwendungen der öffentlichen Hand sowie andererseits auf private Anleger zurückgreifen (Grummer und Brorhilker 2012a).

Unter **Liquidität** versteht man die Verfügbarkeit „flüssiger" Zahlungsmittel innerhalb des Start-ups. Demgegenüber stellt die **Bonität** die gegenwärtigen und zukünftigen Einkommensverhältnisse eines Unternehmens dar und ist insofern ein Maßstab für die Kreditwürdigkeit. Da ein Start-up – mangels entsprechender Sicherheiten – kaum Bankkredite erhalten wird und darüber hinaus hauptsächlich auf die Verfügbarkeit flüssiger Gelder angewiesen ist, kommt der Bonität eines Start-ups in der Finanzierungspraxis allenfalls eine untergeordnete Bedeutung zu.

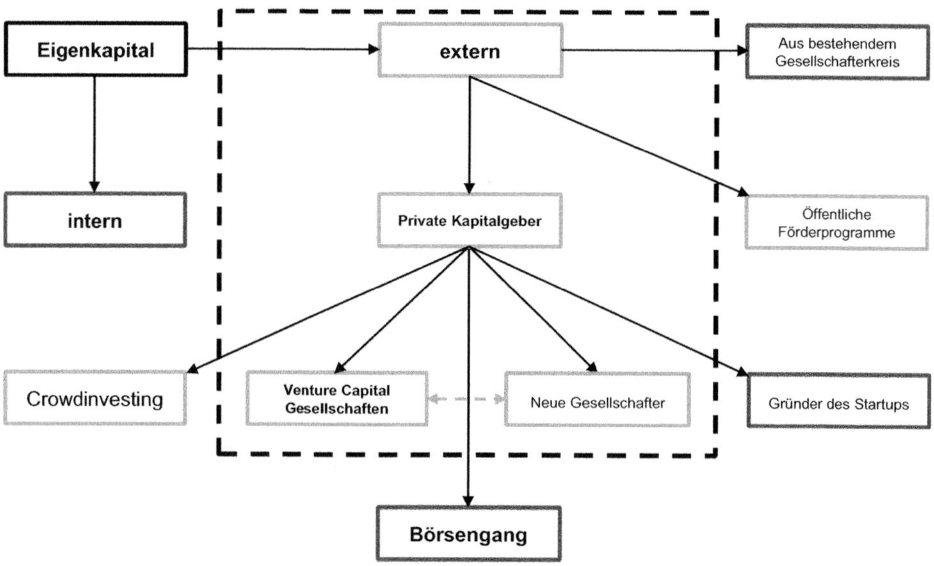

Abb. 7.2 Eigenkapitalbeschaffung von außen

Die Eigenkapitalbeschaffung kann prinzipiell über **Einlagen** der Gründungsgesellschafter erfolgen. In der Praxis werden die Ressourcen der Gründer aber regelmäßig bereits nach der Seed-Phase erschöpft sein. Für eine Kapitalerhöhung durch Eigenfinanzierung von außen erscheint infolgedessen vor allem die Aufnahme **neuer Gesellschafter** bzw. eine **Beteiligung** von **Venture Capital-Gesellschaften** zweckmäßig (vgl. Kürsten und Nietert 2006, S. 330 f.).

Die Aufnahme neuer Gesellschafter bringt frisches Kapital in das Start-up, führt dabei aber gleichzeitig zu einer Verringerung der unternehmerischen Selbstständigkeit der Gründer, da der oder die neue(n) Gesellschafter als „Gegenleistung" für das bereitgestellte Kapital Mitbestimmungs- und Kontrollrechte am Unternehmen fordern werden. Dies kann sich auf die Entwicklung des Start-ups allerdings auch positiv auswirken: werden neue Gesellschafter nach ihrer Branchenexpertise und – was häufig noch wichtiger ist – passend zur „Gründerkultur" ausgewählt, können sie neues („frisches") Know-how und Kontakte in das Start-up einbringen und somit infolge ihrer Beteiligung das Wachstum und die Bewertung des Unternehmens steigern.

Eine weitere Form der Beteiligungsfinanzierung stellt das **Crowdinvesting** dar (s. § 7.3). Neben dieser innovativen Kapitalbeschaffungsmethode gibt es deutschlandweit zahlreiche private oder öffentliche Wagniskapitalgesellschaften (Venture Capital-Gesellschaften).

7.2.1 Beteiligungsfinanzierung durch Venture Capital

„Venture Capital" (VC) bedeutet wörtlich Risiko- oder Wagniskapital. Eine Kapitalbeschaffung über Venture Capital unterscheidet sich von einer herkömmlichen Kreditfinanzierung dadurch, dass sich der Investor ohne Stellung von Sicherheiten zu einem Investment bereit erklärt, und dieses nicht verzinst wird oder zurückgezahlt werden muss (Breithaupt und Ottersbach 2010, Teil 1. C. § 1, Rn. 22). Venture Capital eignet sich somit hervorragend zur Finanzierung junger Unternehmen in der Start-up-Phase.

Gerade im digitalen und Hightech-Sektor benötigt ein Start-up einen sehr hohen Kapitalzufluss. Für diese Branchen ist die Unterstützung durch VC-Gesellschaften daher von besonderem Interesse. Die Beteiligung solcher Investoren am Start-up erfolgt regelmäßig über eine **stille** (ohne Mitwirkung an der Geschäftsleitung) oder **aktive Teilhabe** (unter Mitwirkung an der Geschäftsführung). Als Gegenleistung für sein Investment erhält der VC-Geber **Anteilsrechte** am **Unternehmenskapital** (Kapitalgesellschaften) bzw. am **Unternehmensvermögen** (Personengesellschaften). Das Besondere an VC-Gesellschaften ist, dass die Investoren – im Vergleich zu den „üblichen" Kapitalgebern, wie bspw. Banken – eine stark erhöhte **Risikobereitschaft** haben, da ein bestimmter Prozentsatz von Fehlinvestitionen in der Regel bereits vorweg einkalkuliert wird. Diese vorab einkalkulierten (Total-) Verluste werden allerdings sodann durch eine große Bandbreite von Investitionen bzw. durch einige wenige **„High-flyer"** „überkompensiert" (vgl. Janson 2011, S. 53 f.).

Dieser in der traditionellen Praxis der Kapitalbeschaffung ungewöhnliche Umstand zeigt, wie wichtig die **Kenntnis** der **Arbeitsweise** von VC-Gesellschaften für die erfolgreiche weitere Zusammenarbeit nach einem Investment ist. Die Gründer dürfen demnach nicht allein den monetären Aspekt eines VC-Investments betrachten, sondern sollten darüber hinaus auch die mit jedem VC-Investment einhergehenden tatsächlichen Auswirkungen aus der Perspektive des VC in ihre Finanzierungsbemühungen einkalkulieren. Neben der ausführlichen Darstellung unter § 11 wird nachfolgend nur kurz darauf eingegangen, wie die **Kontaktaufnahme** mit VC-Gesellschaften sowie deren Selektion idealerweise erfolgen sollte (s. hierzu Grummer und Brorhilker 2013).

Bevor die Gründer mit potenziellen VC-Gebern in Kontakt treten, gilt es zunächst den **„passenden"** Investor zu finden. Entscheidend für den entsprechenden Selektionsprozess sind dabei sowohl die Reputation als auch die Spezialisierung des Venture-Capitalists. Sind mehrere in Betracht kommende Kapitalgeber identifiziert, sollte der Kontakt idealerweise über eine Person, die dem VC-Geber bereits **bekannt** ist (z. B. ein Business Angel, hierzu s. § 5.2), hergestellt werden.

Dabei sind die Art und Weise und vor allem die Form der Kontaktaufnahme entscheidend. Damit die VC-Gesellschaft einen Überblick über das Start-up erhält, sollte den VC-Gebern eine **Zusammenfassung** des **Businessplans** bzw. des Pitch Decks , idealerweise als One-Pager (hierzu s. § 6.2.2) zur Verfügung gestellt werden. Da in diesem Stadium der Kontaktaufnahme in der Regel auf Vertraulichkeitserklärungen verzichtet wird, sollten vertrauliche Informationen – soweit dies möglich ist – umgangen oder lediglich verkürzt bzw. anonymisiert umrissen werden. Auch hier gilt der **Vertrauensaspekt:** Zahlreiche VC-Geber tendieren in der Praxis dazu, keine Vertraulichkeitsvereinbarungen zu unterzeichnen. Dies ist insbesondere dem Umstand geschuldet, dass sich ein tatsächlicher Verstoß gegen die Bestimmungen einer Vertraulichkeitsvereinbarung ungeachtet der juristischen Ausführlichkeit des Vertragstextes nur schwerlich beweisen lässt bzw. wenige „schwarze Schafe" existieren, die eine Vertraulichkeitsvereinbarung allein dazu nutzen, um einen Verstoß gegen diese zu konstruieren, um die darin festgelegte Vertragsstrafe „nachträglich" geltend machen zu können. Gründer sollten sich insoweit auf ihr Gefühl (insbesondere aufbauend auf dem **track record** sowie dem persönlichen Kontakt mit dem VC-Geber) verlassen und stets bedenken, dass die bloße Unternehmensidee erst durch die konkrete Umsetzung, also durch das Gründerteam selbst, das sich bereits seit einiger Zeit tagtäglich damit beschäftigt hat, zu einem Erfolg wird. Ungeachtet dessen gilt, dass ein **ernsthaft interessierter** VC-Geber selbstverständlich auch keine Schwierigkeiten haben wird, die Vertraulichkeitsvereinbarung eines seriösen Gründerteams dann zu unterzeichnen, bevor tatsächlich vertrauliche Informationen bereitgestellt werden sollen.

Liegen dem VC-Geber die wesentlichen Informationen vor, werden in einem ersten Schritt allgemeine Kriterien, wie z. B. die **Branche,** das notwendige **Investitionsvolumen** sowie **Renditechancen** und **-risiken** des Start-ups analysiert. Innerhalb dieser groben Prüfung werden die meisten Finanzierungsanfragen bereits abgewiesen. Dementsprechend muss das Start-up schon in diesem Kontaktstadium überzeugen (Grummer und Brorhilker 2013). Der Ausarbeitung des Businessplans/Pitch Decks kommt daher – wie bereits aus-

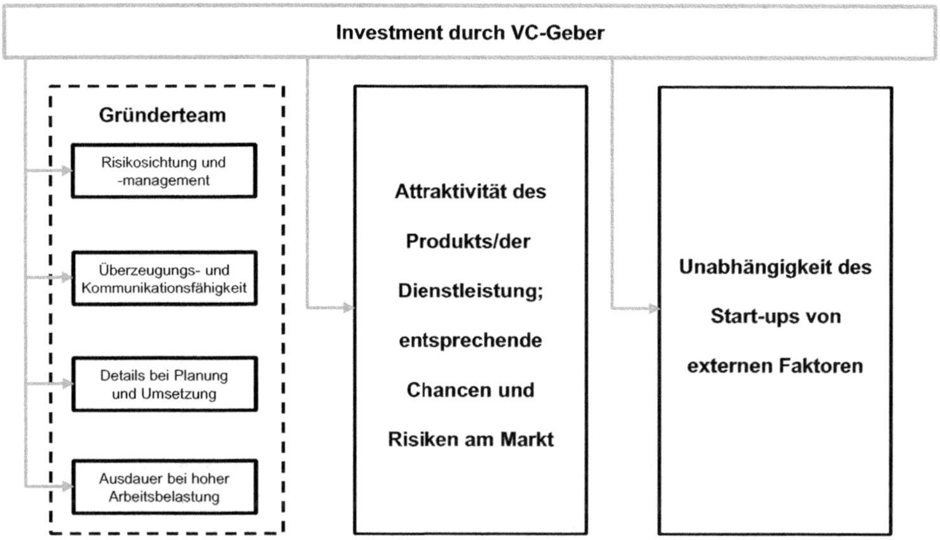

Abb. 7.3 Entscheidungskriterien von VC-Gesellschaften

geführt wurde (s. oben § 6.2) – eine herausragende Bedeutung zu. Hat das Start-up die erste Selektionsphase überstanden, erfolgt hiernach eine Detailanalyse. In diesem Zusammenhang sind die **Fähigkeiten** und **Erfahrungen** der Gründer für eine Finanzierungszusage von zentraler Bedeutung (s. Abb. 7.3), insbesondere in Bezug auf die Sichtung und Beseitigung unternehmerischer Risiken. Weitere wichtige Entscheidungskriterien von VC-Gesellschaften sind das von dem Start-up bereitgestellte **Produkt** bzw. die entsprechende **Dienstleistung,** die **Chancen** und **Risiken** des Produkts am Markt sowie die **Unabhängigkeit** des Start-ups von externen Faktoren (Grummer und Brorhilker 2013). Kommt der VC-Geber nach der Detailanalyse zu dem Ergebnis, dass er sich an dem Start-up beteiligen möchte, wird dies in der Regel durch den sog. **„Letter of Intent"** mitgeteilt (Weitnauer 2019, S. 324; Hahn 2019a, S. 2 f.).

7.2.1.1 Beteiligungsverhandlungen

Haben die Gründer einen passenden VC-Geber gefunden, sollten sie nochmals die **Stärken** und **Schwächen** ihres Start-ups analysieren. Hier ist es ratsam, sich bereits frühzeitig in die Rolle des VC-Investors hineinzuversetzen und möglichst präzise Antworten auf die – von Kapitalgebern typischerweise hinterfragten – **Unsicherheiten** des Start-ups in der Frühphase wie bspw. das Teamrisiko, das Kapitalrisiko, das Technologierisiko sowie das Marktrisiko geben zu können (Weitnauer 2019 S. 321).

Mehr als in der Seed-Phase, im Rahmen derer sich die Gründer bei Ausarbeitung des Businessplans in die Perspektive möglicher Business Angels hineinzuversetzen versucht haben, ist nunmehr erforderlich, die Stärken und Schwächen des Start-ups noch weiter in die Tiefe gehend selbstkritisch und möglichst objektiv zu analysieren. Dabei sollten folgende Fragen beantwortet werden können (hierzu s. Grummer und Brorhilker 2012a).

- Wie können die **Renditeerwartungen** potenzieller VC-Geber befriedigt werden?
- Welche **Mitbestimmungs-** und **Kontrollrechte** können und/oder wollen die Gründer neuen Gesellschaftern einräumen?
- Wie hoch wird das **Ausfallrisiko** des Investments der VC-Gesellschaften eingeschätzt und auf welcher Basis beruhen diese Annahmen?
- Wie hoch ist der **Liquiditätsbedarf** und welche Hypothesen liegen der Ermittlung des Liquiditätsbedarfs zugrunde?
- Welche rechtlichen und **steuerlichen** Aspekte sind zu berücksichtigen?

Je sorgfältiger sich die Gründer auf diese (und weitere) bei einer Unternehmenspräsentation, einem sog. **„Pitch"**, aufkommenden Fragestellungen vorbereitet haben, desto seriöser wirkt das Start-up auf die VC-Investoren und desto schneller (und vor allem erfolgreicher) verläuft der Verhandlungsprozess.

Den Gründern muss klar sein, dass es für die Beschaffung von Venture Capital entscheidend auf einen gelungenen und professionellen Pitch – basierend auf den im Rahmen des Businessplans erarbeiteten **„hard facts"** – ankommt. Springt bei der Unternehmenspräsentation der sprichwörtliche Funke (**„Gründervision"**) nicht über, ist die wirtschaftliche (Fort-) Existenz des Start-ups gefährdet.

► Bei einem **Pitch** handelt es sich um die Präsentation der Geschäftsidee und des Start-ups als solchem gegenüber potenziellen Investoren.

7.2.1.1.1 Unternehmenspräsentation

Für ein erfolgreiches Pitchen ist Folgendes zu berücksichtigen (hierzu s. Wörle 2011 und Renner 2015; Abb. 7.4).

Zunächst sollten die Jungunternehmer die Präsentation **selbst** entwickeln und auf die **VC-Gesellschaft** bzw. den konkreten **Anlass** ausrichten. Standardpräsentationen sind den meisten VC-Gebern bekannt und werden nicht überzeugen. Positiv auffallen wird, wer **konkrete** Angaben z. B. über den notwendigen Kapitalbedarf machen kann sowie **klare** Vorstellungen über evtl. noch bestehende Schwächen des Start-ups und den Umgang mit diesen hat. Ein freies Sprechen versteht sich von selbst, Folien ablesen wirkt – nicht nur auf den VC-Geber – unprofessionell. Im Übrigen vermittelt nur ein freier Vortrag den VC-Gesellschaftern die **Begeisterung** der Gründer für ihr Start-up. Da es in der ersten Gesprächsrunde nicht um Einzelheiten und technische Feinheiten geht, sollten entsprechende Hinweise und Anregungen der VC-Geber zur weiteren Produkt- und Finanzierungsgestaltung ernst genommen und bei der weiteren Unternehmensplanung berücksichtigt werden. Gründer sollten die Botschaft ihres Start-ups mit wenigen Worten – prägnant und **„knackig"** – darstellen können (Stichwort **„Elevator pitch"**, vgl. auch § 6.2.3.1), um den für die Präsentation vorgegebenen Zeitrahmen **nicht** zu **überschreiten.** Zeitüber-

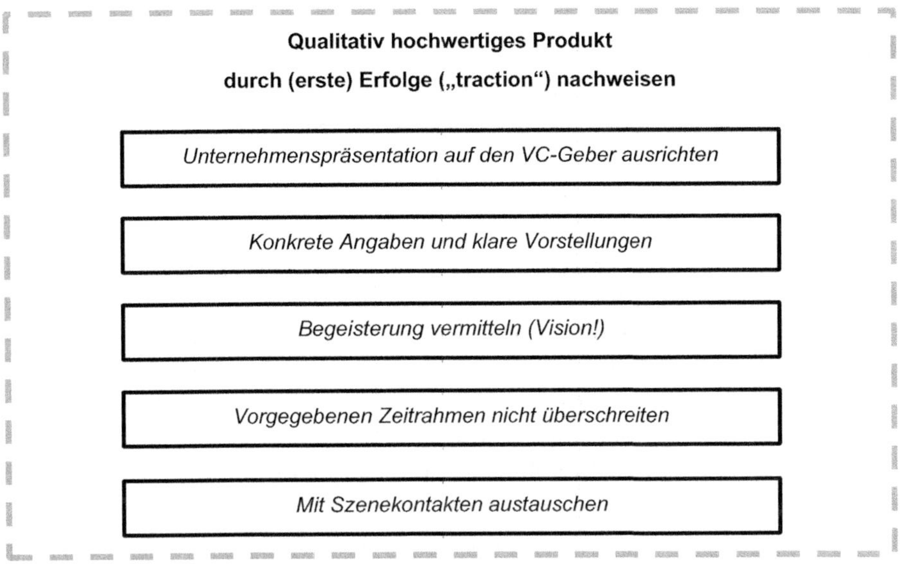

Abb. 7.4 Erfolgreiches Pitchen

schreitungen wirken unprofessionell und vermitteln den VC-Gebern, dass sich der Vortragende schlecht vorbereitet hat.

Jungunternehmer in der Start-up-Branche tauschen sich regelmäßig über geglückte sowie – bereitwilliger als in der „old economy“ – auch offen über weniger erfolgreiche Unternehmensgründungen aus. Daher ist es ratsam, vor dem ersten Pitch mit **Szenekontakten** und Bekannten zu **sprechen.** Diese können möglicherweise sogar Kontakte zu Kapitalgebern vermitteln und/oder als Trainingspartner wichtige Hinweise für die Unternehmenspräsentation geben.

Allerdings hilft auch der beste Pitch nichts, wenn sich das Produkt am Markt nicht durchzusetzen vermag, d. h. die Gründer müssen ihren potenziellen VC-Gebern bereits in der ersten Gesprächsrunde die **Qualität** des Produkts bzw. der Dienstleistung in konkreter Relation zu den (erwarteten) Marktchancen aufzeigen. Hierzu genügt regelmäßig der Nachweis von **Anfangserfolgen,** der oftmals selbst schon dadurch erbracht ist, entweder erste Business Angel zu einem Investment überzeugt oder erste Kunden für das Produkt gewonnen zu haben („proof of concept“).

Abschließend sollten sich Jungunternehmer (nochmals) vergegenwärtigen, dass VC-Geber Start-ups – neben der Kapitalbereitstellung – in der Regel zusätzlich mit ihrer spezifischen **Expertise** unterstützen. In diesem Zusammenhang kommt es dem Investor nicht primär auf die Innovationsentwicklung, sondern vielmehr auf ein **rasches** Unternehmenswachstum und damit verbundene hohe Gewinnaussichten an.

7.2.1.1.2 Grundbewertung des Start-ups

Nach dem Pitch werden die VC-Geber eine erste Bewertung des Start-ups vornehmen, um sowohl die notwendigen **Investitionskriterien** zu ermitteln als auch das mit dem Investment verbundene **Risiko** besser beurteilen zu können. Obgleich für die Unternehmensbewertung vielfältige Ansätze und Auffassungen existieren, sind diese in der Start-up-Phase mangels fehlender vergleichbarer Unternehmen und/oder fehlender **Berechnungsfaktoren** (Cash Flow, Ertragswerte, Börsen-Multiplikatoren etc.) sowie den damit verbunden Unsicherheiten nicht praktikabel bzw. schlicht nicht anwendbar. Dies betrifft bspw. die Ermittlung des Unternehmenswerts anhand langjähriger Studien zu den Zahlungsausflüssen aus dem Start-up (**„Discounted Cash Flow“**, vgl. Saenger et al. 2011, § 11, Rn. 114) oder die Leistungsbestimmung durch Gegenüberstellung mehrerer vergleichbarer (börsennotierter) Start-ups (sog. **„Peer Group“**-Methode, vgl. Heidel und Schall 2019, Anhang: Unternehmensbewertung, Rn. 48). Insofern können Investoren oftmals nur auf das **„Benchmarking“**, die **„IRR-Berechnung“** und den **„Bewertungshandel“** zurückgreifen (Weitnauer 2019, S. 322 f., hierzu s. auch Abb. 7.5).

Auch die Gründer werden früher oder später mit der Frage konfrontiert, wie viele Geschäftsanteile sie dem VC-Geber als Gegenleistung für die Kapitalbereitstellung überlassen sollten. Dabei ist es hilfreich, wenn sie den Wert des eigenen Unternehmens zumindest grob kennen, da sonst hinsichtlich der folgenden Finanzierungsrunde(n) durchaus die Gefahr besteht, dass dem VC-Geber mehr Unternehmensanteile überlassen werden, als eigentlich geboten sind.

Eine Unternehmensbewertung kann zunächst so erfolgen, dass durch ein zielgerichtetes Gegenüberstellen mehrerer, vergleichbarer Start-ups, das jeweils „Beste“ als Referenz herangezogen wird und auf dieser Grundlage der Unternehmenswert des zu bewertenden Start-ups ermittelt wird. Dieses sog. **Benchmarking** werden besonders VC-Gesellschaften mit einer gefestigten Reputation anwenden (vgl. Saenger et al. 2011, § 12, Rn. 120).

Ein weiteres Verfahren ist die **Internal Rate of Return (IRR)**-Bewertung (Venture Capital-Methode): Hierbei legen VC-Geber einen erreichbaren Exit-Wert für das Start-up

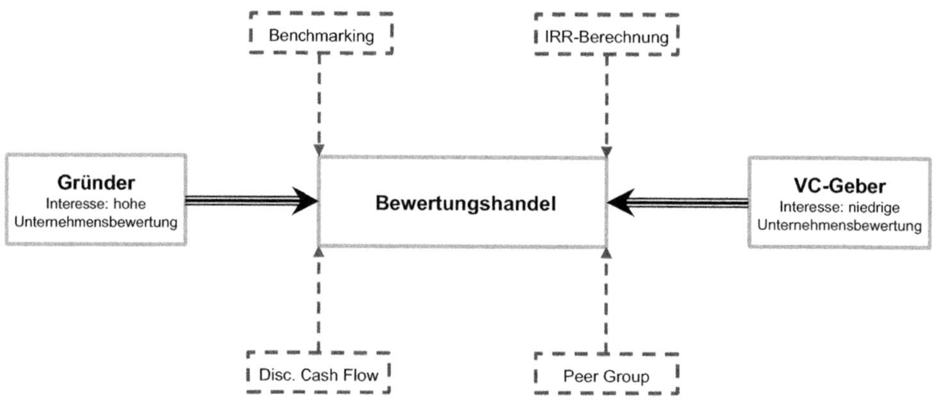

Abb. 7.5 Unternehmensbewertung des Start-ups

zugrunde und rechnen von diesem aus rückwärts, welche Beteiligungsquote sie für einen eingesetzten Kapitalbetrag benötigen, um ihre Zielrendite erreichen zu können (Weitnauer 2019, S. 323).

In der Praxis können VC-Geber auf die für das Benchmarking oder das IRR-Rating notwendigen historischen Daten wie die Umsatz- und Kostenentwicklung oder das Wachstum des Start-ups aufgrund der frühen Unternehmensphase nicht zugreifen. Eine Erfolgsprognose des Start-ups ist höchst spekulativ und dementsprechend problematisch. Durch derartige Informationen können demnach allenfalls Tendenzen für die Erfolgsaussichten des Unternehmens ermittelt werden (Schultz 2011, S. 171).

Zu diesem Informationsdefizit kommen während der Start-up-Phase divergierende Interessen der Parteien hinzu: einerseits verfolgen die Gründer eine hohe **pre-money-Bewertung** des Start-ups, um den VC-Gesellschaften möglichst wenige Gesellschaftsanteile (**„shares“**) und entsprechende Mitsprache – und Entscheidungsrechte an dem Unternehmen – als Gegenleistung für die Finanzierung – überlassen zu müssen. Auf der anderen Seite sind VC-Geber ihrerseits an einer möglichst niedrigen Bewertung des Start-ups vor der Kapitalbereitstellung interessiert, da sie so aufgrund einer höheren Beteiligungsquote beim Exit den größtmöglichen Gewinn erwirtschaften können.

Die Bewertung der Geschäftsanteile entspricht dem Verhältnis des investierten Betrags zu der Zahl der erhaltenen (neuen) Geschäftsanteile. Auf dessen Basis kann der Wert des Unternehmens und damit der Wert des Anteils selbst ermittelt werden. Hierbei ist zwischen der **Pre-Money**-und der **Post-Money**-Bewertung zu differenzieren:

unter Pre-Money-Bewertung ist die Bewertung des Start-ups zu verstehen, bevor der Investor sein Kapital einbringt, wohingegen die Post-Money-Bewertung nach Abschluss der Finanzierungsrunde zusätzlich zum Pre-Money-Unternehmenswert auch das Investment des Kapitalgebers berücksichtigt. Der Pre-Money-Unternehmenswert ist somit entscheidend für die Beteiligungsquote des Investors.

Aufgrund dieses Interessenkonflikts ist es praktikabler, wenn die Unternehmensbewertung nicht durch die hier aufgezeigten analytischen Verfahren, sondern in einem **„Bewertungshandel“**, in dem sich Gründer und Investor – unter wechselseitigem Nachgeben – auf eine Grundbewertung des Start-ups einigen, ermittelt wird.

Schwierigkeiten ergeben sich insoweit bei zeitkritischen Unternehmensentwicklungen, bei denen andere Kapitalquellen nicht zur Verfügung stehen, sodass Gründer zum kurzfristigen Abschluss des Beteiligungsvertrages gezwungen sind. Sollten die Bewertungen der Parteien erheblich voneinander abweichen, empfiehlt es sich, entsprechende Ausgleichsmechanismen für einen späteren Zeitpunkt im Beteiligungsvertrag zu vereinbaren (Weitnauer 2019, S. 324).

Selbst wenn die Parteien eine Grundbewertung des Start-ups nicht in der dargelegten Weise „aushandeln“ können, muss dies nicht zwangsläufig nachteilig für die Gründer sein. Vielmehr sind die verschiedenen Ansätze und Ansichten, wie Unternehmen in der Frühphase zu bewerten sind, für das Start-ups durchaus ein Vorteil: setzt ein Investor einen eher niedrigen Unternehmenswert an oder erteilt dem Investment sogar eine Absage, soll dies die Gründer nicht entmutigen, da bereits die nächste Anfrage deutlich bessere Ergebnisse erzielen kann (Paßmann 2008, S. 37). Dementsprechend hängen sowohl die Verhandlungsposition der Gründer als auch die der Kapitalgeber im Wesentlichen von der Ausgestaltung des **VC-Markts** für die jeweilige **Branche** des Start-ups ab und werden durch Angebot und Nachfrage reguliert. Steht Venture Capital bspw. in hoher Anzahl zur Verfügung, dem aber nur eine geringe Anzahl lukrativer Beteiligungsprojekte gegenüber, ermöglicht dies den Gründern eines interessanten Start-ups, eine hohe pre-money- bzw. Grundbewertung des Start-ups durchzusetzen. Stehen demgegenüber für eine bestimmte Unternehmensbranche nur wenige VC-Geber zur Verfügung oder haben sich die gesamtwirtschaftlichen Rahmenbedingungen etwa aufgrund der globalen COVID19-Pandemie für bestimmte Branchen verschlechtert, werden Start-ups dementsprechend lediglich eine (vergleichsweise) geringe Grundbewertung erzielen können (Weitnauer 2019, S. 323).

7.2.1.2 Erste Finanzierungsrunde

Die **erste Finanzierungsrunde** wird in Abgrenzung zu den nachfolgenden Finanzierungsrunden zur Deckung weiteren Kapitalbedarfs auch **Serie A** oder (engl.) Series A genannt, die entsprechende Folge- bzw. Wachstumsfinanzierungsrunde (Later Stages) **Serie B** u.s.w. (Series C, D, etc.). Eine Serie B-Beteiligung bedarf umfassender Abstimmung mit dem Beteiligungsvertrag der Investoren der ersten Generation (sofern, wie in der Praxis häufig üblich, die vorherige Beteiligungsdokumentation nicht vollständig aufgehoben und neu gefasst wird) sowie der Bewertung des Unternehmens (vgl. dazu im Einzelnen: Weitnauer 2019, S. 509 ff.).

Auf einen erfolgreichen Pitch und eine positive Grundbewertung des Start-ups folgt in der Regel die erste Finanzierungsrunde **(Serie oder Series A-Beteiligung).**

Deren Ablauf (s. Abb. 7.6) kann in die Stadien Letter of Intent, Vertraulichkeitsvereinbarung, Due Diligence sowie Abschluss des Beteiligungsvertrages untergliedert werden.

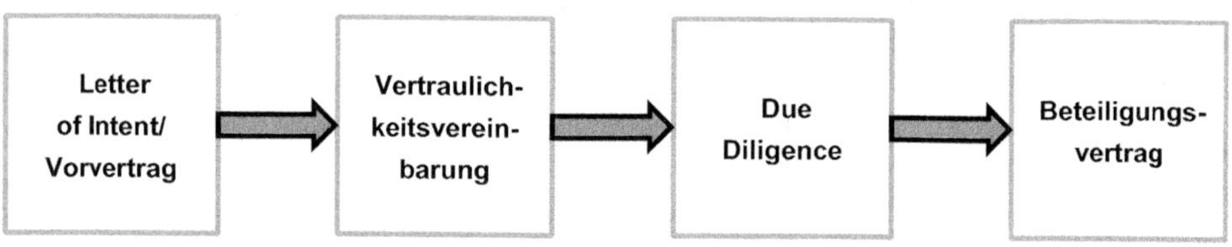

Abb. 7.6 Der Ablauf der ersten Finanzierungsrunde

7.2.1.2.1 Term Sheet/Letter of Intent

Das **Term Sheet (Letter of Intent)** ist eine „Absichtserklärung", die im Vorfeld des Abschlusses des Beteiligungsvertrages übersandt wird und aus der sich die Bereitschaft des VC-Gebers ergibt, sich an dem Start-up zu beteiligen und finanziell zu unterstützen. Ferner sind im Term Sheet die wesentlichen juristischen Eckpunkte des späteren Beteiligungsvertrages enthalten. Im Gegensatz zu einem **Vorvertrag** kann aus dem Term Sheet keine Rechtspflicht zum Abschluss des Hauptvertrages, d. h. des Beteiligungsvertrages, abgeleitet werden (vgl. Beisel und Klumpp 2016, Kap. 1, Rn. 74 f.).

War der Pitch erfolgreich und konnte der VC-Geber überzeugt werden, in das Start-up zu investieren, wird das Ergebnis der ersten gemeinsamen Gespräche in einem sog. Term Sheet („Letter of Intent", „Memorandum of Understanding" oder „Comfort Letter") bzw. in einem Vorvertrag fixiert (Weitnauer 2019, S. 324 f.).

Hierdurch klären die Parteien die wesentlichen **Bedingungen** der Unternehmensfinanzierung, wie z. B. die Höhe des durch den VC-Geber bereitgestellten Kapitals bzw. – im Gegenzug – der Beteiligung der VC-Gesellschaft an dem Start-up. Obgleich diese Vereinbarung grundsätzlich rechtlich unverbindlich ist, hat ein Term Sheet bei späteren Vertragsverhandlungen in der Praxis eine erhebliche, zumindest **tatsächliche** Bindungswirkung. Insofern ist es für Gründer nahezu unmöglich, in den folgenden Verhandlungen zwecks Abschlusses eines Beteiligungsvertrags zu ihren Gunsten vom Term Sheet abzuweichen.

Vom Term Sheet ist der sog. Vorvertrag zu unterscheiden. Der Vorvertrag führt nicht nur zu einer **faktischen,** sondern auch zu einer **rechtlichen** Bindung, indem sich die Parteien zum Abschluss eines späteren (Haupt-) Beteiligungsvertrages verpflichten. Ein solches Interesse der Vertragspartner wird nicht unmittelbar nach dem Pitch, wohl aber im Rahmen der Due Diligence bestehen, insbesondere, sofern dem Abschluss des eigentlichen Beteiligungsvertrages noch tatsächliche oder rechtliche Hindernisse entgegenstehen (Weitnauer 2019, S. 325).

Da sowohl das Term Sheet als auch der Vorvertrag für den juristischen Laien nur schwer zu überschauende Folgen nach sich ziehen können, sollte bereits vor Abschluss derartiger Vereinbarungen fachkundige Unterstützung durch einen auf Venture Capital spezialisierten Anwalt in Anspruch genommen werden.

7.2.1.2.2 Vertraulichkeitsvereinbarung

▶ Bei einer **Vertraulichkeitsvereinbarung („Non Disclosure Agreement")** werden Geheimhaltungs- und Nichtverwendungsverpflichtungen des potenziellen Investors detailliert aufgelistet, wobei Verstöße in aller Regel eine Vertragsstrafe nach sich ziehen.

Haben die Parteien eine Vertraulichkeitsvereinbarung nicht bereits vor der Unterzeichnung des Term Sheets bzw. des Vorvertrages separat abgeschlossen, sollte eine Geheimhaltungsklausel idealerweise im Nachgang vertraglich vereinbart werden. Mittels einer Vertraulichkeitsvereinbarung, die auch als „Non Disclosure Agreement " („**NDA**") bezeichnet wird, sollen die **Geschäftsidee** und das damit verbundene Produkt vor unrechtmäßiger **Nachahmung** und/oder **Drittverwendung** geschützt werden. Da die Gründer den Investor bereits in der Beteiligungsverhandlung von ihrem Produkt begeistern wollen und hierfür eventuell schon die Preisgabe vertraulicher, interner Informationen erforderlich ist, besteht die Möglichkeit, die Vertraulichkeitsvereinbarung noch vor dem Term Sheet abzuschließen.

Um die Einhaltung dieser Vereinbarung zu gewährleisten und sich bei Verstößen – insbesondere mangels in der Praxis nur schwer oder kaum möglichen Bezifferbarkeit der Schadenshöhe – schadlos zu halten, sollten die Parteien zusätzliche **Vertragsstrafen** vereinbaren. Die Vereinbarung einer (pauschalierten) Vertragsstrafe dient somit einerseits als Druckmittel, damit sich das Gegenüber vertragstreu verhält, also die mitgeteilten Informationen geheim hält. Darüber hinaus erspart sie den Gründern den (möglicherweise vor Gericht zu führenden) Nachweis, dass ein Schaden als Folge des Verstoßes gegen das NDA tatsächlich in einer konkreten Höhe eingetreten ist.

Wie bereits ausgeführt, lehnen potenzielle VC-Geber die Unterzeichnung einer Vertraulichkeitsvereinbarung und insbesondere die Aufnahme von Vertragsstrafen nicht selten kategorisch ab. In einem solchen Fall müssen die Gründer abwägen, ob die Beteiligung des potenziellen Investors **strategisch** und **ökonomisch** so wichtig ist, dass sie die Offenlegung von Informationen – ohne einen wirksamen Missbrauchsschutz – rechtfertigt. Allerdings sollten/müssen die Gründer hier auch pragmatisch denken; schließlich ist es nicht nur die über ein NDA ggf. juristisch zu schützende Idee, sondern gerade das für deren Umsetzung („execution") vom Investor einzuwerbende Kapital, das über das Gelingen oder einen Misserfolg entscheidet.

In diesem Zusammenhang ist seit 2019 auch das **Gesetz zum Schutz von Geschäftsgeheimnissen (GeschGehG)** besonders zu erwähnen. Der rechtliche Schutz des Knowhows eines Unternehmens ist seit dem Inkrafttreten des GeschGehG davon abhängig, dass „**angemessene Geheimhaltungsmaßnahmen**" getroffen worden sind. Ist dies nicht der Fall, läuft man Gefahr, seine Geschäftsgeheimnisse zu verlieren. Dies gilt sowohl gegenüber potenziellen Investoren, Geschäftspartnern als auch Mitarbeitern des Unternehmens (Hahn 2019b)

Nicht jede beliebige Information eines Unternehmens ist dabei ein Geschäftsgeheimnis. Nach § 2 GeschGehG ist eine Information (nur dann) ein Geschäftsgeheimnis (Hahn 2019b), wenn sie

1. geheim ist (also nicht allgemein bekannt oder öffentlich zugänglich ist, auch „belanglose" Informationen sind nicht geheim) und daher einen wirtschaftlichen Wert hat. (bspw. Kunden- und Lieferantenlisten, Kosteninformationen, Geschäftsstrategien, Unternehmensdaten, Marktanalysen oder Prototypen),

2. Gegenstand „angemessener Geheimhaltungsmaßnahmen“ ist und
3. ein berechtigtes Interesse an ihrer Geheimhaltung besteht.

Die durch die Definition des Geschäftsgeheimnisses neu eingefügte Schutzvoraussetzung der „angemessenen Geheimhaltungsmaßnahmen“ führt dazu, dass als vertraulich erachtete Informationen des Unternehmens ohne angemessene Geheimhaltungsmaßnahmen (konkret durch die Unterzeichnung eines NDA) nicht mehr als Geschäftsgeheimnis und somit als geheimhaltungsbedürftig gelten.

Bei einer vermeintlichen Verletzung durch einen Investor oder Geschäftspartner des Start-ups wird ein solcher Nachweis also nur noch dann vor Gericht gelingen, wenn nicht nur – was bislang genügte – die jeweiligen Informationen subjektiv als vertraulich erachtet werden, sondern darüber hinaus der Beweis für angemessene Geheimhaltungsmaßnahmen erbracht werden kann.

Die Beweislast dafür, dass angemessene Geheimhaltungsmaßnahmen getroffen wurden und somit ein Geschäftsgeheimnis vorliegt, liegt beim Unternehmen.

▶ Startups müssen nun prüfen, ob die Informationen, bei denen ein Geheimhaltungsinteresse besteht, durch vertragliche Regelungen mit (potenziellen) Investoren, Geschäftspartnern und Arbeitnehmern sowie durch technische und organisatorische Maßnahmen angemessen geschützt sind.

Hierzu sollte strukturiert zusammengestellt werden, welche Informationen und Know-how im Unternehmen bestehen und welche konkreten Schutzmaßnahmen (NDA, Verschlüsselung, besondere Kennzeichnung) die jeweiligen Informationen erfordern.

Ferner sollten ab sofort die geschlossenen Geheimhaltungsvereinbarungen einen Katalog der wesentlichen geheimen Informationen des konkreten Unternehmens enthalten. Auch wenn die konkrete Nennung der jeweiligen vertraulichen Informationen nach dem Gesetz nicht erforderlich ist, ist in der Praxis nur so der Schutz der Geschäftsgeheimnisse im Streitfall ausreichend sichergestellt (Hahn 2019b).

7.2.1.2.3 Due Diligence

▶ Eine **Due Diligence** ist eine detaillierte Analyse, Prüfung und Bewertung der rechtlichen, wirtschaftlichen und technischen Verhältnisse eines Unternehmens (Beisel und Klumpp 2016, Kap. 2, Rn. 2).

Im Rahmen der Due Diligence überprüft der Investor sowohl die im Business Plan/Pitch Deck wie auch im Pitch gemachten Angaben zu den ökonomischen und juristischen Verhältnissen des Start-ups (Weitnauer 2019, S. 327). Dazu wird der Investor den Gründern eine Due Diligence-Anforderungsliste (s. Abb. 7.7) übersenden, in der die verschiedenen Unternehmensbereiche samt den jeweils geforderten Unterlagen aufgeführt sind. Die

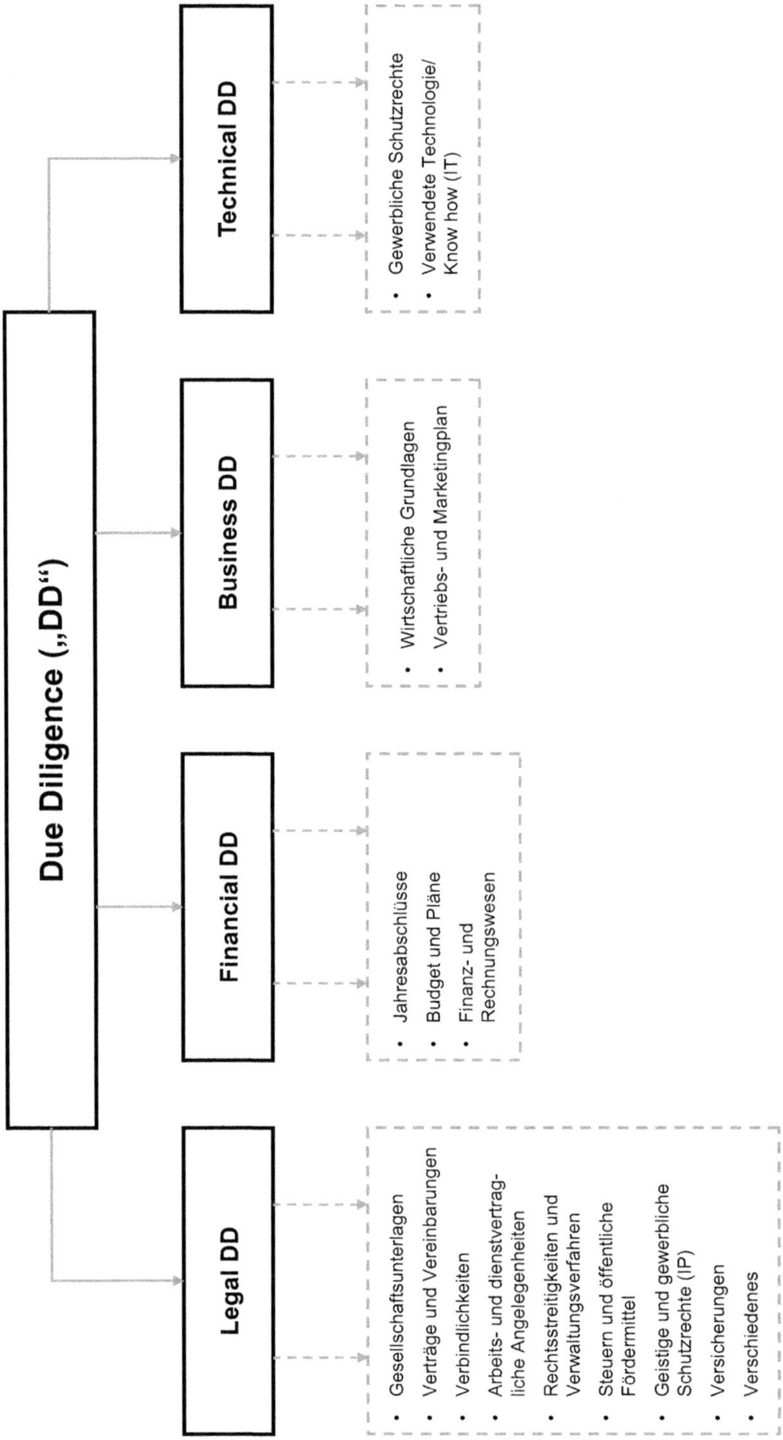

Abb. 7.7 Due Diligence

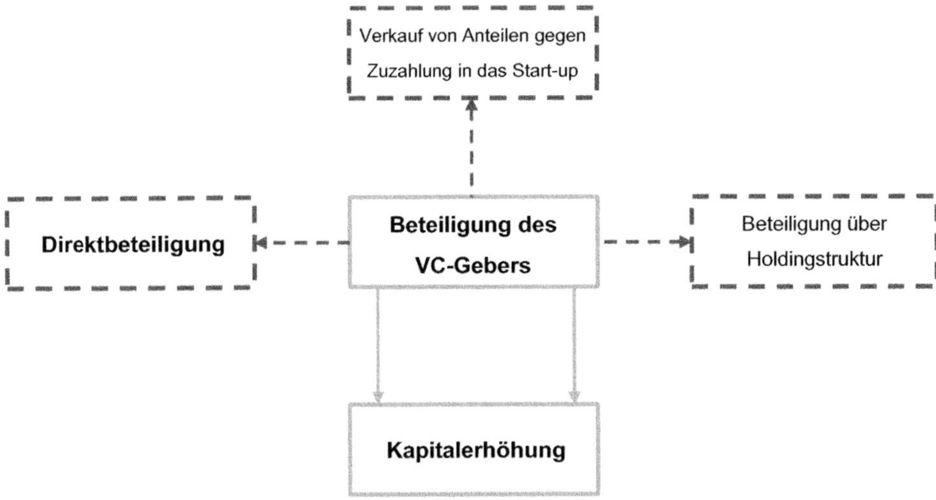

Abb. 7.8 Denkbare Strukturen der Beteiligung

Durchführung einer Due Diligence gehört ab einem bestimmten Investitionsvolumen insoweit zu den internen Sorgfaltspflichten des Managements des Investors, §§ 93 AktG, 43 GmbHG.

Um davon in der arbeitsintensiven Phase der laufenden Finanzierungsrunde nicht überrascht zu werden, sollten die Gründer bereits frühzeitig die Grundlage für eine Due Diligence schaffen, indem sie bereits vom ersten Tag an die entsprechenden Dokumente und Unterlagen (nach Maßgabe von Abb. 7.8) sorgfältig zusammenstellen und (digital) ablegen. Dies hat nicht nur den Vorteil, dass die Beteiligungsverhandlungen signifikant verkürzt werden, weil die Dokumente auf Abruf dem Investor übermittelt werden können, sondern ermöglicht den Gründern darüber hinaus selbst einen strukturierten Einblick in die **Stärken** und **Schwächen** des Start-ups. Dementsprechend besteht die Möglichkeit, auf Defizite reagieren und Verbesserungen vornehmen zu können, bevor die Kapitalgeber im Rahmen ihrer Due Diligence selbst auf die gefundenen Schwachpunkte stoßen.

Die Resultate der Due Diligence beeinflussen die Gestaltung des nachfolgenden Beteiligungsvertrages erheblich. Für aufgedeckte Risiken werden in der Regel entsprechende **Garantien** der Gründer verlangt. Weichen die Ergebnisse zu stark von den Vorstellungen des Investors ab, besteht sogar die Gefahr, dass die Finanzierung insgesamt scheitert. Dennoch müssen die Gründer alle – positiven wie auch negativen – Informationen offenlegen, da Falschangaben sowohl zivil- als auch sogar strafrechtliche Konsequenzen haben können.

7.2.1.2.4 Beteiligung durch Kapitalerhöhung

Für die Beteiligung durch Kapitalerhöhung des Investors sind mehrere Varianten denkbar (hierzu s. Abb. 7.8).

Dabei ist zu bedenken, dass der Kapitalgeber das zu investierende Kapital in aller Regel als Gegenleistung für **Geschäftsanteile** des Start-ups („equity") zahlen wird. Ohne Kapitalerhöhung müsste der Kapitalgeber somit den Geldzufluss unmittelbar an die bestehenden Gesellschafter des Start-ups gegen Abtretung von Geschäftsanteilen der Gründer leisten, da nur diese zu deren Übertragung berechtigt sind. In der Regel möchte der Geldgeber das Kapital aber gerade nicht an die Gesellschafter selbst zahlen, sondern durch sein Investment den weiteren **Geschäftsbetrieb** des Start-ups sicherstellen (Hahn 2019a). Darüber hinaus hätte der Verkauf von Geschäftsanteilen (über einen Geschäftsanteilskauf- und Abtretungsvertrag) von den Gründern an den Investor gegen eine Zuzahlung in die Kapitalrücklage der Gesellschaft den Nachteil, dass diese Form der Beteiligung – als Geschäftsanteilsverkauf – grundsätzlich zur Versteuerung des Veräußerungsgewinns gemäß § 17 EStG führt.

Sofern der Investor das Start-up nicht mitgegründet hat, was regelmäßig der Fall ist, erfolgt seine Beteiligung daher in aller Regel über eine **Kapitalerhöhung,** bei der neue Geschäftsanteile geschaffen werden. Operieren Gründer mit zwei oder mehreren Start-ups, besteht ferner die Möglichkeit, die einzelnen Unternehmen zu einer Holding-Gesellschaft zusammenzufassen, um eine einheitliche Finanzierung zu ermöglichen (Weitnauer 2019, S. 332 f.).

Der Ablauf einer Kapitalerhöhung bestimmt sich nach der jeweilige Rechtsform des Start-ups. Nachfolgend soll am Beispiel der **GmbH** (die Ausführungen gelten entsprechend für die UG [haftungsbeschränkt], vgl. § 5a Abs. 1, 5 GmbHG) aufgezeigt werden, was bei einer Kapitalerhöhung zu beachten ist und der Vorgang der Kapitalerhöhung anhand eines praktischen Beispiels veranschaulicht werden.

7.2.1.2.4.1 Vollzug der Kapitalerhöhung

Bei Kapitalgesellschaften – also insbesondere UG, GmbH, AG oder KGaA – wird die Kapitalerhöhung grundsätzlich in drei Schritten vollzogen (hierzu ausführlich Weitnauer 2019, S. 329 ff.).

- Kapitalerhöhungsbeschluss
- Übernahme/Zeichnung der neuen Geschäftsanteile und Leistung der Einlage (plus Zahlungen in die Kapitalrücklage, Agio, Nachschüsse etc.)
- Anmeldung zum Handelsregister

In einem ersten Schritt wird das **Stammkapital** des Start-ups durch einen Gesellschafterbeschluss der Alt- bzw. Gründungsgesellschafter **erhöht.** In diesem Beschluss müssen sowohl der **Erhöhungsbetrag** sowie die **Anzahl** der Stammeinlagen, die nach der Kapitalerhöhung ausgegeben werden dürfen, und auch der **Nennbetrag,** der auf die einzelne Stammeinlage entfällt, bestimmt werden (Breithaupt und Ottersbach 2010, Teil 1. C. § 1, Rn. 22). Der Kapitalerhöhungsbeschluss bedarf dabei der Mehrheit von mindestens **drei Vierteln** der abgegebenen Stimmen und – als ein Fall der Satzungsänderung – der **notariellen Beurkundung** (§ 53 Abs. 2 S. 1 GmbHG). Der Betrag der Stammkapitalerhöhung und der zu übernehmenden neuen Geschäftsanteile des Investors ist dabei so zu bemessen, dass die vom Investor zu übernehmende Beteiligung die jeweils gewünschte prozentuale **Beteiligungsquote** erreicht.

Der **Nennbetrag (Nenn-, Nominalwert)** eines GmbH-Geschäftsanteils (oder auch einer Aktie) entspricht dem zur Erlangung des Anteils tatsächlich aufgewendeten bzw. notwendigen Geldbetrag. Der Nennbetrag bzw. Nennwert eines Geschäftsanteils ist von dessen wirtschaftlichem Wert, dem „wahren Wert eines Geschäftsanteils", zu unterscheiden. Der Nennbetrag entspricht allenfalls bei Entstehung des Geschäftsanteils im Rahmen einer Gründung oder Kapitalerhöhung dem wirtschaftlichen Wert des Geschäftsanteils – und dies auch nur, sofern kein Agio gezahlt wurde (Fleischer und Goette 2018, § 14, Rn. 19).

Hiernach erfolgt die Übernahme der durch Kapitalerhöhung geschaffenen neuen Geschäftsanteile mittels eines auf Erweiterung der Mitgliedschaft gerichteten Vertrages zwischen dem Investor und dem Start-up. Die **Übernahmeerklärung („Zeichnung der Geschäftsanteile")** hat dabei den erstmaligen Erwerb oder die Aufstockung der Mitgliedschaft in der GmbH zum Gegenstand. Notwendiger Erklärungsinhalt ist neben der Person des Übernehmers (also dem Investor) der Betrag der neu übernommenen Geschäftsanteile und die Art der zu erbringenden Einlage einschließlich Nebenleistungen (Zahlungen in die Kapitalrücklage, Agio, Nachschüsse etc.), die der Investor an das Unternehmen als eigentliches Investment erbringt (vgl. Müller und Winkeljohann 2014, § 7, Rn. 32). Hierzu sind sowohl die Übernahmeerklärung (§ 55 Abs. 1 GmbHG) als auch die Vollmacht (§ 2 Abs. 2 GmbHG) notariell zu beglaubigen.

Als Agio wird das Aufgeld bzw. der Aufschlag des Investors bezeichnet, den dieser – neben der auf die neuen Geschäftsanteile zu leistenden Bareinlage in Höhe des jeweiligen Nennbetrags – leisten muss (vgl. Saenger und Inhester 2020, § 5, Rn. 14). In der Praxis erfolgt dieser Aufschlag rechtstechnisch meist als „sonstige Zuzahlung" in die Kapitalrücklage der Gesellschaft nach § 272 Abs. 2 Nr. 4 HGB („Betrag von anderen Zuzahlungen, die Gesellschafter in das Eigenkapital leisten"). Addiert man das Agio mit dem Nennbetrag der neu geschaffenen Anteile, entspricht die sich hieraus ergebende Summe der Gesamthöhe des vom VC-Geber zu leistenden Investments.

Nachdem die Kapitalerhöhung durch die Übernahme der neuen Geschäftsanteile durch den VC-Geber gedeckt ist, ist die Erhöhung des Stammkapitals schließlich zur Eintragung in das Handelsregister anzumelden (§ 57 Abs. 1 GmbHG). Darüber hinaus müssen die Mindesteinlagen (§ 7 Abs. 2 S. 1 und Abs. 3 GmbHG) der Geschäftsleitung endgültig zur freien Verfügung stehen (§ 57 Abs. 2 S. 1 GmbHG).

7.2.1.2.4.2 Beispiel: Investment in Höhe von EUR 2 Mio.

In der Praxis streben Investoren eine Minderheitsbeteiligung am Stammkapital des Startups in Höhe von **10 bis maximal 25 %** an (vgl. Weitnauer 2019, S. 354); auch kleinere Beteiligungen und Kleinstbeteiligungen sind jedoch keine Seltenheit. Darüber hinausgehende Beteiligungen können den Konzernabschluss der VC-Gesellschaft – aufgrund auftretender Anfangsverluste von jungen Unternehmen – negativ beeinträchtigen und wirken somit abschreckend auf potenzielle Kapitalgeber (Weitnauer 2001, S. 1065 f.). Im Übrigen liegt bei einer Beteiligung von bis zu 25 % kein kartellrechtlicher Zusammenschlusstatbestand (§ 37 Abs. 1 Nr. 3b GWB) vor.

Außerdem führt eine zu hohe Beteiligungsquote (>25 %) eines operativ nicht tätigen Investors dazu, dass ein Investment für Folgeinvestoren schnell uninteressant wird. Das operativ tätige Gründerteam sollte daher in den ersten Finanzierungsrunden unbedingt die überwiegende Mehrheit am Unternehmen halten, damit der **Cap Table** (engl. capitalization table; Gesamtheit der Beteiligungsquoten) VC-freundlich bleibt und nicht zum Deal Breaker bei laufenden und folgenden Finanzierungsrunden wird.

Im Folgenden soll der Ablauf einer Kapitalerhöhung bei einer Start-up-GmbH wie folgt verdeutlicht werden:

Ein als GmbH gegründetes Start-up verfügt über das gesetzlich vorgeschriebene Mindeststammkapital von **EUR 25.000.** Der Investor möchte **EUR 2 Mio.** in das Unternehmen investieren und als Gegenleistung hierfür eine Beteiligungsquote von **20 %** erhalten. In diesem Fall ist das Stammkapital des Start-ups um 6.250 auf **EUR 31.250** (25.000/80 × 100 = 31.250; zur Berechnungsmethode vgl. auch Weitnauer 2019, S. 330) zu erhöhen, wobei der Investor die neu geschaffenen Geschäftsanteile in Höhe von insgesamt EUR 6250 hält (s. hierzu Abb. 7.9). Der Nennbetrag der von den Gründern gehaltenen (ursprünglichen) Geschäftsanteile hat sich dabei zwar **nominal** nicht verändert, wurde jedoch **prozentual** verkleinert. Hat ein Gründer ursprünglich eine Beteiligungsquote von 40 % gehalten, indem er EUR 10.000 des Stammkapitals zur Verfügung gestellt hat, beträgt dessen Beteiligungsquote nach der Kapitalerhöhung nunmehr nur noch 32 % (10.000/31.250 × 100 = 32 %). Diese Verringerung der Beteiligungsquote der Gründer wird auch als **„Verwässerung"** bezeichnet (vgl. Müller und Winkeljohann 2014, § 7, Rn. 32).

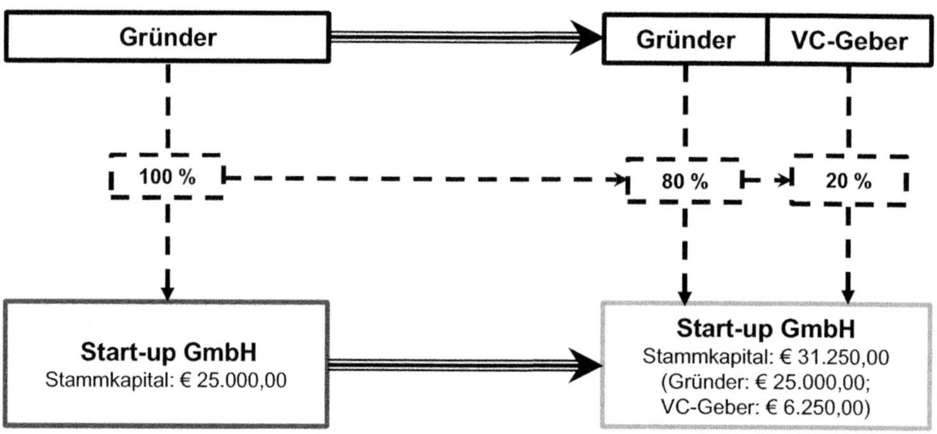

Abb. 7.9 Beteiligungsbeispiel Kapitalerhöhung bei einer GmbH

▶ Die **Verwässerung** ist die Herabsetzung der Beteiligungsquote der Altgesellschafter bei Erhöhung des Stammkapitals durch Neugesellschafter, wobei der Nennbetrag der von den Altgesellschaftern gehaltenen Geschäftsanteile nominal gleich bleibt (v. Einem et al. 2004, S. 2703, hierzu auch Saur und Brückner 2017).

Als **Gegenleistung** – und insofern gewissermaßen als **„Kaufpreis"** – für die Übernahme der neuen Geschäftsanteile des Start-ups muss der VC-Geber sein **Investment** zahlen. Bei dem hier veranschlagten Investment in Höhe von EUR 2 Mio. entfallen dabei EUR 6250 als Nennbetrag auf die vom Investor übernommenen Geschäftsanteile. Den übrigen Differenzbetrag von EUR 1.993.750 (EUR 2 Mio. – EUR 6250 = EUR 1.993.750) kann der VC-Geber entweder als **freiwillige Zuzahlung** in die **Kapitalrücklage** oder für den Fall, dass er der Gesellschaft bereits zuvor ein **Wandeldarlehen** zur Verfügung gestellt hat (vgl. hierzu § 5.2.2.2), durch die **Abtretung des Rückzahlungsanspruchs** im Falle der Wandlung des Darlehens in Eigenkapita) an das Start-up leisten. Entscheiden sich die Parteien für die Darlehensvariante, handelt es sich um eine sog. **„Mezzanine"**-Beteiligung (s. oben § 4.3 und § 7.2.1.4), da das Investment in diesem Fall eine Zwitterstellung zwischen Eigen- und Fremdkapital einnimmt.

7.2.1.2.4.3 Umwandlung der UG in GmbH

Wurde das Start-up nicht als GmbH, sondern in der Rechtsform einer UG (haftungsbeschränkt) gegründet (zur Rechtsformwahl s. § 6.1), besteht im Rahmen der Kapitalerhöhung nunmehr die Möglichkeit, das Unternehmen in eine GmbH **umzuwandeln.**

Hierzu bedarf es einer Erhöhung des Stammkapitals auf mindestens EUR 25.000 (vgl. Henssler und Strohn 2019, § 5a GmbHG, Rn. 11). Die Kapitalerhöhung kann dabei nicht nur durch **Bareinlagen** (also durch Geld), sondern nach der Rechtsprechung des Bundesgerichtshofs auch durch **Sacheinlagen** (d. h. Vermögensgegenstände, wie bspw. Grundstücke oder Maschinen) erfolgen. Dies gilt zumindest dann, soweit das Stammkapital des Start-ups nach der Erhöhung **über** EUR 25.000 beträgt. Soll das Stammkapital hingegen auch nach der Kapitalerhöhung weniger als das Mindestkapital einer GmbH (EUR 25.000, § 5 Abs. 1 GmbHG) betragen, kann das Stammkapital der UG weiterhin nicht durch Sacheinlagen erhöht werden (§ 5a Abs. 2 S. 2 GmbHG).

7.2.1.2.5 Beteiligungsdokumentation

Hat sich der Investor endgültig entschieden, in das Start-up zu investieren und sind die Gründer mit den in den Beteiligungsverhandlungen ausgehandelten Konditionen (v. a. Bewertung des Start-ups und die daraus folgende Beteiligungsquote des Investors) einverstanden, folgt eine verbindliche Beteiligungsdokumentation . Diese enthält insbesondere den **Beteiligungsvertrag,** den ggf. angepassten **Gesellschaftsvertrag** sowie regelmäßig eine **Gesellschaftervereinbarung** der zukünftigen Gesellschafter. Im Fall der Beteiligung des Investors über eine Kapitalerhöhung sollten die Gründer darauf achten, dass ihre Vergütung in separaten **Anstellungsverträgen** sichergestellt ist, da das Investment dem Start-up als juristische Person zur Verfügung gestellt wird und die Gründer ihren Lebensunterhalt hiervon nicht unmittelbar bestreiten können (Dittmar et al. 2012, s. hierzu auch § 7.2.1.3.4.2). Die entsprechenden Anstellungsverträge werden in der Praxis somit häufig selbst Bestandteil der Beteiligungsdokumentation (wobei dies auch zu höheren Beurkundungskosten führt).

7.2.1.3 Beteiligungsvertrag

Im **Beteiligungsvertrag** („**Investment Agreement**“) sowie einer parallel dazu bzw. in einer einheitlichen Urkunde abgeschlossenen Gesellschaftervereinbarung („**Shareholders‘ Agreement**“, s. dazu unten 7.2.1.3.1.5) legen die Gründer und der Investor fest, wie die Struktur der Beteiligung sowie zu welchen Konditionen die Finanzierung des Start-ups erfolgen sollen und welche darüber hinausgehenden Rechte und Pflichten die Parteien treffen. Da die Ansprüche und Vorstellungen der Investoren – ebenso wie diejenigen der Gründer – oftmals stark divergieren bzw. von einer natürlichen Informationsasymmetrie geprägt sind, gibt es keinen „All-zweck“-Beteiligungsvertrag, der für jedes Investment uneingeschränkt geeignet ist. In der Praxis müssen die Beteiligten daher den Spagat zwischen ihren eigenen und den Interessen des Vertragspartners bewerkstelligen, um einen für alle Seiten akzeptablen Ausgleich zu finden. Gelingt ihnen das, kann der Beteiligungsvertrag (samt der entsprechenden Gesellschaftervereinbarung) als auch „Fahrplan“ der weiteren Kooperation zwischen Gründern und Investor dienen.

Der Beteiligungsvertrag dient als Oberbegriff für sämtliche schuldrechtlichen **Vereinbarungen** zwischen den **Altgesellschaftern** (Gründern) und dem **Investor** als VC-Geber (Maidl und Kreifels 2003, S. 1091). Hierbei handelt es sich um ein – meist umfangreiches – Schriftstück, in dem sowohl der Investor als auch die Unternehmensgründer versuchen, ihre Interessen gegenüber der anderen Vertragspartei durchzusetzen. Wie bereits aufgezeigt wurde, ist der tatsächliche Unternehmenswert des Start-ups zum Zeitpunkt des Investments nur schwer abschätzbar. Um sich (rechtlich) gegen – in den Beteiligungsverhandlungen bzw. in der ersten Finanzierungsrunde – objektiv nicht erkennbare Risiken sowie die in den Bewertungsverhandlungen vereinbarten Investitionskriterien **abzusichern,** ist der Abschluss eines Beteiligungsvertrages unerlässlich.

Der Beteiligungsvertrag (im weiteren Sinne) kann in den Beteiligungsvertrag im engeren Sinne, die Gesellschaftervereinbarung (evtl. nebst Satzungsänderung) sowie die Anstellungsverträge der Gründer und gg. eine Geschäftsordnung für die Geschäftsführung untergliedert werden (s. Abb. 7.10). Der Beteiligungsvertrag (im engeren Sinne) enthält vertragliche **Regelungen** über die **Konditionen** des Einstiegs des Investors, wie bspw. die nominale Höhe der **Investitionssumme,** die Beteiligungsquote, die **rechtliche Struktur** der Beteiligung (z. B. die Verpflichtung der Altgesellschafter, den Beschluss zur Kapitalerhöhung zu fassen), Regeln für künftige Verschiebungen der **Beteiligungsverhältnisse**

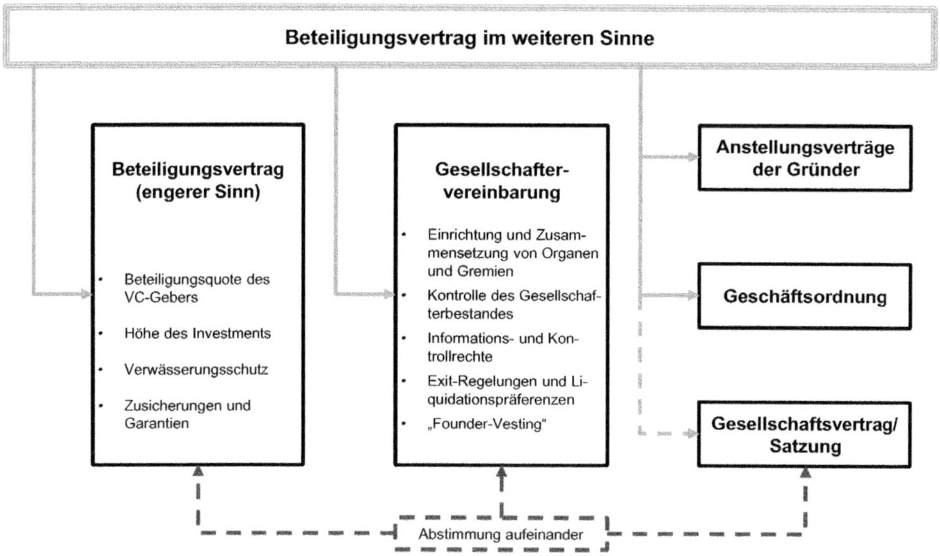

Abb. 7.10 Wesentliche Bestandteile des Beteiligungsvertrages

(„Verwässerungsschutz") sowie **Garantien** und/oder **Gewährleistungsverpflichtungen** der Gründungsgesellschafter. Daneben wird das zukünftige **Miteinander** der Gründer (Altgesellschafter) und der VC-Geber (Neugesellschafter) in einer separaten Gesellschaftervereinbarung außerhalb der Satzung geregelt, wobei VC-Geber oftmals auf über den gesetzlichen Standard hinausgehende **Informations**- und **Zustimmungsrechte** bestehen (Weitnauer 2019, S. 343 f.). Im Übrigen werden die Gründer in der Regel mit **Geschäftsführeranstellungsverträgen** an das Start-up gebunden, während eine **Geschäftsordnung** das Verhältnis der (Gründer-)Geschäftsführer untereinander und zur Gesellschaft regelt (Dittmar et al. 2013).

7.2.1.3.1 Allgemeines

7.2.1.3.1.1 Vertragsschluss/Vertragsänderung/Vertragsdauer

Der (schuldrechtliche) Beteiligungsvertrag beurteilt sich grundsätzlich nach den zivilrechtlichen Vorschriften des BGB, allerdings sind bei der Ausgestaltung auch die Vorgaben des Gesellschaftsrechts zu beachten (Maidl und Kreifels 2003, S. 1091 f.). Es ist dabei zweckmäßig, die Beteiligungsregelungen außerhalb der Satzung zu treffen, da in diesem Fall Vertragsänderungen weder eine notarielle Beurkundung erfordern (für die GmbH: §§ 2 Abs. 1, 53 GmbHG; für die AG: §§ 23 Abs. 1, 179 ff. AktG), noch die mit dem Investor getroffenen Vereinabrungen aufgrund der Publizität des Handelsregisters für jedermann einsehbar sind. Der Nachteil einer solchen Vertragsgestaltung ist aber, dass eine Änderung der schuldrechtlichen Beteiligungsvereinbarung generell der Zustimmung aller Vertragsparteien bedarf (Weitnauer 2019, S. 344), wohingegen eine Satzungsänderung bereits mit einer 3/4-Mehrheit der stimmberechtigten Gesellschafter möglich ist (§ 53 Abs. 2 GmbHG; § 179 Abs. 2 S. 1 AktG). Im Ergebnis sind hier also das Interesse des Start-ups und der Investoren an der Geheimhaltung der Beteiligungskonditionen (mangels Satzungsbestimmung keine Publizität des Handelsregisters) und der Wunsch nach Flexibilität in Bezug auf künftige Änderungen der Beteiligung (Zustimmungserfordernis aller Parteien der schuldrechtlichen Beteiligungsvereinbarung, sofern nicht ausnahmsweise abweichende geringere Änderungsquoren vereinbart) gegeneinander abzuwägen.

7.2.1.3.1.2 Form

Grundsätzlich ist der Abschluss des Beteiligungsvertrages formlos möglich; er könnte also zwischen den Altgesellschaftern und dem Investor mündlich bzw. wenigstens privatschriftlich geschlossen werden, sodass sich der Gang zum Notar erübrigt. Im Zivilrecht folgt dies dem allgemeinen Grundsatz, dass Verträge generell keiner Form (wie z. B. der notariellen Beurkundung, § 128 BGB) bedürfen. Ist das Rechtsgeschäft allerdings mit gewissen Risiken verbunden, sollen die Parteien durch ein gesetzliches Formerfordernis vor unüberlegten und/oder übereilten Bindungen geschützt werden (sog. Warnfunktion der Form). Eine Form ist ferner dann vorgeschrieben, soweit durch die Einhaltung dieser klargestellt und bewiesen wird, dass und mit welchem Inhalt das Rechtsgeschäft zustande gekommen ist (Palandt 2021, § 125, Rn. 1 ff.). Diese sog. Klarstellungs- und Beweisfunktion ist neben der Warnfunktion für gesellschaftsrechtliche Verträge von zentraler Bedeutung.

Im Fall der Kapitalerhöhung verpflichten sich die Altgesellschafter im Beteiligungsvertrag, darüber Beschluss zu fassen, das Stammkapital der Gesellschaft (nominal) zu erhöhen. Diese sog. **Stimmbindungsvereinbarung,** die auch gegenüber zukünftigen Gesellschaftern, d. h. den Investoren, zulässig ist, bedarf nach überwiegender Ansicht keiner Form. Spätestens bei der Durchführung der Kapitalerhöhung liegt nämlich eine entsprechende Dokumentation der diesbezüglichen Verpflichtung vor (Maidl und Kreifels 2003, S. 1091 f.).

Dennoch ist es in der Praxis ausnahmslos üblich, den Beteiligungsvertrag zumindest in **Schriftform** (§ 126 Abs. 1 BGB) abzufassen, wobei hierfür der Vertragstext und evtl. nachträglich eingefügte Änderungen jeweils durch die eigenhändige Unterschrift der Vertragsparteien abgeschlossen werden. Zu beachten ist in diesem Zusammenhang aber, dass für die anlässlich der Kapitalerhöhung notwendige Satzungsänderung (die von dem Beteiligungsvertrag zu unterscheiden ist) wiederum die **notarielle Beurkundung** (§ 53 Abs. 2 S. 1 GmbHG) vorgeschrieben ist. Gleiches gilt, wenn der Beteiligungsvertrag oder die Gesellschaftervereinbarung eine Verpflichtung zur künftigen (Rück-) Übertragung von

Geschäftsanteilen (§ 15 Abs. 4 S. 1 GmbHG, beachte hierzu § 15 Abs. 4 S. 2 GmbHG) etwa in Form von Optionsrechten oder Vestingregelungen (s. unten Abschn. 7.3) beinhalten.

Verpflichtet sich der VC-Geber in dem Beteiligungsvertrag zur Übernahme **(„Zeichnung“)** der Geschäftsanteile, bedarf dies bei einer Start-up-GmbH – ebenso wie die Übernahmeerklärung selbst (§ 55 Abs 1 GmbHG) – zumindest der notariellen Beglaubigung (Roth und Altmeppen 2021, § 55, Rn. 19). Ist das Start-up eine AG, erfordert die vertragliche Verpflichtung zur Zeichnung, genau wie die Zeichnung selbst (§ 185 Abs. 1 S. 1 AktG), hingegen lediglich die Schriftform (Maidl und Kreifels 2003, S. 1091 f.). In diesem Zusammenhang sei auch erwähnt, dass die Geschäftsanteile/Aktien der AG über einen entsprechenden Aktienkauf- und Abtretungsvertrag an mögliche Investoren ohne Notarkosten formlos und grundsätzlich frei übertragen werden können, wohingegen dies bei der GmbH gem. § 15 Abs. 1 GmbHG eine notarielle Berkundung erfordert. Diese Variante der Beteiligung des Investors (Übertragung von Geschäftsanteilen gegen Zahlung eines Kaufpreises direkt an den verkaufenden Gesellschafter und ggf. Leistung einer Zuzahlung in die Kapitalrücklage der Gesellschaft) wird auch **Secondary** (Investment) genannt, während die übliche Beteiligung durch Übernahme neuer Geschäftsanteile als **Primary** (Investment) bezeichnet wird (Thelen 2020, S. 127).

7.2.1.3.1.3 Kosten

Die **Kosten** der Beurkundung des Beteiligungsvertrages werden meist von der Gesellschaft getragen (unter bestimmten Voraussetzungen kann es sich hierbei aus Sicht des Investors allerdings um eine verdeckte Gewinnausschüttung handeln, vgl. Weitnauer 2019, S. 366 f.)

Beteiligungsvereinbarungen lösen als Verträge eine sog. 2,0-Gebühr gem. KV-Nr. 21100 GNotKG (Gerichts- und Notarkostengesetz) aus. Der Geschäftswert richtet sich nach herrschender Meinung (zu den Einzelheiten Thelen 2020, S. 141, 142 ff.) nach der Höhe des Investments und nach dem Geschäftswert der einzelnen Vertragsklauseln, der jeweils separat anzusetzen und zu addieren ist, weil es sich bei den Venture Capital typischen Vertragsklausden wie bspw. Drag-/Tag-Along-Vereinbarungen (s. dazu unten Abschn. 7.2.1.3.3.3) nach der Rechtsprechung nicht um Nebengegenstände handelt, sondern „vielmehr um die Begründung eigenständiger Rechten und Pflichten, die unter besonderen Voraussetzungen bestehen“ (OLG Köln, Beschluss vom 04.07.2018 – 2 Wx 242/18).

Sofern die Nebenvereinbarungen zukunftsbezogen sind, ist es nach Ansicht des OLG Köln, Beschluss vom 04.07.2018 – 2 Wx 242/18 sachgerecht, auf die Post-Money-Bewertung, also den Wert des Unternehmens nach Durchführung der Beteiligung abzustellen.

Für Beteiligungsverträge ist gem. § 35 Abs. 2 GNotKG grundsätzlich der allgemeine Gebührenhöchstwert von EUR 60 Mio. maßgebend. Allerdings gilt bereits für die Beurkundung von Gesellschaftsverträgen gem. § 107 Abs. 1 S. 1 GNotKG ein Höchstwert von EUR 10 Mio. (durch einen Beteiligungsvertrag wird regelmäßig eine GbR begründet, wobei der Beteiligungsvertrag den Gesellschaftsvertrag dieser GbR darstellt vgl. bereits oben 6.1.3.1; Thelen 2020, S. 144).

Hinzu kommen die Kosten der Kapitalerhöhung selbst (Übernahmeerklärung samt Kapitalerhöhungsbeschluss). Die Übernahmeerklärung löst bei einer getrennten Beurkundung gem. KV-Nr. 21200 GNotKG nur eine 1,0-Gebühr aus, wohingegen der Beschluss stets eine 2,0-Gebühr auslöst (KV-Nr. 21100 GNotKG). in den Fällen der gemeinsamen Beurkundung von Erhöhungsbeschluss und Übernahmeerklärung muss gem. § 94 Abs. 1 GNotKG eine Vergleichsberechnung durchgeführt werden. Ist die getrennte Berechnung kostengünstiger, ist diese maßgeblich (Thelen 2020, S. 145).

7.2.1.3.1.4 Verhältnis zum Gesellschaftsvertrag und sonstigem Recht

Der Abschluss des Beteiligungsvertrages unterfällt grundsätzlich der **Vertragsfreiheit** (Art. 2 Abs. 1 GG; § 311 Abs. 1 BGB). Dieser im Zivilrecht geltende Grundsatz ermöglicht es jedermann, Verträge abzuschließen und deren Vertragsgegenstand, Inhalt wie auch die Vertragspartner frei zu bestimmen, solange sie nicht gegen zwingendes Recht – wie bspw. gesetzliche Verbote (§ 134 BGB) – oder die guten Sitten (§ 138 Abs. 1 BGB) verstoßen (Säcker und Rixecker 2018, Vorbemerkung, Rn. 11).

Abweichend hiervon muss die Satzung der Gesellschaft bestimmte **Mindestregelungen** beinhalten, von denen der Beteiligungsvertrag nicht abweichen bzw. diese auch nicht modifizieren kann.

Bei einem als GmbH handelnden Start-up sind dies etwa die Firma, also der Name des Unternehmens (§ 17 Abs. 1 HGB), sowie die Bezeichnung als „Gesellschaft mit beschränkter Haftung" (§ 4 GmbHG), der Sitz der Gesellschaft, der Gegenstand des Unternehmens, die Höhe des Stammkapitals sowie die Zahl und die Nennbeträge der Geschäftsanteile, die jeder Gesellschafter gegen Einlage auf das Stammkapital übernimmt (§ 3 Abs. 1 GmbHG).

Soll das Unternehmen nur auf eine bestimmte Zeit beschränkt sein und/oder sollen die Gesellschafter über die Leistung der Stammeinlage hinausgehende Pflichten treffen, bedürfen auch diese der Niederschrift in der Satzung (§ 3 Abs. 2 GmbHG). Ist das Unternehmen eine AG, gehen die Einschränkungen der Privatautonomie und dementsprechend die Vorgaben über den gesetzlichen Mindestinhalt des Gesellschaftsvertrages , von denen der Beteiligungsvertrag nicht abweichen darf („Prinzip der Satzungsstrenge"), noch weiter. Zwingende Regelungen (vgl. § 23 Abs. 2–4 AktG) betreffen dabei

- die Gründer;
- bei Nennbetragsaktien den Nennbetrag; bei Stückaktien die Zahl, den Ausgabebetrag und (bei verschiedenen Gattungen) die Gattungen der Aktien (z. B. Stammaktien oder stimmrechtslose Vorzugsaktien), welche die Gründer/Investoren übernehmen;
- den eingezahlten Betrag des Grundkapitals;
- die Firma (Name) und den Sitz der Gesellschaft;

- den Gegenstand des Unternehmens;
- die Höhe des Grundkapitals;
- die Zerlegung des Grundkapitals in Nennbetrags- oder Stückaktien sowie ob Inhaber- oder Namensaktien ausgestellt werden;
- die Zahl der Mitglieder des Vorstands sowie
- die Form der Bekanntmachungen der Gesellschaft.

Darüber hinaus kann der Beteiligungsvertrag **frei** gestaltet werden. Da der Beteiligungsvertrag (schuldrechtlich) nur zwischen den Vertragsparteien wirkt, können die Gründer und der Investor im Übrigen vereinbaren, dass im Fall von divergierenden Regelungen des Beteiligungsvertrages mit der Satzung dennoch die entsprechende Vereinbarung des Beteiligungsvertrages im Verhältnis Investor/Gründer **vorrangig** gelten soll (Weitnauer 2019, S. 349 f.).

7.2.1.3.1.5 AGB-Inhaltskontrolle?

In der Praxis verwenden professionelle Investoren, also insbesondere VC-Gesellschaften, bei Abschlüssen von Beteiligungsverträgen häufig für eine Vielzahl von Beteiligungen vorgesehene, standardisierte **Vertragsformulare** (Zetzsche 2002, S. 942). In solchen Vertragsmustern verwendete **Klauseln** werden in der Regel nur die Interessen des VC-Gebers berücksichtigen. Soweit derartige Bestimmungen zum Nachteil des Vertragspartners von gesetzlichen Regelungen abweichen und/oder den Vertragspartner unbillig benachteiligen, können sie einer sog. **Inhaltskontrolle** (§§ 307 ff. BGB) unterliegen, die wiederum dazu führen kann, dass die entsprechende(n) Klausel(n) als solche **unwirksam** ist/sind.

Eine Inhaltskontrolle einseitig gestellter Regelungen kommt allerdings nur dann zur Anwendung, soweit es sich bei diesen um **Allgemeine Geschäftsbedingungen** im Sinne des BGB handelt. Das ist der Fall, wenn die Bestimmung für eine Vielzahl von Verträgen vorformuliert wurde und der Verwender diese der anderen Vertragspartei im Zeitpunkt des Vertragsschlusses stellt (§ 305 Abs. 1 S. 1 BGB). Werden die Regelungen des Beteiligungsvertrages dagegen von den Parteien ausgehandelt, liegen Allgemeine Geschäftsbedingungen nicht vor (§ 305 Abs. 1 S. 3 BGB). Für ein solches „Aushandeln" ist aber erforderlich, dass der Investor eine Klausel inhaltlich ernsthaft zur Disposition stellt und dem Verhandlungspartner Gestaltungsfreiheit zur Wahrung eigener Interessen einräumt (§ 305, Rn. 35). Es ist hingegen nicht Voraussetzung, dass dies zu einer Abänderung der Klausel geführt hat; sie muss nur auf den Verhandlungstisch gelegt und kann durchaus im Rahmen eines „Verhandlungspakets" aufrechterhalten worden sein (Weitnauer 2019, S. 351). Darüber hinaus wird bei sog. syndizierten, also zusammengefassten VC-Finanzierungen, bei denen mehrere VC-Geber das Start-up finanzieren, bereits kein für eine Vielzahl von Fällen vorformulierter Vertrag gegeben sein, da die Kapitalgeber die Konditionen des Beteiligungsvertrages für das Start-up in der Regel im Einzelfall aushandeln werden (Weitnauer 2019, S. 351).

7.2.1.3.1.6 Kombination mit anderen Vereinbarungen

Der Beteiligungsvertrag wird häufig durch **zusätzliche** Verträge ergänzt, die die weitere Durchführung der getroffenen Vereinbarungen regeln. Derartige Verträge werden auch als **Konsortial-** oder **Gesellschaftervereinbarungen** (bei der AG: „Aktionärsvereinbarung") bezeichnet (s. unten Abschn. 7.2.1.3.3). In der Praxis bilden Beteiligungsvertrag und Gesellschaftervereinbarung meist eine einheitliche Urkunde („**Beteiligungs- und Gesellschaftervereinbarung**").

Die Inhalte der Gesellschaftervereinbarung und des Beteiligungsvertrages korrespondieren und können sich im Einzelfall auch überschneiden. Als Faustregel gilt, dass der Beteiligungsvertrag – wie oben dargelegt – die Investmenthöhe sowie die entsprechende Struktur der Beteiligung der VC-Geber festsetzt. Darüber hinausgehende Vereinbarungen werden in Gesellschaftervereinbarungen getroffen. So kann z. B. zweckmäßig bzw. vom Investor gefordert sein, dass die Gründer die zukünftige Vorgehensweise bei Abstimmungen innerhalb der Gesellschaft in Form einer Bündelung ihrer Stimmrechte in einer entsprechenden Vereinbarung regeln (Maidl und Kreifels 2003, S. 1092). Dabei verpflichten sich die Gesellschafter untereinander bspw. schon vorab, sämtliche Erklärungen abzugeben und Handlungen vorzunehmen, die im Zusammenhang mit der Umsetzung und Durchführung der entsprechenden Verpflichtung (z. B. [Rück-] Übertragung von Geschäftsanteilen, Befreiung von satzungsmäßigen Veräußerungsverboten, etc.) notwendig und förderlich sind.

7.2.1.3.2 Vertragliche Regelungen zur Beteiligung des Investors

Der Beteiligungsvertrag im engeren Sinne fasst die wesentlichen **Bedingungen** zusammen, nach denen der Investor dem Start-up **beitritt** (s. Abb. 7.11). Die getroffenen Vereinbarungen sind dabei von der – schon bei den Beteiligungsverhandlungen bestehenden – Informationsasymmetrie zwischen dem VC-Geber und den Gründern des Start-ups geprägt. Diese folgt daraus, dass der Investor als außenstehender Dritter die wirtschaftliche **Leistungsfähigkeit** des jungen Unternehmens wegen fehlender hard facts („Fundamentaldaten") und damit einen Exit-Erlös nur unpräzise bzw. gar nicht kalkulieren kann. Hinzu kommt, dass die Gründer besser über die tatsächliche Leistungsfähigkeit des Start-ups informiert sind (vgl. oben § 7.2.1.1.2).

Um die damit für den VC-Geber verbundenen **Gefahren** so gering wie möglich zu halten, bestehen Kapitalgeber deshalb häufig auf die Aufnahme folgender Regelungen:

- Investition und Beteiligung
- Verwässerungsschutz
- Zusicherungen und Garantien
- Sonstiges (Nachschusspflichten, Kosten, etc.)

7.2.1.3.2.1 Investition und Beteiligung

Zu den wichtigsten Regelungspunkten des Beteiligungsvertrages gehören sowohl die **Investition,** zu der sich der Kapitalgeber verpflichtet, als auch die **Höhe** bzw. **Quote** der

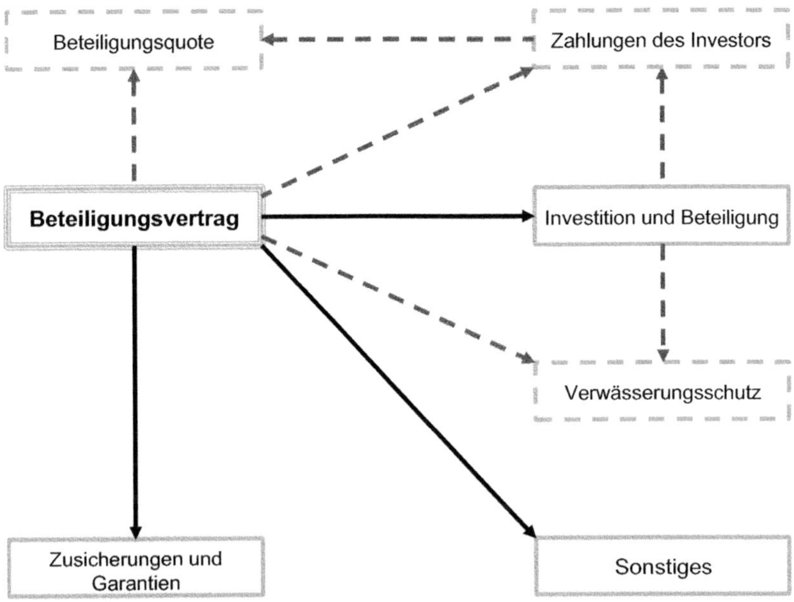

Abb. 7.11 Inhalt des Beteiligungsvertrages (im engeren Sinne)

Anteile, die dem VC-Geber im Gegenzug an dem Start-up zugestanden werden. Wie bereits ausgeführt (s. § 7.2.1.2.4.2) bestimmt sich die Beteiligungshöhe nach der entsprechenden Bewertung des Start-ups, wobei Kapitalgeber in der Praxis überwiegend Minderheitsbeteiligungen anstreben.

Da die Unternehmensbewertung des Investors im Einzelfall von derjenigen der Gründer abweichen wird – die Gründer werden das wirtschaftliche Potenzial des Start-ups bisweilen positiver bewerten als der Investor –, können, über den (vertraglich festgehaltenen) Bewertungsansatz hinausgehende **Bonus-/Malusregelungen** in den Beteiligungsvertrag aufgenommen werden, durch die nach einem bestimmten Zeitabschnitt nochmals **Beteiligungskorrekturen** in Form von **Anteilsverschiebungen** vorgenommen werden können, soweit der Unternehmensbewertung zugrunde gelegte Parameter über- oder unterschritten werden (hierbei handelt es sich um ein sog. **„Ratchet“**, vgl. Weitnauer 2019, S. 355).

Durch **Bonus- bzw. Malusregelungen** kann der Investor auf das Erreichen/Nichterreichen von Unternehmenszielen („Meilensteinen“) des Start-ups reagieren, indem bei Erreichen vereinbarter und/oder vorausgesetzter Ziele Geschäftsanteile auf die Gründer zurückübertragen („Bonus“) bzw. bei Nichterreichen dementsprechend weitere Geschäftsanteile der Gründer auf den Investor („Malus“) übertragen werden.

Die Parteien können darüber hinaus aber auch vereinbaren, dass der Investor bei einem anhaltenden Kapitalbedarf des Start-ups **weitere** Finanzierungsrunden zu dulden hat oder den zusätzlichen Kapitalbedarf seinerseits zu **decken** verpflichtet ist. In der Praxis wird eine solche „Nachschusspflicht" allerdings nur selten in den Beteiligungsvertrag aufgenommen (Weitnauer 2001, S. 1066 f.).

▶ Soll eine Beteiligung für einen bestimmten Zeitraum zu den identischen wirtschaftlichen Rahmenbedingungen der aktuellen Finanzierungsrunde möglich sein, liegt eine sog. **Second Closing** Vereinbarung vor. In diesem Fall haben sich bereits bei der aktuellen Finanzierungsrunde weitere interessierte Investoren gefunden, die aber zunächst die Beteiligung mit dem Hauptinvestor abwarten wollen; der beabsichtigte Inhalt dieses Second Closing sowie die Verpflichtung der Beteiligten zu dessen Umsetzung kann bereits im Beteiligungsvertrag verbindlich vereinbart werden (Thelen 2020, S. 128).

Erfolgt die Kapitalbereitstellung des VC-Gebers aus der Summe von Nenn- wert/Nennbetrag und Agio, muss die Investition in der Regel **vollständig** erbracht werden, d. h. der Investor muss sowohl das Kapital zur Erhöhung des Stammkapitals als auch den daneben zu zahlenden „Aufschlag" als Ganzes erbringen. Dieses „Volleinzahlungsgebot" (Maidl und Kreifels 2003, S. 1092) gilt insbesondere für die GmbH (§§ 57 Abs. 2, 7 Abs. 2 GmbHG) und die AG (§§ 188 Abs. 2, 36 Abs. 2, 36a Abs. 2 AktG).

Soweit die Volleinzahlung den Interessen der Parteien nicht entspricht, besteht daneben die Möglichkeit, eine sog. **„Earn-Out"-**Klausel zu vereinbaren. Dabei handelt es sich um eine zeitliche Staffelung der Kapitalbereitstellung, die vom Erreichen bestimmter Unternehmensziele (Meilensteine/„Milestones") abhängig gemacht wird (vgl. Maidl und Kreifels 2003, S. 1092) und vom Investor im Rahmen einer Call-Option ausgeübt werden kann.

Für die Ausschüttung des Investments im Rahmen derartiger „Finanzierungstranchen" gibt es mehrere Möglichkeiten: der VC-Geber kann sein Investment zunächst schrittweise **(„Steps")** auf zwei oder mehr Tranchen bzw. Kapitalerhöhungen bei gleichbleibender Bewertung des Start-ups verteilen, sodass es bei der Erreichung des entsprechenden Meilensteins zu einer Verschiebung der Beteiligungsquote des VC-Gebers kommt. Sofern der VC-Geber eine solche Verschiebung nicht in Kauf nehmen möchte, besteht daneben die Möglichkeit, die Bewertung des Start-ups zwischen zwei Teiltranchen bei dem Erreichen eines Meilensteins zu erhöhen (**„Step-up"**, vgl. hierzu Weitnauer 2001, S. 1067).

▶ Bei **Finanzierungstranchen** handelt es sich um Leistungen eines (Teil-) Investments, das vom Erreichen bestimmter **Meilensteine/Milestones** – also zwischen den Gründern und den VC-Gebern fest vereinbarter Unternehmensziele – abhängt (vgl. Weitnauer 2001, S. 1067).

Zur besseren Verdeutlichung (s. auch Abb. 7.12) soll hierzu nochmals das Beispiel (s. § 7.2.1.2.4.2) zur Kapitalerhöhung herangezogen werden, bei dem der Investor eine Beteiligung von 20 % durch die Erhöhung des Stammkapitals einer Start-up-GmbH von EUR 5000 auf EUR 31.250 erreichen möchte.

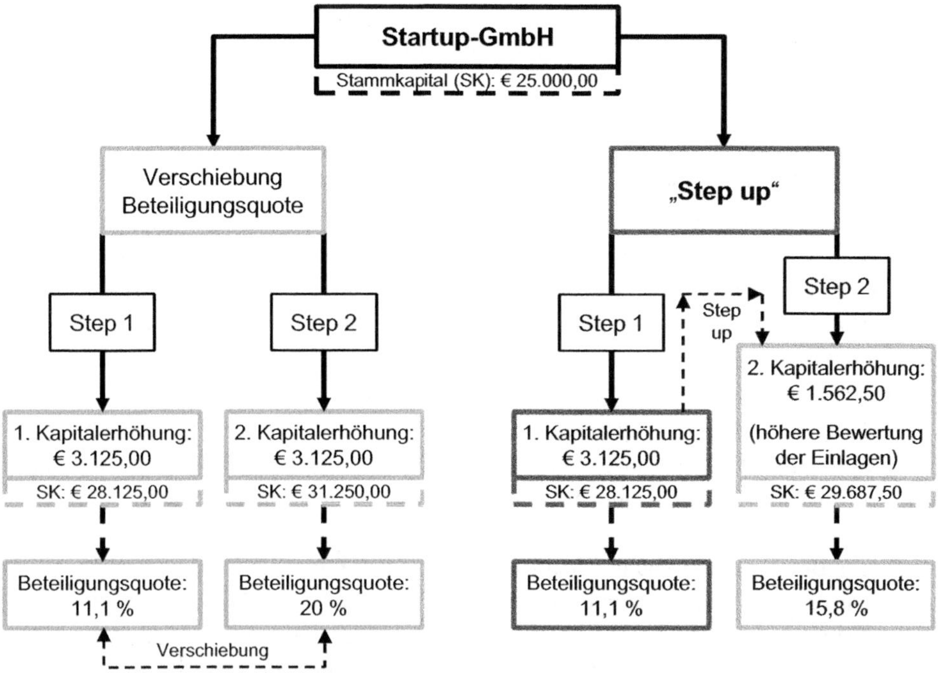

Abb. 7.12 Finanzierungstranchen einer Kapitalerhöhung

Verteilt der Investor die Kapitalerhöhung auf zwei Tranchen zu je EUR **3125** so erwirbt er im **„1. Step“** nicht etwa nur die Hälfte seiner angestrebten Beteiligung von 20 %, also 10 %, sondern die Beteiligungsquote **„verschiebt“** sich von 10 % auf rund 11,1 % (3125/28.125 × 100 = 11,11 %). Leistet der Investor im **„2. Step“** die Übrigen EUR 3125, so „verschiebt“ sich seine Beteiligungsquote nunmehr auf die ursprünglich angestrebten 20 %.

Der Vorteil des VC-Gebers bei dieser Methode liegt darin, dass er – sofern das Start-up den für die zweite Finanzierungstranche notwendigen Meilenstein nicht erreicht – zumindest eine **höhere** Beteiligungsquote (gemessen an seiner geleisteten Einlage) behält. Bei dieser „schrittweisen“ Kapitalerhöhung bleibt die Bewertung der Geschäftseinlage der Start-up-GmbH stets gleich. Bei der sog. „Step-up“-Methode erfahren die Geschäftsanteile bei Erreichen des zweiten Meilensteins demgegenüber eine **Aufwertung,** die bspw. dergestalt ausfallen kann, dass der VC-Geber bereit ist, die Bewertung der Einlagen zu verdoppeln. Bleibt es bei der oben angeführten Gesamtinvestition von EUR 2 Mio., würde dies auf das Beispiel übertragen bedeuten, dass der VC-Geber lediglich Geschäftsanteile zum Nennwert von EUR 1.562,50 erhält und sich seine Beteiligungsquote dementsprechend auf rund 15,8 % (4.687,50/29.687,50 × 100 = 15,8 %) verringert. Da die Investitionssumme, also die EUR 2 Mio., sich nicht verringert, bedeutet dies für den VC-Geber, dass er für den gleichen „Kaufpreis“ – aufgrund der nunmehr höheren Bewertung des Start-ups – weniger Geschäftsanteile und damit eine geringere Beteiligung erhält. Diesbezüglich ist das „Step-up"-Modell für Gründer **vorteilhaft.**

7.2.1.3.2.2 Verwässerungsschutz

Zur Verringerung des Investitionsrisikos bestehen Investoren oftmals auf die Aufnahme von **„Verwässerungsschutz"-** (**„Anti-Dilution"-**) Klauseln, die mitunter auch als **„downside-protection"** -Regelungen bezeichnet werden. Dadurch will der Investor verhindern, dass bei späteren Finanzierungsrunden (**„down-rounds"**) eine geringere Unternehmensbewertung zugrunde gelegt wird, als bei seiner eigenen Beteiligungsrunde veranschlagt wurde (Maidl und Kreifels 2003, S. 1093). Dies ist gewöhnlich dann der Fall, wenn die Pre-Money-Bewertung (s. oben Abschn. 7.2.1.1.2) für Folgeinvestoren niedriger als die Post-Money-Bewertung der aktuellen Finanzierungsrunde sein sollte.

Der Begriff „Verwässerungsschutz" ist an sich irreführend, weil es dabei nicht um einen Schutz schlechthin vor jeder Reduzierung der Beteiligungsquote geht, sondern allein um den angesprochenen Schutz vor einer niedrigeren Bewertung bei dem Hinzutreten weiterer Investoren (Weitnauer 2019, S. 356 f.).

Ist das Bewertungsniveau des Start-ups in der neuen Finanzierungsrunde im Vergleich zur ursprünglichen Unternehmensbewertung gesunken, ermöglichen Verwässerungsschutzklauseln daher den Altinvestoren, ihre Beteiligung an dem Start-up durch die Übernahme bzw. „Zeichnung" neuer Geschäftsanteile oder Aktien zu einem geringeren Nominalbetrag aufzustocken (**„kompensierende Anteilsausgabe")**. Dies ergibt sich aus dem über das für die GmbH in entsprechender Anwendung von § 186 Abs. 1 AktG geltende Bezugsrecht von Gesellschaftern bei Kapitalerhöhungen. Die Investoren haben also das Recht, neue Geschäftsanteile in dem Nominalwert gegen Bareinlage zu zeichnen, der erforderlich ist, um ihre Beteiligungsquote vor der (Folge-) Kapitalerhöhung zu erhalten. Bis zu welchem Niveau der Übernahmepreis dabei gesenkt werden kann, hängt davon ab, ob eine **„Full-Ratchet"-** (s. Abb. 7.13) oder **„Weighted-Average"-**Klausel (s. Abb. 7.14) vertraglich vereinbart wurde (v. Einem et al. 2004, S. 2702).

Verwässerungsschutz kann dem VC-Geber in Form eines Full-Ratchet oder mithilfe der Average- bzw. Weight-Average-Methode gewährt werden. Bei einem sog. **Full-Ratchet** kann ein Investor einer früheren Finanzierungsrunde so viele weitere Geschäftsanteile übernehmen („zeichnen") bis der Durchschnittspreis aller seiner Geschäftsanteile dem innerhalb späterer Finanzierungsrunden ermittelten Einstiegspreis des Neuinvestors entspricht (Weitnauer 2019, S. 356). Alternativ hierzu können im Rahmen der **Average-Methode** die bisherigen Finanzierungsrunden zusammengefasst und auf dieser Grundlage eine durchschnittliche Unternehmensbewertung bzw. durchschnittliche Übernahmepreise der Geschäftsanteile ermittelt werden (Dittmar et al. 2013). Sofern bei der Bildung solcher Durchschnittsbewertungen zusätzlich die divergierenden Summen des durch die einzelnen Investoren in den entsprechenden Finanzierungsrunden eingebrachten Kapitals berücksichtigt werden, handelt es sich um einen sog. **Weighted-Average-** Verwässerungsschutz (v. Einem et al. 2004, S. 2703).

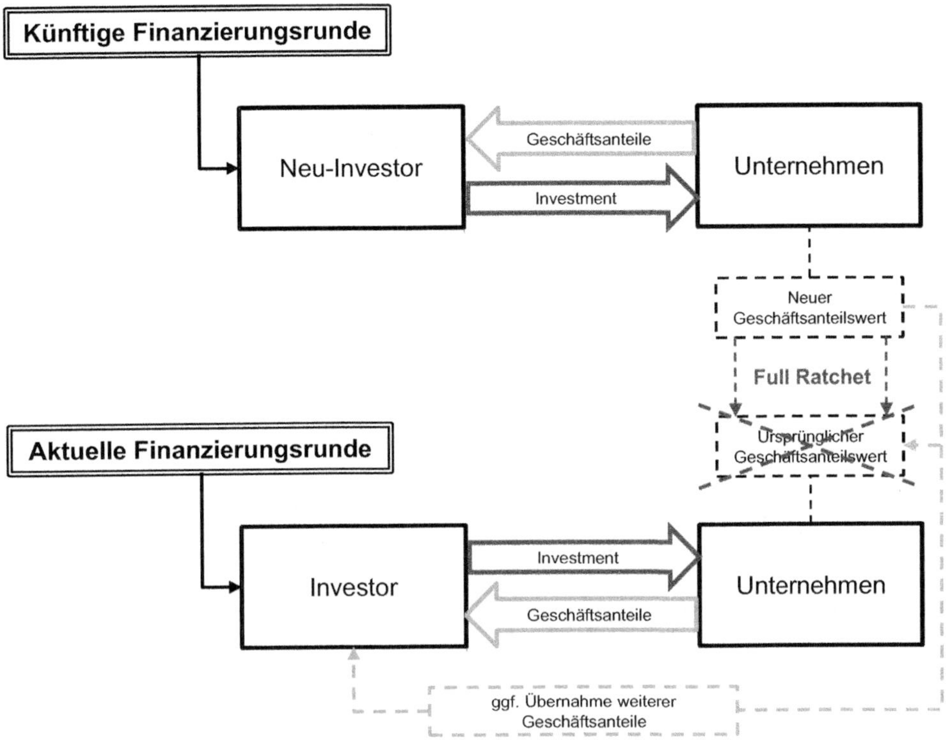

Abb. 7.13 Full-Ratchet Verwässerungsschutz

7.2.1.3.2.3 Zusicherungen und Garantien

Beteiligungsverträge enthalten häufig ein eigenständiges und abgeschlossenes **Haftungsregime,** das die gesetzlichen Bestimmungen ergänzt oder sogar – soweit rechtlich zulässig – vollständig ersetzt. Dieses ist durch eine Vielzahl von **Zusicherungen** und selbstständigen **Garantien,** welche die Parteien im Zivilrecht nach dem Grundsatz der Vertragsfreiheit, § 311 Abs. 1 BGB, ohne Weiteres vereinbaren können, gekennzeichnet.

In der Regel ist der Investor daran interessiert, den Wert von Geschäftsanteilen, den er selbst zugrunde gelegt hat, durch Zusicherungen langfristig zu **erhalten,** um bei Abweichungen von dem angenommen Wert Verluste **kompensieren** zu können.

Da sich ungeachtet der durchgeführten Due Diligence (s. dazu oben 7.2.1.2.3) die rechtlichen und wirtschaftlichen Verhältnisse nur beschränkt bewerten lassen und diese ohnehin stets von der Richtigkeit und Vollständigkeit der überlassenen Informationen abhängen, wird das Investment von umfangreichen und verschuldensunabhängigen Garantieversprechen i.S.v. § 311 Abs. 1 BGB abhängig gemacht (Thelen 2020, S. 129).

Gleichzeitig wird das gesetzliche Haftungsregime (Gewährleistungsrecht, Haftung nach den Grundsätzen der culpa in contrahendo) ausgeschlossen. An die Stelle der gesetzlichen Bestimmungen treten ausführliche vertragliche Regelungen („**Garantiekatalog**") zu den Folgen einer Garantieverletzung wie Form des Schadensersatzes, Verjährung, Be-

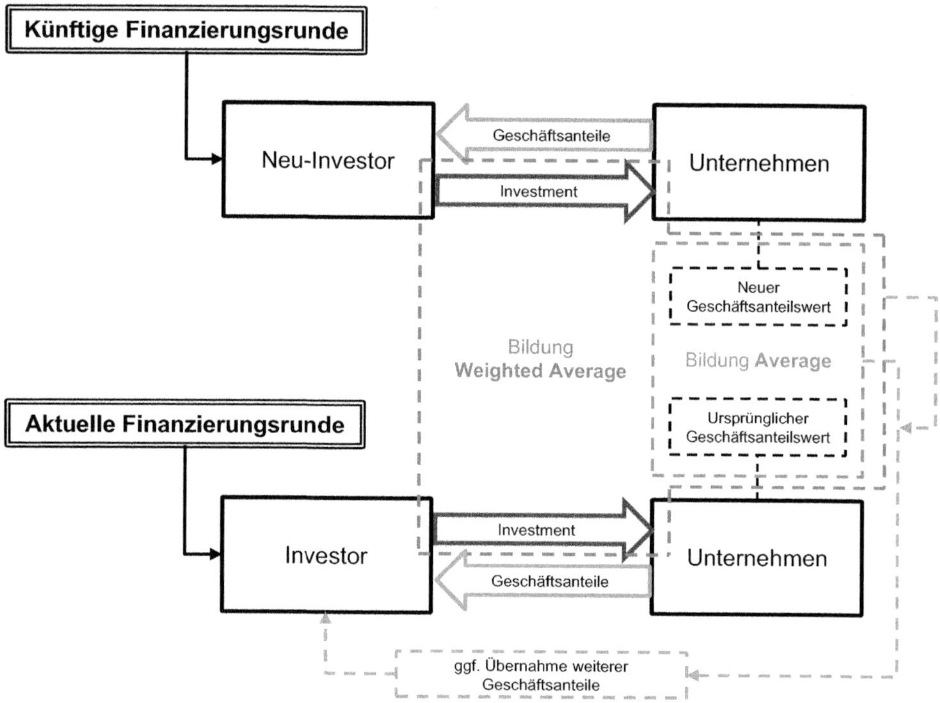

Abb. 7.14 Weighted-Average Verwässerungsschutz

grenzung des Umfangs („cap") und Ausschluss des Schadensersatzes (bspw. „de-minimis-Regelung"). Dabei wird vertraglich klargestellt, dass es sich bei den Garantien um solche nach § 311 Abs. 1 BGB handelt und nicht um Beschaffenheitsvereinbarungen nach § 434 Abs. 1 BGB oder Garantien für die Beschaffenheit einer Sache i. S. d. §§ 443, 444 BGB (Thelen 2020, S. 129).

Üblich sind in diesem Zusammenhang Garantien der Gründer und des Start-ups selbst, wobei letztgenannte nicht immer zulässig sind. Die Wirksamkeit einer entsprechenden Zusicherung ist insbesondere dann zweifelhaft, sofern sich das Start-up verpflichtet, bei der Verletzung von gegebenen Garantien Schadensersatz an die (Neu-) Gesellschafter zu leisten.

Insoweit besteht die Gefahr der Umgehung des **Kapitalerhaltungsgrundsatzes** (vgl. § 30 Abs. 1 GmbHG bzw. § 57 Abs. 1 AktG), wonach das Stamm- oder Grundkapital seine Funktion als garantierte Haftungsmasse nur erfüllen kann, soweit das Mindestvermögen nicht durch Auszahlungen an die Gesellschafter oder Aktionäre aufgebraucht wird. Folglich darf der Investor sein Investitionsrisiko nicht auf das Start-up abwälzen (Mellert 2003, S. 1099), da ihm in wirtschaftlicher Betrachtungsweise seine geleistete Einlage bei einer unrichtigen Garantie der Gesellschaft durch die Zahlung aus der Garantieverletzung wieder rückgängig gemacht wird.

- **Ausnahmen** von der Pflicht zur Kapitalerhaltung gelten lediglich für gesetzlich legitimierte Leistungen. Bei der GmbH handelt es sich dabei insbesondere um Zahlungen aus einem Beherrschungs- und Gewinnabführungsvertrag (hierzu vgl. § 291 AktG) oder Leistungen, die durch einen vollwertigen Gegenleistungs- oder Rückgewähranspruch gegen die Gesellschafter gedeckt sind (s. § 30 Abs. 1 S. 2 GmbHG). Für die AG gilt Entsprechendes (§ 57 Abs. 1 S. 3 AktG).

In dieser Hinsicht weniger problematisch sind demgegenüber persönliche Zusicherungen und Garantien der **Unternehmensgründer,** die in der Praxis von Investoren auch häufig in Anspruch genommen werden. Solche Zusicherungen betreffen oftmals Fragen, die bereits Gegenstand der Due Diligence waren, wie bspw. die ordnungsgemäße Errichtung, das tatsächliche Bestehen und die Lastenfreiheit der Geschäftsanteile oder die vollständige und zutreffende Darstellung der operativen Unternehmenssituation des Start-ups durch die Gründer. Insbesondere bei digitalbasierten Unternehmen ist in diesem Zusammenhang ferner unerlässlich, dass die zum ordnungsgemäßen Geschäftsbetrieb erforderlichen IP-/IT-Rechte bei der Gesellschaft liegen bzw. sofern dies noch nicht der Fall ist, von den Gründern unentgeltlich an die Gesellschaft übertragen werden („**IP-/IT Garantie**").

- Die wichtige Frage, ob sämtliche zum Geschäftsbetrieb des Unternehmens erforderlichen IP/IT-Rechte (z.B. Software, Konzepte, Quellcode und Objektcode, Texte, Bilder, Grafiken, Unterlagen, Skizzen, Konzepte, Algorithmen, Domains, Marken, Logos etc.) beim Unternehmen liegen, ist bereits im Rahmen der Due Diligence wichtig und wird spätestens bei der Abgabe der geforderten verschuldensunabhängigen IP-/ITGarantie entscheidend. Die Gründer sollten daher selbst sowie mit sämtlichen Mitarbeitern und vor allem Freelancern eine entsprechende **IP-Rechteübertragungs- bzw. -Nutzungsvereinbarung** abschließen, um eine entsprechende Garantie „nach bestem Wissen" abgeben zu können.

  Die Rechteübertragungsvereinbarung sollte dabei u.a. die jeweils beabsichtigten Nutzungsarten der kreativen Ergebnisse im Einzelnen exemplarisch aufführen. Bei freien Mitarbeitern ist der Abschluss einer separaten IP-Rechteübertragungsvereinbarung hingegen zwingend erforderlich, da hier bspw. § 43 UrhG nicht gilt, wonach dem Arbeitgeber auch ohne gesonderte vertragliche Vereinbarung diejenigen Nutzungs- und Verwertungsrechte an den urheberrechtlichen Werken des Arbeitnehmers (vgl. § 2 UrhG) eingeräumt werden, die der Arbeitnehmer „in Erfüllung seiner Verpflichtungen aus einem Arbeits- oder Dienstverhältnis geschaffen hat".

  Um Unklarheiten darüber zu vermeiden, ob die Schöpfungen tatsächlich in Erfüllung der Verpflichtungen aus dem Arbeitsverhältnis geschaffen worden sind, sollten klare Regelugen zum Aufgabenkreis eines kreativ tätigen Mitarbeiters in den Arbeitsvertrag aufgenommen werden. Darüber hinaus empfiehlt sich aus Gründen der

Klarheit aber auch hier der Abschluss einer separaten IP-Rechteübertragungs- bzw. -Nutzungsvereinbarung.

Dies gilt insbesondere vor dem Hintergrund des im Urheberrecht geltenden Grundsatzes, dass Nutzungsrechte an urheberrechtlich geschützten Werken im Zweifel – also ohne eine entsprechende konkrete, die jeweiligen Nutzugsarten exemplarisch aufführende Vereinbarung – nur im geringsten, dem Zweck des Grundvertragsverhältnisses annehmbaren Umfang übertragen werden (sog. „Zweckübertragungsgrundsatz", vgl. auch § 31 Abs. 5 UrhG).

Sofern die Unternehmensgründung **gewissenhaft** vorbereitet und ordnungsgemäß umgesetzt wurde, dürften derartige Garantien mit einem überschaubaren Risiko abgegeben werden können (vgl. auch Dittmar et al. 2013).

► Entscheidend ist dabei vor allem aus Sicht der Gründer, ob die Garantien verschuldensunabhängig abgegeben werden oder nur („nach bestem Wissen") aus subjektiver Sicht der Gründer die positive Kenntnis bzw. Unkenntnis von bestimmten Umständen zum Gegenstand haben.

Etwas anderes gilt allerdings für (prospektive) Zusicherungen der Gründer zum operativen Geschäft des Start-ups. Hierbei gilt es zu beachten, dass Gründer bei Verletzung derartiger Garantiezusagen persönlich, d. h. auch mit ihrem **Privatvermögen,** haften. Dementsprechend sollte aus Gründersicht darauf geachtet werden, dass in dem Beteiligungsvertrag erstens so wenig Zusicherungen wie möglich aufgenommen, zweitens bei unabwendbaren Garantieverlangen der VC-Geber zumindest die Rechtsfolgen (z. B. Haftungsbeschränkung auf den Betrag der vom Investor geleisteten Einlage und Zuzahlungen, Haftungshöchstbetrag (cap), Verjährung, Möglichkeit der Erfüllung von Schadensersatzansprüchen durch die Übertragung von Geschäftsanteilen, etc.) begrenzt und schließlich die übernommenen Zusicherungen und Garantien ausdrücklich als abschließende Regelungen der Gewährleistungshaftung und -ansprüche ausgestaltet werden (Dittmar et al. 2013).

Ungeachtet aller Garantien muss dem Investor klar sein, dass das mit seiner Beteiligung an einem Start-up verbundene finanzielle Engagement zu einem Totalverlust seiner Investition führen kann. Maßgeblich für das Für und Wider seines Investments sollten daher nicht allein die von den Gründern abgegebenen Garantien, sondern vielmehr seine eigene Entscheidung, Untersuchung und Beurteilung des Geschäftsmodells, noch mehr aber der dahinterstehenden Personen, sein.

Die üblichen operativen Garantien beziehen sich in der Regel auf die in Abb. 7.15 dargestellten Umstände:

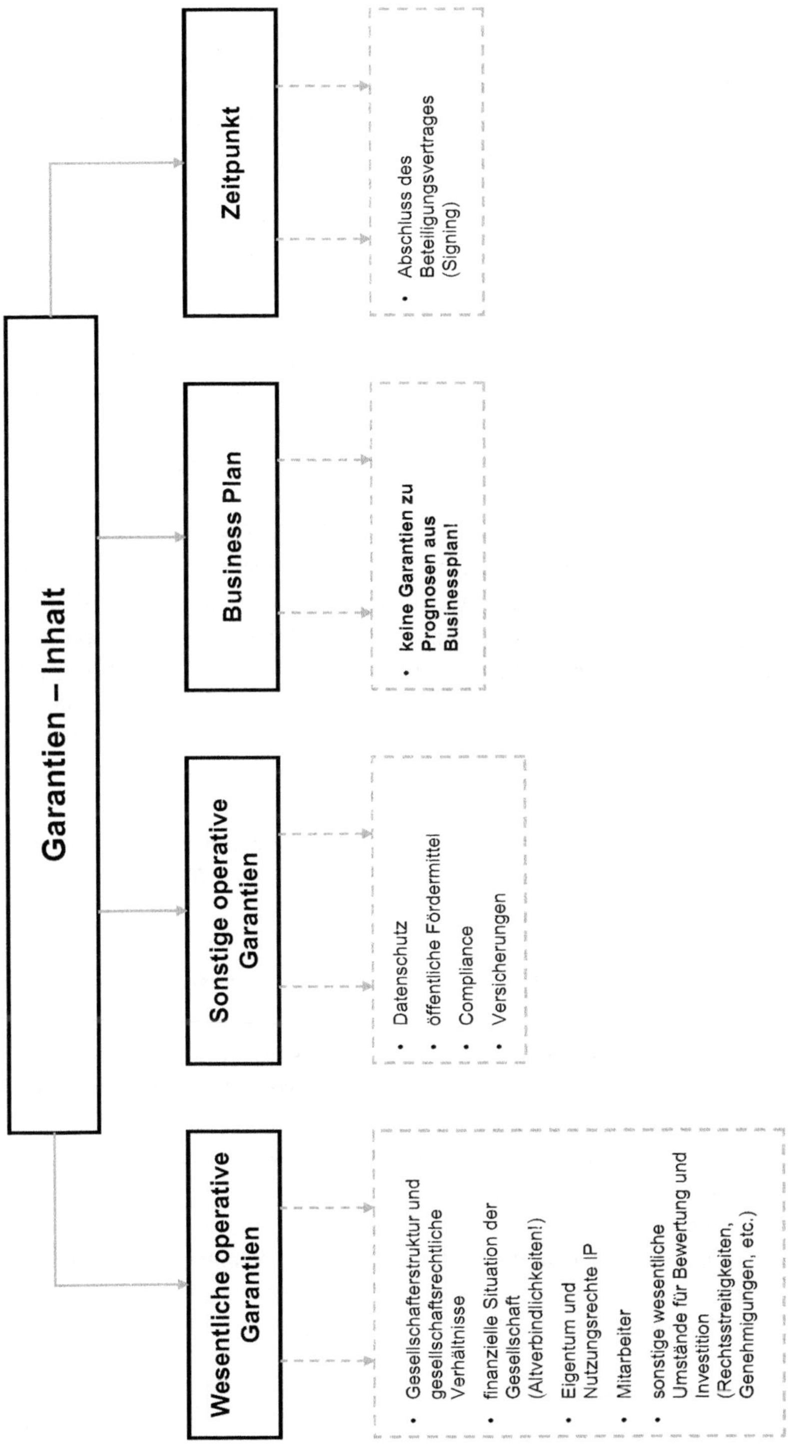

Abb. 7.15 Garantien Überblick.

7.2.1.3.2.4 Sonstiges (Pay to Play, Kosten u. a.)

Des Weiteren besteht (in seltenen Ausnahmefällen) die Möglichkeit, dass die Parteien eine Nachschusspflicht des VC-Gebers durch eine sog. **„Pay to Play"**-Klausel vertraglich festlegen. Dies hat für die Gründer den Vorteil, dass die Finanzierung des Start-ups bei einer solchen Vereinbarung langfristig gesichert ist. Eine „Pay to Play"-Klausel ist in der Regel so ausgestaltet, dass der Investor seine Sonderrechte – insbesondere den gewährten Verwässerungsschutz, die Liquidationspräferenzen (s. unten § 7.2.1.3.3.5) oder sogar seine Geschäftsanteile und damit seine Beteiligung an dem Start-up – gänzlich **verliert,** wenn er bei einer neuerlichen Finanzierungsrunde von seinem Bezugsrecht keinen Gebrauch macht (Weitnauer 2019, S. 358). Hierzu bedarf es allerdings der ausdrücklichen Zustimmung des Investors im Beteiligungsvertrag (im engeren Sinne) oder der Gesellschaftervereinbarung (Weitnauer 2019, S. 358). Der Investor wird jedoch regelmäßig nicht zu weiteren Zahlungen bereit sein, sobald er sein Investment vollumfänglich geleistet hat. Insofern wird er die entsprechende Zustimmung zu einer Nachschusspflicht in der Praxis höchst selten erteilen.

Schließlich sollten die Parteien auch klären, wie die im Zusammenhang mit dem Abschluss des Beteiligungsvertrages anfallenden **Kosten** (s. hierzu auch 7.2.1.3.1.3) aufzuteilen sind. Im Zweifel wird sich der Investor zur Übernahme der Notar- (Beurkundung des Vertrages) und Eintragungskosten (Eintragung im Handelsregister) sowie der in Zusammenhang mit dem Entwurf und der Verhandlung der Vereinbarung stehenden Beraterkosten verpflichten. Hinsichtlich der Honorare für in Anspruch genommene Rechts-/Steuer- und Wirtschaftsberatungsleistungen empfiehlt es sich allerdings, eine **Obergrenze** festzulegen, bis zu derer die anfallenden Kosten auf Seite des Start-ups vom VC-Geber übernommen werden (Weitnauer 2019, S. 366).

Im Übrigen können im Beteiligungsvertrag – je nach Geschäftsmodell und Branche des Start-ups – Absprachen über folgende Regelungspunkte getroffen werden (Weitnauer 2001, S. 1070):

- **besondere Zustimmungsrechte** bei ungewöhnlichen Rechtsgeschäften mit erheblichen Risiken
- Regelungen zur Rechtsnachfolge und zu ggf. dem Investor gewährten **Sonderrechten**
- Gewährung von **Krediten** bzw. Stellung von **Sicherheiten** bei Krediten an Gesellschafter und/oder deren Angehörige
- Notwendigkeit behördlicher **Genehmigungen** und **Konzessionen**
- **Gerichtsstand** bei Rechtsstreitigkeiten
- **Steuerpflichten** und sonstige öffentliche Abgaben
- Handhabung und Vorgehensweise bei ungewöhnlichen Rechtsgeschäften mit erheblichen Risiken
- Übernahme/Fusionen von/mit anderen Unternehmen

7.2.1.3.3 Gesellschaftervereinbarung

Bei einer **Gesellschaftervereinbarung** oder **Konsortialvereinbarung** handelt es sich um eine den Beteiligungsvertrag ergänzende – meist schriftliche Abrede – zwischen den Gründern und dem Investor (vgl. Fleischer und Goette 2018, § 15, Rn. 71), durch die insbesondere das zukünftige Zusammenwirken und Miteinander der Parteien geregelt wird. Beide Verträge werden in der Praxis regelmäßig in Form einer **einheitlichen „Beteiligungs- und Gesellschaftervereinbarung"** zusammengefasst.

Im Unterschied zum Beteiligungsvertrag im engeren Sinne, der die Modalitäten des Beitritts des VC-Gebers zu dem Start-up regelt und diesen damit erst zum Gesellschafter des Unternehmens macht, bestimmt die Gesellschaftervereinbarung die **Beziehungen** und **Rechte** der Gesellschafter untereinander. Demgegenüber regelt der Gesellschaftsvertrag (zum Verhältnis von Beteiligungsvertrag, Gesellschaftervereinbarung und Satzung s. Abb. 7.16), der auch als Satzung bezeichnet wird, zunächst die Vereinbarung der Gründer über die Errichtung des Unternehmens als solches.

Die Gesellschaftervereinbarung ist unbedingt für eine bestimmte Mindestlaufzeit zu befristen. Andernfalls besteht die rechtliche Möglichkeit, diese jederzeit zu kündigen (§ 723 Abs. 1 Satz 1 BGB) und somit die Gefahr, dass der mit dem Beteiligungsvertrag verfolgte Investmentzweck – sei es durch die Gründer oder den Investor – konterkariert wird. Dies ergibt sich daraus, dass die Gesellschaftervereinbarung rechtlich selbst als GbR einzuordnen ist (mit der Folge, dass somit auch die Vorschrift des § 723 BGB anwendbar ist), da sie zur „Erreichung eines gemeinsamen Zweckes als gegenseitige Verpflichtung der Gesellschafter" (§ 705 BGB) nicht nur die Höhe und die strukturelle Ausgestaltung des Investments selbst betrifft, sondern auch die Gesellschafterstellung zwischen Neu- und Altgesellschaftern, bestenfalls bis zum Exit, bestimmt und konkretisiert.

Der **Gesellschaftsvertrag** (bspw. einer GmbH) ist die Grundlage für die Rechtsverhältnisse, wie bspw. die Vertretung gegenüber Dritten im Außenverhältnis, die internen Beziehungen zu den Gesellschaftern und die Rechtsstellung der Organe (Geschäftsführer) sowie die Befugnisse der Gesellschafter im Innenverhältnis (vgl. Wicke 2020, § 2, Rn. 2). Die Satzungsregelungen wirken insofern über die am Vertragsschluss beteiligten Gründer hinaus, sind als Verfassung des Unternehmens auch für künftige Gesellschafter bindend (sofern sie nicht mehrheitlich abgeändert werden) und haben zudem für den allgemeinen Rechtsverkehr Bedeutung (Wicke 2020, § 2, Rn. 2). Inhaltlich muss der Gesellschaftsvertrag den Sitz der Gesellschaft, den Gegenstand des Unternehmens, den Betrag des Stammkapitals und die Zahl und die Nennbeträge der Geschäftsanteile, die jeder Gesellschafter gegen Einlage auf das Stammkapital (Stammeinlage) übernimmt, enthalten (§ 3 Abs. 1 GmbHG, s. hierzu auch § 7.2.1.3.1.3).

Obgleich sich die Befugnisse der Gesellschafter im **Innenverhältnis** mit der zwischen den Gründern und den VC-Gebern getroffenen Gesellschaftervereinbarung **decken** wer-

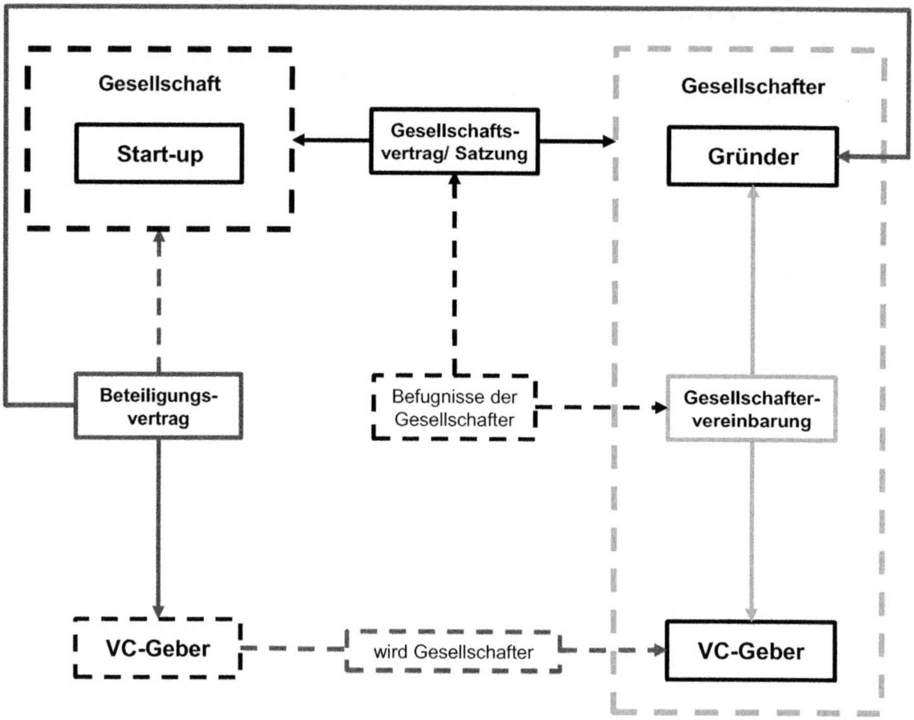

Abb. 7.16 Verhältnis Beteiligungsvertrag, Gesellschaftervereinbarung und Satzung

den, bedarf der Gesellschaftsvertrag zur Umsetzung des Beteiligungsvertrags (im engeren Sinne) wie auch der Gesellschaftervereinbarung regelmäßig einer Anpassung. Hierbei empfiehlt es sich, die Satzungsanpassung lediglich auf diejenigen Änderungen zu beschränken, die zur Umsetzung der innerhalb der Gesellschaftervereinbarung getroffenen Regelungen zwingend notwendig sind (vgl. Maidl und Kreifels 2003, S. 1092).

In die Gesellschaftervereinbarung sollten etwa folgende Punkte aufgenommen werden:

- **Einrichtung** und **Zusammensetzung** von Organen und Gremien
- **Kontrolle** des Gesellschafterbestandes
- **Ausscheiden** von (Alt-)Gesellschaftern
- **Informations** – und **Kontrollrechte**
- **Exit** -Regelungen und **Liquidationspräferenzen**
- **Vesting** der Anteile der Gründer bzw. des operativ tätigen Managements
- **Wettbewerbsverbot**
- **Kontrolle bei (indirekter) Beteiligung der Gründer durch eine juristische Person („Founder-Vehikel")**
- **Ehelicher Güterstand**

7.2.1.3.3.1 Einrichtung und Zusammensetzung von Organen und Gremien

Oft besteht der Investor darauf, dass eine Person seines Vertrauens (Co-) Geschäftsführer wird. Dies ist durch ein sog. **Benennungs-** oder **Bestellungsrecht** sicherzustellen. Gegen einen entsprechenden Vorschlag des Kapitalgebers werden sich die Gründer in der Praxis dann nur aus wichtigen, im Interesse der Gesellschaft liegenden Gründen zur Wehr setzen können. Die Alternative dazu ist die Vereinbarung eines, den gegensätzlichen Beschluss der übrigen Gesellschafter blockierenden **Vetorechts.**

Auch kann es empfehlenswert sein, sich über die Schaffung und Besetzung eines **Aufsichtsrats** – sofern ein solcher bisher noch nicht besteht – abzustimmen. Der Aufsichtsrat ist ein Kontrollorgan, dessen Hauptaufgabe es ist, unwirtschaftliches, fehlerhaftes und/oder eigennütziges Verhalten der Geschäftsleitung aufzudecken bzw. gänzlich zu verhindern (Henssler und Strohn 2019, § 52 GmbHG, Rn. 12). In Kapitalgesellschaften ist die Errichtung eines Aufsichtsrates teilweise gesetzlich vorgeschrieben (so z. B. für die AG gemäß §§ 95 AktG ff.) oder kann sich aus dem Gesellschaftsvertrag ergeben (so z. B. § 52 GmbHG für die GmbH, hierbei handelt es sich dann um einen sog. **„fakultativen Aufsichtsrat“**). Bei der Besetzung des Aufsichtsrates müssen die Gründer damit rechnen, dass der Investor mindestens ein Mitglied (regelmäßig sich selbst) dieses Kontrollorgans selbst bestimmen wollen wird (Weitnauer 2001, S. 1071).

Je nach Branche des Start-ups kann es im Einzelfall hilfreich sein, einen **Beirat** (**„Board“**) einzurichten, der die Geschäftsleitung berät und mit Fachwissen unterstützt (vgl. Maidl und Kreifels 2003, S. 1094). Ob die Errichtung eines Aufsichtsrates oder Beirates in der Frühphase des Start-ups tatsächlich nötig ist, sollten die Gründer gemeinsam mit dem Investor abwägen. Entsprechende Regelungen zur Errichtung eines fakultativen Aufsichtsrates/Beirates sollten aber in jedem Fall im Gesellschaftsvertrag selbst und nicht nur in der Gesellschaftervereinbarung vorgesehen sein (Kammergericht Berlin, Urt. v. 23. Juli 2015 – Az. 23 U 18/15).

7.2.1.3.3.2 Kontrolle des Gesellschafterbestandes

Sowohl der Investor wie auch die Gründer werden in der Regel darum bemüht sein, **Gesellschafterwechsel** zumindest bis zum geplanten Exit zu vermeiden, um eine insbesondere von den Investoren nicht getragene Veränderung der Verteilung der Geschäftsanteile und damit der **Stimmrechte** innerhalb des Start-ups zu **verhindern.** Die entsprechende Einschränkung der Übertragbarkeit eines Anteils wird auch als **„Vinkulierung“** bezeichnet. Vinkulierungen innerhalb einer **„Lock-Up Periode“** – also einem Zeitraum, in dem es den Gesellschaftern des Start-ups untersagt ist, ihre Geschäftsanteile an außerhalb des Unternehmens stehende Dritte zu veräußern (vgl. Achleitner 2001, S. 931) – werden in der Praxis durch zivilrechtlich anerkannte (§ 137 S. 2 BGB) schuldrechtliche Vereinbarungen in Form von Zustimmungsvorbehalten, Andienungspflichten bzw. Vorerwerbs- oder Vorkaufsrechten geregelt (vgl. Weitnauer 2001, S. 1071).

► Eine **Vinkulierung** (lat. vinculum = Fessel) beschreibt die – in der Regel zeitlich begrenzte – Beschränkung der Übertragbarkeit der Geschäftsanteile der Gesellschafter auf Dritte insofern, als sie zu ihrer Wirksamkeit der Zustimmung der übrigen Gesellschafter oder zumindest des Investors bedürfen (vgl. Roth und Altmeppen 2021, § 15, Rn. 97).

Derartige Zustimmungsvorbehalte bewirken, dass ein Gesellschafter die von ihm gehaltenen Geschäftsanteile nur bei Einverständnis aller oder einer Mehrheit der übrigen Gesellschafter an einen Dritten veräußern kann. Andienungspflichten, Vorerwerbs- und Vorkaufsrechte (**„Right of first refusal"**) stellen demgegenüber sicher, dass ein Gesellschafter, der seine Geschäftsanteile verkaufen möchte, diese zunächst den übrigen Gesellschaftern anbieten muss. Da solche vertraglichen Konstruktionen lediglich zwischen den Parteien wirken, kann ein Gesellschafter seine Geschäftsanteile – trotz Vinkulierung oder bestehender Vorkaufsrechte der übrigen Gesellschafter – dennoch wirksam auf einen Dritten übertragen. Insofern empfiehlt es sich, für derartiges Handeln Sanktionen, wie Schadensersatzansprüche oder Vertragsstrafen in die Gesellschaftervereinbarung aufzunehmen. Ferner besteht die – in der Praxis allerdings umständliche – Möglichkeit, sämtliche Geschäftsanteile auf einen Treuhänder zu übertragen und von diesem verwalten zu lassen, um vorzeitige Veräußerungen zu verhindern (Maidl und Kreifels 2003, S. 1094 f.).

Ist die Vinkulierung allerdings in der Satzung selbst verankert, ist sie allerdings auch gegenüber Dritten wirksam, da gem. § 15 Abs. 5 GmbHG die Abtretung von Geschäftsanteilen ausdrücklich eingeschränkt, insbesondere von der Genehmigung der Gesellschaft oder der Zustimmung aller Gesellschafter oder der Gesellschafterversammlung abhängig gemacht werden kann (Thelen 2020, S. 134). Eine (gegen die Vinkulierung) erfolgte Abtretung wäre schwebend unwirksam und würde erst nach Vorliegen der in der Vinkulierungsklausel vereinbarten Voraussetzungen rückwirkend wirksam werden (Henssler und Strohn 2019, § 15 GmbHG, Rn. 99; Thelen 2020, a.a.O.)

► Ein **Right of first refusal** bezeichnet ein Vorkaufsrecht, das bestehenden Gesellschaftern bei Kaufangeboten von außerhalb des Start-ups stehenden Dritten den Erwerb der Geschäftsanteile des veräußerungswilligen Gesellschafters vor dem Verkauf an den potenziellen Käufer ermöglicht.

7.2.1.3.3.3 Ausscheiden von (Alt-)Gesellschaftern (Drag Along/Tag Along)

Im Hinblick auf einen späteren Exit sind Mitverkaufspflichten (**„Drag Along"**) und -rechte (**„Tag Along"**) sowohl für den Investor als auch die Gründer von zentraler Bedeutung (vgl. Zirngibl und Kupsch 2011, S. 579). Durch diese kann die Mehrheit der Gesellschafter die Minderheitsgesellschafter zwingen, ihre Geschäftsanteile an dem Start-up zu identischen Bedingungen wie die Mehrheitsgesellschafter an einen Dritten zu veräußern. Umgekehrt wird den Minderheitsgesellschaftern das Recht eingeräumt, ihre Anteile bei einer Veräußerung durch die Mehrheit der Gesellschafter zu den gleichen Konditionen zu verkaufen (Dittmar et al. 2013).

Ein Schutz vor einem vorzeitigen Ausscheiden von Gründern aus der Geschäftsleitung können darüber hinaus Kopplungen der Gesellschafterstellung an die entsprechende Zugehörigkeit zur Geschäftsführung bewirken. Gründer sollten eine solche Kopplung (**„Founder Vesting“**, siehe dazu Abschn. 7.2.1.3.3.6) allerdings nur dann akzeptieren, soweit diese zwischen dem Grund des Ausscheidens und der Dauer der Zugehörigkeit zur Geschäftsleitung differenziert (Maidl und Kreifels 2003, S. 1095).

Unter einer **Drag Along**-Klausel versteht man eine vertragliche Vereinbarung, die einem oder mehreren Investoren die Pflicht („drag along“ = dt. „mitreißen“) auferlegt, im Falle des Verkaufs der Geschäftsanteile des Start-ups durch einen Gesellschafter oder eine Gesellschaftergruppe die eigenen Anteile zu den gleichen Bedingungen mitzuveräußern, um dem Käufer so zu ermöglichen, die gesamten Anteile oder zumindest eine kontrollierende Mehrheit zu übernehmen (Weitnauer 2019, S. 377). Demgegenüber gewährt eine **Tag Along** -Klausel Kapitalgebern das Recht („tag along“ = dt. „mitkommen“), ihren Minderheitsanteil teilweise oder vollständig zu den gleichen Bedingungen wie die Mehrheitsgesellschafter zu verkaufen (Weitnauer 2019, S. 377).

7.2.1.3.3.4 Informations- und Kontrollrechte

In Gesellschaftervereinbarungen finden sich regelmäßig Klauseln, durch die sich das Start-up verpflichtet, dem Kapitalgeber regelmäßig Bericht (**Reporting**) über die wirtschaftliche und finanzielle Lage der Gesellschaft zu erstatten sowie ihn bei Ereignissen, die nicht zum normalen Geschäftsbetrieb gehören, zu informieren (Maidl und Kreifels 2003, S. 1095). Diese Berichterstattungspflicht kann dabei – sowohl hinsichtlich der **Frequenz** als auch der zu unterrichtenden **Themen** – weit über die im Gesellschaftsrecht verankerten Informationsrechte von GmbH-Gesellschaftern (§ 51a GmbHG) oder AG-Aktionären (z. B. Auskunftsrecht der Aktionäre in der Hauptversammlung, § 131 AktG) hinausgehen.

Trotz eines – vertraglich oder gesetzlich – festgelegten Informationsrechts können die Gesellschafter die Erteilung von Auskünften nicht **grenzenlos** verlangen. Dies gilt insbesondere dann, wenn das Gesellschaftsrecht für die Gesellschaftsform besondere Verschwiegenheitspflichten vorsieht (hierzu s. Mellert 2003, S. 1099): so dürfen GmbH-Geschäftsführer Informationen bspw. verweigern, wenn zu befürchten ist, dass der Gesellschafter die Informationen zu **gesellschaftsfremden** Zwecken verwenden und dadurch der Gesellschaft oder einem verbundenen Unternehmen einen nicht unerheblichen Nachteil zufügen wird (§ 51a Abs. 2 S. 1 GmbHG). Die Informationsverweigerung muss dabei durch einen Gesellschafterbeschluss festgelegt werden (§ 51a Abs. 2 S. 2 GmbHG). Dies führt in der Praxis dazu, dass der Geschäftsführer **sofort** nach Eingang des Informationsverlangens prüfen muss, ob sich Anhaltspunkte für ein Verweigerungsrecht ergeben können (Michalski 2017, § 51a, Rn. 176).

7.2.1.3.3.5 Exit-Regelungen und Liquidationspräferenzen

Liquidations- und **Erlöspräferenzen** dienen der finanziellen Bevorzugung des Investors im Falle seines (geplanten) Ausstiegs („Exit") zur Realisierung einer finanziellen Rendite aus der Beteiligung an dem Start-up (vgl. Zirngibl und Kupsch 2011, S. 579). Derartige Vereinbarungen ermöglichen es dem VC-Geber, beim Exit sein getätigtes Investment zurück zu erhalten, bevor der verbleibende Exit-Erlös – entsprechend der jeweiligen Beteiligungsquote – auf die übrigen Gesellschafter verteilt wird (Weitnauer 2019, S. 379 f.).

Obgleich sich die wirtschaftliche Entwicklung des Start-ups nur schwer vorhersehen lässt, sind Regelungen in der Gesellschaftervereinbarung, die bereits in dieser frühen Phase auf den Exit Bezug nehmen, durchaus sinnvoll (Zirngibl und Kupsch 2011, S. 579). Bei solchen Absprachen sollte dem Start-up allerdings genügend Spielraum für seinen **Reifeprozess** gegeben werden. Insofern müssen die Gründer darauf achten, dass die entsprechenden Verhandlungen nicht nur durch die Renditeinteressen des VC-Gebers bestimmt werden.

In diesem Zusammenhang wird der VC-Geber regelmäßig auf **Liquidationspräferenzen** zu seinen Gunsten hinwirken. Eine solche Klausel beinhaltet in der Regel, dass der Investor im Exit-Fall oder aber bei Auflösung und Liquidation des Start-ups **vorrangig** vor den Gründern und allen anderen Gesellschaftern sein geleistetes Investment **zurückerhält** (Weitnauer 2001, S. 1072). Ihm gegenüber vorrangig bleiben jedoch Fremdkapitalgeber oder mezzanine Finanzierungsformen, sofern nicht im internen Verhältnis ein vertraglicher Rangrücktritt vereinbart wird (Weitnauer 2019, S. 379).

Entscheidend für die wirtschaftliche Bedeutung von Liquidationspräferenzen im Exit-Fall ist die Frage, ob diese **anrechenbar (non-participating)** oder **nicht-anrechenbar (participating)** ausgestaltet sind.

Ist die **Liquidationspräferenz anrechenbar,** wird dem Investor sein Investment, das er bei der Erlösverteilung bevorzugt vor den anderen Gesellschaftern zurückerhält, bei der Verteilung des Exiterlöses an die übrigen Gesellschafter angerechnet. Der Restbetrag des Exiterlöses, den der Investor somit nach Rückfluss seines Investments an ihn rechnerisch erhalten würde, wird also um den Betrag des bereits zurückerhaltenen Investments reduziert. Die Liquidationspräferenz nimmt somit aufgrund der Anrechnung bei der weiteren Verteilung des Resterlöses nicht teil und ist somit „non-participating".

Für die Gründer wirtschaftlich brisanter zeigt sich die Situation bei einer **nicht-anrechenbaren Liquidationspräferenz.** Hier nimmt der Investor, nachdem er bereits vorab sein volles Investment zurückerhalten hat, anschließend und ohne dessen Anrechnung, am vollen Exiterlös, der seiner Beteiligung am Stammkapital der Gesellschaft entspricht, teil („participating").

Im Ergebnis kann der Investor somit bei einer nicht-anrechenbaren Liquidationspräferenz mehr erhalten, als ihm nach seiner eigentlichen Beteiligungsquote am Start-up zustehen würde **(„double dipping“).** Aus Sicht der Gründer ist eine solche Regelung daher nicht interessengerecht und sollte wenn möglich komplett wegverhandelt oder zumindest erst ab einem bestimmten Mindesterlös als anrechenbar ausgestaltet werden.

► Soll bspw. eine Förderung der Beteiligung mit dem INVEST – Zuschuss für Wagniskapital erfolgen (s. oben Abschn. 5.6.4.1.10) ist darauf zu achten, dass die vereinbarte Liquidationspräferenz (gleiches gilt für den Verwässerungsschutz, vgl. oben Abschn. 7.2.1.3.2.2) marktüblich ist. Das ist u. a. der Fall, wenn das Risiko für den Investor nicht minimiert wird bzw. ihm keine außergewöhnlichen Vorrechte (vorzeitiger Ausstieg, Entschädigungszahlungen, Bevorzugung bei Gewinnausschüttungen) zugesichert werden.

Die Erlösverteilung im Falle der Auflösung und Liquidation des Start-ups kann dabei allerdings erst nach dem Ablauf einer **Sperrfrist** von mindestens einem Jahr ab der Bekanntmachung des Gläubigeraufrufs in den Gesellschaftsblättern, d. h. der Unterrichtung der Gläubiger von der Auflösung der Gesellschaft im Bundesanzeiger erfolgen (für die GmbH ist dies in § 73 Abs. 1 GmbHG, für die AG in § 272 Abs. 1 AktG geregelt).

7.2.1.3.3.6 Founder-Vesting

Ein **Founder-Vesting** ist eine (vertragliche) Regelung, nach der ein Gründer/Gesellschafter beim Ausscheiden aus dem Start-up seine Geschäftsanteile an dem Unternehmen ganz oder teilweise auf die übrigen Gesellschafter – insbesondere den Investor – oder die Gesellschaft (zurück-) übertragen muss (Zätzsch 2012).

Innerhalb der Gesellschaftervereinbarung sind ferner eine Vielzahl von Regelungen denkbar, die den gänzlichen oder zumindest teilweisen **Verlust** der von Gründern bzw. Gesellschaftern am Start-up gehaltenen Geschäftsanteile bei einem (vorzeitigen, d. h. vor Ablauf der sog. **Vesting Periode** stattfindendem) Ausstieg des Gründers zum Gegenstand haben. Die Beweggründe für den Ausstieg eines Gesellschafters können dabei vielfältig sein. So besteht die Möglichkeit, dass der Gründer das Start-up ohne eigenes Verschulden (ordentliche Kündigung durch das Start-up) verlässt **(„Good Leaver“)** oder dass er das Unternehmen – insbesondere wegen schuldhafter Pflichtverletzungen (Stichwort: fristlose Kündigung) – verlassen muss **(„Bad Leaver“).** Für den letztgenannten Fall wird in der Praxis meist die Möglichkeit des Aufkaufs von eigentlich unverfallbaren Geschäftsanteilen der Gründer durch den VC-Geber, meist zum Nominalwert der Anteile, vereinbart (Zätzsch 2012). In vielen Fällen gilt dies jedoch auch dann, wenn der Gründer vor Ablauf der Vesting-Periode selbst kündigt (Eigenkündigung), ohne einen wichtigen Gründ für sein Ausscheiden zu haben (auch deser Fall stellt dann einen Bad Leaver dar; zur rechtlichen Wirksamkeit s. unten).

Die Unterscheidung zwischen Bad Leaver und Good Leaver ist somit für die Frage entscheidend, ob dem Gründer nach seinem Ausscheiden ein Teil seiner Beteiligung verbleibt und in welcher Höhe er eine Gegenleistung (entweder zum Nominal- oder Verkehrwert der Geschäftsanteile) erhält (Thelen 2020, S. 131).

▶ Rechtstechnisch wird das Recht der Vestingberechtigten meist durch eine Call-Option der Investoren umgesetzt, nach der sich die Vestingverpflichteten (Gründer) ihre Geschäftsanteile ganz oder teilweise an den Investor oder einen von ihm bestimmten Dritten abzutreten verpflichten. Dies geschieht in der Praxis bereits durch ein von den Gründern im Beteiligungsvertrag (im weiteren Sinn) abgegebenen Angebot zur Abtretung ihrer Geschäftsanteile, das sodann im Vesting Fall vom Vestingberechtigten allein durch eine entsprechende notarielle Annahmeerklärung angenommen werden kann.

Der vorbeschriebene Weg über eine bereits im Beteiligungsvertrag erklärte Abtretung der Geschäftsanteile im (behaupteten) Vesting-Fall verlagert das Prozessrisiko auf den Gründer, da bei Streitigkeiten über das Vorliegen eines Vesting-Grundes die Anteile gleichwohl zunächst übertragen werden würden und der Gründer (erst) sodann dagegen gerichtlich vorgehen könnte.

Ferner setzt sich in der Praxis die Zwischenstufe eines **„Ordinary Leaver“** oder **„Grey Leaver“** durch: hierbei sollen die Fälle einer Eigenkündigung des operativ tätigen Gründungsgesellschafters erfasst werden, die im Vergleich zum Bad Leaver vorteilhafter und im Vergleich zum Good Leaver nachteiliger sind (Röchert 2017, S. 72).

Die Vereinbarung von Vesting-Klaueln hat sich im Venture Capital-Umfeld zum absoluten Marktstandard entwickelt. Dabei ist die rechtliche Wirksamkeit von Vesting-Klauseln bis heute nicht höchstrichterlich bestätigt. Grundsätzlich sind Vesting-Regelungen zwar als rechtlich wirksam anzusehen, da meist ein sachlicher Grund gegeben ist.

Die operative Tätigkeit der Gründer ist für den Erfolg des Unternehmens von so immenser Bedeutung (Investoren investieren gerade auch in das Gründerteam), dass die Beendigung dieser Tätigkeit als sachlicher Grund für die Entziehung der Beteiligung gesehen werden kann, zumindest dann, wenn ein nach Good und Bad Leaver differenzierendes Vesting vorgesehen ist, also für den Zeitraum, in dem der Gründer tätig war, dessen Beteiligung unverfallbar ist, oder im Falle eines Bad-Leaver-Falles die gevesteten Anteile zum Verkehrswert abgefunden werden (Thelen 2020, S. 132; Weitnauer 2019, S. 384 f.).

▶ Insbesondere die in der Praxis übliche Variante, wonach eine Eigenkündigng eines Gründers vor Ablauf der Vesting-Periode einen Bad Leaver darstellt, begegnet juristischen Bedenken, da der Gründer das Unternehmen gegründet, von Anfang an alle unternehmerischen Risiken getragen und durch seine operative Tätigkeit aufgebaut hat (Thelen 2020, S. 132). Man kann daher die Meinung vertreten, dass ein Verfall sämtlicher Geschäftsanteile bei Beendigung der Tätigkeit für das Start-up nur dann gerechtfertigt ist, wenn der Gründer hierfür einen wichtigen Grund gesetzt hat Thelen 2020, a.a.O.).

Um die Interessen des Gründers angemessen zu berücksichtigen, sollte ferner über ein sog. **„Accelerated Vesting“** sichergestellt sein, dass im Fall eines vorzeitigen Exits die Vesting Periode endet und somit alle vom Gründer gehaltenen Geschäftsanteile unverfallbar („gevested“) werden.

Bezüglich der Anteilsbewertung wird in der Regel ebenfalls zwischen sog. „Good“- bzw. „Bad-Leaver“-Klauseln wie auch nach dem Zeitpunkt, zu dem der Gesellschafter das Start-up verlässt, differenziert. Dementsprechend muss ein Gründer/Gesellschafter je nach Exit-Grund und -Zeitpunkt mehr (früheres Ausscheiden) oder weniger (späteres Ausscheiden) Geschäftsanteile abgeben.

Die üblichen Bestimmungen, wonach der ausscheidende Gründer im Bad-Leaver-Fall lediglich den Nominalwert seiner Geschäftsanteile erhält, sind rechtlich problematisch. Es sollte daher in der vertraglichen Gestaltung eine entsprechende Auffangregel vereinbart werden, wonach im Falle der Unwirksamkeit einer Abfindungsregelung die niedrigste zulässige Abfindung/Gegenleistung geschuldet wird (Thelen 2020, S. 133).

7.2.1.3.3.7 Wettbewerbsverbot

Bereits aus der allgemeinen **Treuepflicht** des Geschäftsführers als Organ der Gesellschaft ergibt sich, dass ein Gründer-Geschäftsführer während der Dauer seiner Tätigkeit für die Gesellschaft einem Wettbewerbsverbot unterfällt (OLG Köln, Urteil vom 04.02.2000 – 4 U 37/99). Unter bestimmten Voraussetzungen (insbesondere wenn der Gesellschafter einen maßgeblichen Einfluss auf die Geschäftsführung ausübt) gilt dies auch für Gesellschafter (BGH, Urteil vom 05-12-1983 – II ZR 242/82).

Ungeachtet dessen wird regelmäßig zur Klarstellung und auch Disziplinierung ein vertragliches Wettbewerbsverbot vereinbart.

Jedem Gründer ist es danach untersagt, während seiner Zugehörigkeit zur Gesellschaft der Gesellschaft mittelbar oder unmittelbar, gelegentlich oder gewerbsmäßig, unter eigenem oder fremdem Namen, für eigene oder fremde Rechnung im Geschäftszweig der Gesellschaft in Wettbewerb zu treten.

Soll über die Tätigkeit des Gründer-Geschäftsführers bzw. die Stellung als Gesellschafter hinaus ein Wettbewerbsverbot vereinbart werden, ist ein solches sog. **nachvertragliches Wettbewerbsverbot** zwingend vertraglich zu vereinbaren.

Da das nachvertragliche Wettbewerbsverbot das berufliche Fortkommen des Betroffenen erheblich einschränkt, ist sowohl ein berechtigtes Interesse der Gesellschaft erforderlich als auch, dass das Wettbewerbsverbot räumlich, zeitlich und gegenständlich beschränkt ist (BGH, Urteil vom 26.03.1984 – II ZR 229/83).

Nach der Rechtsprechung ist der räumliche Geltungsbereich genau zu umschreiben. In zeitlicher Hinsicht darf eine Höchstdauer von zwei Jahren nicht überschritten werden.

Gegenständlich ist das Wettbewerbsverbot auf die Branche oder das Geschäftsfeld der Gesellschaft zu beschränken.

Unter Berücksichtigung der neueren Entscheidung des OLG München (Hinweisbeschluss v. 02.08.2018 – 7 U 2107/18) darf dabei nicht jede Tätigkeit für ein Konkurrenzunternehmen (Tätigkeit für potenzielle Konkurrenzunternehmen „in jeglicher Weise") verboten sein. Untergeordnete Tätigkeiten (das OLG München nennt exemplarisch eine Tätigkeit als Hausmeister) müssen vom Wettbewerbsverbot ausgenommen sein. Solche untergeordneten Tätigkeiten haben nämlich keinen Bezug zur früheren Tätigkeit, sodass ein entsprechendes Wettbewerbsverbot durch die Interessen des Unternehmens nicht mehr gerechtfertigt wäre (OLG München, a.a.O.).

▶ Es empfiehlt sich daher eine Ergänzung im Beteiligungsvertrag, wonach Tätigkeiten von untergeordneter Bedeutung, die keinen Bezug zur derzeitigen Tätigkeit haben, vom Wettbewerbsverbot ausgenommen sind (Thelen 2020, S. 133).

Ob für ein wirksames nachvertragliches Wettbewerbsverbot die Zahlung einer sogenannten Karenzentschädigung erforderlich ist, ist strittig. Auch wenn nach dem Bundesgerichtshof ein nachvertragliches Wettbewerbsverbot grundsätzlich auch ohne Karenzentschädigung wirksam ist (§ 74 Abs. 2 HGB findet insoweit keine entsprechende Anwendung), dürfte dies nur in solchen Fällen gelten, in denen entweder eine sehr kurze Laufzeit des Wettbewerbsverbotes vereinbart wurde und der Verpflichtete unter Beachtung des Wettbewerbsverbots schnell eine seinen bisherigen Aufgaben vergleichbare Tätigkeit finden kann (BGH, Beschluss vom 07.07.2008 – II ZR 81/07).

Werden die vorgenannten Beschränkungen nicht beachtet, ist das Wettbewerbsverbot nach § 138 Abs. 1 BGB bzw. § 307 BGB unwirksam.

7.2.1.3.3.8 Gründer-Vehikel

Für den in der Praxis nicht seltenen Fall, dass die Gründer ihre Geschäftsanteile nicht selbst, sondern über eine eigene Beteiligungsgesellschaft („**Gründer-Vehikel**", meist in der Rechtsform einer UG) am Unternehmen halten, ist über eine entsprechende „Vehikel-Klausel" ein Wechsel im Gesellschafterbestand des Vehikels zu verhindern. Danach haben die Gründer (als Alleingesellschafter ihres Vehikels) einerseits zu versichern, dass sie jeweils rechtlich und wirtschaftlich ausschließlich und allein an dem jeweiligen Gründer-Vehikel beteiligt sind und auch keine Drittrechte an den Geschäftsanteilen des Gründers (bspw. Treuhandabreden oder Unterbeteiligungen) bestehen.

Für den Fall eines Verstoßes gegen die vorgenannte Regelung verpflichtet sich der Gründerbereits in der Gesellschaftervereinbarung, die von seinem Gründer-Vehikel gehaltenen Geschäftsanteile an der Gesellschaft zum Nennbetrag an die Gesellschaft zu verkaufen und abzutreten.

7.2.1.3.3.9 Ehelicher Güterstand, § 1365 BGB
Sofern ein Gesellschafter im gesetzlichen Güterstand der Zugewinngemeinschaft lebt, ist nach § 1365 BGB für die Verpflichtung zur Abtretung der Anteile an der Gesellschaft (z.B. beim Exit oder bereits im Vesting-Fall) die Zustimmung des Ehegatten erforderlich, wenn die Beteiligung das ganze oder nahezu ganze Vermögen des Gesellschafters ausmacht (BGH, Beschluß vom 28.04.1961 – V ZB 17/60).

Für den Fall der Eheschließung haben sich daher die Gründer bereits in der Gesellschaftervereinbarung dazu zu verpflichten, durch einen Ehevertrag zu vereinbaren, dass sie den Beschränkungen des § 1365 BGB in Bezug auf ihre Geschäftsanteile nicht unterliegen bzw. ihre Geschäftsanteile an der Gesellschaft dann, wenn dieser Güterstand auf andere Weise als durch den Tod eines Ehegatten beendet wird, nicht dem Zugewinnausgleich unterliegen.

7.2.1.3.4 Weitere Regelungen des Beteiligungsvertrages (im weiteren Sinne)
Neben dem Beteiligungsvertrag (im engeren Sinne) und der Gesellschaftervereinbarung, treffen der Investor und die Gründer im Einzelfall weitere selbstständige Vereinbarungen (s. Abb. 7.17).

Daneben sollten die Gründer darauf achten, dass ggf. bereits bestehende **Verträge** auf die neue (gesellschaftsrechtliche) Situation des Start-ups **angepasst** werden. Dies betrifft nicht nur eine bereits Gesellschaftervereinbarung und den Gesellschaftsvertrag/die Satzung des Start-ups, sondern auch ältere Beteiligungsvereinbarungen (z. B. mit **Inkubatoren** und/oder **Business Angels**) sowie andere Verträge, die die sonstigen Verhältnisse der

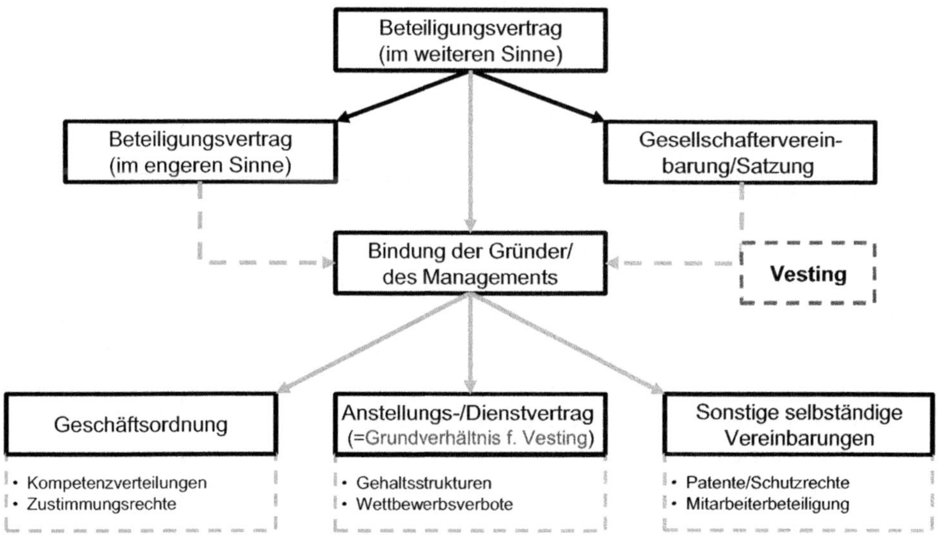

Abb. 7.17 Bindung der Gründer und Geschäftsleiter an das Start-up

Gesellschaft und ihrer Organe regeln. Hierzu gehören in erster Linie die **Geschäftsordnung** und die **Anstellungsverträge** der Geschäftsführer.

7.2.1.3.4.1 Geschäftsordnung

Die Geschäftsordnung regelt das **Verhältnis** der Gesellschaft zu den (Gesellschafter-) Geschäftsführern. Da ein Geschäftsführer das Unternehmen die Gesellschaft ohne Einschränkungen nach außen hin gegenüber Dritten vertreten kann (schon bei der Prokura sind Beschränkungen im Außenverhältnis nach § 50 Abs. 1 HGB unwirksam), wird meist ein **Katalog** mit geschäftlichen Handlungen aufgestellt, für deren Durchführung der Geschäftsführer im Innenverhätnis zur Gesellschaft die **Zustimmung** der Gesellschafterversammlung und/oder des Investors (bzw. des Beirats) benötigt.

Zu solchen Maßnahmen können u. a. der Abschluss von bedeutenden operativen Verträgen mit bestimmten finanziellen Volumina, die Einstellung von Mitarbeitern einer gewissen Gehaltsstufe, die Verabschiedung wichtiger Unternehmenspläne oder etwa die Kreditaufnahme gehören. Im Übrigen empfiehlt es sich, das Unternehmen verpflichtende Geschäfte ab einem bestimmten **Schwellenwert** dem Zustimmungsvorbehalt der Gesellschafter zu unterstellen. Schließt der Geschäftsführer dann ein zustimmungspflichtiges Geschäft ohne die Zustimmung der Gesellschafter ab, ist dies im Außenverhältnis zwar wirksam, im Innverhältnis macht sich der Geschäftsführer aber gegenüber dem Unternehmen schadensersatzpflichtig.

7.2.1.3.4.2 Anstellungsverträge der Gründer/Geschäftsführer

Der VC-Geber wird sein Investment regelmäßig an das Start-up und nicht an die Gründer leisten. Wie bereits erörtert wurde, sollten Unternehmensgründer deshalb im besonderen Maße auf die Ausgestaltung ihrer Anstellungsverträge achten, da diese ihren **Lebensunterhalt** sichern (s. hierzu auch § 7.2.1.2.5).

Gründer und sonstige Expertise-Träger **(„key-persons")** des Start-ups müssen darauf vorbereitet sein, dass VC-Geber auf die Vereinbarung einer Wettbewerbsbeschränkung bestehen werden. Solche **Wettbewerbsverbote** bezwecken, dass der Geschäftsführer des Start-ups nicht für Konkurrenzunternehmen der gleichen Branche tätig werden und/oder frühzeitig die Gesellschaft verlassen.

Solche Regelungen ergeben sich auch ohne vertragliche Regelung gesetzlich für die AG aus § 88 AktG und für (ehemalige) Geschäftsführer der GmbH aus entsprechender Anwendung von §§ 88 AktG, 112 HGB und der ungeschriebenen ihnen obliegenden Treuepflicht. Das Wettbewerbsverbot gilt gleichermaßen für Gesellschafter-Geschäftsführer wie für Fremdgeschäftsführer. Auch jede Beteiligung eines Geschäftsführers an einem konkurrierenden Unternehmen ist dabei umfasst (Weitnauer 2019, S. 389). Für Gesellschafter ist ein Wettbewerbsverbot insoweit anzunehmen, als sie beherrschenden Einfluss auf die Gesellschaft haben, also zum Beispiel aufgrund ihrer Gesellschafterstellung wichtige Entscheidungen blockieren können (Für GmbH & Co. KG: BGH NJW 1984, 1351, 1352).

Im Übrigen gelten die Ausführungen zu Abschn. 7.2.1.3.3.7 entsprechend.

7.2.1.3.4.3 ESOP/VSOP

Um die **„key-persons"** dauerhaft an das Start-up zu binden, sollten sich die Gründer wie auch der VC-Geber frühestmöglich einigen, inwiefern **High-Performer** wie insbesondere erst später zum Start-up hinzutretende „Co-Founder" an dem Unternehmen **beteiligt** werden können. Dementsprechend sollten sowohl die Grundlagen eines Mitarbeiterbeteiligungsprogramms als auch die entsprechende Verwässerung der Beteiligungsquote des VC-Gebers und/oder der Gründungsgesellschafter bereits im Beteiligungsvertrag justiert werden (Weitnauer 2001, S. 1073), ohne dem ESOP/VSOP selbst vorzugreifen.

Unter dem Sammelbegriff „ESOP" haben sich in der Praxis verschiedene Modelle herausgebildet, die sich in ihrer rechtlichen Ausgestaltung und Komplexität erheblich unterscheiden und somit auch in ihrer tatsächlichen Umsetzung im Unternehmen unterschiedlich aufwendig sind (vgl. Hahn 2019a, S. 2).

Unter einem **ESOP („Employee Stock Option Plan")** wird eine auf eine reale Beteiligung des Mitarbeiters oder sonstiger für die strategische Entwicklung des Start-ups wichtiger Personen wie Gründer an der materiellen Wertschöpfung im Unternehmen zielende Vereinbarung verstanden, die über die regelmäßig im Arbeitsvertrag oder einer sonstigen Vereinbarung über die Zusammenarbeit festgelegten Rechte und Vergütungsbestandteile hinausgeht.

Mit einer entsprechenden Option („Stock Option") gewährt die Gesellschaft dem Begünstigten ein Bezugsrecht auf eigene Geschäftsanteile des Unternehmens. Deren Umsetzung erfordert regelmäßig aufwendige gesellschaftsrechtliche Prozesse und verursacht teils erhebliche Folgekosten, da die Übertragung der Anteile (ebenso wie die Verpflichtung dazu) bei der GmbH/UG stets den Gang zum Notar erfordert (§ 15 Abs. 3, 4 GmbHG). Auf die jeweils übernommenen Geschäftsanteile ist ferner nach gesellschaftsrechtlichen Grundsätzen auch tatsächlich eine (Bar-) Einlage vom jeweiligen Begünstigten zu erbringen. So muss der Mitarbeiter erst einmal persönlich Geldzahlungen leisten, ehe er Anteile am Unternehmen erhält (Hahn 2019a, S. 8 f.).

Besonders bei der GmbH oder UG bietet es sich daher an, High-Performer über eine schuldrechtliche Vereinbarung **(„VSOP" – „Virtual Stock Option Plan")** vermögensmäßig so zu stellen, als wären diese mit einer bestimmten Zahl von Geschäftsanteilen an dem Start-up beteiligt **(„virtuelle Geschäftsanteile").**

- Meist sind reale Anteile als Anreiz für Mitarbeiter, die später als die Gründer selbst hinzustoßen, steuerlich ungeeignet, da hier bereits bei Erhalt der Anteile ein Vermögenszuwachs (gemessen am fiktiven Unternehmenswert etwa nach einer vorangegangen Finanzierungsrunde) vom Finanzamt zugrunde gelegt wird und entsprechend zu versteuern ist – und das, ohne dass dem Begünstigen wirtschaftlich ein Euro zufließt (Hahn 2019a, S. 9). Weniger relevant ist dies bei Optionen auf reale Geschäftsanteile, da dort allein der Zeitpunkt der Realisierung der Option entscheidend ist, sodass dem Begünstigten auch erst bei tatsächlicher Übertragung der Geschäftsanteile ein steuerlich relevanter Arbeitslohn i. S. v. § 19 Abs. 1 Satz 1 Nr. 1 i. V. m. § 8 Abs. 1 EStG zufließt (Weitnauer 2016, S. 448; Bundesfinanzhof [BFH], Urteil v. 06.03.2013, Az.: I R 18/12).

  Nach einer neuen Ansicht in der Literatur lässt sich die steuerliche Problematik durch den Einsatz einer sog. **negativen Liquidationspräferenz** vermeidet, die die zu übertragenden Geschäftsanteile wirtschaftlich wertlos zu stellt (Grisar und Zantopp 2020, S. 1773). Die betroffenen Geschäftsanteile partizipieren aufgrund der negativen Liquidationspräferenz dann nicht an der vergangenen Unternehmensentwicklung, sondern nehmen nur an zukünftigen Unternehmenswertsteigerungen teil. Auf diese Weise können insbesondere Gründern Gesellschaftsbeteiligungen eingeräumt werden, ohne eine Gegenleistung aufzubringen oder ein **dry income** versteuern zu müssen (Grisar und Zantopp 2020, a.a.O.).

  Schließlich soll ab dem 01.07.2021 nach dem sog. **Fondsstandortgesetz** eine Besteuerung erst zu einem späteren Zeitpunkt, in der Regel bei Veräußerung, spätestens nach zehn Jahren oder bei einem Arbeitgeberwechsel (§ 19a EStG neu) erfolgen. Dies soll jedoch nur für KMU gelten, deren Gründung nicht mehr als zehn Jahre zurückliegt (insb. weniger als 250 Mitarbeiter, Jahresumsatz höchstens 50 Millionen Euro). Die genauen Einzelheiten bleiben der finalen Umsetzung des Fondstandortgesetzes vorbehalten.

Im Ergebnis wird somit mit einer virtuellen Beteiligung das identische wirtschaftliche Ergebnis erreicht, das aufwendige Stock Option Programme (z. B. aus dem genehmigtem Kapital, etc.) ebenso zum Ziel haben. Die virtuellen Geschäftsanteile stellen dabei schuldrechtliche Nachbildungen der tatsächlichen Geschäftsanteile dar. Über die „Ausgabe" der virtuellen Geschäftsanteile hinaus erhält der Mitarbeiter keine Stellung als – in die Gesellschafterliste des Handelsregisters eingetragener – Gesellschafter sowie keine Teilnahme- oder Stimmrechte in einer Gesellschafterversammlung der Gesellschaft. Dem Mitarbeiter steht indessen ein Anspruch auf Zahlung der Differenz zwischen dem Wert eines virtuellen Geschäftsanteils im Zeitpunkt der Einräumung und dem Wert im Zeitpunkt der Ausübung zu. Sollte das Unternehmen also in diesem Zeitraum einen Wertzuwachs erfahren, so wird dem Mitarbeiter diese Differenz („Differenzausgleichsanspruch") ausgezahlt.

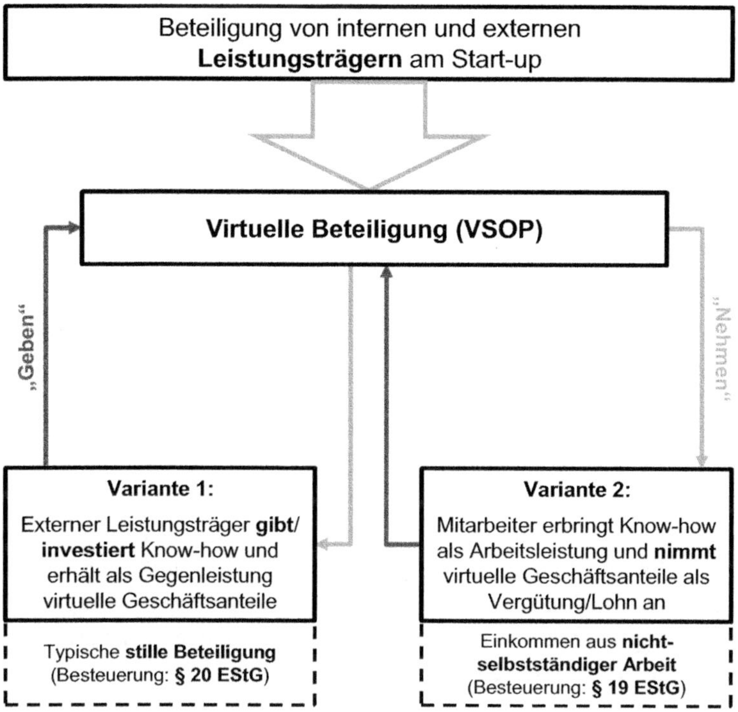

Abb. 7.18 Varianten einer virtuellen Beteiligung

Bei der Beteiligung von *key persons* sind zwei Ausgestaltungen denkbar (vgl. Abb. 7.18).

Zum einen können auch außerhalb des Unternehmens stehende (externe) Leistungsträger (Freelancer) dem Start-up Know-how **geben** und als Gegenleistung hierfür (virtuelle) Geschäftsanteile erhalten **(Variante 1).** In rechtlicher Sicht handelt es sich bei dieser Ausgestaltung – ungeachtet der Terminologie – um eine sog. typische stille Beteiligung im Sinne einer klassischen **stillen Gesellschaft** (§ 230 ff. HGB), im Rahmen derer der stille Gesellschafter allein an den Wertsteigerungen der Gesellschaft beteiligt ist und darüber hinaus regelmäßig das Recht auf Zahlung einer Gewinnausschüttung erhält. Diese (allein) schuldrechtliche Beteiligung gewährt ihm jedoch weder die Rechte eines in die Gesellschafterliste des Handelsregisters eingetragenen Gesellschafters noch Teilnahme- oder Stimmrechte in einer Gesellschafterversammlung der Gesellschaft (zum **Phantom Stock Investment** vgl. auch § 5.2.2.5). Darüber hinaus kann der – innerhalb des Unternehmens stehende (interne) – Know-how Träger die virtuellen Geschäftsanteile auch als Gegenleistung – und insofern als eine Form von **Arbeitsentgelt/-lohn** – für hervorragende Leistungen innerhalb seiner unselbstständigen Tätigkeit **annehmen (Variante 2).** Diese Differenzierung wirkt sich insbesondere auf die **Besteuerung** der erhaltenen virtuellen Geschäftsanteile aus.

Darüber hinaus besteht die Möglichkeit, dass der Investor die Geschäftsleitung des Start-ups **beratend** unterstützt und der Umfang dieser Beratungstätigkeit im Beteiligungsvertrag geregelt wird (Weitnauer 2019, S. 388 f.). In rechtstechnischer Sicht können die Beratungsleistungen entweder in einem (von dem Beteiligungsvertrag separat zu unterzeichnenden) Vertrag über eine virtuelle Beteiligung ihren Niederschlag finden oder es wird vereinbart, dass der Investor im Gegenwert der von ihm zu erbringenden Beratungstätigkeit reale Geschäftsanteile erhält. In jedem Fall ist jedoch darauf zu achten, dass die Übertragung der Geschäftsanteile über ein **Performance-Vesting** unter der aufschiebenden Bedingung der Erbringung des jeweils versprochenen Kontingents an Beratungsleistungen steht, die Geschäftsanteile also bei Nichterbringung ganz oder teilweise zurück zu übertragen wären (**„Put-Option"**) bzw. erst mit vollständiger Erbringung der Beratungsleistungen über ein „Reverse Vesting" als unverfallbar („gevestet") gelten.

Eine andere Möglichkeit wäre es, die Geschäftsanteile ratierlich erst nach Ablauf festgelegter Zeit- bzw. Leistungsphasen zu übertragen (**„Call-Option"**). Neben dem größeren administrativen Aufwand bei realen Anteilen – schließlich fallen nach Ablauf einer jeden Leistungsphase Kosten für die notwendige notarielle Beurkundung der Übertragung weiterer Geschäftsanteile an – spricht gegen diese Variante, dass auch die Gründer des Start-ups dem Investor dasjenige (Vorschuss-) **Vertrauen** entgegenbringen sollten, dass dieser dem Start-up über das neben seinen Beratungsleistungen zur Verfügung gestellte, mit dem Risiko des Totalverlustes behaftete, Kapital zeigt.

7.2.1.3.5 Anpassung des Gesellschaftsvertrags/der Satzung

Unabhängig davon, dass bei Widersprüchen zwischen dem Beteiligungsvertrag im weiteren Sinne und dem Gesellschaftsvertrag im Zweifel die **individuell** zwischen dem Investor und den Gründern vereinbarten vertraglichen Regelungen **vorrangig** gelten (vgl. Weitnauer 2019, S. 394), sollten neben dem gesetzlich vorgeschriebenen Mindestinhalt (s. hierzu § 7.2.1.3.1.3) folgende Vereinbarungen in den Gesellschaftsvertrag mit aufgenommen werden:

- **Kontrolle** des Gesellschafterbestandes/**Vinkulierung**
- Einziehung von Geschäftsanteilen bei der **Insolvenz** eines Gesellschafters
- **Vorzugsrechte**

Da die Satzung sowohl für und gegen Alt- als auch Neugesellschafter wirkt, würden Investoren für sie günstige Regelungen, wie bspw. den Verwässerungsschutz oder die Liquidationspräferenzen, in die Satzung selbst aufgenommen haben wollen, um sie **„satzungsfest"** zu machen. In diesem Zusammenhang ist allerdings zu bedenken, dass Neuinvestoren die bisherigen Vereinbarungen – insbesondere, wenn sie für die neuen Kapitalgeber nachteilig sind – umfassend hinterfragen werden (s. hierzu Weitnauer 2019, S. 394 ff.). Insofern bestünde auch bei grundsätzlich satzungsfesten Regelungen die Gefahr, dass diese bei neuerlichen Finanzierungsrunden angegriffen und zum Nachteil des Investors der Vorrunde abgeändert werden.

7.2.1.3.6 Zusammenhänge zwischen den einzelnen Vereinbarungen

In der Praxis funktioniert der Beteiligungsvertrag im weiteren Sinne nur dann, sofern der Beteiligungsvertrag im engeren Sinne, die Gesellschaftervereinbarung sowie die Satzung und die sonstigen Regelungen zur (dauerhaften) Bindung der Gründer, Geschäftsleiter und Expertise-Träger an das Start-up nicht losgelöst voneinander, sondern so **aufeinander abgestimmt** sind, dass „ein Rädchen in das andere greift" (s. hierzu Abb. 7.19).

7.2.1.4 Mischfinanzierungen („Mezzanine"-Kapital)

Der Begriff **„Mezzanine"** stammt aus der Architektur und bezeichnet die in der Renaissance typische Bauweise eines Halbgeschosses, das sich zwischen zwei Hauptgeschossen befindet (Eilenberger und Haghani 2008, S. 85). Dementsprechend werden unter Mezzanine-Kapital Finanzierungsinstrumente verstanden, die eine (ökonomische) Zwischenform von Eigen- und Fremdkapital darstellen und Eigenschaften beider Kapitalformen aufweisen. Die spezifischen Merkmale beider Finanzierungsformen können dabei – durch multiple Kombinationsmöglichkeiten – an das von dem jeweiligen Start-up angestrebte Risiko-Rendite-Profil angepasst werden (vgl. Eilenberger und Haghani 2008, S. 85). Für den Mezzanine-Kapitalgeber gilt allgemein Folgendes: ist die Finanzierung eigenkapitalnah ausgestaltet, steigt das Investmentrisiko, gleichzeitig aber auch die erzielbare Rendite bzw. ist die Finanzierung näher am Fremdkapital ausgerichtet, sinkt die theoretisch realisierbare Rendite bei gleichzeitiger Verringerung des Risikos für Kapitalgeber.

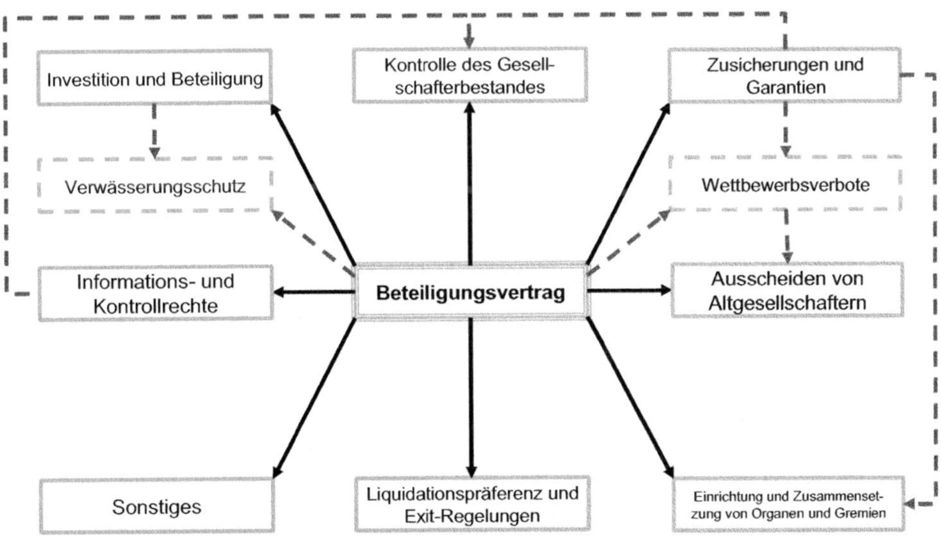

Abb. 7.19 Zusammenhänge zwischen den einzelnen Vereinbarungen (Beteiligungsvertrag im weiteren Sinne)

7.2.1.4.1 Grundsätzliches

Trotz der Gestaltungsmöglichkeiten der Finanzierung durch Venture Capital, sind in der Praxis Fälle denkbar, in denen sowohl die Gründer als auch die Investoren entweder kein oder nicht in der gebotenen Zeit ein für alle Seiten **zufriedenstellendes** Finanzierungs- und Beteiligungskonzept umsetzen können. So kann etwa das individuelle Investitionsrisiko des Investors nicht ausreichend kompensiert werden, sodass er von der Finanzierung mit Venture Capital Abstand nehmen würde. Bei derartigen Konstellationen lassen sich die Vorteile der Fremdkapitalfinanzierung mit den – für die Parteien jeweils subjektiven – Vorzügen der Eigenkapitalelemente **„mischen"** (Grunow und Figgener 2006, S. 191). Eine solche Mezzanine-Finanzierung (s. hierzu auch § 4.3) ermöglicht beiden Seiten, ihre Interessen mittels Selektion der jeweiligen **„Bausteine"** aus der Eigenkapital- und/oder Fremdkapitalfinanzierung durchzusetzen.

Im Unterschied zu einer reinen VC-Kapitalbeschaffung hat eine Mezzanine-Finanzierung für Gründer vor allem den Vorteil, dass einerseits eine **Verwässerung** der von ihnen gehaltenen Geschäftsanteile (beim Wandeldarlehen zunächst) **vermieden** wird und andererseits **Mitsprache** – und **Kontrollrechte** regelmäßig (beim Wandeldarlehen vor der Wandlung) **nicht eingeräumt** werden müssen (Kuckertz 2006, S. 29).

7.2.1.4.2 Wandeldarlehen („Convertible Loan")

Gerade zur kurzfristigen Deckung eines akuten Liquiditätsbedarfs bis zum Abschluss der nächsten Finanzierungsrunde sind **Wandeldarlehen** eine beliebte Variante der **Zwischenfinanzierung.**

Bei einem **Wandeldarlehen** gibt der Darlehensgeber der Gesellschaft zunächst ein fest verzinstes Darlehen mit fester Laufzeit. Entscheidet sich der Darlehensgeber zur Wandlung des Darlehensbetrages bzw. tritt aufgrund einer folgenden Finanzierungsrunde eine Wandlungspflicht ein, tritt er seinen Rückzahlungsanspruch des Darlehens an die Gesellschaft ab und erhält dafür Anteile an der Gesellschaft.

Beispiel (nach Weidehaas und Jellinghaus 2015): Ein Start-up befindet sich in der Seed- oder Start-up-Phase und benötigt Kapital. Ein Business Angel ist bereit, Kapital über ein Wandeldarlehen zur Verfügung zu stellen. Die Bewertung des Start-ups ist in dieser frühen Unternehmensphase schwierig. Deshalb vereinbaren die Parteien, dass die Bewertung zunächst offengelassen wird und der Business Angel sein Wandeldarlehen im Rahmen der nächsten Finanzierungsrunde zu den gleichen Konditionen wie der investierende Investor, aber mit einem Abschlag (**„Discount"**) auf die Pre-Money-Bewertung (s. hierzu oben Abschn. 7.2.1.1.2) von 20 %, investieren darf (Wandlungsoption) bzw. muss (Wandlungspflicht). Wird das Darlehen gewandelt, so hat bei der Gesellschaft eine Kapitalerhöhung (s. hierzu oben Abschn. 7.2.1.2.4.2) stattzufinden. Die neu geschaffenen Anteile übernimmt der Darlehensgeber, und das Darlehen selbst wird in die freie Kapitalrücklage der Gesellschaft „umgebucht" bzw. der Rückzahlungsanspruch an die Gesellschaft abgetreten. Häufig wird vereinbart, dass auch die Zinsansprüche bei der Wandlung berücksichtigt werden, d. h. der Darlehensgeber kann verlangen, für das Darlehen und die bisher angefallenen (und zukünftigen) Zinsen zusätzliche Geschäftsanteile zu erhalten.

Rechtstechnisch geschieht die Wandlung meist so, dass der Darlehensgeber im Rahmen einer Barkapitalerhöhung eine im Verhältnis zum Darlehensbetrag zu berechnende Anzahl von neuen Geschäftsanteilen im jeweiligen Nennbetrag gegen Zahlung des Nennbetrags übernimmt und den um den Nennbetrag reduzierten entsprechenden Teil des Rückzahlungsanspruchs an die Gesellschaft als andere Zuzahlung in die Kapitalrücklage gemäß § 272 Abs. 2 Nr. 4 HGB abtritt.

Bei der Ausgestaltung des Wandeldarlehens ist grundsätzlich darauf zu achten, dass sämtliche Gesellschafter Vertragspartei des Wandeldarlehens werden, da die Wandlung nur dann rechtswirksam umgesetzt werden kann, wenn eine Kapitalerhöhung beschlossen wird und die Parteien der bestehenden oder zukünftigen Gesellschaftervereinbarung mitwirken (vgl. Weidehaas und Jellinghaus 2015).

Darauf, dass alle Gesellschafter Vertragspartei des Wandeldarlehensvertrages werden, kann im Fall des **sog. genehmigten Kapitals** verzichtet werden. § 55a GmbHG sieht insoweit für die GmbH die Möglichkeit vor, bereits in der Gründungssatzung oder durch eine spätere Satzungsänderung (§ 55a Abs. 2 GmbHG) die Geschäftsführer für eine Dauer von höchstens fünf Jahren zu ermächtigen, das Stammkapital der Gesellschaft gegen Bar- oder Sacheinlage durch Ausgabe neuer Geschäftsanteile zu erhöhen. Aus diesem sog. „genehmigten Kapital" kann sodann das Stammkapital der Gesellschaft ohne den an sich für eine Stammkapitalerhöhung erforderlichen Gesellschafterbeschluss (§§ 53 Abs. 1, 55 Abs. 1 GmbHG) durch die Geschäftsführung selbst erhöht werden, um aus den so neu geschaffenen Geschäftsanteile die Wandlung des Darlehens zu bedienen.

Der Abschluss des Wandeldarlehensvertrages ist grundsätzlich formfrei möglich, sodass insbesondere kein Gang zum Notar erforderlich ist. Somit ist diese hybride Finanzierungsform gerade für einen kurzfristig benötigten Kapitalbedarf attraktiv (vgl. zu den Vor- und Nachteilen eines Wandeldarlehens auch Abb. 7.20). Für die in den Vertrag aufgenommene Verpflichtung, neue Geschäftsanteile zu schaffen, gilt dies selbst dann, wenn diese Verpflichtung dazu führt, dass eine Satzungsänderung durchgeführt werden muss (Weidehaas und Jellinghaus 2015). Anders ist die Situation allerdings, wenn sich der Darlehensgeber nicht nur die Option hat, das Darlehen zu wandeln, sondern er sich bereits vorab verpflichtet, Geschäftsanteile zu bestimmten Konditionen zu übernehmen (vgl. Wei-

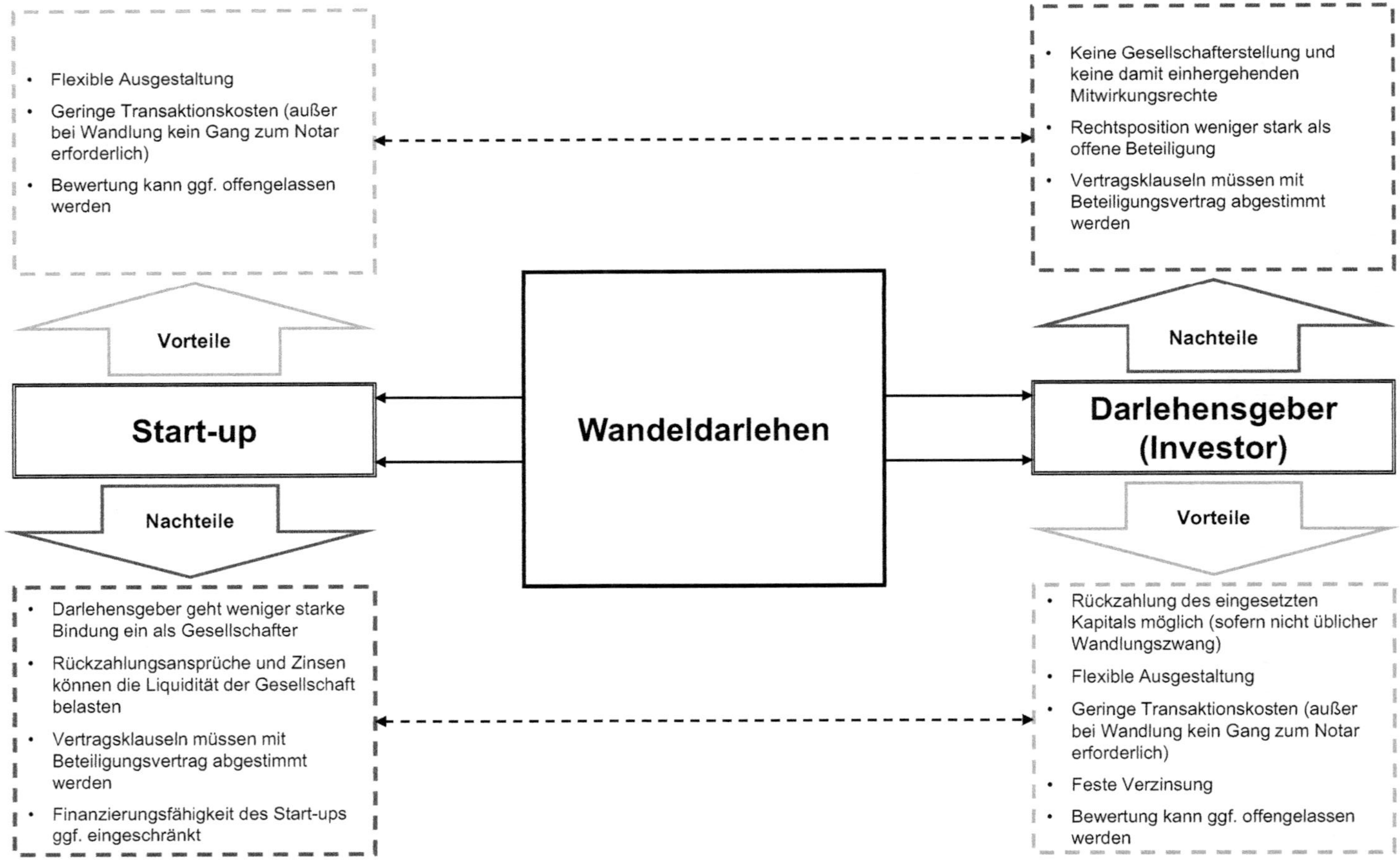

Abb. 7.20 Vor- und Nachteile des Wandeldarlehens

dehaas und Jellinghaus 2015). Für diesen Fall bedarf die Übernahmeverpflichtung der notariellen Unterschriftsbeglaubigung (§ 55 Abs. 1 GmbHG analog).

In den Wandeldarlehensvertrag ist unbedingt eine sog. **Nachrangabrede** aufzunehmen, wonach der Darlehensgeber gegenüber sonstigen Gläubigern (nicht aber gegenüber den Gesellschaftern) mit seinem Rückzahlungsanspruch des Darlehens (bei Nichtausübung der Wandlung) nachrangig behandelt wird **(Rangrücktritt).** Wird kein Nachrang vereinbart, hat dies meist mangels vorhandener bilanzieller Werte des Start-ups zur Folge, dass ständig die insolvenzrechtliche Überschuldung (§ 19 InsO) des Start-ups droht und somit die in § 15a Abs. 1 InsO geregelte Pflicht des Geschäftsführers besteht, einen Insolvenzantrag zu stellen.

Sofern und soweit dies zur Abwendung einer (auch nur bilanziellen) Überschuldung erforderlich ist, tritt der Darlehensgeber daher mit seiner Forderung gemäß §§ 19 Abs. 2 Satz 2, § 39 Abs. 2 InsO im Rang hinter alle gegenwärtigen und zukünftigen Forderungen anderer Gläubiger im Sinne von § 39 Abs. 1 Nr. 5 InsO und sonstigen einfachen Nachranggläubiger zurück.

Der Darlehensgeber kann insoweit eine Rückzahlung des Darlehens bei unterbliebener Wandlung nur aus künftigen Gewinnen, einem etwaigen Liquidationsüberschuss oder aus einem die sonstigen Verbindlichkeiten übersteigenden freien Vermögen verlangen.

7.2.1.4.3 Besonderheiten und Strukturen der Mezzanine-Finanzierung

Obgleich Mezzanine-Finanzierungen vielfältig ausgestaltet sein können, haben sie dennoch gemeinsam (zu den Charakteristika von Mezzanine-Kapital s. auch Abb. 7.21), dass sie entweder gegenüber dem gesamtem oder zumindest einem Teil des Fremdkapitals – als **„Junior Debt“** – nachrangig gestellt werden, d. h. das mezzanine Kapital muss erst nach vollständiger Tilgung einer vorrangigen Fremdkapitalfinanzierung **(„Senior Debt“)** zurückgezahlt werden (Golland et al. 2005, S. 2). Entsprechendes gilt im Rahmen der (unbedingt) erforderlichen Nachrangabrede beim Wandeldarlehen (s. soeben Abschn. 7.2.1.4.2).

► Ein **Junior Debt** (engl. debt = Schulden) bzw. Subordinated Debt ist ein Nachrangdarlehen, bei dem der Rückzahlungsanspruch aufgrund einer Rangrücktrittsvereinbarung gegenüber bestimmten anderen Kapitalgebern nachrangig ist (Golland et al. 2005, S. 18).

Im Übrigen kann Mezzanine-Kapital wie folgt charakterisiert werden (s. hierzu Weitnauer 2019, S. 402 f.).

- Im Unterschied zur reinen Fremdfinanzierung wird dem Start-up mezzanines Kapital in der Regel zwischen **sechs** bis **zehn** Jahre überlassen, sodass die Gründer – aufgrund der hohen Laufzeit – eine (finanzielle) **Planungssicherheit** erhalten.

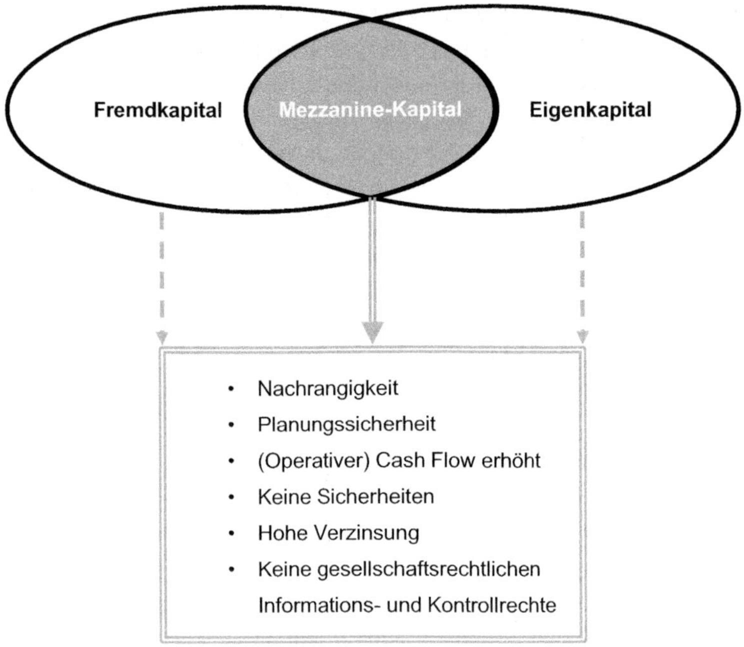

Abb. 7.21 Charakteristika von Mezzanine-Kapital

- Da das Start-up **keine Tilgungsleistungen** während der Laufzeit zu erbringen hat (die Rückzahlung erfolgt erst nach deren Ablauf), wird der operative **Cash Flow** des Unternehmens gesteigert.
- Die Kapitalbereitstellung erfolgt häufig, ohne dass der Investor im Gegenzug Sicherheiten verlangt. Als Ausgleich zu diesem gesteigerten Risiko wird der Kapitalgeber allerdings **Zinsen** in Höhe von **8** bis **15 %** und im Ergebnis damit eine höhere Verzinsung als bei einer reinen Fremdkapitalfinanzierung verlangen.
- Schließlich erfolgt das Investment, ohne dass die Gründer dem Kapitalgeber – wie es bspw. bei der VC-Beteiligung die Regel ist – **Kontroll-, Informations-** und **Zustimmungsrechte** gewähren müssen.

Die Struktur einer Mezzanine-Finanzierung wird wesentlich durch eine laufende bzw. endfällige Verzinsung wie auch einen sog. **„Kicker"** am Laufzeitende bestimmt (Golland et al. 2005, S. 3).

Die laufende Verzinsung des gewährten Kapitals ist – im Verhältnis zum Risiko des Investors – relativ niedrig, um den Liquiditätsspielraum des Start-ups zu schonen und gleichzeitig den Liquiditätsfluss („Cash Flow") zu erhöhen (Grunow und Figgener 2006, S. 193 f.). Als Kompensation für diese geringe laufende Verzinsung vereinbaren die Parteien häufig eine zum Ende der Laufzeit **„auflaufende"** Verzinsung, die in der Regel als Einmalzahlung fällig wird. Sowohl die laufende als auch die auslaufende/endfällige Verzinsung werden bereits vor der Kapitalbereitstellung vereinbart, sodass die Höhe des Zinssatzes nicht mit der – positiven oder negativen – Unternehmensentwicklung des Start-ups korrespondiert (Grunow und Figgener 2006, S. 194). Um dem Kapitalgeber dennoch eine risikoadäquate Rendite zu gewähren, vereinbaren die Parteien darüber hinaus oftmals eine laufzeitbezogene Vergütung in Form eines **„Equity“** oder **„Non-Equity“** Kickers, durch die der Investor – in Abhängigkeit von der Performance des Start-ups – am wirtschaftlichen Erfolg des Unternehmens beteiligt wird (Golland et al. 2005, S. 3).

Bei einem sog. Kicker ist zwischen den Formen **Equity-, Non-Equity- und virtueller Equity-Kicker** zu differenzieren. Durch einen echten oder reellen Equity-Kicker wird dem Investor – in der Regel zum Zeitpunkt des Exits – die Möglichkeit eingeräumt, Anteile an dem Start-up zu privilegierten Konditionen zu erwerben. Demgegenüber erhält der Kapitalgeber bei einem Non-Equity-Kicker am Ende der Laufzeit eine einmalige, von der Entwicklung des Start-ups unabhängige Sondervergütung, deren Höhe von der Nominaleinlage des Investors abhängig ist. Schließlich handelt es sich bei einem virtuellen Equity-Kicker um eine Kombination aus echtem Equity-Kicker und Non-Equity-Kicker, bei dem die Sondervergütung auf die Entwicklung des Unternehmenswerts bezogen ist (Weitnauer 2019, S. 403).

7.2.1.4.4 Überblick Mezzanine-Finanzierungsinstrumente

Mezzanine-Finanzierungsinstrumente lassen – je nachdem, ob sie eigen- oder fremdkapitalähnlich ausgestaltet sind – wie folgt kategorisieren (s. hierzu Abb. 7.22).

7.2.1.4.4.1 Fremdkapitalähnliche Ausgestaltung

Zu den in der Praxis typischen Finanzierungsformen mit fremdkapitalnaher Struktur (**„Debt Mezzanine“**) zählen hauptsächlich (s. hierzu Golland et al. 2005, S. 15) die typische **stille Beteiligung, partiarische Darlehen, Verkäuferdarlehen** sowie **Nachrangdarlehen**.

Bei einer typischen stillen Gesellschaft (zur stillen Beteiligung vgl. auch § 5.2.2.2) beteiligt sich der stille Gesellschafter mit einer Vermögenseinlage am Handelsgewerbe eines anderen, wobei er die Einlage so zu leisten hat, dass sie in das Vermögen der Gesellschaft (bspw. einer GmbH) übergeht (vgl. § 230 Abs. 1 HGB). Der stille Gesellschafter tritt nach außen nicht als solcher auf und agiert daher lediglich im Innenverhältnis. Infolgedessen werden nur die geschäftsführenden Gesellschafter, die nach außen auch als solche auftreten, bei Rechtsgeschäften des Start-ups berechtigt und verpflichtet (vgl. § 230 Abs. 2 HGB). Ein partiarisches Darlehen ist mit der stillen Gesellschaft insofern verwandt, als dem Darlehensgeber als Gegenleistung neben oder anstelle einer festen Vergütung eine Gewinn- oder Umsatzbeteiligung eingeräumt wird (Saenger et al. 2011, § 5, Rn. 10). Im Unterschied zur stillen Gesellschaft ist der Investor bei einem partiarischen Darlehen allerdings berechtigt, seinen Rückzahlungsanspruch des Darlehensbetrages an einen Dritten abzutreten (Golland et al. 2005, S. 21). Eine weitere Darlehensform stellt das sog. Verkäuferdarlehen, das auch als „Seller's Note“ oder „Vendor's Loan“ bezeichnet wird, dar. Bei diesem Finanzierungsinstrument überlässt der Veräußerer von Geschäftsanteilen dem Er-

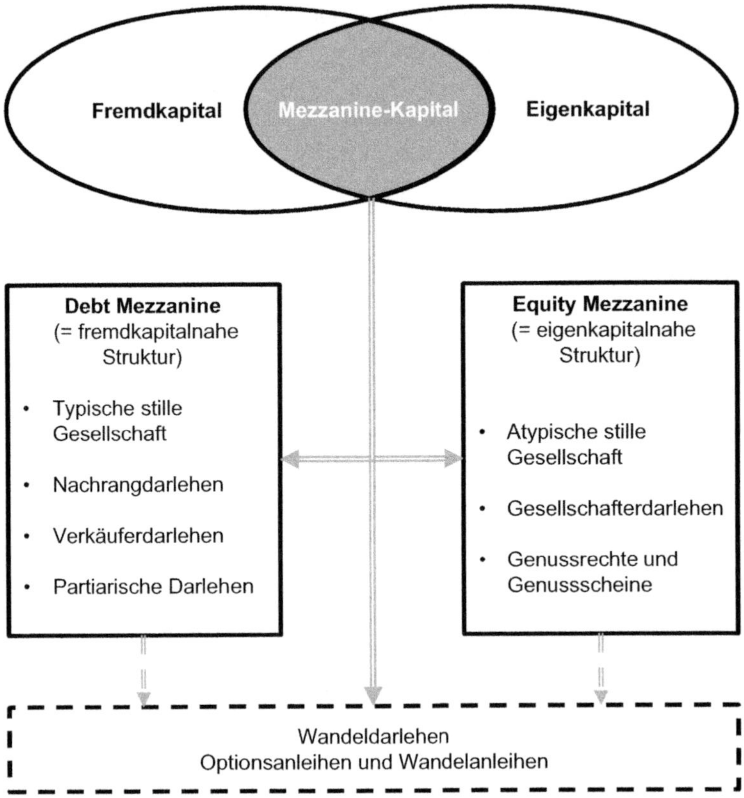

Abb. 7.22 Mezzanine Finanzierungsinstrumente

werber einen Kredit im Hinblick auf die zu erwerbenden Anteile (Golland et al. 2005, S. 20). Schließlich ist das Nachrangdarlehen („Junior Debt", s. § 7.2.1.4.2) gegenüber Forderungen anderer Kapitalgeber untergeordnet und daher erst nach Erfüllung dieser zurückzuzahlen (hierzu s. auch § 5.2.2.3).

7.2.1.4.4.2 Eigenkapitalähnliche Struktur

Die **atypische stille Gesellschaft, Gesellschafterdarlehen** und **Genussrechte** sowie -**scheine** weisen demgegenüber einen eigenkapitalnahen Charakter **(„Equity Mezzanine")** auf (Golland et al. 2005, S. 15).

Im Unterschied zur typischen stillen Gesellschaft werden bei der atypischen stillen Gesellschaft die stillen Gesellschafter sowohl an der Geschäftsführung – durch Informations-, Zustimmungs- und Kontrollrechte, die weit über die Kontrollrechte des typischen stillen Gesellschafters (s. hierzu § 233 HGB) hinausgehen können – als auch an dem Unternehmenswert des Start-ups – durch schuldrechtliche Vereinbarungen – beteiligt (vgl. Henssler und Strohn 2019, § 230 HGB, Rn. 1). Bei einem Gesellschafterdarlehen gewährt ein Gesellschafter des Start-ups dem Unternehmen (oftmals über einen längeren Zeitraum) einen Kredit aus seinen eigenen Mitteln, wobei die Vergütung des Gesellschafters für dieses Investment in der Regel durch eine laufende oder (um die Liquidität des Start-ups zu schonen) endfällige Verzinsung realisiert wird (Golland et al. 2005, S. 15). Genussrechte (vgl. auch § 5.2.2.4) sind schuldrechtliche Gläubigerrechte, die inhaltlich einen Anspruch auf Teilhabe am Gewinn oder Liquidationserlös zum Gegenstand haben, wie sie typischerweise Gesellschaftern einer GmbH oder AG zustehen, ohne jedoch eine mitgliedschaftliche Beteiligung des Anspruchsberechtigten am Start-up zu begründen (Saenger et al. 2011, § 12, Rn. 367). Die Genussrechte werden in der Regel in Genussscheinen – hierbei handelt es sich um gesetzlich weitgehend ungeregelte Wertpapiere – dokumentiert (Eilenberger und Haghani 2008, S. 101 f.).

7.2.1.4.4.3 Weitere Finanzierungsinstrumente

Im Übrigen besteht die Möglichkeit, dass sich der Investor durch **Options- und Wandelanleihen** beteiligt. Optionsanleihen sind Schuldverschreibungen, die den Anleihegläubiger berechtigen, bei Fälligkeit eine bestimmte Anzahl von Geschäftsanteilen an dem Start-up zu erwerben. Demgegenüber verleihen Wandelanleihen dem Anleihegläubiger das Recht, seinen Anspruch auf die Rückzahlung des von ihm geleisteten Darlehens gegen eine bestimmte Anzahl von Geschäftsanleihen an dem Start-up „einzutauschen" (Golland et al. 2005, S. 18).

Bei Options- und Wandelanleihen kann der Investor während der Laufzeit also von der Stellung eines Fremdkapitalgebers in eine Eigenkapitalposition wechseln.

7.2.2 Öffentliche Fördermittel

Mittlerweile besteht ein umfassendes **Angebot öffentlicher Förderungsmöglichkeiten** (s. hierzu auch § 5.6) in Form von Finanzierungsprogrammen oder Realleistungen, gleichermaßen auf Landes- und Bundesebene (Janson 2011, S. 46). Die **Finanzleistungen** bezwecken dabei überwiegend die **Optimierung** der Eigenkapitalgrundlagen, während die **Realleistungen** dazu dienen, die zwingend notwendigen **Aufwendungen,** etwa für die technische Hardware, zu verringern (Grummer und Brorhilker 2012a).

In der Praxis haben sich insbesondere die Förderprogramme der **KfW** bewährt. Die Inanspruchnahme eines öffentlichen Fördermittels der KfW ist dabei nicht nur günstiger als ein Kredit bei einer privaten Bank, sondern kann im Einzelfall auch die Aufnahme zusätzlicher Darlehen bei einem anderen Kreditinstitut erleichtern (Janson 2011, S. 46).

Voraussetzung für die Gewährung öffentlicher Fördermittel ist oftmals, dass das Start-up bereits über einen **Leadinvestor** – sei es in Form eines VC-Investors, Mezzanine-Kapitalgebers etc. – verfügt. Die Beteiligung der KfW erfolgt dabei nach dem **„pari passu"**-Prinzip, d. h. der öffentliche Fördermittelgeber wird zu gleichen Bedingungen wie der Leadinvestor in das Start-up investieren (Weitnauer 2019, S. 343).

7.3 Crowdinvesting

Das **Crowdinvesting** bzw. **Crowdfunding,** das im Deutschen auch als **Schwarmfinanzierung** bezeichnet wird, stellt eine weitere Form der Kapitalbeschaffung dar.

Crowdinvesting ist eine Form der digitalbasierten Kapitalbeschaffung über das Internet. Diese Beschreibung gibt knapp wieder, was in der anfänglichen Euphorie gar als Revolution der Start-up-Finanzierung beschrieben wurde. Dabei ist das eigentliche Geschäftsmodell des Crowdinvesting alles andere als revolutionär: die Deckung eines Finanzierungsbedarfs durch die Bündelung einer Vielzahl individueller Beiträge ist schließlich jedem tradierten Investmentinstrument (Fonds, Aktien etc.) immanent. So verwundert es auch nicht, dass bereits im Jahr 1885 die Hälfte des Sockels der New Yorker Freiheitsstatue durch Crowdfunding finanziert wurde. Allein die Kanalisierung über einen digitalen Vertriebskanal eröffnet – verglichen mit herkömmlichen Formen der Investorenansprache – neue Möglichkeiten, eine große Masse möglicher Kapitalgeber für ein Projekt zu begeistern.

In Deutschland konnten bislang nur wenige Unternehmen nennenswerte Kapitalvolumina mittels Crowdinvesting generieren. Die Ursache hierfür liegt in den innerhalb Deutschlands geltenden gesetzlichen Limitierungen. Als solche sind bspw. die Prospektpflicht nach dem **Vermögensanlagengesetz** (VermAnlG) und die daraus resultierenden erheblichen Kosten für ein Unternehmen zu nennen.

▶ Nach § 6 VermAnlG muss ein Anbieter, der im Inland Vermögensanlagen öffentlich anbietet, grundsätzlich einen Verkaufsprospekt veröffentlichen. Allerdings besteht eine Ausnahme von der Pflicht, einen Verkaufsprospekt zu veröffentlichen, gem. § 2a VermAnlG für Crowdinvesting-Plattformen. Dadurch entfällt die Pflicht zur Veröffentlichung eines Verkaufsprospektes für die angebotenen Vermögensanlagen, wenn diese über eine Internet-Dienstleistungsplattform vermittelt werden und der Gesamtbetrag der Vermögensanlagen, die von einem Anleger erworben werden können, folgende Beträge nicht übersteigt:

- EUR 1000,
- EUR 10.000, sofern der jeweilige Anleger nach einer von ihm zu erteilenden Selbstauskunft über ein frei verfügbares Vermögen in Form von Bankguthaben und Finanzinstrumenten von mindestens EUR 100.000 verfügt, oder
- den zweifachen Betrag des durchschnittlichen monatlichen Nettoeinkommens des jeweiligen Anlegers nach einer von ihm zu erteilenden Selbstauskunft, höchstens jedoch EUR 25.000.

Beim Crowdinvesting handelt es sichum eine Variante der **klassischen Beteiligungsfinanzierung**. Während Gründer mithilfe eines Business Angels oder eines VCs neben dem investierten Kapital zusätzlich Know-how und bestehende Netzwerke akquirieren, greift das Crowdinvesting demgegenüber auf die auf der Plattform versammelten Kapitalgeber (**„Crowdinvestoren“**) zurück, die einzeln aufgrund der geringen Höhe der jeweils investierten Beträge uninteressant wären, in der Masse jedoch einen wesentlichen Finanzierungsbeitrag für das Start-up leisten können (zur Funktionsweise der Finanzierung durch Crowdinvestings s. auch Abb. 7.23).

Crowdinvesting ist eine Finanzierung über eine **Masse** an **Kapitalgebern.** Der Schwarm möglicher Investoren – deshalb auch der deutsche Ausdruck **„Schwarmfinanzierung“** – deckt den Finanzierungsbedarf des Start-ups aufgrund der Vielzahl kleiner individueller Beträge zumindest in den Gründungsphasen. Kapitalgeber können sich ihrerseits mit einem vergleichsweise geringen Einsatz in der Hoffnung auf überdurchschnittliche Renditen an interessanten und innovativen Unternehmen beteiligen. Die Crowdinvestoren erfahren ferner den ideellen Wert, Teil eines solchen Projekts zu sein.

Neben dem Kapitalzufluss hat die Präsentation des Geschäftsmodells in der Crowd den positiven Nebeneffekt, sich entsprechendes Feedback über die Erfolgsaussichten zu holen. Der Prozess des Crowdinvesting ist insoweit ein durchaus repräsentatives **Instrument** der **qualitativen Marktforschung.** Schafft es das Start-up nicht, genügend Investoren zu mobilisieren, kann dies ein Zeichen für die fehlende Reife oder unzureichende Entwicklung des Geschäftsmodells oder aber auch nur ein Indiz für dessen ungenügende Präsentation auf der Plattform sein. Gleiches gilt für solche Fälle, in denen die Plattform selbst nach einer entsprechenden **„Zugangsprüfung“** dem Start-up den Zugang zur Crowd verwehrt.

Der **Vorläufer** des Crowdinvestings ist das **Crowdfunding** . Begrifflich nahm dieses seinen Ursprung über die Plattform kickstarter.com (Grummer und Brorhilker 2012b). Deren Geschäftsmodell bestand zunächst darin, eine neue Finanzierungsform für kreative Projekte und Ideen mit überschaubarem Finanzbedarf zu schaffen. Das 2008 in den USA gestartete Projekt konnte bis Ende 2020 bereits über 188.000 gestartete Projekte bei einer

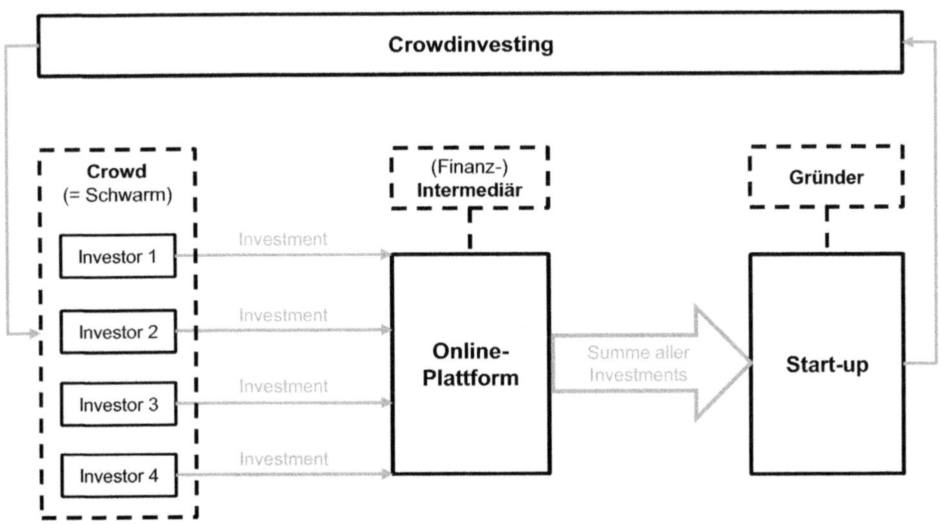

Abb. 7.23 Unternehmensfinanzierung durch Crowdinvesting

Erfolgsquote von knapp über 38 % und über US$ 5,3 Mrd. Investitionsvolumen der erfolgreich abgeschlossenen Investments vorweisen.

Obgleich Crowdinvesting-Modelle in Deutschland den teilweise bereits angesprochenen Hürden ausgesetzt sind, offenbart sich der hohe Stellenwert der Kapitalbeschaffung mittels Crowdinvesting in den USA bspw. durch die von Präsident Obama maßgeblich begleitete Verabschiedung des **„Jumpstart Our Business Start-ups Act"** („Jobs Act", abrufbar unter https://www.govtrack.us/congress/bills/112/hr3606/text). Das im April 2012 in Kraft getretene Gesetz sollte die auf Private Placement Investments anwendbaren Vorschriften im Hinblick auf das Crowdinvesting ausdehnen. So müssen in den USA die bei einem Angebot von Wertpapieren durch Crowdinvesting involvierten **Finanzintermediäre** (Plattformbetreiber) über eine Zulassung der amerikanischen Wertpapier- und Börsenaufsichtsbehörde (U.S. Securities and Exchange Commission) verfügen.

Ungeachtet der rechtlichen Konstruktion des jeweiligen Beteiligungsmodells unterscheiden sich die derzeit in Deutschland bestehenden Plattformbetreiber durch die Ausgestaltung der Funktionalitäten sowie der jeweiligen angesprochenen Investorengruppe von ihren Wettbewerbern.

7.3.1 Finanzierungsmodelle

Ein einheitliches Finanzierungsmodell für Crowdinvesting existiert nicht. Die konkrete Ausgestaltung der Finanzierungsmodelle ist äußerst vielfältig und entwickelt sich stets weiter. Gerade mit Blick auf die rechtlichen Hürden (Stichwort: Prospektpflicht) haben Plattformbetreiber juristische Konstruktionen entwickelt, um der Crowd möglichst **hohe Finanzierungsvolumina** bei einem gleichsam **geringen** administrativen **Kostenaufwand** zu ermöglichen. Neuere Plattformen erweitern den bisherigen Crowdinvesting-Gedanken über den rein monetären Ansatz eines Kapitalzuflusses an das Unternehmen hinaus auf die Erbringung von **Dienstleistungen** gegen entsprechende Anteile am Unternehmen. Derartige Crowdinvesting-Modelle übernehmen insoweit Aufgaben und Strukturen einer klassischen Business Angel- und/oder Inkubatoren-Finanzierung.

7.3.1.1 Beteiligte

Unabhängig von dem jeweiligen Finanzierungsmodell treten beim Crowdinvesting in der Regel folgende Beteiligte zusammen:

- das Start-up,
- die Crowdinvestoren sowie
- die jeweilige (Online-)Plattform.

7.3.1.1.1 Start-up

Das Start-up hat ein bestimmtes Geschäftsmodell bzw. Produkt und sucht dafür eine Finanzierung. Hierbei handelt es sich in aller Regel um eine **Frühphasenfinanzierung,** die dem Unternehmen überhaupt erst ermöglichen soll, das Produkt zur Entwicklungsreife zu bringen oder aber zumindest den operativen Geschäftsbetrieb aufzunehmen. Soweit es den Beteiligten gelingt, die Vorgaben des Vermögensanlagengesetzes einzuhalten ist das Crowdinvesting jedoch nicht nur auf die frühen Entwicklungsstufen eines Unternehmens beschränkt. Insofern können etwa auch **Markteintritts-** und **Erweiterungsstrategien** über Crowdinvesting finanziert werden. Das Start-up hat hierzu sein Geschäftsmodell in aller Regel in der Form eines klassischen Businessplans/Pitch Decks aufzubereiten.

7.3.1.1.2 Crowdinvestoren

Die Crowd ist die Masse der Investoren **(Crowdinvestoren),** die das Unternehmen mit einer finanziellen Zuwendung fördern. Einer finanziellen Zuwendung in diesem Sinne steht es gleich, wenn dem Start-up von einzelnen Investoren der Crowd neben Kapital auch immaterielle Werte in Form von Arbeits- oder Dienstleistungen zufließen **(„Work for Equity“).** Die Motivation der Crowd, ein Start-up zu unterstützen, reicht von einer rein ideellen Bindung an die Unternehmensidee und dem Wunsch der Teilhabe am unternehmerischen Wirken bis hin zu der klassischen Erwartung, an der wirtschaftlichen Entwicklung des Start-ups direkt zu partizipieren.

Die Art der Zuwendung und der Gegenleistung, die der Investor leistet bzw. sich für seine Zuwendung versprechen lässt, entscheidet dabei über die **rechtliche Qualifikation** des Investments sowie über die konkreten **vertraglichen Beziehungen** zwischen dem Start-up und Kapitalgeber.

7.3.1.1.2.1 Intermediär zwischen Start-up und der Crowd

Die Crowdinvesting -Plattform ist der **Intermediär** zwischen dem Start-up und der Crowd bzw. dem jeweiligen Investor. Sie stellt die technischen Voraussetzungen zur Verfügung, erbringt darüber hinaus jedoch auch weitere Leistungen wie Öffentlichkeitsarbeit oder Marketing. Gerade die mediale Präsenz einiger Crowdinvesting-Projekte sowie die teilweise aggressiven Marketingstrategien der Betreiber stellen eine für die Start-ups nicht zu unterschätzende (sekundäre) **Medialeistung** („Media for equity“) dar, die ansonsten nur mit einem erheblichen finanziellen Marketingaufwand zu erreichen wäre bzw. die sich andere Investoren (z. B. VCs oder Business Angels) durch mehr eingeforderte Geschäftsanteile vergüten lassen würden.

Zur Inanspruchnahme der Leistungen der Plattform müssen sich das Start-up und die Investoren bei dem Betreiber der Plattform registrieren. Für die Registrierung wird in aller Regel ein Entgelt erhoben, teilweise ist diese aber auch kostenlos möglich. Die eigentliche Monetarisierung erfolgt nach den **Geschäftsmodellen** der Crowdinvesting-Plattformen erfolgsabhängig. Im Falle des Zustandekommens einer über die Plattform vermittelten Finanzierung wird entweder ein bestimmter Prozentsatz (zwischen 5 und 10 %) des Gesamtinvestitionsvolumens als Provision einbehalten oder von den Investoren individuell erhoben.

7.3.1.1.2.2 Pflichten der Plattform

Die Anbieter der meisten Crowdinvesting-Plattformen werben damit, die Start-ups und ihre Businesspläne intern zu prüfen und auszuwählen. Wichtige Kriterien sind dabei der **Neuheitswert** und die **Nachhaltigkeit** der Geschäftsidee, eine durchdachte und realistische **Umsetzungsplanung** (Finanzplan) und ein starkes, überzeugendes **Gründerteam** (vgl. bspw. www.seedmatch.de/ueber-uns/fuer-investoren). Insoweit stellt sich die Frage, welche konkreten Pflichten die Plattform dadurch begründet bzw. welche Rechte hieraus hergeleitet werden können.

Crowdinvesting-Plattformen werden in rechtlicher Sicht als sog. **„freie Anlagevermittler“** tätig (Jansen und Pfeifle 2012, S. 1850). Der Anlagevermittler hat nach dem gesetzlichen Leitbild die vertragliche Pflicht, über die für die Anlageentscheidung relevanten Informationen vollständig und richtig Auskunft zu erteilen. So darf er keine ihm bekannten Informationen zurückhalten, allerdings ist er auch nicht verpflichtet, entsprechende Nachforschungen oder Recherchen anzustellen. Gleichwohl hat die Plattform die von den Start-ups zur Verfügung gestellten Informationen und Unterlagen auf Plausibilität und Vollständigkeit zu prüfen. Zu den für die Investmententscheidung wesentlichen Informationen gehören solche zum Geschäftsmodell sowie allgemeine und spezifische Risiken, die mit dem Investment verbunden sind (Jansen und Pfeifle 2012, S. 1850).

Ergeben sich im Rahmen der Überprüfung durch die Plattform Unvollständigkeiten oder Unklarheiten, ist die Plattform allerdings verpflichtet, die fehlenden Unterlagen und Informationen vom Start-up einzufordern, bevor das Projekt des Start-ups auf die Plattform gestellt wird. Jedoch sind die Anforderungen an diese **Plausibilitätskontrolle** nicht zu überspannen: allenfalls Extremfälle, deren offensichtliche konzeptionelle und inhaltliche Mängel sich geradezu aufdrängen, verpflichten den Betreiber der Plattform zu einem entsprechenden Handeln und machen diesen gegebenenfalls – sofern er derartigen Projekten gleichwohl Zugang zur Plattform ermöglicht – ggf. schadensersatzpflichtig.

Ohne rechtliche Wirkung dürfte indessen die Praxis der Mehrzahl der Plattformbetreiber sein, die Verantwortung für die Richtigkeit der Informationen sowie eine entsprechende Plausibilitätsprüfung in ihren **AGB** pauschal von sich zu weisen. Es bestehen erhebliche Bedenken, ob entsprechende Klauseln in den Nutzungsbedingungen als möglicherweise unangemessene Benachteiligung der Nutzer der Plattform (vgl. § 307 Abs. 1 S. 1 BGB) überhaupt wirksam sind (Jansen und Pfeifle 2012, S. 1850).

7.3.1.1.2.3 Rechtliche Beziehung zwischen Plattform und Crowdinvestoren

Die Plattform ist das **Bindeglied** zwischen den potenziellen Investoren und dem Start-up. Zu Beginn des Investingprozesses besteht eine rechtsgeschäftliche Beziehung lediglich zum Start-up, das einen entsprechenden Vertrag mit der Plattform abgeschlossen hat. In Erfüllung dieses Nutzungsvertrages stellt die Plattform unter anderem **Webspace** zur Verfügung und erbringt Dienstleistungen wie **Content Management** und **Marketing** (Bareiß 2012, S. 460).

Das Start-up kann gewöhnlich über eine eigene Nutzeroberfläche im Back-End weitere Dokumente, bspw. Promotion Videos, hochladen oder vorhandene Informationen ergänzen und aktualisieren. Besucher des Front-Ends der Plattform haben auf viele dieser Daten hingegen keinen vollständigen Zugriff. Ihnen wird lediglich eine Auswahl angezeigt, die vor allem **Positives** wie die Geschäftsidee und die Renditechancen präsentiert. Kritische Faktoren, insbesondere Mängel des Geschäftsmodells sowie Verlustrisiken, werden an dieser Stelle meist noch nicht benannt, weshalb sich diese Inhalte nur als **Werbung** verstehen (Jansen und Pfeifle 2012, S. 1848).

Die potenziellen Crowdinvestoren begründen ihrerseits erst durch die persönliche Registrierung als Nutzer – und das hierfür erforderliche Akzeptieren der AGB – eine rechtliche Beziehung zum Plattformbetreiber. Obgleich er in der Regel nicht als solcher bezeichnet wird, stellt dieser Vorgang den konkludenten Abschluss eines **Auskunftsvertrags** dar (Jansen und Pfeifle 2012, S. 1849). Anschließend ermöglicht der Investoren-Bereich Einblick in detailliertere und vollständige Informationen, die regelmäßig auch Angaben zu Gefahren und Risiken für das Geschäftsmodell umfassen. Die Plattform kommt damit den bereits beschriebenen Pflichten eines Anlagevermittlers nach.

► Einige Plattformen bieten Investing-Modelle an, bei denen die Anteile der Kapitalgeber gepoolt (**„Investoren-Pool"**) und durch die Plattform in der Form einer Innen-GbR verwaltet werden. Von diesen Ausnahmen abgesehen bleibt es aber dabei, dass die Plattform lediglich als Anlagevermittler tätig wird. Die Bündelung der Investoren über einen Investoren-Pool ist jedoch unerlässlich, um das Unternehmen auch nach einem (erfolgreichen) Crowdinvesting finanzierungsfähig für Venture Capital zu halten. Die Folgeinvestoren haben weder die Ressourcen noch den Willen, sich mit einer Vielzahl von Kleininvestoren bei der weiteren Finanzierungstratregie und anderen relevanten Fragen abzustimmen.

7.3.1.2 Phasen

Bis dem Start-up die über Crowdinvesting eingeworbene Finanzierungssumme tatsächlich zufließt, durchläuft der Crowdinvesting-Prozess mehrere Phasen (diesbezüglich vgl. Bareiß 2012, S. 458). In aller Regel folgen diese einem mehr oder weniger einheitlichen Ablauf. Die Stadien des Crowdinvestings werden in Abb. 7.24 dargestellt.

7.3.1.2.1 Entwicklungsphase

Die erste Phase besteht darin, die **Geschäftsidee** zu einem Projekt mit einem **belastbaren Geschäftsmodell** zu **entwickeln.** Hierbei ist von Beginn an **adressatengerecht** vorzugehen. Es ist ein wesentlicher Unterschied, sein Unternehmen vor institutionellen Investoren zu pitchen bzw. professionellen Business Angels zu präsentieren oder eben zu einem Projekt aufzubereiten, das der **Heterogenität potenzieller (Gelegenheits-) Investoren** in der Crowd gerecht wird.

Soll das Crowdinvesting nur einen Teil der Finanzierung des Start-ups sicherstellen, so ist zu empfehlen, neben der für andere Finanzierungskanäle entwickelten Präsentation des Projektes eine gesonderte auf das Crowdinvesting optimierte, Projektpräsentation zu erstellen. Noch mehr als in einem klassischen Businessplan oder Pitch Deck ist auf eine

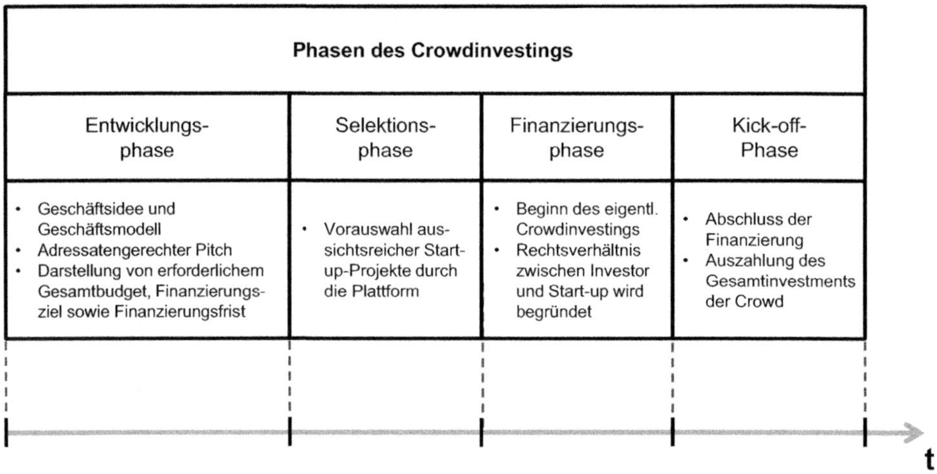

Abb. 7.24 Phasen des Crowdinvestings

klare Formulierung zu achten, damit die Crowdinvestoren das Projekt (aus Investoren- und Kundensicht) vollständig erfassen. Neben dem zur Realisierung des Projekts erforderlichen **Gesamtbudget** sind das **Finanzierungsziel** (Finanzierung des Gesamtprojekts oder nur einzelner Projektstufen wie bspw. Produktentwicklung, Markteinführung etc.) sowie die **Finanzierungsfrist** – innerhalb derer die Investingschwelle überschritten sein muss – vorab präzise festzulegen. Die Investoren müssen wissen, in welche Entwicklungsstufe das in der Crowd eingesammelte Kapital fließt.

7.3.1.2.2 Selektionsphase

Einige Plattformen haben der eigentlichen Finanzierungsrunde eine Phase der **Vorauswahl** vorgeschaltet, die dazu dient, die Erfolgsaussichten einer erfolgreichen Finanzierung des Start-ups vorab einzuschätzen. Erst wenn ein Projekt im Rahmen dieser Phase eine hinreichende Zahl potenzieller Unterstützer findet, wird es der Crowd zum Investing freigegeben.

Andere Plattformen legen ganz besonderen Wert darauf, dass die Investoren auch wirklich verstehen, worin sie investieren. In diesen Fällen nimmt der Betreiber der Plattform selbst eine an bestimmten Kriterien orientierte Selektion (Qualität statt Quantität) sowohl bei der Auswahl des Start-ups als auch der potenziellen Investoren vor. In jedem Fall sind Letztere umfassend über die Chancen und Risiken ihres Investments aufzuklären. Ungeachtet einer Vorselektion durch die Plattform muss ihnen klar sein, dass ein Totalausfall des eingesetzten Kapitals nicht ausgeschlossen ist. Crowdinvesting dient v. a. der Frühphasenfinanzierung und ist somit uneingeschränkt als **Risikokapital** zu klassifizieren. Eine mögliche Vorauswahl des Start-ups durch die Plattform sowie professionell ausgearbeitete Businesspläne dürfen bei den Investoren nicht den Eindruck entstehen lassen, dass es sich um ein sicheres Investment handelt.

7.3.1.2.3 Finanzierungsphase

Ist das Start-up zur Finanzierung zugelassen bzw. sind **Finanzierungsziel** und **Finanzierungsfrist** festgelegt, beginnt das eigentliche Crowdinvesting, also die **Zuwendung konkreter Finanzierungsbeiträge** für ein bestimmtes Projekt (Bareiß 2012, S. 458). In technischer Sicht erfolgt der Zahlungsstrom der Zuwendungen an die Plattform klassisch per Lastschrift bzw. Kreditkarte oder über einen Online-Zahlungsdienstleister (PayPal etc.). Nach den AGB der Plattformen ist das Zahlungsversprechen der Investoren verbindlich; nur wenige Betreiber sehen die Möglichkeit vor, die Zahlungszusage widerrufen zu können. Spätestens zum Zeitpunkt der Zuwendung des Investments entsteht ein **Rechtsverhältnis** zwischen dem Investor und dem Start-up.

Die vom Betreiber der Plattform vereinnahmten Beträge werden entweder von diesem oder durch einen Dritten treuhänderisch verwaltet und nach Erreichen der Mindestfinanzierungssumme unter Verrechnung einer möglichen Provision an das Start-up ausgezahlt. Manche Finanzierungsmodelle sehen vor, auch höhere Beträge als im ursprünglichen Finanzierungsbudget vorgesehen, einzusammeln. Andere Plattformen schließen eine Überfinanzierung (**„overinvesting"**) ausdrücklich aus. Wird das Finanzierungsziel in Bezug auf die Mindestkapitalmenge innerhalb der Finanzierungsfrist nicht erreicht (s. 7.3.1.3.1 „Investingschwelle"), werden die von den Unterstützern geleisteten, von der Plattform treuhänderisch verwalteten, Zahlungen an diese zurückgezahlt. Dabei behalten die Betreiber der Plattform teilweise eine geringe Provision ein.

7.3.1.2.4 Kick-off-Phase

Die Finanzierung ist abgeschlossen, wenn die entsprechende Mindestkapitalmenge erreicht ist. Nach Abschluss der Finanzierung und Weiterleitung der vereinnahmten Zuwendungen an das Start-up kann dieses das beabsichtigte Finanzierungsziel umsetzen (**„Kick-off"**).

7.3.1.3 Strukturmerkmale des Crowdinvestings

Die **Modelle** des Crowdinvestings sind im Hinblick auf die Mindestkapitalmenge sowie den Integrationsgrad der Investoren unterschiedlich ausgestaltet und folgen insoweit verschiedenen Prinzipien.

7.3.1.3.1 Investingschwelle

Sämtliche Crowdinvesting-Plattformen machen den Erfolg einer Finanzierungsrunde vom Erreichen einer vorher festgelegten Mindestsumme abhängig, dem Überschreiten der sogenannten **Investingschwelle.** Das Start-up kann diese frei wählen und muss hierbei zwischen dem eigenen Kapitalbedarf und der erwarteten Investitionsbereitschaft der Crowd abwägen. Wird diese Grenze nicht erreicht, so gilt die Finanzierungsrunde als gescheitert. Einige Plattformen ermöglichen für diesen Fall eine Verlängerung des Investingprozesses, andere gestatten dem Start-up, die Finanzierungslücke aus anderen Quellen zu decken.

Das Scheitern der Finanzierungsrunde führt zur **Rückzahlung** sämtlicher Einzelinvestitionen an die Mitglieder der Crowd; ebenso **entfällt** der in aller Regel erfolgsabhängige

Vergütungsanspruch der Plattform. Das Start-up sowie die Investoren werden auf diese Weise gleichermaßen geschützt: die Investoren sollen nicht gezwungen sein, in ein Unternehmen zu investieren, das bereits an der „ersten Hürde" scheitert und dessen Erfolgsaussichten sich demzufolge wesentlich verringert haben. Dieser Schutz manifestiert einen elementaren Unterschied zu einem klassischen Frühphaseninvestor, dessen Investment – ungeachtet dessen, ob bspw. Folgeinvestments Dritter zustande kommen oder nicht – in jedem Fall geleistet werden muss bzw. nicht zurückzuzahlen ist.

Das Start-up wiederum soll nicht gebunden sein, die unternehmerische Tätigkeit mit einer unzureichenden Finanzierungsgrundlage aufnehmen zu müssen.

Wird die Investing-Schwelle hingegen überschritten, so gilt das Start-up als erfolgreich finanziert. Teilweise ist es – wie bereits angesprochen – möglich, darüber hinaus weiteres Kapital einzuwerben, wobei ein solches „overinvesting" seinerseits nur innerhalb eines bestimmten Rahmens denkbar ist. Dieser ist entweder rechtlich durch die Befreiung von der Prospektpflicht für Schwarmfinanzierungen (§ 2a VermAnlG) oder, sofern das VermAnlG nicht zur Anwendung gelangt, durch die individuelle Höchstgrenze der jeweiligen Plattform begrenzt. Die maximal mögliche Investingsumme wird als **Investinglimit** bezeichnet.

7.3.1.3.2 Kommunikation mit der Crowd

Die Kommunikation des Start-ups mit der Crowd verlangt fortwährende **Transparenz** und **Informationen.** Eine Zielgruppe, die sich vorwiegend aus Digital Natives mit hoher Affinität zu Social Media und Echtzeit-Kommunikation zusammensetzt, wird unter den vorgenannten Begriffen notwendigerweise etwas anderes verstehen als traditionelle Investoren. Die (potenziellen) Crowdinvestoren möchten zu jeder Zeit wissen, was in dem Start-up geschieht und wofür „ihr Geld" aufgewendet wird. Regelmäßig sehen die Plattformen für diesen Teil der Start-up-Crowdinvestor-Beziehung einen speziellen Bereich vor, auf dem die entsprechende Kommunikation ermöglicht wird. Im Gegenzug können die Investoren direktes Feedback zu aktuellen Entwicklungen innerhalb des Start-ups geben. Je nach Erfahrung und Expertise der Investoren kann dies entweder eine wertvolle Hilfe oder aber – in aller Offenheit – auch zeit- und nervenraubende Kommunikation bedeuten.

Dessen ungeachtet macht die selbstverständliche Nutzung sozialer Netzwerke und anderer moderner Kommunikationsmittel den typischen Crowdinvestoren zu einem hervorragenden Testimonial sowie seinerseits zu einem Bestandteil eines **aktiven viralen Marketings.** Wer in ein Unternehmen bzw. in ein Produkt investiert, glaubt an dessen Erfolg. Dementsprechend überproportional kann sich etwa die Verbreitung des getätigten Investments in sozialen Netzwerken des Crowdinvestors ähnlich der klassischen „Mundpropaganda" auswirken, zumal mit der Zahl der Investoren auch die Zahl der Testimonials steigt und mit dem durch sie erzeugten Multiplizierungseffekt wiederum die Zahl der potenziellen Crowdinvestoren größer wird. Vergleichbare Marketingeffekte ließen sich ohne die Crowd nur schwer erzielen.

7.3.1.4 Rechtliche Strukturen

Es gibt kein (rechtliches) Standardmodell der Finanzierung über Crowdinvesting. Insofern greift diese Form der Kapitalbeschaffung im Wesentlichen auf bereits bestehende Modelle zurück. Üblicherweise ist zwischen drei Beteiligten zu differenzieren: zunächst gibt es die Gründer, die eine Geschäftsidee umsetzen wollen und eine finanzielle Unterstützung benötigen. Daneben wollen die Investoren – die gemeinsam die „Crowd" bilden – das Start-up mit ihrem zur Verfügung gestellten Kapital fördern, wobei die entsprechenden Mittel durch den Betreiber einer Internetplattform (Intermediär) gesammelt und dem Start-up zur Verfügung gestellt werden (Leuering und Rubner 2012, S. 463).

Die gesetzlichen Rahmenbedingungen für das Verhältnis zwischen Kapitalgeber (Crowd) und -nehmer (Start-up) liefert dabei in erster Linie das **Gesellschaftsrecht.** Die konkrete Qualifizierung des Vertragsverhältnisses hat dabei unmittelbare Auswirkungen auf die Haftung und Kündigungsmöglichkeit, die steuerliche Behandlung der Investition sowie einer im Einzelfall zu beachtenden Prospektpflicht (Bareiß 2012, S. 462).

So werden **stille Beteiligungen** und **Genussrechte** bspw. dem sogenannten **„grauen Kapitalmarkt"** zugerechnet und durch das Vermögensanlagengesetz (VermAnlG) reguliert. Ebenfalls als Kapitalanlage werden **partiarische Finanzierungsverträge** eingestuft, sofern der Darlehensnehmer als Unternehmen firmiert (Jansen und Pfeifle 2012, S. 1848). Die Crowdinvesting-Plattformen fungieren dabei als Dienstleister, die entsprechende Anlagemöglichkeiten vermitteln. Sie bedienen sich verschiedener rechtlicher Konstruktionen, die sich nicht immer einem bestimmten Vertragstyp zuordnen lassen. Letztlich ist einzelfallabhängig zu entscheiden, welcher gesetzliche Vertragstypus zur Anwendung gelangt (Bareiß 2012, S. 461).

Den Beteiligungsformen des Crowdinvesting gemein ist die grundsätzliche Klassifizierung als **Mezzanine-Kapital** (hierzu s. § 4.3 und § 7.2.1.4), wobei eher auf eine fremdkapitalähnliche Strukturierung zurückgegriffen wird. Bei der Gestaltung der Beteiligungsverträge können der Plattform-Betreiber und das Start-up flexibel agieren, sodass u. a. Laufzeit des Investments, Kündigungsmöglichkeiten sowie Gewinn- und Verlustbeteiligung der Anleger relativ frei bestimmbar sind. Keines der aktuell angebotenen Modelle normiert indessen eine Nachschusspflicht, sodass die Investoren an Verlusten auch nur bis zur Höhe ihrer Einlage beteiligt sind.

Weiter können die Investoren nicht verlangen, dass ihr Kapital in einer bestimmten Art und Weise verwendet wird. Allerdings ist der Unternehmer verpflichtet, es zur Förderung des konkreten Projekts einzusetzen. Zudem sehen fast alle der bislang bekannten Beteiligungsmodelle vor, die Kapitalgeber über den Stand des Unternehmens zu informieren. Regelmäßig geschieht dies durch Vorlage entsprechender Reportings.

7.3.1.4.1 Stille Beteiligung

Die Rahmenbedingungen für **stille Beteiligungen** finden sich in den §§ 230 ff. HGB (zur stillen Beteiligung vgl. auch § 5.2.2.2. Die Crowdinvesting-Plattformen führen die Einlagen der Investoren in einer Innen-GbR zusammen, die zwar Gesellschafterin des Start-ups wird, als solche aber nicht nach Außen in Erscheinung tritt. Der Crowd ermöglicht dies eine Beteiligung am Gewinn, nicht jedoch an einer Steigerung des Unternehmenswertes. Die Investoren können demzufolge auch keinen Einfluss auf die Geschäftsführung nehmen, erhalten aber Einsicht in den Jahresabschluss und die Bücher der Gesellschaft. Die Ausgestaltung eines Crowdinvestings in Form einer stillen Beteiligung ist in Abb. 7.25 dargestellt.

7.3.1.4.2 Atypische stille Beteiligung

Die **atypische stille Beteiligung** unterscheidet sich von der typischen stillen Beteiligung u. a. dadurch, dass das eingesetzte Kapital fest verzinst und eine Teilhabe an der Wertsteigerung des Unternehmens ermöglicht. Während die typische stille Beteiligung eine fremdkapitalähnliche Struktur aufweist, handelt es sich bei der atypischen stillen Gesellschaft um eine eigenkapitalähnliche Ausgestaltung. Dafür ist ein Verlust über die Einlage hinaus möglich, jedoch in den Verträgen der Plattformen nicht vorgesehen.

7.3.1.4.3 Partiarisches Darlehen

Als **partiarisch** werden Rechtsverhältnisse mit Gewinn- oder Umsatzbeteiligung bezeichnet. Die Parteien verfolgen dabei ein gemeinsames, wirtschaftliches Ziel. Typisch für partiarische Rechtsverhältnisse ist, dass der Beteiligte keinen Einfluss auf die Herbeiführung des Erfolgs hat, also insbesondere auch nicht über Kontrollrechte verfügt. Ein weiteres Charakteristikum ist das ausgeprägte spekulative Element und das damit einhergehende Erfolgsrisiko (Jansen und Pfeifle 2012, S. 1845 f.).

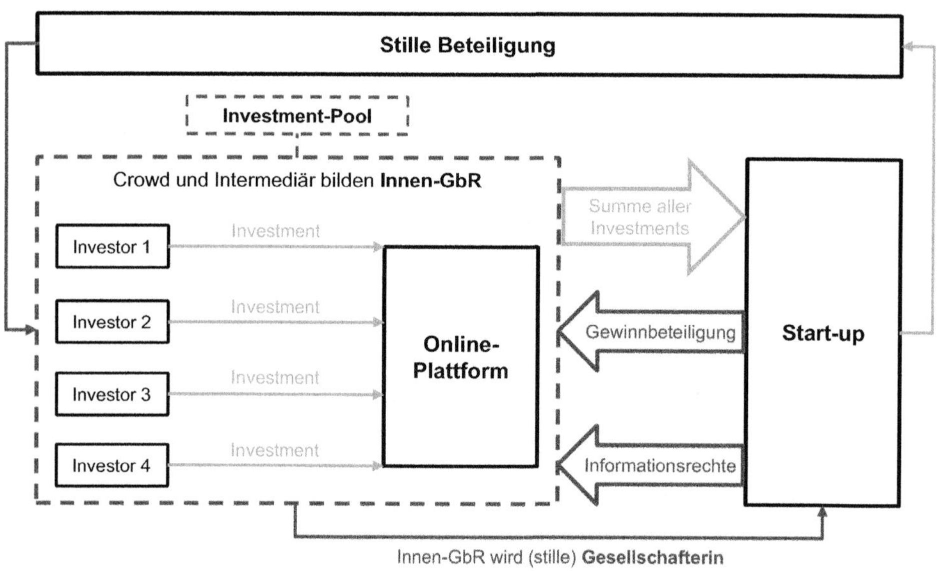

Abb. 7.25 Stille Beteiligung

Beim partiarischen (Nachrang-) Darlehen handelt es sich um ein Finanzierungsinstrument mit fremdkapitalähnlichem Charakter, das dem Investor sowohl Gewinn- oder Umsatzbeteiligungen als auch feste Zinszahlungen einräumt. Zudem kann der Darlehensgeber an Steigerungen des Unternehmenswertes partizipieren. Er hat keine Mitspracherechte und wird nicht an Verlusten beteiligt. Vereinbaren die Parteien den Nachrang des Darlehens, wird dieses im Falle der Insolvenz des Unternehmens erst nachrangig bedient.

Insgesamt ist das partiarische Darlehen flexibel einsetzbar und bietet aus Sicht des Start-ups den Vorteil, dass es unter den Voraussetzungen des § 2a VermAnlG nicht von der Prospektpflicht (s. hierzu sogleich § 7.3.2.2) erfasst wird. Zudem ermöglicht die Strukturierung der Finanzierung über ein partiarisches Nachrangdarlehen grundsätzlich eine einfachere VC-Anschlussfinanzierung . Abb. 7.26 stellt den Ablauf eines Crowdinvestings als partiarisches (Nachrang-) Darlehen dar.

7.3.1.4.4 Genussscheine

Inhaber von **Genussscheinen** (hierzu s. auch § 5.2.2.4) haben zwar die Vermögens-, nicht aber die Mitgliedschaftsrechte eines regulären Gesellschafters (diesbezüglich s. auch Abb. 7.27). Insofern handelt es sich um eine eigenkapitalähnliche Mezzanine-Finanzierung. Mitverwaltung und Auskunft bleiben ihnen also verwehrt. Die Investoren erhalten Zinsen und werden am Verlust beteiligt, wenn auch nicht über ihre Einlagenhöhe hinaus. Sofern die Parteien die Nachrangigkeit vereinbaren, werden die Forderungen der Genussscheininhaber – im Falle der Insolvenz des Start-ups – lediglich nachranging bedient. Bei der Emission von Genussscheinen ist zu berücksichtigen, dass die Laufzeit befristet ist oder

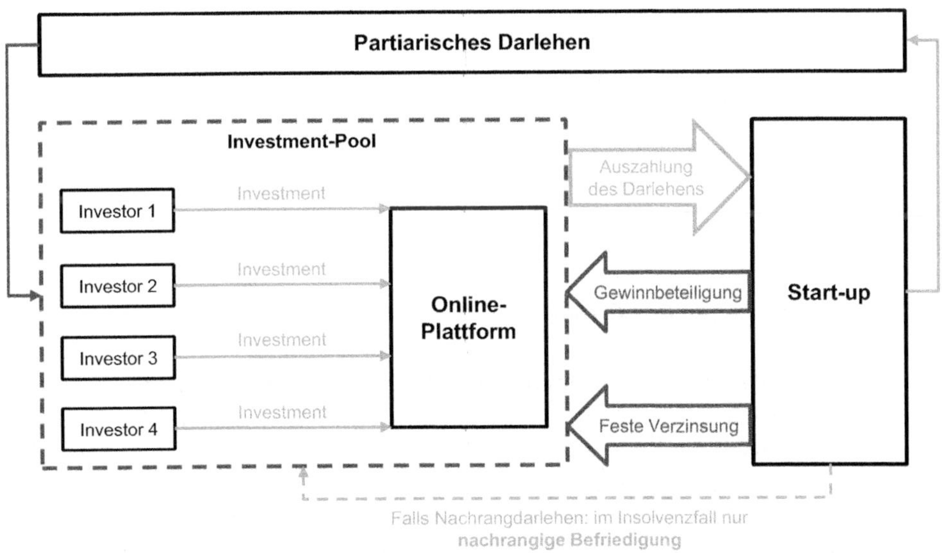

Abb. 7.26 Partiarisches (Nachrang-)Darlehen

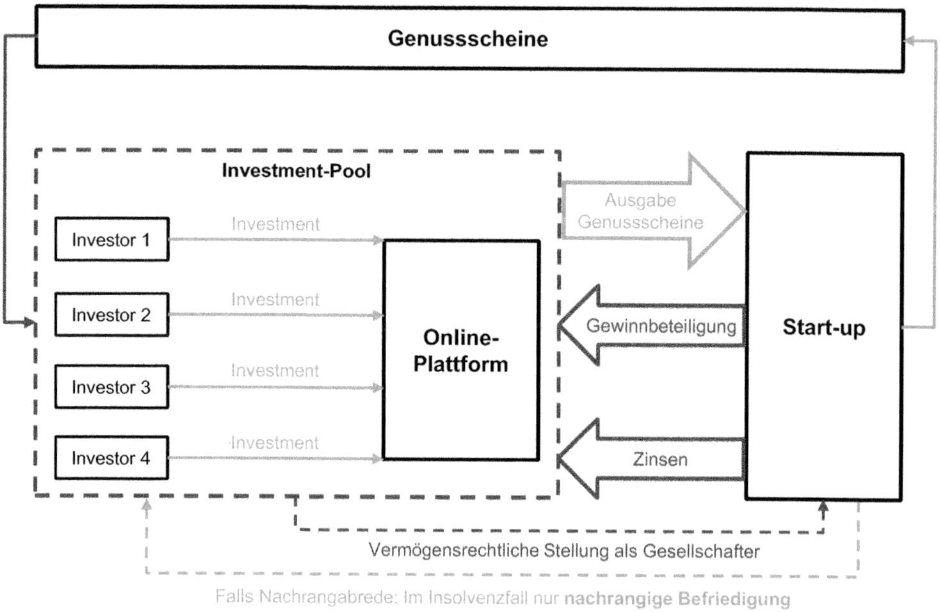

Abb. 7.27 Genussscheine

eine ordentliche Kündigung möglich sein muss, wobei letztere für die ersten Jahre ausgeschlossen sein kann.

7.3.1.4.5 Aktien

Eine **Aktienemission** ist grundsätzlich **prospektpflichtig** und somit kosten- und zeitintensiv. Die Ausgabe wird regelmäßig erst ab einem Investingvolumen von ca. EUR 1 Mio. sinnvoll sein. Der Vorteil einer Aktienemission liegt darin, dass dem emittierenden Unternehmen reines Eigenkapital zufließt und sich das Start-up vor allem über die Ausgane stimmrechtsloser Vorzugsaktien (vgl. § 140 Abs. 1 AktG) (theoretisch) unbegrenzt kapitalisieren kann.

7.3.2 Rechtsfragen des Crowdinvestings

7.3.2.1 Aufsichtsrechtliche Anforderungen für Plattformbetreiber

Rechtsfragen stellen sich insoweit, als der Plattformbetreiber als Intermediär in einem Markt für Kapitalanlagemöglichkeiten tätig ist. Erbringt die Plattform Finanzdienstleistungen in Form der Anlagevermittlung im Sinne von § 1 Abs. 1a S. 2 KWG, so bedarf diese gemäß § 32 KWG einer Genehmigung der **Bundesanstalt für Finanzdienstleistungsaufsicht (BaFin).** Ohne eine Genehmigung würden sich die Betreiber einer Plattform, die Finanzdienstleistungen erbringt, gemäß § 54 KWG strafbar machen. Eine Anlagevermittlung bzw. Anlageberatung liegt auch dann vor, wenn die jeweiligen AGB der Plattform ausdrücklich darauf hinweisen, dass kein entsprechender Auskunfts- oder Beratungsvertrag zu Stande kommt. Maßgeblich sind die tatsächlichen Gegebenheiten und die tatsächliche Struktur des Finanzierungsmodells.

7.3.2.1.1 Anlagevermittlung

Die **Anlagevermittlung** stellt eine Finanzdienstleistung im Sinne des Kreditwesengesetzes (KWG) dar (vgl. § 1 Abs. 1a S. 2 Nr. 1 KWG) und wird als „Vermittlung von Geschäften über die Anschaffung und die Veräußerung von Finanzinstrumenten" definiert. Eine Vermittlertätigkeit liegt in der Regel vor, wenn der Vermittler für eine der Vertragsparteien als Bote auftritt, die (Willens-) Erklärung zum Abschluss eines Vertrags entgegennimmt und weiterleitet (Jansen und Pfeifle 2012, S. 1851).

Nach Ansicht der **BaFin** ist eine Vermittlungstätigkeit bereits gegeben, wenn der Vermittler – auch ohne Botenfunktion – den Kontakt zwischen zwei Parteien herstellt, damit diese ein Geschäft über die Anschaffung oder die Veräußerung von Finanzinstrumenten abschließen.

Maßgeblich ist demnach, ob der Vermittler mit beiden Parteien in Kontakt tritt und sich seine Tätigkeit nicht darin erschöpft, potenzielle Anleger bloß auf eine Investitionsmöglichkeit hinzuweisen. In der Praxis wird regelmäßig ein solcher Kontakt zwischen dem Start-up und der Crowdinvesting-Plattform bestehen. Die Annahme, das Angebot der Plattform erschöpfe sich allein darin, vorhandene Informationen abstrakt zur Verfügung zu stellen, und diese Informationen einen Investor dann eigeninitiativ veranlassen, mit dem Start-up hinsichtlich eines Investments in Kontakt zu treten, entspricht nicht der Realität der im Internet verfügbaren Crowdinvesting-Geschäftsmodelle. Selbst dann, wenn das Geschäftsmodell der Plattform nur darin besteht, Erklärungen der Investoren elektronisch an das Start-up weiterzuleiten, nimmt die Plattform bereits insoweit eine Botenfunktion wahr (Jansen und Pfeifle 2012, S. 1851).

► Sachwalterhaftung?

Sobald zudem damit geworben wird, nur „ausgesuchte" Start-ups zu präsentieren, macht sich die Plattform die veröffentlichten Informationen zu eigen und haftet darüber hinaus auch als Diensteanbieter (s. § 7 Abs. 1 TMG, hierzu vgl. auch Weitnauer und Parzinger 2013, S. 157 f.).

7.3.2.1.2 Finanzinstrumente im Sinne des KWG

Um der Erlaubnispflicht zu unterfallen, müssen die auf der Plattform vermittelten Investments **Finanzinstrumente** gemäß § 1 Abs. 11 KWG sein. Darunter fallen insbesondere Aktien sowie andere Anteile an juristischen Personen, Personengesellschaften und sonstigen Unternehmen, soweit sie Aktien vergleichbar sind. Auch sonstige Schuldtitel oder Wertpapiere, die zum Erwerb oder zur Veräußerung von Aktien oder Anteilen bzw. Schuldtiteln berechtigen oder zu einer Barzahlung führen, gelten als Finanzinstrumente im Sinne des KWG.

7.3.2.2 Prospektpflicht

Von der klassischen Kapitalsuche bei wenigen ausgewählten Kapitalgebern unterscheidet sich Crowdinvesting vor allem durch die öffentliche Ansprache vieler potenzieller Investoren. Mithin handelt es sich um ein öffentliches Angebot, das grundsätzlich die vorherige Erstellung eines **Verkaufsprospekts** erfordert (s. § 6 VermAnlG, hierzu vgl. auch Leuering und Rubner 2012, S. 463).

Durch das Kleinanlegerschutzgesetz wurde der Anwendungsbereich des VermAnlG erweitert. Insbesondere wurden die in § 1 Abs. 2 VermAnlG aufgezählten Vermögensanlagen um **partiarische Darlehen** (Nr. 3), **Nachrangdarlehen** (Nr. 4) und **sonstige Anlagen** (Nr. 7), die eine Verzinsung und Rückzahlung oder einen vermögenswerten Barausgleich im Austausch für die zeitweise Überlassung von Geld gewähren oder in Aussicht stellen, ergänzt. Für die letztgenannten Anlagenformen sieht § 2a VermAnlG u. a. eine **Befreiung** für die Pflicht zur Veröffentlichung eines Verkaufsprospekts vor. Dieser Befreiungstatbestand greift jedoch nur dann ein, wenn der Verkaufspreis sämtlicher in einem Zeitraum von zwölf Monaten angebotener Vermögensanlagen desselben Emittenten **EUR 6,0 Mio**. nicht übersteigt. Zudem darf der Anlagebetrag eines einzelnen Anlegers – der keine Kapitalgesellschaft ist – gemäß § 2a Abs. 3 VermAnlG entweder EUR 1000 nicht übersteigen (Nr. 1) oder nicht den höheren Betrag von EUR 10.000 , sofern der jeweilige Anleger nach einer von ihm zu erteilenden Selbstauskunft über ein frei verfügbares Vermögen in Form von Bankguthaben und Finanzinstrumenten von mindestens EUR 100.000 verfügt (Nr. 2) oder der Anlagebetrag ausweislich einer vom Anleger zu erteilenden Selbstauskunft den zweifachen Betrag seines durchschnittlichen monatlichen Nettoeinkommens, jedenfalls aber EUR 25.000, nicht übersteigt (Nr. 3).

Die Frage, ob eine Prospektpflicht im Sinne des VermAnlG besteht oder nicht, hängt entscheidend vom Finanzierungsmodell ab. Bei einer typischen **stillen Gesellschaft** bilden der Intermediär und die Crowd gemeinsam eine Innen-GbR, die Gesellschafterin des Start-ups wird. Die damit verbundene Übertragung der **Geschäftsanteile** begründet die Prospektpflicht nach dem VermAnlG. Demgegenüber sind **partiarische** (Nachrang-) **Darlehen** und seit Juli 2019 nunmehr auch auch Genussscheine als privilegierte Vermögensanlagen innerhalb des Anwendungsbereichs des § 2a VermAnlG („Befreiung für Schwarmfinanzierungen") als nicht prospektpflichtig im Sinne dieses Gesetzes zu qualifizieren.

Nach der – für die Praxis maßgeblichen – Auffassung der BaFin besteht auch bei **Genussscheinen** eine Prospektpflicht. Begründet wird dies damit, dass der Anleger keine Gesellschafterstellung und damit keine Mitspracherechte am Unternehmen erlangt, aber dennoch (je nach Vereinbarung) die Verluste des Emittenten mitträgt. Aufgrund der einem Genussschein immanenten Nachrangabrede, werden die Anleger im Insolvenzfall zudem meist erst nach allen anderen Gläubigern befriedigt.

7.3.2.3 Anschlussfinanzierung

Die Finanzierung durch Crowdinvesting birgt ein gewisses Risiko für die Anschlussfinanzierung (vgl. Weitnauer und Parzinger 2013, S. 153 f.). Die unüberschaubare Menge von Investoren kann ein Hindernis für Folgeinvestoren sein, da wenige Crowdinvestoren die weitere Entwicklung des Start-ups zumindest blockieren könnten. Abhilfe schafft größtenteils der bereits angesprochene **Investoren-Pool.** Dabei verpflichten sich die einzelnen Investoren im Rahmen eines Stimmbindungsvertrages zum Zweck gemeinsamer Herrschaftsausübung gegenüber dem Start-up, ihr Stimmrecht einheitlich aufgrund entsprechender interner Willensbildung auszuüben oder einem der Gesellschafter zu übertragen (Dauner-Lieb und Langen 2016, § 705, Rn. 70).

Fazit

Die **Start-up-Phase** umfasst die eigentliche **Unternehmensgründung,** die Suche – und in der Regel auch die Beteiligung – **von Investoren** sowie den Beginn der operativen **Geschäftstätigkeit.** Ziel dieses Unternehmensstadiums ist der **Launch** des **Minimum Viable Products (MVP).** In der Start-up-Phase erfolgt die eigentliche Gründungsfinanzierung. Diese beinhaltet die **Produktentwicklung,** die Vorbereitung des **Markteintritts** sowie die Aufnahme erster **Marketingaktivitäten.** Der Kapitalbedarf ist dementsprechend hoch.

Da die Finanzierungsquellen **Bootstrapping** und **„Family and Friends"** regelmäßig bereits in der **Seed-Phase** erschöpft sind und Gründer in der Start-up-Phase – trotz erster Umsätze – selten bereits einen operativen Cashflow für das weitere Wachstum erwirtschaften, ist die Finanzierung durch **Venture Capital** von zentraler Bedeutung. VC-Geber zeichnen sich durch eine überdurchschnittliche **Risikobereitschaft** aus. Obgleich sie oft ansehnliche Investments tätigen, müssen die Gründer in der Regel keine persönlichen Sicherheiten stellen. Zur **Beteiligung** der Kapitalgeber schließen die Gründer gemeinsam mit dem Investor einen **Beteiligungsvertrag** samt einer **Gesellschaftervereinbarung** ab. Darüber hinaus werden der **Gesellschaftsvertrag (Satzung)** angepasst und meist auch eine **Geschäftsordnung** sowie die **Anstellungsverträge** der Geschäftsführer/Gründer vereinbart. Durch diese Vereinbarungen erhält der Investor oftmals **zahlreiche Sonderrechte,** zu denen bspw. Informations- und Mitspracherechte sowie Verwässerungsschutz gehören.

Weitere Kapitalquellen der Start-up-Phase sind **Business Angels, Inkubatoren, Öffentliche Fördermittel** und **Crowdinvesting.** Letzteres ist eine Form der digitalen Kapitalbeschaffung. Hierbei leisten einzelne Investoren – die in Summe die **Crowd** bilden – kleinere Investmentbeträge, die von einem **Intermediär** auf einer (Online-) **Plattform** gesammelt werden. Das Crowdinvesting hat insbesondere den Vorteil, dass die Gründer die Unterstützung der Crowd in der Regel nur dann erhalten, sofern es ihnen gelingt, die einzelnen Investoren von der Belastbarkeit ihres Geschäftsmodells tatsächlich zu überzeugen. Insofern lässt sich dem **Feedback** der Crowd bereits die Tendenz entnehmen, wie der **Markt** auf das Produkt des Start-ups reagieren wird. Der Prozess des Crowdinvesting ist somit auch ein **Instrument der qualitativen Marktforschung.**

Literatur

Achleitner, A. K. 2001. Start-up-Unternehmen: Bewertung mit der Venture-Capital-Methode. *Betriebsberater* 56(18): 927–932.

Bareiß, A. 2012. Filmfinanzierung 2.0. Funktionsweise und Rechtsfragen des Crowdfunding. *Zeitschrift für Urheber-und Medienrecht* 56(6): 456–465.

Beisel, W., und H.-H. Klumpp. 2016. *Der Unternehmenskauf. Gesamtdarstellung der zivil- und steuerrechtlichen Vorgänge einschließlich gesellschafts-, arbeits- und kartellrechtlicher Fragen bei der Übertragung eines Unternehmens*. München: Beck.

Breithaupt, J., und J. H. Ottersbach. 2010. *Kompendium Gesellschaftsrecht. Formwahl – Gestaltung – Muster für die Praxis*. München: Beck.

Dauner-Lieb, B., und W. Langen 2016. *Nomos Kommentar. BGB*. Schuldrecht, Bd. 2. Baden-Baden: Nomos.

Dittmar, R., K. Michelsen, und J. C. Mosch. 2012. Die Finanzierungsrunde: Der Ablauf. Vertraulichkeitsvereinbarung, Due Diligence, Letter of Intent, Beteiligungsvertrag. https://www.gruenderszene.de/finanzen/finanzierungsrunde-ablauf-vertraulichkeitsvereinbarung-due-diligence-letter-of-intent-beteiligungsvertrag. Zugegriffen am 21.09.2021.

Dittmar, R., K. Michelsen, und J. C. Mosch. 2013. Die Elemente des Beteiligungsvertrags. http://www.gruenderszene.de/finanzen/beteiligungsvertrag-finanzierungsrunde. Zugegriffen am 21.09.2021.

Eilenberger, G., und S. Haghani. 2008. *Unternehmensfinanzierung zwischen Strategie und Rendite*. Berlin: Springer.

v Einem, C., S. Schmid, und A. Meyer. 2004. „Weighted Average" – Verwässerungsschutz bei Venture Capital-Beteiligungen. *Betriebs-Berater* 2004: 2702–2705.

Fleischer, H., und W. Goette. 2018. *Münchener Kommentar zum Gesetz betreffend die Gesellschaft mit beschränkter Haftung – GmbHG. Bd. 1. §§ 1–34*. München: Beck.

Golland, F., L. Gehlhaar, K. Grossmann, X. Eickhoff-Kley, und C. Jänisch. 2005. Mezzanine-Kapital. *Betriebsberater Beilage* 5(13):1–32.

Grisar, D., und M. Zantopp. Liquidationspräferenzen in Mitarbeiterbeteiligungsprogrammen DStR 2020, S. 1768–1776.

Grummer, J.-M., und J. Brorhilker. 2012a. Phasengerechte Finanzierung: Teil 3. Die Start-up-Phase – Das Unternehmen auf Erfolgskurs bringen! http://www.gruenderszene.de/finan-zen/phasengerechte-finanzierung-start-up-phase. Zugegriffen am 21.09.2021.

Grummer, J.-M., und J. Brorhilker. 2012b. Crowdfunding in Deutschland – Teil 1. http://www.gruenderszene.de/finanzen/crowdfunding-anbieter. Zugegriffen am 21.09.2021.

Grummer, J.-M., und J. Brorhilker. 2013. Phasengerechte Finanzierung: Teil 4. http://www.gruenderszene.de/finanzen/phasengerechte-finanzierung-emerging-growth-phase. Zugegriffen am 21.09.2021.

Grunow, H.-W. G., und S. Figgener. 2006. *Handbuch moderne Unternehmensfinanzierung. Strategien zur Kapitalbeschaffung und Bilanzoptimierung*. Berlin: Springer.

Hahn, C. 2019a. *Der Beteiligungsvertrag – Ein Überblick für Start-ups und Investoren (essentials)*. Wiesbaden: Gabler.

Hahn, C. 2019b. Wie schütze ich Geschäftsgeheimnisse?. https://www.gruenderszene.de/business/geschaeftsgeheimnisse-geschgehg-know-how. Zugegriffen am 21.09.2021.

Heidel, T., und A. Schall. 2019. *Handelsgesetzbuch. Handkommentar*. Nomos: Baden-Baden.

Henssler, M., und L. Strohn. 2019. *Gesellschaftsrecht. BGB. HGB. PartGG. GmbHG. AktG. UmwG. GenG. IntGesR*. München: Beck.

Jansen, J. D., und T. Pfeifle. 2012. Rechtliche Probleme des Crowdfunding. *Zeitschrift für Wirtschaftsrecht* 2012: 1842–1852.

Janson, S. 2011. *10 Schritte zur erfolgreichen Existenzgründung. Der Grundstein für Ihr neues Unternehmen. Planung, Anmeldung, Finanzierung. Mit Beispiel-Formularen, Anträgen, Checklisten und Tipps*. München: Redline Wirtschaft, FinanzBuch.

Kuckertz, A. 2006. *Der Beteiligungsprozess bei Wagniskapitalfinanzierungen. Eine informationsökonomische Perspektive*. Wiesbaden: Deutscher Universitäts-Verlag.

Kürsten, W., und B. Nietert. 2006. *Kapitalmarkt, Unternehmensfinanzierung und rationale Entscheidungen. Festschrift für Jochen Wilhelm*. Berlin: Springer.

Leuering, D., und D. Rubner. 2012. Prospektpflicht des Crowdfunding. *Neue Juristische Wochenschrift Spezial* 25:463–464.

Maidl, J., und R. Kreifels. 2003. Beteiligungsverträge und ergänzende Vereinbarungen. *Neue Zeitschrift für Gesellschaftsrecht* 2003: 1091–1095.

Mellert, C. R. 2003. Venture Capital Beteiligungsverträge auf dem Prüfstand. *Neue Zeitschrift für Gesellschaftsrecht* 2003: 1096–1100.

Michalski, L. 2017. *Gesetz betreffend die Gesellschaft mit beschränkter Haftung (GmbH-Gesetz). Bd. II. §§ 35–85 GmbHG. §§ 1–4 EGGmbHG*. München: Beck.

Müller, W., und N. Winkeljohann. 2014. *Beck'sches Handbuch der GmbH. Gesellschaftsrecht – Steuerrecht*. München: Beck.

Palandt, O. 2021. *Bürgerliches Gesetzbuch*. München: Beck.

Paßmann, T. 2008. Unternehmensbewertung in der Frühphase. Für jedes Start-up der passende VC. *Venture Capital* 4:36–37.

Reichle, H. 2010. *Finanzierungsentscheidung bei Existenzgründung unter Berücksichtigung der Besteuerung. Eine betriebswirtschaftliche Vorteilhaftigkeitsanalyse*. Wiesbaden: Gabler & Springer Fachmedien.

Renner, C. 2015. Zehn plus ein Slide, die wir in Eurem Pitch-Deck sehen wollen. https://www.gruenderszene.de/allgemein/pitch-deck-slides-tipps. Zugegriffen am 21.09.2021.

Röchert, N. 2017. Neue Trends und Standards bei der Beteiligungsdokumentation, Start-up 2017. *VentureCapital Magazin* 2017: 70–72.

Roth, G. H., und H. Altmeppen. 2021. *Gesetz betreffend die Gesellschaften mit beschränkter Haftung (GmbHG)*. München: Beck.

Säcker, F. J., und R. Rixecker. 2018. *Münchner Kommentar zum Bürgerlichen Gesetzbuch. Bd. 1. Allgemeiner Teil. §§ 1–240. ProstG. AGG*. München: Beck.

Saenger, I., und M. Inhester. 2020. *GmbHG. Handkommentar*. Baden-Baden: Nomos.

Saenger, I., L. Aderhold, K. Lenkaitis, und G. Speckmann. 2011. *Handels- und Gesellschaftsrecht. Praxishandbuch*. Baden-Baden: Nomos.

Saur T., und M. Brückner. 2017. Verwässerungsschutz: Was Gründer bei Investments beachten müssen. https://www.gruenderszene.de/allgemein/verwaesserung-vc-investor-schutz-gruender?utm_source=rss&utm_medium=rss&utm_campaign=rss&utm_source=rss&utm_medium=rss&utm_campaign=verwaesserung-vc-investor-schutz-gruender. Zugegriffen am 21.09.2021.

Schultz, C. 2011. *Die Finanzierung technologieorientierter Unternehmen in Deutschland. Empirische Analysen der Kapitalverwendung und -herkunft in den Unternehmensphasen*. Wiesbaden: Gabler & Springer Fachmedien.

Thelen, M. 2020. Beteiligungsverträge in der notariellen Praxis. *Rheinische Notar-Zeitschrift* 2020: 121–148.

Weidehaas, B., und L. Jellinghaus. 2015. Wandeldarlehen: Fluch oder Segen für Start-ups und Investoren? VentureCapital Magazin. https://www.vc-magazin.de/allgemein/wandeldarlehen-fluch-oder-segen-fuer-start-ups-und-investoren/. Zugegriffen am 21.09.2021.

Weitnauer, W. 2001. Der Beteiligungsvertrag. *Neue Zeitschrift für Gesellschaftsrecht* 2001: 1065–1073.

Weitnauer, W. 2019. *Handbuch Venture Capital – Von der Innovation zum Börsengang*. München: Beck.

Weitnauer, W., und J. Parzinger. 2013. Das Crowdinvesting als neue Form der Unternehmensfinanzierung. *Gesellschafts- und Wirtschaftsrecht* 2013: 153–159.

Wicke, H. 2020. *Gesetz betreffend die Gesellschaft mit beschränkter Haftung (GmbHG)*. München: Beck.

Wörle, M. 2011. Pitchen auf VC-Events – Die Top 5 Wege zum Erfolg. Wie beim Pitch der Funke überspringt. http://www.gruenderszene.de/finanzen/pitchen-vc-events-top-5. Zugegriffen am 21.09.2021.

Zätzsch, J. 2012. Finanzierungsrunden mit Vesting. Wichtige Punkte bei der Verhandlung von Beteiligungsverträgen mit Vesting-Klauseln. http://www.gruenderszene.de/allgemein/finanzierungsrunden-verhandeln-gruenderszene-seminar. Zugegriffen am 21.09.2021.

Zetzsche, D. 2002. Sicherung der Interessen von (Wagnis-)Kapitalgebern. Zum Verhältnis von Satzung, Vertrag und Nebenordnung in der kleinen Aktiengesellschaft. *Neue Zeitschrift für Gesellschaftsrecht* 2002: 942–948.

Zirngibl, N., und A. Kupsch. 2011. Erlöspräferenzen für Venture Capital-Investoren – Ein neuer Gestaltungsvorschlag für Gesellschaftervereinbarungen. *BetriebsBerater* 66(10): 579–585.

8 Emerging-Growth-Phase (Expansion: Wachstumsfinanzierung/ Bridgefinanzierung)

Christopher Hahn

In der **Emerging-Growth-Phase** erreicht das Unternehmen den Break-Even (Gewinnschwelle), Anfangsverluste amortisieren sich und Marketing und Vertrieb werden ausgebaut. Finanzierungsentscheidungen müssen in dieser Phase vor allem zur Festigung der Unternehmensexistenz getroffen werden.

Die Emerging-Growth-Phase lässt sich grob in die – in der Regel parallel laufenden – Stadien Wachstumsphase, Erweiterung und Verbesserung der Unternehmensstruktur sowie die Bridgephase untergliedern (zum Ablauf der Emerging-Growth-Phase s. auch Abb. 8.1).

In der **Wachstumsphase** kommt es vorrangig darauf an, den Zielmarkt des Unternehmens zu durchdringen und den Vertrieb für das Produkt des Unternehmens weiter zu entwickeln und auszuweiten. Aufgrund der mit dem Auf- und Ausbau des Vertriebs verbundenen starken Expansion des Unternehmens werden neue Kunden akquiriert, was einen signifikanten Anstieg des Umsatzvolumens, gleichzeitig aber oftmals auch einen Rückgang der Produkt- und Prozessinnovationen bewirkt (Grummer und Brorhilker 2013).

Charakteristisch für die Emerging-Growth-Phase ist, dass die **Unternehmensstruktur** an die Expansion des Unternehmens angeglichen werden muss. Hierzu sind in einem ersten Schritt die Organisations- und Entscheidungsstrukturen des Unternehmens entsprechend anzupassen. Außerdem sollte die Geschäftsführung personell aufgestockt wer-

C. Hahn (✉)
trustberg LLP Rechtsanwälte, Berlin, Deutschland
E-Mail: christopher.hahn@trustberg.com

C. Hahn (Hrsg.), *Venture Capital*, https://doi.org/10.1007/978-3-658-33700-1_8

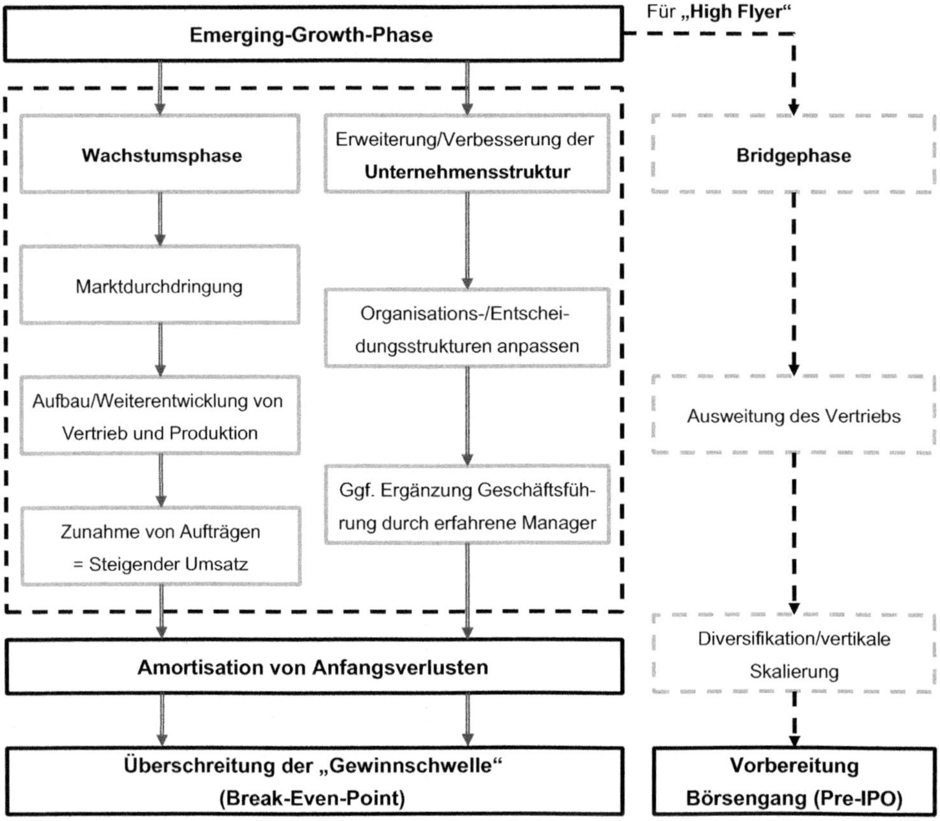

Abb. 8.1 Ablauf der Emerging-Growth-Phase

den, um den mit dem Unternehmenswachstum steigenden Anforderungen an das Management umfassend gerecht werden zu können (Grummer und Brorhilker 2013). Sofern die entsprechenden **„Human Resources"** des Gründerteams im Management schon ausgeschöpft sind, kann die Geschäftsleitung durch externe Führungskräfte ergänzt werden. Dabei ist es zweckmäßig, wenn der neu rekrutierte Geschäftsführer bereits über hinreichende Erfahrungen in der Leitung eines sich in der Expansionsphase befindlichen Unternehmens verfügt.

Für **„High-Flyer"** – also solche Start-ups, bei denen das Unternehmenswachstum und die Expansion ganz besonders ausgeprägt sind – kann zusätzlich die Vorbereitung eines Börsengangs (**Pre-IPO**) in Betracht kommen. In der **Bridgephase** sollte das Start-up, das üblicherweise eine GmbH sein wird (vgl. Abschn. 6.1.2.2), zunächst in eine AG umgewandelt werden. Zur Änderung der **Rechtsform** bedarf es einer Aufstockung des Stamm- bzw. Grundkapitals auf mindestens EUR 50.000 (§ 220 Abs. 1 UmwG i. V. m. § 7 AktG). Daneben sind die Gründungsvorschriften des Aktiengesetzes anzuwenden

(§ 197 S. 1 UmwG). So ist ein Aufsichtsrat – sofern ein solcher nicht bereits besteht – zu bestellen (§§ 95 ff. AktG), ein Gründungsbericht anzufertigen (§ 32 AktG) sowie eine Gründungsprüfung durchzuführen (§§ 33 ff. AktG). Ferner muss der Gesellschaftsvertrag/die Satzung den gesetzlichen Vorgaben zum Mindestinhalt entsprechen (§ 23 Abs. 2 bis 4 AktG, hierzu s. auch Abschn. 7.2.1.3.1.3). Aufgrund der großen Nachfrage, die das Produkt des Start-ups letztendlich zum „High Flyer" machte, muss das Gründerteam mit dem Eintritt weiterer Wettbewerber rechnen. Dieser (neuen) Konkurrenzsituation ist mit einem weiteren Ausbau des Vertriebssystems bzw. durch **Diversifikation** zu begegnen.

Während sich das Start-up ursprünglich nur auf die Herstellung meist eines Produkts und/oder auf das Angebot einer Dienstleistung beschränkt hat, werden im Rahmen der **Diversifikation** meist neue sog. **„verticals"** (weitere Produkte/Dienstleistungen aus der branchenidentischen [„vertikalen"] Wertschöpfungskette des Start-ups) entwickelt.

Dadurch bleibt das Unternehmen im Vergleich zu Wettbewerbern, deren Produkte/Dienstleistungen sich an dieselbe Zielgruppe richten, konkurrenzfähig.

8.1 Besonderheiten der Finanzierung in der Emerging-Growth-Phase

In der Emerging-Growth-Phase haben sich die Gründer zuvorderst damit zu beschäftigen, wie ihr Produkt am Markt etabliert werden kann bzw. welche Möglichkeiten bestehen, um das geplante organische Wachstum des Unternehmens auf eine entsprechende Finanzierungsgrundlage zu stellen. Das Wachstum des Unternehmens ist ganz wesentlich, da nur mit Erreichen einer kritischen Masse (an Absatz bzw. Kunden) die anfänglichen Investitionen amortisiert und nachhaltige Gewinne erzielt werden können (Grummer und Brorhilker 2013). Dies ist wiederum eine unabdingbare Voraussetzung, um die Investoren der vorangehenden Finanzierungsrunde(n) zu befriedigen und Neuinvestoren einer Folgerunde zu überzeugen.

Mit Beginn der Emerging-Growth-Phase lassen sich auch die Erfolgsaussichten des Unternehmens und somit die **Rentabilität** des Investments der Kapitalgeber der ersten Stunde besser einschätzen. Investoren verfügen somit nunmehr über mehr Sicherheit als in der Frühphase des Unternehmens. Diese Sicherheit ermöglicht auch die Ansprache neuer Kapitalquellen. Gerade junge Unternehmen aus dem **Digitalbereich** bzw. solche, die überdurchschnittlich **forschungsintensiv** sind, haben in der Wachstumsphase teilweise einen immensen Kapitalbedarf. Der Aufbau der Vertriebs- und Personalkapazitäten sowie die Aufwendungen für Marketing (bspw. Google Ads, Display Marketing, etc.) erfordern oft ein Volumen der Anschlussfinanzierung, das um ein Vielfaches über dem der ersten Finanzierungsrunde(n) liegt.

8.2 Kapitalquellen in der Emerging-Growth-Phase

8.2.1 Private Equity

Private Equity-Investoren erwerben Geschäftsanteile von Unternehmen und finanzieren diese im Gegenzug mit umfangreichen Krediten und Eigenkapital.

Bei Private Equity Finanzierungen stellen private bzw. institutionelle Anleger einem Unternehmen von privates Risikokapital (**„Private Equity"**) als Eigenkapital für einen meist unbegrenzten Zeitraum zur Verfügung, ohne die mit einem klassischen Bankkredit verbundenen Sicherheiten zu verlangen (Eilenberger und Haghani 2008, S. 27). Diese Form der Beteiligung ist folglich strukturell mit einem **Venture Capital**-Investment (hierzu s. Abschn. 7.2.1) vergleichbar, unterscheidet sich aber insbesondere in der Höhe des bereitgestellten Investments.

Für den Begriff Private-Equity existiert keine einheitliche Definition, allerdings verdeutlicht der Wortbestandteil **„Equity"**, dass es sich um Eigenkapital handelt, wohingegen der Begriffsteil **„Private"** veranschaulicht, dass dies von privaten Unternehmen, also außerhalb institutioneller Kapitalgeber (Börse) erfolgt (Werner und Kobabe 2007, S. 51).

Im Gegenzug zu den in das Unternehmen als Eigenkapital eingebrachten Mitteln und dem unternehmerischen Risiko verlangen die Risikokapitalgeber umfangreiche **Mitsprache-** und **Kontrollrechte**. Private Equity-Gesellschafen verfolgen somit das gleiche Ziel wie **Business Angel** oder **VC-Geber**, nämlich die Investition von Eigenkapital in ein wachstumsstarkes Unternehmen, um später die erworbenen Anteile mit einer risikoadäquaten Rendite wieder veräußern zu können. Die Kontroll- und Mitwirkungsrechte, die Private Equity-Geber fordern, gehen dabei jedoch weit über eine bloße VC-typische Überwachung der finanziellen Aktivitäten des Unternehmens hinaus und sehen in aller Regel eine **aktive, unmittelbare Einflussnahme** auf die strategischen und operativen Tätigkeiten der Gesellschafter vor (Eilenberger und Haghani 2008, S. 29). Das Leitbild des Private Equity-Investments ist somit vor allem von einer maximalen Wertentwicklung des Unternehmens bzw. der gehaltenen Beteiligung geprägt.

Private Equity- und **Venture Capital-Geber** unterscheiden sich auch durch den Zeitpunkt ihres Investments sowie hinsichtlich der Dauer ihres Engagements (eine Gegenüberstellung von Venture Capital und Private Equity findet sich bei Tab. 8.1). Eine genaue Trennlinie zwischen Private Equity und Venture Capital besteht indessen nicht. Ist das Engagement von VC-Gesellschaften in der Regel zeitlich begrenzt, verfolgt ein Private Equity-Investment meist längerfristige Investitionsziele. Die Private Equity-Gesellschaft hält ihre Beteiligung an dem Unternehmen in aller Regel so lange, bis dieses entweder (über eine weitere sog. Bridge-Finanzierung) reif für eine Kapitalaufnahme auf dem öffentlichen Kapitalmarkt, also einen Börsengang, ist oder anderweitig vollständig veräußert werden kann **(Exit)**. Darüber hinaus investieren Private Equity-Geber in reifere Un-

Tab. 8.1 Venture Capital und Private Equity

	Venture Capital	Private Equity
Investitionsumfang	Mittel bis Hoch	Hoch
Kapitalstruktur	Eigenkapital	Eigen- und Fremdkapital
Unternehmensphase	Start-ups, junge und innovative Wachstumsunternehmen im High-Tech-/Digitalsektor	Etablierte Start-ups, mittelständische Unternehmen
Finanzierungsphase	Early Stage/Start-up-Phase	Expansion Stage/Emerging-Growth-Phase, Later Stages
Dauer der Beteiligung	Ca. drei bis fünf Jahre	Ca. drei bis sieben Jahre
Risikobereitschaft des Investors	Sehr Hoch	Mittel bis Hoch (abhängig vom jeweiligen Zielunternehmen)
Anforderungen an die Due Diligence vor Leistung des Investments	Mittel (=kursorische Unternehmensdarstellung)	Hoch (=umfassende Unternehmensdarstellung)
Umfang der Beteiligung	Minderheitsbeteiligung (10 bis 25 %)	Mehrheitsbeteiligung (über 50 %)
Einflussnahme auf die Geschäftsführung	Indirekte bis direkte Einflussnahme auf das operative Geschäft	Direkte Einflussnahme auf das operative Tagesgeschäft
Exit	Börsengang (IPO), Verkauf des Unternehmens/der Geschäftsanteile	

ternehmen (**„Later stages“**, sowie je nach der Leistungsfähigkeit des Unternehmens auch bereits in den **„Expansion stages“**), um deren Expansion und Wachstum zu finanzieren, wohingegen VC-Geber ihr Investment hauptsächlich auf die Frühgründungsphasen (**„Early stages“**) konzentrieren. Private Equity-Geber können somit bei der Auswahl ihres Investments bereits auf fundamentale Unternehmensdaten zurückgreifen. So dient ihnen insbesondere der **Cashflow** als Indikator für die Stabilität und das Potenzial des Unternehmens (Pott und Pott 2012, S. 249).

Letztlich ergeben sich aus dem unterschiedlichen Zeitpunkt des Investments auch unterschiedliche **Renditeerwartungen**. So sind die Renditeerwartungen eines Investors umso **höher**, je **früher** er sein Investment in das Start-up tätigt.

Die Renditeerwartung eines Investors bezieht sich auf den prognostizierten Wert seines Investments zum Zeitpunkt des Verkaufs seiner Anteile am Unternehmen, also der Differenz zwischen dem Wert der Geschäftsanteile zum Zeitpunkt des Exits abzüglich des investierten Kapitals. Je höher das Totalausfallrisiko eines Investments ist, desto höher ist der beim Investment angesetzte Multiplikator, um andere Totalausfälle zu kompensieren.

> Der Investor legt dabei folgende Überlegung zugrunde:
> „Investiere ich als Investor EUR 1,0 Mio., sind meine Anteile zum Zeitpunkt des Verkaufs (Exit), mit einer ausreichenden Chance das x-fache wert?“

Beispielhaft sind dabei folgende Renditefaktoren („**Multiples**") zu nennen:

– Seed Stage-Investment	(Totalausfallrisiko >50 %):	Faktor 10
– Early Stage-Investment	(Totalausfallrisiko 20–30 %):	Faktor 6–8
– Growth Stage-Investment	(Totalausfallrisiko 10–20 %):	Faktor 2–5

Neben den angesprochenen typischen Mitsprache- und Kontrollbefugnissen sollten die Gründer auch ein besonderes Augenmerk auf die rechtliche **Struktur** des Private Equity-Gebers selbst legen, weil sich dadurch unmittelbar Rückschlüsse auf die Renditeerwartungen des Investments und somit auf die Intensität der Einflussnahme durch den Risikokapitalgeber ziehen lassen. Im Rahmen einer unmittelbaren Beteiligung erwirbt der Investor direkt die Geschäftsanteile an dem Unternehmen unter eigenem Namen und auf eigene Rechnung (Eilenberger und Haghani 2008, S. 28). Demgegenüber kann das Investment des Private Equity-Gebers auch in Form einer mittelbaren Beteiligung derart ausgestaltet sein, dass dieser die Geschäftsanteile an dem Unternehmen indirekt über eine zwischen ihm und dem Zielunternehmen geschaltete private Beteiligungsgesellschaft (**Private Equity-Fonds**) oder über einen **(Dach-) Fonds** erwirbt, der wiederum seinerseits in unterschiedliche Private-Equity-Fonds investiert ist (Eilenberger und Haghani 2008, S. 29). Aufgrund der **Vielzahl** der Unternehmen, in die ein Private Equity-Fonds regelmäßig investiert, ist der Grad der aktiven Einflussnahme auf das investierte Unternehmen bzw. dessen Gründer zwar tendenziell geringer als bei einer unmittelbaren Beteiligung (Eilenberger und Haghani 2008, S. 30). Einer mittelbaren und somit „unpersönlicheren", institutionalisierten Beteiligung stehen jedoch auch sämtliche damit einhergehenden **Nachteile**, wie bspw. langsamere interne Entscheidungswege gegenüber.

8.2.1.1 Leveraged Buy-Out (LBO)

▶ Bei einem fremd(kapital)finanzierten Unternehmenskauf (engl. **Leveraged Buy-out**) wird das Vermögen der zu erwerbenden Gesellschaft (Zielgesellschaft) ausschließlich oder zumindest überwiegend als Sicherungsmittel für den fremdfinanzierten Kaufpreis eingesetzt, den die Erwerber zu leisten haben (Roth und Altmeppen 2021, § 30, Rn. 128).

Neben der typischen Ausgestaltung eines Private Equity-Investments durch die Bereitstellung von „originärem" **Eigenkapital**, kann daneben ein Teil des benötigten Kapitals in Form von kreditfinanziertem **Fremdkapital** beigebracht werden. Das Fremdkapital wird dabei durch die Zielgesellschaft, deren Geschäftsanteile der Investor erwirbt, seinerseits finanziert. Ein denkbarer Ablauf eines LBO soll an dieser Stelle kurz skizziert werden, da der LBO eine für Private Equity-Investoren typische Form ihres Investments, das sich im

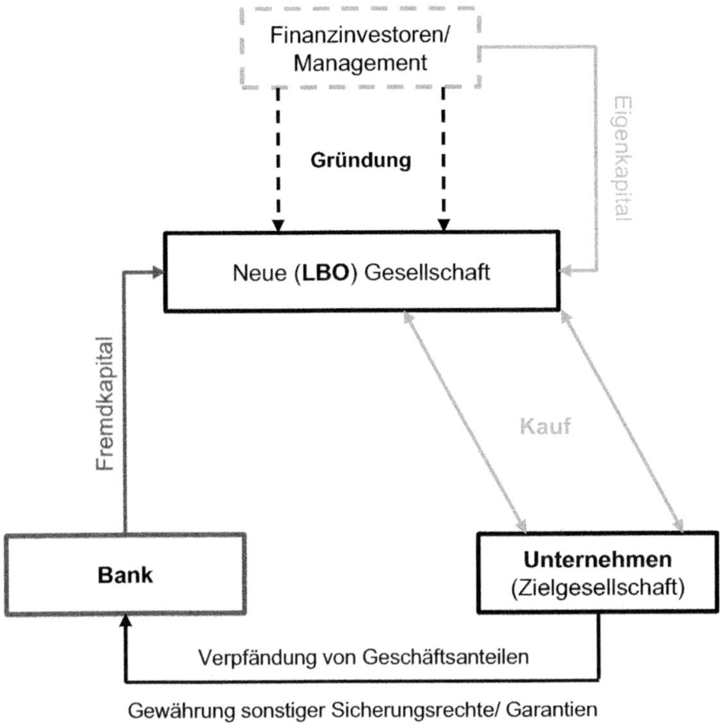

Abb. 8.2 Gestaltung einer typischen LBO-Finanzierung

Gegensatz zu einem VC-Investment durch einen hohen Anteil von Fremdkapital auszeichnet, darstellt (hierzu s. auch Abb. 8.2).

Der Investor wird im Rahmen eines LBO bei der Aufnahme von Fremdkapital selbst nicht Darlehensnehmer; zur Sicherheit für die Finanzierung werden meist die Geschäftsanteile der Zielgesellschaft durch die kreditgebende Bank verpfändet und/oder die Zielgesellschaft räumt der Bank daneben weitere Sicherheiten ein (Schulz und Israel 2005, S. 331). Über den steigenden Fremdkapitalanteil macht sich der Investor den sog. **„Financial Leverage Effekt“** zu nutzen, der das Verhältnis von Eigen- zum Fremdkapital ausdrückt (Theiselmann 2009, S. 42). Das eingesetzte Fremdkapital wirkt dabei als Hebel (engl. leverage) zur Erhöhung der Rentabilität des eingesetzten Eigenkapitals. Danach lässt sich die Rendite auf das eingesetzte Eigenkapital dadurch maximieren, dass der Investor überwiegend Fremdkapital für den Kauf nutzt, solange dessen **Verzinsung** niedriger ist als die erwartete Rendite des insgesamt eingesetzten Kapitals. Das Fremdkapital muss für den Investor also zu günstigeren Konditionen zu beschaffen sein, als die prognostizierte Kapitalrendite seiner Investition ist.

Ein weiterer Vorteil der Aufteilung des Investments in Eigen- und Fremdkapital ist, dass das eingegangene finanzielle Risiko auf das Eigenkapital **begrenzt** ist (Breithaupt und Ottersbach 2010, Teil 1. C. § 2, Rn. 66). Dessen ungeachtet gilt es zu bedenken, dass die Finanzkraft und somit die Liquidität des Unternehmens wegen der zu zahlenden Tilgungs- und Zinsleistungen auf das erhaltene Fremdkapital erheblich **geschwächt** wird (Breithaupt und Ottersbach 2010, Teil 1. C. § 2, Rn. 66).

8.2.1.2 Exit-Strategien

Im Gegensatz zu einem VC-Geber, der zu seiner eigenen Risikodiversifizierung eine Minderheitsbeteiligung anstrebt (vgl. oben Abschn. 7.2.1.2.4.2), bevorzugen Private Equity-Investoren in aller Regel eine **Mehrheitsbeteiligung** am Zielunternehmen, um einen unkomplizierten, nicht durch andere Gesellschafter möglicherweise erschwerten bzw. gefährdeten Exit über eine Veräußerung ihrer Geschäftsanteile zu ermöglichen (Breithaupt und Ottersbach 2010, Teil 1. C. § 2, Rn. 69).

Damit sich die Gründer eine Vorstellung über die Ziele des Private Equity Investors, der seinen Gewinn mit dem Verkauf seiner Beteiligung realisiert, machen können, werden im Folgenden die wichtigsten **Exit-Szenarien** (diesbezüglich vgl. Abb. 8.3) erläutert. Zu diesen gehören (vgl. Breithaupt und Ottersbach 2010, Teil 1. C. § 2, Rn. 70; Pott und Pott 2012, S. 250):

- Going public/Initial Public Offering (IPO),
- Trade Sale,
- Secondary-Sale sowie
- Buy Back.

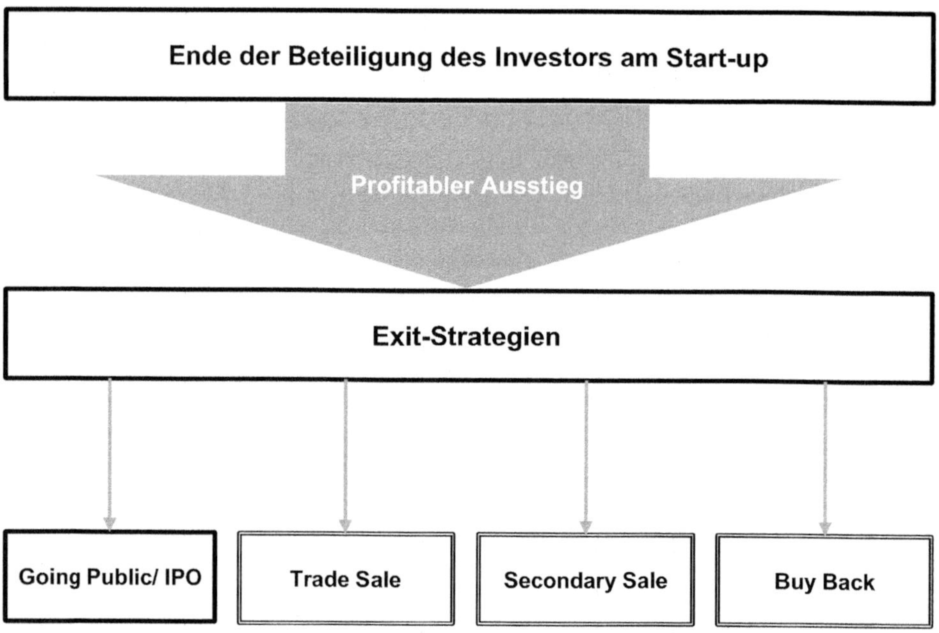

Abb. 8.3 Exit-Strategien

Bei einem Börsengang (**Going Public/Initial Public Offering = IPO**) erhält ein Private Equity-Investor die Möglichkeit, seine Geschäftsanteile am freien Kapitalmarkt zu veräußern, indem die Geschäftsanteile (Aktien) des Unternehmens der Öffentlichkeit zugänglich gemacht werden (Buth und Hermanns 2014, § 18, Rn. 44). Bei dieser Variante des Exits ist der mögliche Profit in der Regel am größten.

Im Rahmen eines **Trade Sale** verkauft der Private Equity-Investor seine Geschäftsanteile an ein weiteres Unternehmen bzw. einen weiteren strategischen Investor, der sich durch den Anteilskauf seinerseits Wachstum erhofft. Bei einem **Secondary Sale** werden die Geschäftsanteile demgegenüber an einen weiteren Finanzinvestor, d. h. VC- oder Private Equity-Geber, veräußert (vgl. Buth und Hermanns 2014, § 18, Rn. 44). Dieser zielt durch den Erwerb der Geschäftsanteile selbst ebenfalls auf einen profitablen Exit ab, allerdings erst zu einem späteren Zeitpunkt.

Schließlich haben Investoren darüber hinaus die Möglichkeit, ihre erworbenen Geschäftsanteile an das Unternehmen und/oder deren Gründer zurück zu veräußern. Dieser **Buy Back** kann dabei auch an ehemalige Gesellschafter bzw. andere Unternehmen erfolgen.

Die verschiedenen Szenarien zeigen, dass Private Equity eine **längerfristige** Finanzierungsform ist. Die Gesellschaften bleiben in aller Regel solange am Unternehmen beteiligt, bis dieses den Gang an die **Börse** macht oder **verkauft** wird. Unabhängig von der zeitlichen Dauer der Beteiligung, ist dies wirtschaftlich erst dann sinnvoll, sobald sich der Wert der gehaltenen Anteile weit überproportional erhöht hat.

8.2.2 Fremdkapital

► Unter **Fremdkapital** lassen sich kurz formuliert die Verbindlichkeiten des Unternehmens gegenüber seinen kapitalgebenden Gläubigern fassen. Darunter fallen insbesondere Darlehens- und Anleiheverbindlichkeiten, Verbindlichkeiten aus Lieferungen und Leistungen sowie Verbindlichkeiten aus sonstigem Grunde (s. hierzu auch § 266 Abs. 3 lit. C HGB).

Mit zunehmender Professionalisierung und Entwicklung des Unternehmens können die Gründer zur Finanzierung der weiteren unternehmerischen Entwicklung klassisches **Fremdkapital**, in aller Regel in Form von **Bankkrediten**, beanspruchen. In der Praxis stellt die Aufnahme von Fremdkapital im Wege eines klassischen Bankkredits diejenige Finanzierungsform dar, auf die Gründer bei einer Neugründung nur über einen persönlichen Haftungsbeitritt in Form einer (selbstschuldnerischen) Bürgschaft zurückgreifen können. Dem Unternehmen selbst ist demgegenüber – mangels entsprechender Eigenkapitalbasis – der Zugang zu Fremdkapital in der **Seed-** (s. Abschn. 6.4) und **Start-up-Phase** (s. Abschn. 7.2) regelmäßig verwehrt. In der Emerging Growth-Phase ist indessen die Wahrscheinlichkeit größer, dass das Start-up aufgrund vorhandener Sicherheiten (insbesondere aufgrund einer ausreichenden **Eigenkapitalbasis**) die Voraussetzungen zur Aufnahme von Fremdkapital erfüllt.

8.2.2.1 Charakteristika

Wie bereits dargelegt wurde (vgl. Abschn. 4.2.2), wird Fremdkapital im Gegensatz zum Eigenkapital dem Unternehmen zu im Vorfeld fest vereinbarten **Konditionen** und nur für einen **begrenzten** Zeitraum zur Verfügung gestellt (Eilenberger und Haghani 2008, S. 47). Der Fremdkapitalgeber ist grundsätzlich nicht am wirtschaftlichen Erfolg des Unternehmens beteiligt, erhält dafür jedoch eine im Vorfeld vereinbarte feste **Zinszahlung** als Gegenleistung für die Überlassung des Kapitals. Rechtliche Grundlage der Überlassung von Fremdkapital ist der in den §§ 488 ff. BGB geregelte **Darlehensvertrag**. Danach wird der Darlehensgeber verpflichtet, dem Darlehensnehmer (also dem Unternehmen) einen Geldbetrag in der vertraglich vereinbarten Höhe zur Verfügung zu stellen (§ 488 Abs. 1 S. 1 BGB). Im Gegenzug ist der Darlehensnehmer verpflichtet, den geschuldeten Zins zu zahlen sowie das zur Verfügung gestellte Kapital („Darlehensvaluta") bei Fälligkeit zurückzuzahlen (§ 488 Abs. 1 S. 2 BGB).

Zusammenfassend lassen sich folgende Charakteristika (hierzu s. auch Abb. 8.4) einer Finanzierung durch Fremdkapital – insbesondere im Vergleich zu einer Eigenkapitalfinanzierung – aufführen (entnommen aus Eilenberger und Haghani 2008, S. 47 f.):

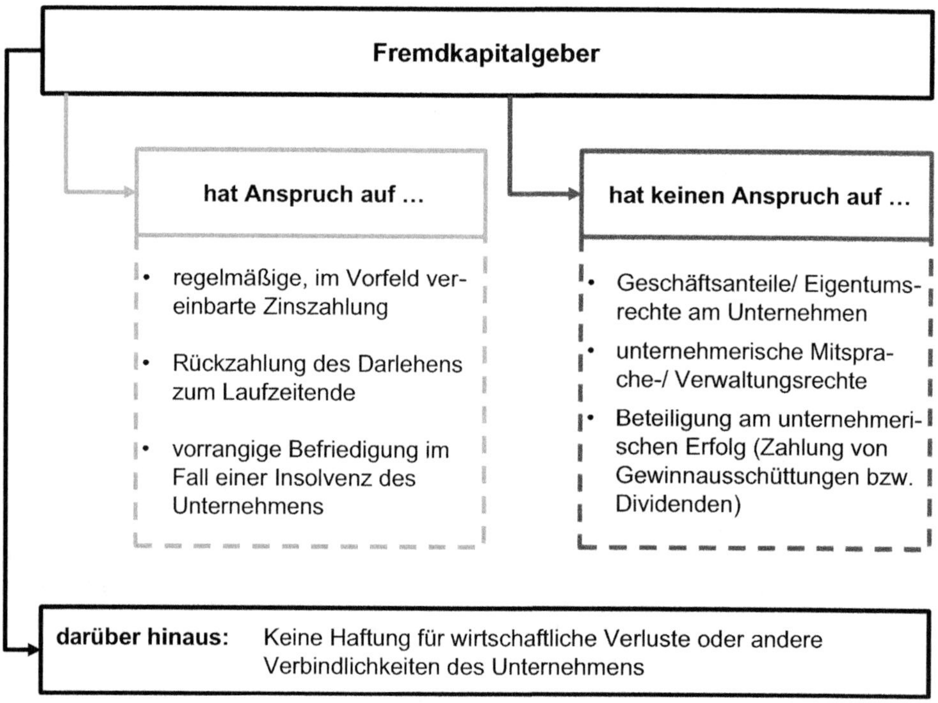

Abb. 8.4 Charakteristika von Fremdkapital

- der Fremdkapitalgeber erwirbt **keine Geschäftsanteile** und somit **keine Eigentumsrechte** am Unternehmen
- der Fremdkapitalgeber haftet **nicht** für wirtschaftliche **Verluste** oder andere **Verbindlichkeiten** des Unternehmens
- dem Fremdkapitalgeber stehen grundsätzlich **keine** unternehmerischen **Mitsprache-/ Verwaltungsrechte** am Unternehmen zu (eine Ausnahme hierzu bilden sog. **„Covenants"**, s. Abschn. 8.2.2.3)
- der Fremdkapitalgeber hat einen Anspruch auf **regelmäßige**, im Vorfeld vereinbarte **Zinszahlungen, nicht** jedoch auf Zahlung von **Gewinnausschüttungen** bzw. **Dividenden**, also **keine** Beteiligung am **unternehmerischen Erfolg** (eine Ausnahme bilden sog. partiarische Darlehen, s. hierzu 7.3.1.4.3)
- die **Laufzeit** der Überlassung des Fremdkapitals ist **befristet**, es muss also bis zum Laufzeitende vom Unternehmen **vollständig zurückbezahlt** sein und
- Ansprüche des Fremdkapitalgebers werden im Falle einer (drohenden) **Insolvenz** des Unternehmens **vorrangig** vor Ansprüchen der Eigenkapitalgeber **bedient**.

8.2.2.2 Instrumente der Fremdkapitalfinanzierung

Bei der Wahl des passenden **Finanzierungsinstruments** sollten sich die Gründer an der sog. **goldenen Finanzierungsregel** orientieren, wonach zwischen der Dauer der Kapitalüberlassung und der Kapitalbindung Fristenkongruenz bestehen muss, also langfristig gebundenes Vermögen (wie Grundstücke, [eingeschränkt] Server oder Lizenzen) durch langfristiges Kapital (Eigenkapital, Darlehen) gedeckt sein sollen (Küting und Kessler 1992, S. 1033).

Neben dem klassischen **Bankkredit** existieren auch andere Instrumente der Fremdkapitalfinanzierung (diesbezüglich s. auch Abb. 8.5), deren konkrete Auswahl nicht wahllos, sondern strukturiert nach dem erforderlichen Kapitalbedarf bzw. dem Anlass der Finanzierung entsprechend erfolgen sollte. Eines dieser – insbesondere für Start-ups relevanten – Finanzierungsmittel ist der Handelskredit (**„Vendor Loan"**, vgl. dazu unten Abschn. 8.2.2.4).

Bankkredite lassen sich nach der Dauer ihrer Laufzeit unterscheiden. **Kurz- und mittelfristige Bankkredite** dienen vor allem der Sicherstellung ausreichender Liquidität des Unternehmens für die Finanzierung außergewöhnlicher Belastungen oder den Ausgleich von Unregelmäßigkeiten im Zahlungsverkehr (Werner und Kobabe 2007, S. 117). **Langfristige Kredite** (mit einer Ursprungslaufzeit von mindestens vier Jahren) dienen hauptsächlich der Finanzierung von Investitionen.

Ferner ist danach zu differenzieren, ob von der Bank tatsächlich liquide Mittel bereitgestellt werden (**= Geldleihe**) oder aber ob sich das Unternehmen – im Sinne einer Bürgschaft oder Garantie – nur die Reputation der Bank gegenüber ihren Geschäftspartnern zu

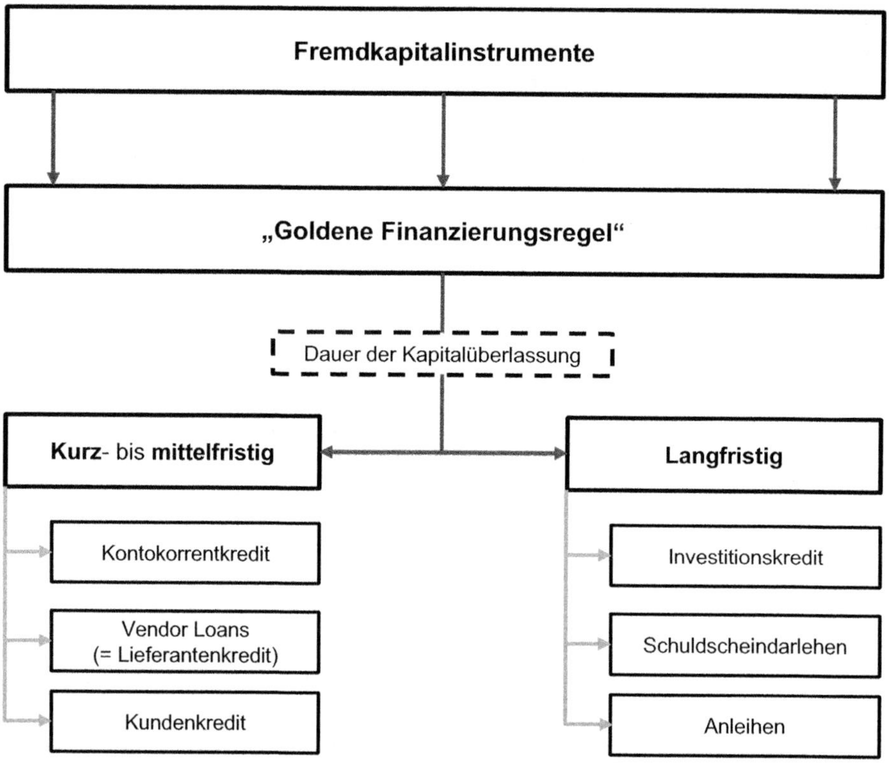

Abb. 8.5 Instrumente der Fremdkapitalfinanzierung

Nutzen macht, dabei jedoch kein unmittelbarer Liquiditätszufluss stattfindet (= **Kreditleihe**, hierzu s. Werner und Kobabe 2007, S. 117).

Ausgangspunkt zur Wahl des geeigneten Finanzierungsinstruments im Bereich des Fremdkapitals ist die sog. **„goldene Finanzierungsregel“**.

Diese bringt das Prinzip der **Fristenkongruenz** zum Ausdruck, indem sie verlangt, dass zwischen der Bindungsdauer der im Unternehmen investierten Mittel und der Dauer der Kapitalüberlassung (zumindest) **Übereinstimmung** herrschen muss (Küting und Kessler 1992, S. 1033). Folglich sollte langfristiges Vermögen entsprechend auch durch langfristig verfügbares Kapital, kurzfristiges Vermögen hingegen durch kurzfristig verfügbares Kapital gedeckt werden. Der goldenen Finanzierungsregel liegt somit die Vorstellung zugrunde, dass durch die Einhaltung des Grundsatzes der Fristenkongruenz die Liquidität des Start-ups langfristig aufrechterhalten werden kann (Küting und Kessler 1992, S. 1033).

Für die Gründer bedeutet dies, dass Güter des Anlagevermögens (z. B. Server, Maschinen, etc.) oder langfristig gebundene Teile des Umlaufvermögens (z. B. der „eiserne Bestand“ des Warenlagers) mit Kapital finanziert werden sollen, das auch **langfristig** zur Verfügung steht (Weitnauer 2019, S. 147). Dieses kann sowohl Eigenkapital als auch ein

Kredit mit einer langen Laufzeit **(Investitionskredit)** sein. Dabei wird entweder die ordentliche Kündigung des Darlehens und damit seine Zahlbarkeit für einen bestimmten Zeitraum ganz ausgeschlossen **(Festdarlehen)** oder die Rückzahlung wird zu jährlich gleich bleibenden Leistungen (Annuitäten) vereinbart, sodass die Zahlungen des Unternehmens zunächst für die angefallenen Zinsen und sodann erst zur Kapitaltilgung verwendet werden (**Tilgungs-/Annuitätendarlehen**, s. hierzu Weitnauer 2019, S. 147 f.).

Umgekehrt besagt die goldene Finanzierungsregel, dass Güter des Umlaufvermögens, die nur für einen **kurzen Zeitraum** benötigt werden (z. B. saisonale Ware, Verpackungsmaterial), am besten mit Kapital zu finanzieren ist, das eine **kurzfristige** oder allenfalls **mittelfristige** Laufzeit hat.

Die gebräuchlichste Form des kurzfristigen Bankkredits ist der **Kontokorrentkredit**. Er dient als ständige **Liquiditätsreserve** des Unternehmens zur Deckung des notwendigen Working Capital (Liquidität) und verhindert die unnötige Bindung bzw. Entnahme wertvollen Eigenkapitals. Dazu räumt das Kreditinstitut dem Unternehmen eine Kreditlinie ein, bis zu der es das Geschäftskonto in Anspruch nehmen, also „überziehen" darf. Bis zu einer festgelegten Kreditlinie kann das Geschäftskonto somit beansprucht werden, ohne dass zusätzlich zu den vereinbarten Kontokorrentkreditzinsen Überziehungszinsen anfallen (Weitnauer 2019, S. 148).

Der besondere Vorteil für das den Kontokorrentkredit in Anspruch nehmende Unternehmen besteht darin, dass Zinszahlungen nur auf die **tatsächlich** in Anspruch genommene Kreditsumme zu leisten sind. Auf diese Weise lassen sich unnötige, auf einer Fehleinschätzung des künftigen Liquiditätsbedarfs beruhende, Zinszahlungen vermeiden (Eilenberger und Haghani 2008, S. 51).

Von einer Finanzierung des Unternehmens auf Grundlage eines Kontokorrentkredits als alleiniges Finanzierungsinstrument ist jedoch abzuraten, da das Kreditinstitut nach Nr. 19 Abs. 3 der Allgemeinen Geschäftsbedingungen der Banken und Sparkassen **(„AGB-Banken")** den Kredit mit sofortiger Wirkung aus wichtigem Grund ohne Einhaltung einer Kündigungsfrist kündigen und zur **sofortigen Rückzahlung** fällig stellen kann, wenn sich die Vermögenslage des Unternehmens wesentlich verschlechtert oder sich auch nur – etwa weil die eingeräumte Kreditlinie ständig und in bedeutendem Umfang überzogen wird – zu verschlechtern droht (Weitnauer 2019, S. 148). Von daher ist eine ausgewogene Mischung von unterschiedlichen Kreditformen – mit entsprechenden Laufzeiten je nach Lebensdauer der zu finanzierenden Wirtschaftsgüter – anzustreben (Weitnauer 2019, S. 148).

Weiter stehen zur Finanzierung von Kapitalbedarfsspitzen sog. **Terminkredite** (Betriebs-, Saison- und Zwischenkredite) unter der Voraussetzung zur Verfügung, dass bereits im Vorfeld (im Gegensatz zum Kontokorrentkredit) der zu erwartende kurzfristige Finanzierungsbedarf in konkreter Höhe und Laufzeit feststeht.

Der **Lombardkredit** ist demgegenüber ein kurzfristiger Kredit, der durch ein Pfandrecht an einer beweglichen Sache oder an einem verbrieften Recht (Wertpapier) gesichert ist.

Wechsel-, Akzept- und **Diskontkredite** dienen vorwiegend der Finanzierung von Warengeschäften entweder dadurch, dass die Bank einem Kunden des Unternehmens bereits vor Fälligkeit die in einem Wechsel verbriefte Verbindlichkeit auszahlt (Diskontkredit) oder aber nur ihre Kreditwürdigkeit als Kreditleihe zur Verfügung stellt bzw. sich grundsätzlich für ihren Kunden gegenüber einem Dritten verpflichtet (Akzeptkredit). **Avalkredite**, die in Form bankseitiger, selbstschuldnerischer Bankbürgschaften oder Garantien für Zahlungsverpflichtungen des Unternehmens einstehen, runden das Portfolio der Bankkredite ab (zur Vertiefung vgl. Werner und Kobabe 2007, S. 116 ff.).

Schließlich sind der Fremdkapitalfinanzierung auch sog. Schuldscheindarlehen und Schuldverschreibungen (**Anleihen**) zuzuordnen; sie dienen indes der Kapitalbeschaffung für große mittelständische Unternehmen und sind daher als Finanzierungsmittel für Start-ups eher zu vernachlässigen.

8.2.2.3 Covenants

Der gegenüber einer Eigenkapitalfinanzierung bestehende Vorteil einer Finanzierung durch Fremdkapital, wonach die Gründer sämtliche **Mitsprache-/Kontrollrechte** und somit die volle Autonomie ihrer Entscheidungen im Unternehmen behalten, wird in der Praxis oftmals durch sog. **Covenants** aufgeweicht.

Hierbei handelt es sich um ein im Wege vertraglicher Vereinbarungen zwischen dem Kreditgeber und dem Unternehmen durchgesetztes Sicherungs- und Kontrollinstrument, das dem Kreditgeber im Fall einer **finanziellen Notlage** des Unternehmens ermöglicht, dessen unternehmerischen Handlungsspielraum **einzuengen** (Eilenberger und Haghani 2008, S. 64). Entwickelt sich die wirtschaftliche Situation des Unternehmens jedoch ordnungsgemäß, kommt es also zu keiner Verschlechterung der finanziellen Situation, finden die vertraglich eingeräumten Kontroll-/Mitspracherechte des Kreditgebers in aller Regel keine Anwendung.

Covenants beinhalten einerseits die Verpflichtung des Unternehmens zur zukünftigen Einhaltung von bestimmten **Finanzkennzahlen**, verbunden mit der Pflicht zur Informationserteilung an den Kreditgeber in regelmäßigen Abständen (**Financial Covenants**) oder legen generell Restriktionen für die künftige Geschäfts- und Unternehmensführung fest (**Corporate Covenants**, vgl. Weitnauer 2019, S. 148).

Die durch Covenants gewährleisteten Sicherungs- und Kontrollinstrumente dienen generell der **Risikofrüherkennung** einer Insolvenzsituation wegen **Überschuldung** oder **Zahlungsunfähigkeit** des Unternehmens (Weitnauer 2019, S. 148, 149), indem sie die Ertrags-, Verschuldungs- und Liquiditätslage sowie die Eigenkapitalausstattung des Unternehmens durch entsprechend vorab im Kreditvertrag definierte **Richtwerte** überwachen. In Bezug auf die Interessenlage des Kapitalgebers haben somit Covenants in erster Linie den Zweck, das **Kapitalausfallrisiko** des Kreditgebers zu minimieren.

Für den Fall, dass es zu einem Verstoß gegen die festgelegten Covenants (**„Breach of Covenant“**) kommt, werden im Vorfeld die Pflichten des Unternehmens (**„Affirmative Covenants“**) sowie diejenigen Handlungen festgelegt, die das Unternehmen ab dem Zeitpunkt eines Breach of Covenant nicht mehr oder nur nach Absprache mit dem Kreditgeber vornehmen darf (**„Negative Covenants“**, vgl. hierzu im Einzelnen mit weitergehenden Ausführungen Eilenberger und Haghani 2008, S. 65 ff.).

Auch wenn sog. **Covenants** dem Kreditgeber Einwirkungsmöglichkeiten auf das Unternehmen gewähren, führen sie als solche noch keine rechtliche **Gleichstellung** des Kreditgebers mit einem **Gesellschafter** herbei (Saenger und Inhester 2020, Anhang zu § 30, Rn. 94). Bei einer GmbH erhält der Kreditgeber insoweit etwa auch nicht die den Gesellschaftern zustehenden Informationsrechte (vgl. § 51a GmbHG, zu Informationsrechten von Gesellschaftern s. auch Abschn. 7.2.1.3.3.4). Vielmehr müssen sich professionelle Kreditgeber die für die Kreditgewährung relevanten Informationen von Gesetzes wegen grundsätzlich selbst direkt vom Unternehmen beschaffen (vgl. z. B. § 18 KWG, Saenger und Inhester 2020, Anhang zu § 30, Rn. 94).

8.2.2.4 Vendor Loan

Ein **Vendor Loan** (Lieferantenkredit) dient der kurzfristigen Fremdfinanzierung. Im Gegensatz zum Bankkredit ist der Lieferantenkredit eine Form des **Handelskredits**. In ihrer klassischen Ausprägung stellt ein Vendor Loan lediglich eine kurzfristige Verlängerung von Zahlungszielen gegen den entsprechenden Verzicht von Preisnachlässen (Skonto) dar. Aus Gründen der Rentabilität kann es jedoch sinnvoller sein, einen kurzfristigen Bankkredit aufzunehmen und die Verbindlichkeiten innerhalb der Skontofrist unter Inanspruchnahme eines Preisnachlasses zu bezahlen (Eilenberger und Haghani 2008, S. 56).

Darüber hinaus kann ein Vendor Loan auch atypisch so ausgestaltet sein, dass bspw. wesentliche Zulieferer an der wirtschaftlichen Entwicklung des Unternehmens unmittelbar partizipieren. So können sie über schuldrechtliche Vereinbarungen erfolgsbezogener, zusätzlicher Zahlungsversprechen entweder bis zu einem mehrfachen Wert der erbrachten Leistungen an einer positiven Ertragslage des Unternehmens teilhaben bzw. ihnen wird zugleich als weiterer Anreiz ein (eingeschränkter) Exklusivstatus als **„prefered supplier“** eingeräumt (Weitnauer 2019, S. 150).

8.2.3 Mittelbare Finanzierung durch Mitarbeiterbeteiligungsmodelle

Bei innovativen Wachstumsunternehmen tobt regelmäßig ein Kampf um die talentiertesten Mitarbeiter (**„key-persons“**, s. auch Abschn. 7.2.1.3.4.3). Die Beteiligung der Mitarbeiter ist demnach heutzutage Bestandteil einer zeitgemäßen Unternehmenskultur. Auch lassen sich über eine Beteiligung am Unternehmenserfolg der Verzicht auf ein höheres Gehalt und Sicherheit im Vergleich zu einer Beschäftigung in einem etablierten Unternehmen über die Chance auf eine Beteiligung am späteren (Exit-) Erfolg zumindest kompensieren. Dieser daher nicht nur den Gründern zugutekommen, sondern auch denjenigen Teammitgliedern, ohne die ein erfolgreicher Exit oder das Wachstum des Unternehmens schließlich gar nicht erst möglich wären.

Eine dieser Anreizmöglichkeiten ist die **Mitarbeiterbeteiligung**. Sie wird verstanden als eine Beteiligung des Mitarbeiters an **ideellen** und/oder **materiellen Rechten** im Unternehmen, die über die regelmäßig im Arbeitsvertrag festgelegten Rechte und Funktionen hinaus geht (Weitnauer 2019, S. 448).

Die Mitarbeiterbeteiligung hat neben ihrer Funktion als personalpolitische Maßnahme – indem sie die Motivation und Leistungsbereitschaft der jeweiligen Mitarbeiter positiv beeinflusst und damit die Mitarbeiter längerfristig an das Unternehmen bindet – auch einen finanzwirtschaftlichen Effekt als **Instrument** der **Unternehmensfinanzierung** (Krüger 2008, S. 28, 31). Die **Finanzkraft** und **Liquidität** des Unternehmens werden durch sie erhöht bzw. optimiert, was wiederum zu einer Verbesserung der Eigenkapitalquote und demzufolge die Kreditfähigkeit zur Aufnahme von Fremdkapital verbessert (Krüger 2008, S. 33).

Wie bereits ausgeführt wurde, sind in der Emerging-Growth-Phase die **Finanzkraft** und **Liquidität** des Unternehmens zu erhöhen und zu optimieren, damit sich das Unternehmen mit seinem Geschäftsmodell langfristig im Wettbewerb behaupten kann. Zur Erreichung dieser Ziele sind die Unternehmen verstärkt auf **alternative** Finanzierungsquellen angewiesen, mit denen sie die **Eigenkapitalquote** und demzufolge ihre Kreditfähigkeit zur Aufnahme von Fremdkapital verbessern können (Krüger 2008, S. 33).

Die Verbesserung der Eigenkapitalausstattung des Unternehmens lässt sich durch eine Vielzahl von Kapitalbeteiligungsmodellen umsetzen. Durch eine klassische Mitarbeiterkapitalbeteiligung werden die Mitarbeiter insoweit zu Kapitalgebern des Unternehmens (Krüger 2008, S. 33), sofern nach der rechtlichen Struktur des Beteiligungsmodells eine (Bar-) Einlage vom jeweiligen Begünstigten zu erbringen ist (s. dazu unten 8.2.3.3).

Doch auch bereits in frühen oder gar sehr frühen Unternehmensphasen (**Seed** – und **Start-up-Phase**) können **atypische** Formen der Mitarbeiterbeteiligung etwa über **virtuelle Geschäftsanteile** ein geeignetes und liquiditätsschonendes Mittel sein, um sich die Qualität und Exzellenz von Mitarbeitern, die für die wirtschaftliche Entwicklung und den Erfolg des Unternehmens von herausragender Bedeutung sind (**„key persons"**), zu sichern. Die atypische Mitarbeiterbeteiligung ist insoweit – wie bereits angesprochen – ein **mittelbares** Instrument der Unternehmensfinanzierung, das **unmittelbar** das Eigenkapital sowie die Liquidität des Unternehmens schont.

8.2.3.1 Mitarbeiterbeteiligungsstruktur

Start-ups sind üblicherweise in der Rechtsform einer GmbH oder haftungsbeschränkten Unternehmergesellschaft (UG) organisiert. Klassische Aktienoptionspläne (**„stock options"**), die Optionen in Form von Bezugsrechten für den Erwerb von Aktien etwa aus dem sog. bedingten Kapital (§ 192 Abs. 2 Nr. 3 AktG) an einem als Aktiengesellschaft (AG) tätigen Unternehmen festlegen, scheiden daher für die Mehrzahl aller Start-ups aus. Darüber hinaus sind sie in ihrer Umsetzung aufwendig und verursachen entsprechende Kosten.

Daneben existieren in der Praxis zahlreiche weitere Beteiligungsformen (Weitnauer 2019, S. 152 f.; Werner und Kobabe 2007, S. 90 ff.) etwa über die Ausgabe von Genussrechten über **Genussscheine,** die **Unterbeteiligung** ausgewählter *key persons* an Geschäftsanteilen einzelner Gesellschafter oder etwa die rechtliche Ausgestaltung über eine **Poollösung** in Form einer Beteiligung an einer zwischengeschalteten Mitarbeiterbeteiligungsgesellschaft, welche die von den Mitarbeitern gehaltenen Geschäftsanteile gesamthänderisch, d. h. für alle Mitarbeiter gemeinschaftlich, bündelt („indirekte Beteiligung").

8.2.3.2 Unterbeteiligung

Eine Unterbeteiligung ist keine direkte Beteiligung der Gesellschaft, sondern eine **„Beteiligung an einer Beteiligung"** (Fleischer und Goette 2018, § 15 GmbHG, Rn. 242). Durch sie wird der Mitarbeiter wirtschaftlich und steuerlich einem unmittelbaren Gesellschafter gleichgestellt, obgleich er dabei jedoch nicht Gesellschafter der GmbH oder der UG (haftungsbeschränkt) wird.

Die Unterbeteiligung kommt dadurch zustande, dass ein Gesellschafter (der Hauptbeteiligte) und der begünstigte Mitarbeiter (der Unterbeteiligte) eine schuldrechtliche **Berechtigung** an den jeweiligen Geschäftsanteilen des Gesellschafters **vereinbaren**. Die Unterbeteiligung bezieht sich auf die mit dem Anteil verbundenen Vermögensrechte, insbesondere auf den Gewinnanspruch (Fleischer und Goette 2018, § 15 GmbHG, Rn. 242).

In rechtlicher Hinsicht begründet die Unterbeteiligung eine sog. **BGB-Innengesellschaft** (zur GbR s. §§ 705 ff. BGB und Abschn. 6.1.3.1) mit dem Zweck des gemeinsamen Haltens, Nutzens und Verwaltens des Anteils an der Gesellschaft; teilweise findet ergänzend auch das Recht der **stillen Gesellschaft** (§§ 230 ff. HGB, hierzu s. auch Abschn. 5.2.2.2 und 7.3.1.4.1) entsprechende Anwendung (Fleischer und Goette 2018, § 15 GmbHG, Rn. 243 f.).

Um die Anreizfunktion der Unterbeteiligung auf den Mitarbeiter nicht negativ zu beeinflussen, sollte eine Unterbeteiligung in jedem Fall derart ausgestaltet sein, dass diese zurück zu übertragen („Vesting", s. hierzu bereits für Gründer 7.2.1.3.3.6) ist, falls die Tätigkeit des Mitarbeiters für das Unternehmen vorzeitig endet. Die Fälligkeit oder Unverfallbarkeit der Unterbeteiligung sollte durch ein über einen bestimmten Zeitraum bestehendes Tätigkeitsverhältnis zwischen dem Mitarbeiter und dem Unternehmen aufschiebend bedingt werden.

▶ Eine Unterbeteiligung kann anstelle einer (virtuellen) Hauptbeteiligung bspw. dann zu bevorzugen sein, wenn der Begünstigte nicht nur an laufenden Gewinnausschüttungen in Höhe seiner Unterbeteiligung, sondern auch an Veräußerungen von Minderheitsbeteiligungen des Hauptgesellschafters partizipieren soll. Dies ist dann interessengerecht, wenn ein Exit-Szenario (Veräußerung von mindestens 50 % der Geschäftsanteile des Unternehmens (sog. „Kontrollwechsel") eher unwahrscheinlich bzw. von den Hauptgesellschaftern mittel- bis langfristig unternehmenspolitisch überhaupt nicht beabsichtigt wird.

8.2.3.3 Optionen auf reale Anteile

Mitarbeiterbeteiligungsmodelle mit realen Geschäftsanteilen selbst oder auch Optionen auf die Gewährung von Geschäftsanteilen (**ESOP**, „**E**mployee **S**tock **O**ption **P**lan" erfordern regelmäßig aufwendige gesellschaftsrechtliche Prozesse und verursachen teils erhebliche Folgekosten, da die Übertragung der Anteile (ebenso wie die Verpflichtung dazu) bei der GmbH/UG stets den Gang zum Notar erfordert (§ 15 Abs. 3, 4 GmbHG). Auf die jeweils übernommenen Geschäftsanteile ist ferner nach gesellschaftsrechtlichen Grundsätzen auch tatsächlich eine (Bar-) Einlage vom jeweiligen Begünstigten zu erbringen. So muss der Mitarbeiter erst einmal persönlich Geldzahlungen leisten, ehe er Anteile am Unternehmen erhält. Von dieser sog. „Einlageverpflichtung" kann der Begünstige auch nicht befreit werden (§ 19 Abs 2 Satz 1 GmbHG), sodass die Zahlung der Einlage (rechtlich sauber) auch nicht von Dritten, etwa vom Unternehmen selbst, übernommen werden kann.

Mit einer Option („Stock Option") gewährt die Gesellschaft ihren Mitarbeitern ein Bezugsrecht auf eigene Geschäftsanteile des Unternehmens.

Darüber hinaus müssen die Geschäftsanteile, aus denen das Mitarbeiterbeteiligungsprogramm bedient werden soll, ähnlich der Kapitalerhöhung bei Aufnahme eines neuen Investors erst geschaffen werden. Praktisch umgesetzt wird dies bei der GmbH entweder aus dem genehmigten Kapital (§ 55a GmbHG) oder durch eine entsprechende Verpflichtung der Altgesellschafter (z. B. über eine Stimmbindung in einer Gesellschaftervereinbarung), eine Kapitalerhöhung mit dem Ziel der Ausgabe von neuen Geschäftsanteilen an die begünstigten Mitarbeiter zu beschließen (Hahn 2019, S. 8 f.).

8.2.3.4 Virtuelle Anteile

Soll der Mitarbeiter schuldrechtlich unmittelbar an der Gesellschaft „beteiligt" werden, bietet sich eine virtuelle Beteiligung (**„Phantom Share"**-Modell) an. In aller Regel wird die jeweilige „key person" eher bereit sein, auf einen Anteil ihrer Vergütung zu verzichten, soweit ihr – wenn auch „nur" **schuldrechtlich** – Anteile an der Gesellschaft und eben nicht nur eine Unterbeteiligung gewährt werden.

Der Mitarbeiter wird hierbei im Wege einer schuldrechtlichen Verpflichtung der Gesellschaft vermögensmäßig so gestellt, als wäre er mit einer vorab bestimmten Anzahl der Geschäftsanteile **(„virtuelle Geschäftsanteile")** an der Gesellschaft beteiligt. Die virtuellen Anteile stellen somit schuldrechtliche Nachbildungen der tatsächlichen Geschäftsanteile dar.

Über die „Ausgabe" von virtuellen Anteilen hinaus erhält der Mitarbeiter keine Stellung als – in die Gesellschafterliste des Handelsregisters eingetragener – Gesellschafter sowie keine Teilnahme- oder Stimmrechte in einer Gesellschafterversammlung der Gesellschaft. Je nach vertraglicher Vereinbarung steht dem Mitarbeiter gegen die Gesellschaft jedoch sowohl ein schuldrechtlicher Anspruch auf Zahlung einer Gewinnausschüttung als auch auf eine angemessene Beteiligung an sich in Zukunft realisierenden Wertsteigerungen der Gesellschaft zu. Der Mitarbeiter erhält insoweit einen Anspruch auf Zahlung der **Differenz** zwischen dem Wert eines virtuellen Geschäftsanteils im Zeitpunkt der **Einräumung** und dem Wert im Zeitpunkt der **Ausübung**.

Das virtuelle Modell wurde bereits oben (s. Abschn. 5.2.2.5) als mögliche Beteiligungsform eines Business Angel-Investments vorgestellt. Es kann aufgrund der im Schuldrecht geltenden Vertragsfreiheit und der somit gegebenen flexiblen Möglichkeiten einer individuellen vertraglichen Ausgestaltung jedoch vor allem zur Beteiligung von (strategisch wichtigen) Mitarbeitern benutzt werden (hierzu s. bereits Abschn. 7.2.1.3.4.3).

Perspektivisch ist bereits bei der erstmaligen Einräumung virtueller Geschäftsanteile von den Gründern zu bedenken, dass der schuldrechtliche Anspruch des Mitarbeiters – sofern er nach den Bestimmungen der Vereinbarung fällig bzw. unverfallbar ist – in einer späteren Unternehmensphase eine Barzahlung der Gesellschaft erfordert, die zu einem entsprechenden **Liquiditätsabfluss** führt (Weitnauer 2019, S. 448).

Unverfallbar wird der schuldrechtliche Anspruch des Mitarbeiters regelmäßig (anteilig) erst dann, wenn entweder vorab definierte Erfolgsziele erreicht wurden („Performance Vesting") oder der Mitarbeiter für einen entsprechenden Mindestzeitraum für die Gesellschaft tätig (gewesen) ist. Eine solche Abrede der Abhängigkeit von Anspruch und (persönlicher/zeitlicher) Performance ist Gegenstand des bereits erwähnten **„Vesting"** (engl. „vested right" = „sicher begründetes Recht"). Danach erwirbt der Mitarbeiter den vollen Anspruch auf Auszahlung der virtuellen Geschäftsanteile, sobald er für eine Mindestdauer für die Gesellschaft tätig gewesen ist (in diesem Fall sind seine virtuellen Geschäftsanteile „gevested"); endet die Tätigkeit des Mitarbeiters vor Ablauf der vereinbarten Mindestdauer, erlischt die virtuelle Beteiligung proportional in entsprechender Höhe bzw. gänzlich.

Weiter darf die **steuerrechtliche** Komponente einer virtuellen Beteiligung nicht unberücksichtigt bleiben (hierzu s. auch Abschn. 11.2.2.2). Grundsätzlich hat die Einräumung einer virtuellen Beteiligung gegenüber einer unmittelbaren Anteilsübertragung den Vorteil, dass die Besteuerung (die Zahlungen aus einer virtuellen Beteiligung unterliegen als Vergütungsbestandteile der Sozialversicherungspflicht und der Lohnsteuer) erst zum Zeitpunkt des Liquiditätszuflusses an den Mitarbeiter erfolgt und somit dem Mitarbeiter das Risiko eines Verlustes seiner Beteiligung abgenommen wird (Weitnauer 2019, S. 455).

Schließlich ist die Zuteilung virtueller Anteile auch im Hinblick auf die von den Gründern verfolgte **Exit-Strategie** zu bewerten. Zukünftige Erwerber des Unternehmens werden nämlich bei der Bemessung der Kaufpreishöhe die Zahlungsverpflichtungen der Gesellschaft gegenüber den begünstigten Mitarbeitern einkalkulieren, sofern nicht eine entsprechende Freistellungsverpflichtung durch die veräußernden Gesellschafter vereinbart wurde. Dies bedeutet im Ergebnis, dass neben den Gründern auch die übrigen Gesellschafter mit den entstehenden Zahlungsansprüchen belastet sind. Mit Investoren wird daher regelmäßig vereinbart, dass die Zuteilung von virtuellen Anteilen entweder nur mit ihrer **Zustimmung** zulässig ist oder aber die Gründungsgesellschafter für die Zahlungsansprüche der Begünstigten **aufkommen** und somit die übrigen Gesellschafter wirtschaftlich **freigestellt** werden (Weitnauer 2019, S. 455 f.).

8.2.3.5 Beispiele

Zur besseren Verdeutlichung der vorgestellten Mitarbeiterbeteiligungsmodelle sollen folgende Beispiele dienen:

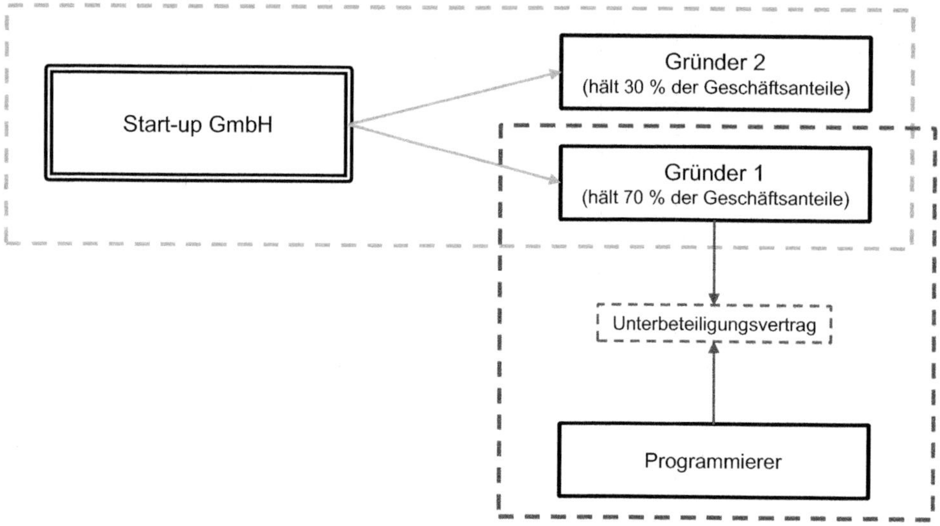

Abb. 8.6 Unterbeteiligung

Ein Start-up ist in der Digitalbranche in der Rechtsform der GmbH tätig. Das Unternehmen wurde von zwei Gründern gegründet, die als Gesellschafter 70 % (Gründer 1) bzw. 30 % (Gründer 2) der Geschäftsanteile der GmbH halten.

Ein Gesellschafter (Gründer 1) möchte einen Programmierer („key person") anhand einer **Unterbeteiligung** dauerhaft an das Unternehmen binden (hierzu s. auch Abb. 8.6). Dazu schließt der Gründer (Hauptbeteiligter) mit dem Programmierer (Unterbeteiligter) eine schuldrechtliche Vereinbarung ab, durch die der Mitarbeiter an den von dem Gesellschafter gehaltenen Geschäftsanteilen beteiligt wird.

Des Weiteren besteht die Möglichkeit, den Programmierer im Rahmen einer **virtuellen Beteiligung** schuldrechtlich zu „beteiligen" (diesbezüglich s. Abb. 8.7). Soll der Mitarbeiter bspw. eine virtuelle Beteiligungsquote von 5 % erhalten, kann das Start-up mit ihm eine Vereinbarung über virtuelle Geschäftsanteile mit dem Inhalt abschließen, dass der Mitarbeiter – schuldrechtlich bzw. virtuell – so gestellt wird, als würde er 5 % der Geschäftsanteile der GmbH halten, also mit 5 % am Stammkapital der Gesellschaft beteiligt sein. Die Beteiligungsquote der Gründer bzw. deren mitgliedschaftliche Stellung als Gesellschafter wird dadurch grundsätzlich nicht angetastet bzw. verringert, da die „Beteiligung" des Mitarbeiters allein einen schuldrechtlichen Anspruch auf Zahlung gegen die Gesellschaft begründet. Im Exit-Fall führen die Zahlungen zu einem Liquiditätsabfluss der Gesellschaft, der allerdings (allein) die Vermögensrechte der Gründer 1 und 2 verwässert (Hahn 2019, S. 15; Abb. 8.7).

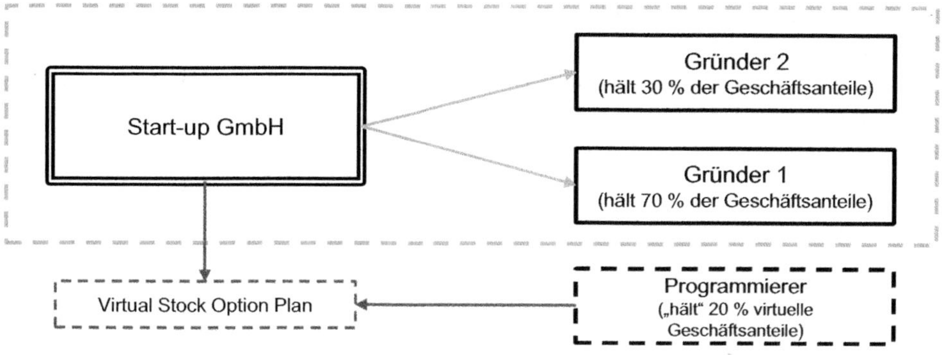

Abb. 8.7 Virtuelle Beteiligung

8.2.4 Strategische Partnerschaften

Eine weitere Form der Wachstumsfinanzierung stellen **strategische Partnerschaften** dar. Start-ups begegnen dieser Finanzierungsform oftmals mit Bedenken. Zu groß ist die Befürchtung, dass die andere Partei die „Partnerschaft" dazu missbrauchen könnte, einseitig aus dem von dem anderen Partner zugänglich gemacht Know-how Profit zu ziehen. Strategische Partnerschaften als Finanzierungsmöglichkeit bieten sich jedoch vor allem dann an, soweit eine **externe** Finanzierung **nicht** bzw. in der aktuellen Unternehmensphase noch nicht bewerkstelligt werden kann. In jedem Fall sollte sie als **„atypisches"** Finanzierungsmittel von den Gründern nicht unberücksichtigt bleiben.

Bei einer strategischen Partnerschaft handelt es sich grundsätzlich um die Vereinbarung zweier Unternehmen zur gegenseitigen Zusammenarbeit, entweder nur in Bezug auf einzelne Projekte bzw. Teilbereiche oder aber weitere Unternehmensbereiche. Strategische Partnerschaften dienen somit der Schaffung von **Synergieeffekten**, dem Austausch von **Know-how** sowie der **Diversifizierung** bzw. **Teilung** von unternehmerischen Risiken. Darüber hinaus haben sie den Effekt, dass über die Vereinbarung einer strategischen Partnerschaft aus einem (ehemaligen) Konkurrenten ein Geschäftspartner werden kann; sie wirken insoweit unmittelbar **konkurrenzneutralisierend**.

► Auch externe Dienstleister/Leistungserbringer können über eine virtuelle Beteiligung vergütet werden. In diesem Falle wird vereinbart, dass der Dienstleister die Möglichkeit hat, seinen Vergütungsanspruch (oder einen Teil davon) an Erfüllung statt (§ 364 Abs. 1 BGB) in virtuelle Anteile unter Verzicht auf die eigentlich geschuldete Barvergütung zu wandeln. Aus Finanzierungsgesichtspunkten führt dies dazu, dass dem Unternehmen keine Liquidität unterzogen wird. Darüber hinaus kann ein solches Modell den positiven Effekt haben, den externen Dienstleister an das Unternehmen besonders zu binden und somit eine hohe Qualität in der Leistungserbringung sicherzustellen.

Die klassische Form einer strategischen Partnerschaft ist ein **Joint Venture** . Hierbei handelt es sich um die Zusammenarbeit zweier Unternehmen (in aller Regel über eine gemeinsame Joint Venture-Gesellschaft), um ein gemeinsames Ziel zu erreichen oder ein gemeinsames Projekt zu realisieren (Breithaupt und Ottersbach 2010, Teil 1. C. § 2, Rn. 73). Der zwischen den beiden Unternehmen zu schließende Joint Venture-Vertrag regelt dabei Rechte und Pflichten der beiden Partner, insbesondere den Austausch von Leistungen, die vom jeweiligen Partner zur Zielerreichung beizusteuernden Maßnahmen sowie die Verteilung erwirtschafteter Erlöse (vgl. Breithaupt und Ottersbach 2010, Teil 1. C. § 2, Rn. 73).

Vergleichbar einem Business Angel- oder VC-Investment gibt es (etablierte) Unternehmen, die sich als strategische Partner definieren, um in unterfinanzierte Start-ups zu investieren. Sie erhoffen sich dadurch, ihre eigene Produkt- bzw. Dienstleistungspalette durch das Produkt/die Dienstleistung des Start-ups **komplementieren** zu können (Karadimas 2009). Das größere Unternehmen denkt dabei perspektivisch, indem es versucht, über die Kooperation ein neues Produkt zu entwickeln, das dem eigenen Wachstum in Zukunft förderlich sein könnte.

Darüber hinaus profitiert das Start-up vom Know-how des Partners und dessen Netzwerk an Kontakten. Auch kann die Präsenz eines wichtigen strategischen Partners die Chance erhöhen, Kapital, bspw. im Rahmen einer VC-Finanzierung zu erhalten (Karadimas 2009), da der VC-Geber gerade aufgrund der strategischen Partnerschaft zwischen dem (innovativen) Start-up und dem (etablierten) Partner ein überdurchschnittliches Wachstumspotenzial des Unternehmens sieht. Die Motivlage für eine strategische Partnerschaft ist mithin – auf beiden Seiten der Partnerschaft – mit dem Beweggrund für ein klassisches **Corporate VC- Investment** (CVC, vgl. dazu oben Abschn. 5.4.4) vergleichbar.

Haben die Gründer einen sachlichen Grund für eine strategische Partnerschaft (Synergien, Austausch von Know-how, Risikoteilung etc., also in aller Regel eine wechselseitige „win-win"-Situation) mit einem anderen Unternehmen identifiziert, gilt es zunächst, die Intensität bzw. Spannbreite der strategischen Partnerschaft zu verhandeln.

Die Öffnung des eigenen Unternehmens gegenüber einem Dritten erfordert zum Schutze eigener Rechte besondere **Sicherungsmaßnahmen** – insbesondere in Bezug auf das geistige Eigentum, s. hierzu auch oben die Ausführungen vom Schutz von Geschäftsgeheimnissen unter 7.2.1.2.2) – sowie besondere Strukturen und Prozesse für die Kommunikation zwischen den Partnern, ohne die eine Kooperation im vorgenannten Sinne nicht funktionieren kann. Darüber hinaus sind von Beginn an klare **Zielsetzungen** zu definieren sowie realistische **Meilensteine** zu setzen, um die strategische Partnerschaft periodisch auf ihren wechselseitigen Nutzen hin zu kontrollieren (zu allem s. Karadimas 2009).

Fazit

In der **Emerging Growth-Phase** ist der Zielmarkt des Start-ups zu durchdringen und der Vertrieb für das Produkt des Unternehmens über eine Anpassung der **Unternehmensstruktur** weiter zu entwickeln und auszuweiten. Für High Flyer kann es daneben geboten sein, einen Börsengang anzustreben und diesen – in der sog. **Bridge-Phase** – vorzubereiten **(Pre-IPO)**.

Als Kapitalquellen dienen in diesem Stadium der Unternehmensgründung hauptsächlich Fremdkapital, **Private Equity** und mittelbare Finanzierungsmodelle, etwa durch **Mitarbeiterbeteiligungen**. Die Bedeutung der Fremdkapitalfinanzierung nimmt zu, nachdem dieser Finanzierungsart während der Seed- und der Start-up-Phase des Unternehmens allenfalls eine marginale Rolle zukam. Daneben besteht weiterhin die Möglichkeit einer **Eigenkapitalfinanzierung**, die bspw. durch **VC-Geber** und/oder (vermögende) **Business Angel** erfolgen kann.

Das Kapital wird in der Emerging Growth-Phase überwiegend zur **Ausweitung** des **Vertriebs** und **Marketings** sowie zur **Weiterentwicklung** des **Produkts** des Unternehmens benötigt, damit dieses – insbesondere bei neu auftretenden Konkurrenzunternehmen – am Markt bestehen kann. Durch die Expansion des Unternehmens muss sich auch das Management an die steigenden internen und externen Anforderungen anpassen. Dazu ist es **personell** wie auch **fachlich** zu verstärken, indem neue Manager in das Führungsteam aufgenommen werden.

Sofern die Gründer in diesem Unternehmensstadium die richtigen Entscheidungen treffen und die Umsätze entsprechend ansteigen, erreicht das Unternehmen den sog. **„Break-Even"**, bei dem die Gewinnschwelle überschritten wird, Anfangsverluste amortisiert werden und das Unternehmen wirtschaftlich arbeitet. Die Gründer können beginnen, mögliche konkrete **Exit-Strategien** zu forcieren.

Literatur

Breithaupt, J., und J. H. Ottersbach. 2010. *Kompendium Gesellschaftsrecht. Formwahl – Gestaltung – Muster für die Praxis*. München: Beck.

Buth, A. K., und M. Hermanns. 2014. *Restrukturierung, Sanierung, Insolvenz. Handbuch*. München: Beck.

Eilenberger, G., und S. Haghani. 2008. *Unternehmensfinanzierung zwischen Strategie und Rendite*. Berlin: Springer.

Fleischer, H., und W. Goette. 2018. *Münchener Kommentar zum Gesetz betreffend die Gesellschaft mit beschränkter Haftung – GmbHG. 1 Bd. §§ 1–34*. München: Beck.

Grummer, J.-M., und J. Brorhilker. 2013. Phasengerechte Finanzierung: Teil vier. http://www.gruenderszene.de/finanzen/phasengerechte-finanzierung-emerging-growth-phase. Zugegriffen am 18.01.2021.

Hahn, C. 2019. *Virtuelle Mitarbeiterbeteiligung – Grundlagen, Aufbau und praktische Formulierungsbeispiele (essentials)*. Wiesbaden: Gabler.

Karadimas, D. 2009. Strategische Partnerschaften als Finanzierungsmöglichkeit. http://www.deutsche-startups.de/2009/03/09/strategische-partnerschaften-als-finanzierungsmoeglichkeit-ein-gastbeitrag-von-dimitris-karadimas/. Zugegriffen am 18.01.2021.

Krüger, C. 2008. *Mitarbeiterbeteiligung – Unternehmensfinanzierung und Mitarbeitermotivation*. Köln: Bank-Verlag Medien.

Küting, K., und H. Kessler. 1992. Finanzwirtschaftliche Bilanzanalyse: Finanzierungs- und Horizontalanalyse. *Deutsches Steuerrecht* 1992:1029–1034.
Pott, O., und A. Pott. 2012. *Entrepreneurship. Unternehmensgründung, unternehmerisches Handeln und rechtliche Aspekte*. Berlin: Springer.
Roth, G. H., und H. Altmeppen. 2021. *Gesetz betreffend die Gesellschaften mit beschränkter Haftung (GmbHG)*. München: Beck.
Saenger, I., und M. Inhester. 2020. *GmbHG. Handkommentar*. Baden-Baden: Nomos.
Schulz, T., und A. Israel. 2005. Kein existenzvernichtender Eingriff durch typische Finanzierung bei Leveraged Buy-out. *Neue Zeitschrift für Gesellschaftsrecht* 2005:329–332.
Theiselmann, R. 2009. *Corporate Finance Recht für Finanzmanager*. München: Vahlen.
Weitnauer, W. 2019. *Handbuch Venture Capital – Von der Innovation zum Börsengang*. München: Beck.
Werner, H.S., und R. Kobabe. 2007. *Handelsblatt Mittelstands-Bibliothek*. Finanzierung, Bd. 6. Stuttgart: Schäffer-Poeschel.

Teil IV

Bewertung (Frey)

Obwohl die Anlässe zur Bewertung eines Start-ups vielfältig sein können, werden sowohl Gründer als auch Investoren mit der Wahl der richtigen Bewertungsmethode zumeist das erste Mal im Rahmen einer Finanzierungsrunde konfrontiert. Durch eine zumeist erst kurze Unternehmenshistorie fehlt es jungen Wachstumsunternehmen jedoch an grundlegenden Bewertungskriterien. Etablierte Bewertungsmethoden müssen daher individuell angepasst werden.

Bewertung von Start-ups

9

Philipp Frey

Die Bewertung von Start-ups stellt in der Praxis eine große Herausforderung dar. Bewährte Bewertungsmethoden können aufgrund eines **Mangels an zuverlässigen Daten** aus einer langfristig bestehenden Unternehmenshistorie oder wegen eines **Mangels vergleichbarer Unternehmen** nur beschränkt zur Anwendung kommen. Die Bewertung erfolgt daher meist unter Heranziehung mehrerer angepasster Bewertungsmethoden im Rahmen eines **Bewertungshandels** zwischen den Parteien.

9.1 Vorbemerkung

Die grundlegende Zielsetzung der Unternehmensbewertung ist – wie der Name bereits impliziert – die Ermittlung des Wertes bzw. des potenziellen Preises eines Unternehmens in seiner Gesamtheit oder von einzelnen Teilbereichen (Koller et al. 2020, S. 141). Der Sinn und Zweck liegt hierbei in der **Quantifizierung von Wertschöpfung** durch das jeweilige Unternehmen.

In methodischer Hinsicht orientiert sich die klassische Unternehmensbewertung an einer sehr menschlichen Eigenschaft: dem Vergleich mit anderen. Eine Wertbestimmung erfolgt instinktiv anhand des Wertes eines **Vergleichgegenstands** oder anhand von **Ertragsgrößen aus der Vergangenheit**. Gerade hier liegt jedoch das Problem der Bewertung von jungen Wachstumsunternehmen, denn ein Vergleich ist nicht ohne weiteres möglich. Während Unternehmen mit etablierter Marktstellung und einem in historischer Hinsicht ausgebautem Rechnungswesen genügend Anhaltspunkte für ein Bewertungsverfahren liefern, entfallen diese Daten bei Start-ups. Ein junges Unternehmen hat auch keine

P. Frey (✉)
hy - the Axel Springer Consulting Group, Berlin, Deutschland
E-Mail: philipp.frey@hy.co

C. Hahn (Hrsg.), *Venture Capital*, https://doi.org/10.1007/978-3-658-33700-1_9

Vergangenheit und keine Jahresabschlüsse, die als glaubhafter Bezugspunkt für eine zukünftige Geschäftsplanung und somit für ein klassisches Bewertungsverfahren herangezogen werden könnten. Erschwerend kommt auch hinzu, dass Erträge fast ausschließlich negativ sind. Darüber hinaus gibt es nur wenig direkte Vergleichsmöglichkeiten mit anderen Start-ups. Zwar erfreut sich Deutschland an einer florierenden Gründerkultur, jedoch besteht selten eine haargenaue Übereinstimmung von Geschäftsmodellen, Kunden und Branchen junger Wachstumsunternehmen. Denn es liegt gerade in der Natur von Start-ups, sich durch das Überwinden befundener Ineffizienzen im Markt von vermeintlichen Konkurrenten zu unterscheiden.

Um jedoch den Bedürfnissen des Rechts- und Geschäftsverkehrs ausreichend Rechnung zu tragen, hat sich insbesondere im Kontext der Finanzierung von Start-ups, welche den Hauptfall der Bewertungsanlässe bildet, der Bewertungshandel zwischen den Parteien als gängige Praxis zur Bewertungsfindung herausgebildet. Hierbei einigen sich Gründer und Investoren durch Heranziehung quantitativer und qualitativer Determinanten – unter wechselseitigem Nachgeben – auf eine Grundbewertung des Start-ups (siehe Abb. 9.1). Die unterschiedlichen quantitativen Bewertungsmethoden können hierbei durch qualita-

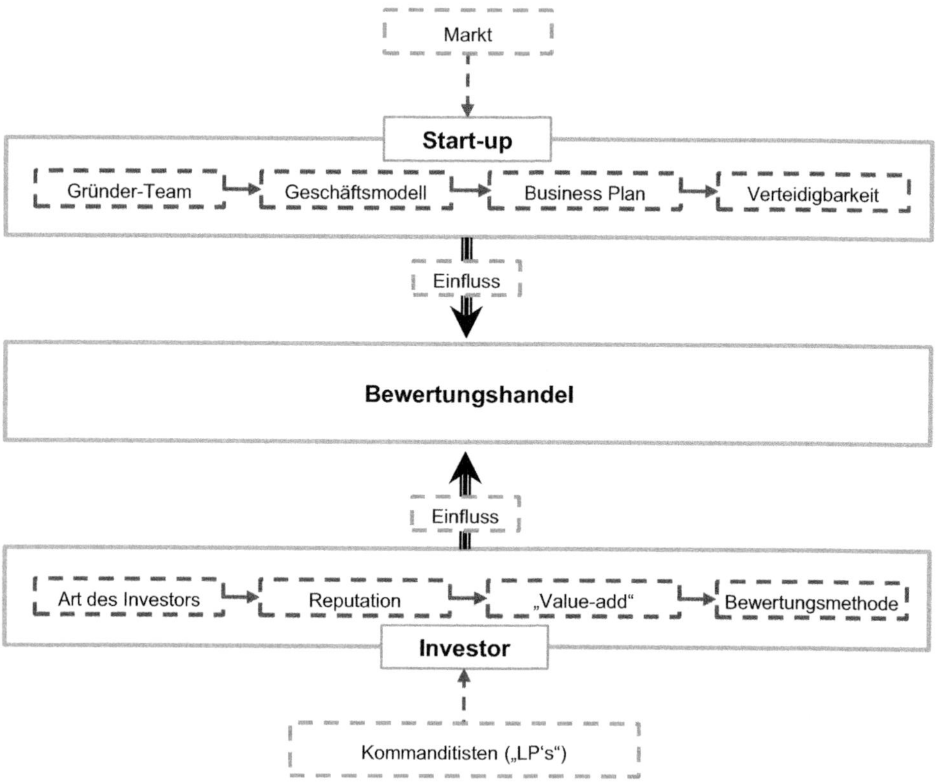

Abb. 9.1 Bewertungshandel zwischen Start-ups und Investoren

tive Bewertungselemente beeinflusst werden (vgl. Abschn. 9.2). Denn um den Mangel an bewertungsrelevanten Daten auszugleichen, finden verschiedene qualitative Determinanten Berücksichtigung in der jeweiligen Bewertungsmethode. Somit wird die Auswahl der Bewertungsmethode häufig selbst Gegenstand der Verhandlungsmasse.

9.1.1 Differenzierung zwischen Wert und Preis

▶ **Definition** Der wirtschaftliche Wert eines Gutes drückt aus, welchen Nutzen sich ein Bewertungssubjekt aus dem Bewertungsobjekt im Hinblick auf die zur Verfügung stehenden Vergleichsobjekte verspricht (Matschke und Brösel 2013, S. 6). Der Preis ist hingegen ein zweiseitiges, in Geldeinheiten ausgedrücktes Urteil über den wirtschaftlichen Wert eines Gutes, der sich in Verhandlungen oder auf freien Kapitalmärkten aus Angebot und Nachfrage bildet (Jaensch 1966, S. 7)

Die Bewertung von Unternehmen setzt notwendigerweise die Differenzierung zwischen den Begriffen Wert und Preis voraus. Während sich der Begriff des Preises in den vergangenen Jahrzehnten kaum veränderte, hat sich die Bedeutung von Wert im geschichtlichen Kontext bis heute stark gewandelt (Koller et al. 2020, S. 4–33). Beide Begriffe werden häufig fälschlicherweise als Synonym füreinander verwendet. Jedoch besteht eine Identität von Preis und Wert lediglich im Fall idealer Marktbedingungen, wenn also beispielsweise die Erwartungen aller Marktteilnehmer identisch sind (Matschke und Brösel 2013, S. 27).

In der Realität können allerdings Planungen und Erwartungen eines jeden einzelnen Bewertungsinteressenten (**Bewertungssubjekt**) stark voneinander abweichen. Insbesondere die Erwartungen hinsichtlich der wirtschaftlichen Entwicklung zu bewertender junger Wachstumsunternehmen (**Bewertungsobjekt**) können zwischen Gründern und Investoren stark divergieren. Dementsprechend ist der Wert eines Unternehmens durch die vom Bewertungssubjekt verfolgten Ziele (z. B. hinsichtlich Preisentwicklung oder erhoffter Synergien) und seiner finanz- und realwirtschaftlichen Handlungsmöglichkeiten zu determinieren (Matschke und Brösel 2013, S. 133–164). Der Preis drückt somit lediglich die hierauf bezogene Zahlungsbereitschaft bzw. -willen aus. Den sich hieraus ergebenden Unterschied zwischen Wert und Preis aus Sicht des jeweiligen Bewertungssubjekts fasste der Investor Warren Buffet im Jahr (2008) in einem Brief an die Aktionäre seiner Holdingfirma Berkshire Hathaway folgendermaßen zusammen: „***Price is what you pay. Value is what you get***“ („Der Preis ist was du bezahlst. Der Wert ist, was du bekommst“).

Die Subjektivität von Unternehmenswerten hat zur Folge, dass einander gegenüberstehende Parteien in Verhandlungen über einen Vertragsgegenstand einen jeweils unterschiedlichen Grenzbereich von Preisen für denselben Vertragsgegenstand ansetzen. Diese Bereiche der Grenzpreise bilden häufig die Entscheidungsgrundlage für den jeweiligen Bewertungsanlass. Der **Grenzpreis** im Einigungsbereich gibt hierbei an, welchen Preis die betreffende Partei gerade noch bezahlen kann bzw. mindestens verlangen muss, damit die Transaktion nicht zu einer Verschlechterung ihrer Vermögensposition führt (Drukarczyk und Schüler 2016, S. 102). Der optimale Preis unter gleicher Berücksichtigung der subjektiven Interessen beider Parteien befindet sich folglich in der Mitte des Einigungsbereichs (Abb. 9.2).

9.1.2 Anlassbezogene Bewertung

Eine Unternehmensbewertung kann aus verschiedenen Anlässen erforderlich sein. So kann sie im Rahmen von Transaktionsprozessen (Unternehmenskauf bzw. -verkauf), beim Eintritt neuer Gesellschafter und vielen weiteren Gelegenheiten notwendig sein. Dabei lassen sich die Anlässe grundsätzlich in solche mit oder ohne Änderung der Eigentumsverhältnisse einteilen (Matschke und Brösel 2013, S. 713).

Da die **Ziele und Erwartungen des Bewertungssubjekts** je nach Anlass variieren können, ist die Festlegung eines zweckgebundenen Bewertungsanlasses für eine zielgerichtete und **funktionale Unternehmensbewertung** unerlässlich. Die Zweckgebundenheit der Bewertung beeinflusst wiederum die Methodik des Bewertungsprozesses; *der eine* Unternehmenswert und *das richtige* Verfahren existieren also nicht.

Im Venture-Capital Umfeld stellt die **Kapitalaufnahme**, welche im Regelfall mit der unmittelbaren oder späteren Änderung der Eigentumsverhältnisse einhergeht, den häufigsten Anlass zur Bewertung eines Start-ups dar. Dabei handelt es sich um Fälle der Außenfinanzierung durch externe Kapitalgeber oder bestehende Gesellschafter in Form der Eigenfinanzierung oder Mezzanine-Finanzierung (vgl. Abschn. 4.1.2). Kapitalgeber sind in

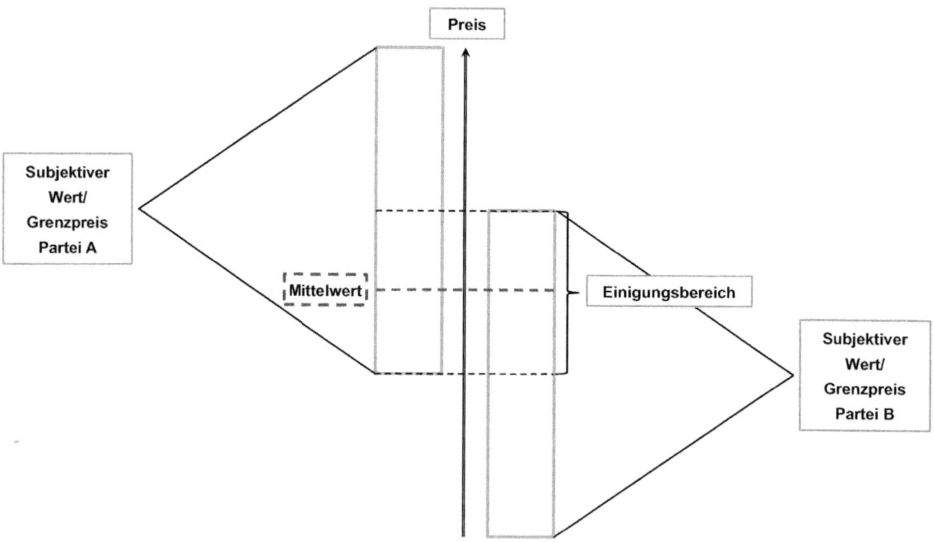

Abb. 9.2 Subjektiver Wert und Einigungsbereich

diesen Fällen häufig private Investoren (Business Angels, vgl. Abschn. 5.2.1) oder Venture Capital Gesellschaften (vgl. Abschn. 5.4), für welche die subjektive Ermittlung eines **potenziellen Exitwertes** des Start-ups im Rahmen einer Unternehmensbewertung im Vordergrund steht. Anhand des Exitwertes bemisst sich für Investoren die Rendite ihres Investments. Der Exit bezeichnet hierbei die Realisierung des durch das Unternehmen erarbeiteten Vermögens (Smeets 2018, S. 12). Dies kann durch einen börslichen oder außerbörslichen Verkauf von Anteilen zum jeweiligen Zeitpunkt des Exits erreicht werden. Zweck der Unternehmensbewertung ist in diesen Fällen somit die Ermittlung eines **Entscheidungswertes**, da der durch die Bewertung ermittelte **Grenzpreis** die Grundlage für die Entscheidung über eine Investition liefert (Drukarczyk und Schüler 2016, S. 102).

Grundsätzlich ist zu beachten, dass der Anlass zur Kapitalaufnahme eines Start-ups einen Interessenkonflikt zwischen den Parteien in sich birgt. Auf der einen Seite erwarten Investoren eine finanzielle (oder synergetische) Rendite von ihrem Investment. Sie haben also ein Interesse an einer möglichst niedrigen **Pre-Money Bewertung** des Start-ups, da sie so aufgrund einer höheren Beteiligungsquote beim Exit den größtmöglichen Gewinn erwirtschaften können. Gründer sind andererseits an einer möglichst hohen Pre-Money Bewertung interessiert, um Investoren möglichst wenige Anteile („**Shares**") und dementsprechende Mitsprache- und Entscheidungsrechte an dem Unternehmen – als Gegenleistung für die Finanzierung – überlassen zu müssen. Beide Interessenlagen haben mit Hinblick auf die Besonderheiten der Venture Capital-Finanzierung ihre Berechtigung und folglich auch Einfluss auf die Bewertung. Im Gegensatz zu anderen Beteiligungsgesellschaften beläuft sich die Haltedauer der Anteile von VC-Fonds an Start-ups nicht selten auf 10 Jahre und mehr im Bereich der Early-Stage Investments, vgl. Tab. 9.1 (Heinrichs 2008, S. 58). Investoren spekulieren bei einer so frühen Beteiligung auf eine exponentielle Vervielfachung einzelner Investments, bei der häufig die Verzehnfachung als Wunschziel genannt wird („**10x**"). Einer **durchschnittlichen** Renditeerwartung von bis zu 100 % steht jedoch eine hohe Ausfallwahrscheinlichkeit des Investments gegenüber. Nur knapp mehr als die Hälfte (55 %) aller Start-ups überleben die ersten zwei Jahre ihrer Existenz, lediglich 42 % werden älter als 5 Jahre und nur etwa durchschnittlich 30 % der Unternehmen werden überhaupt 10 Jahre alt (Center for Economic Studies 1976–2016). Auf Investoren kommt damit im Rahmen einer Unternehmensbewertung die Aufgabe zu, bei der subjektiven Entscheidungswertermittlung die Forderung nach einer bestimmten Anzahl von An-

Tab. 9.1 Venture Capital: Durchschnittliche Renditen und Haltedauer

Finanzierungsphase	Erwartete Rendite	Erwartete Haltedauer
Seed & Start-up	50–100 %	>10 Jahre
First Stage	40–60 %	5–10 Jahre
Second Stage	30–40 %	4–7 Jahre
Third Stage	20–30 %	3–5 Jahre
Bridge	20–30 %	1–3 Jahre

Nach (Heinrichs 2008)

teilen, die laufende Portfolioüberwachung sowie für möglich gehaltene Exit-Szenarien evaluierbar zu machen (Achleitner und Nathusius 2004, S. 134).

Auf der anderen Seite haben Gründer ein hohes Interesse an der Wahrung ihrer unternehmerischen Freiheit. Das frühzeitige Einräumen von Mitsprache- und Entscheidungsrechten schränkt Gründer somit nicht nur in ihrer wirtschaftlichen Gestaltungsfreiheit ein, sondern macht das Start-up auch für später hinzutretende Investoren unattraktiv. Um die Überlebenswahrscheinlichkeit des Start-ups zu sichern, ist jedoch häufig auch bei aus Gründerperspektive guter Entwicklung des Unternehmens in späteren Phasen eine Kapitalaufnahme nötig. Darüber hinaus sind Gründer auch intrinsisch motiviert, die Früchte ihres unternehmerischen Wirkens durch Wahrung einer möglichst hohen eigenen Beteiligung am Unternehmen bis zum Zeitpunkt des Exits zu sichern. Auf sie kommt somit im Rahmen der Unternehmensbewertung die Aufgabe zu, sich frühzeitig mit der gewünschten Gesellschafterstruktur und einem potenziellen Exit-Szenario zu befassen.

Neben der Kapitalaufnahme kann einer Bewertung im Venture Capital-Umfeld auch aus Anlässen des Ausscheidens eines Gesellschafters, für die Ermittlung von Steuerbemessungsgrundlagen, aus Gründen der wertorientierten Unternehmenssteuerung sowie zu reinen Informations- und Motivationszwecken erfolgen (Matschke und Brösel 2013, S. 97). Auch hier gilt es die Ziele und Erwartungen des Bewertungssubjekts im Rahmen des Bewertungsprozesses zu Grunde zu legen. Die im Folgenden angeführten Bewertungsmethoden befassen sich beispielhaft mit der Kapitalaufnahme von Start-ups.

9.2 Bewertungsmethoden (Abb. 9.3)

Bewertungsverfahren im Venture Capital-Umfeld sind abhängig von der **Verfügbarkeit von Daten**, welche Eingang in die Bewertung eines Start-ups finden. Die Verfügbarkeit von bewertungsrelevanten Daten ist wiederum abhängig von den individuellen Eigenschaften des Start-ups und der Phase, in welcher sich das Startup befindet. Damit ein valider Entscheidungswert ermittelt werden kann, kommen in der Regel **mehrere Bewertungsmethoden** im Rahmen eines Transaktionsprozesses zum Einsatz.

9.2.1 Discounted Cashflow-Methode

Die Discounted Cashflow-Methode ist ein kapitalmarkttheoretisches Verfahren, in welchem zur Ermittlung des Unternehmenswertes **zukünftige finanzielle Überschüsse** eines Unternehmens auf einen Bewertungszeitpunkt abgezinst werden. Jedoch ergeben sich bei der klassischen Anwendung auf die Bewertung von Start-ups Schwierigkeiten, da die Besonderheiten von jungen Wachstumsunternehmen unberücksichtigt bleiben. Daher sind abgewandelte Formen der Discounted Cashflow-Methode bei der Bewertung von Start-ups heranzuziehen.

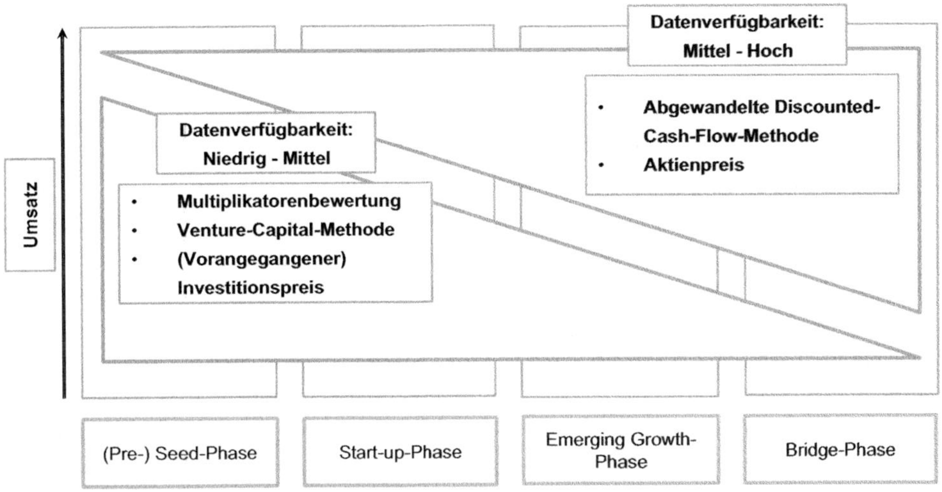

Abb. 9.3 Phasenabhängige Anwendbarkeit von Bewertungsmethoden

$$UW^{CF} = EK^{CF} = \underbrace{\sum_{t=1}^{T} \frac{CF_t}{(1+k)^t}}_{\text{Phase 1}} + \underbrace{\frac{CF_{T+1}}{k(1+k)^T}}_{\text{Phase 2}} - FK$$

UW^{CF} = Unternehmenswert
EK^{CF} = Marktwert des Eigenkapitals
CF_t = Freie Cashflows
CF_T = Marktwert des Gesamtkapitals
k = Kapitalkostensatz (WACC)
FK = Marktwert des Fremdkapitals
T = Zeitraum

Abb. 9.4 Darstellung der klassischen DCF-Methode als Phasen-Modell

Die Grundidee des klassischen Discounted Cashflow (**DCF**) Verfahrens ist, dass der Wert eines Unternehmens von dessen in Zukunft zu erwartenden finanziellen Überschüssen, sowie dessen zugrunde liegenden Risiken abhängt (Koller et al. 2020, S. 138). Hierfür werden diese zukünftigen finanziellen Überschüsse – **Free Cashflows** – auf einen Bewertungsstichtag mit einem gewogenen durchschnittlichen **Kapitalkostensatz (WACC – Weighted Average Cost of Capital)** abgezinst. Abzuziehen von diesem Ergebnis ist der Marktwert des Fremdkapitals (FK). Da Start-ups jedoch in der Regel ausschließlich durch Eigenkapital finanziert sind, ist der Marktwert des Fremdkapitals meist = 0. In den weiteren Erläuterungen wird auf die Bedeutung des Fremdkapitals zur Finanzierung eines Start-ups daher nicht eingegangen.

Die Ermittlung des freien Cashflows erfolgt in der Regel in zwei Phasen (siehe Abb. 9.4). Phase 1 geht von $t = 1$ bis T. Sie bezeichnet den Zeitraum des exponentiellen Wachstums eines jungen Unternehmens. Aus der Dauer von $t = 1$ bis T lässt sich dann das Wachstum für die anschließende **Fortführungswert-Phase** anhand der Wachstumsrate der Gesamtwirtschaft ableiten. Diese Phase 2 beginnt bei $T + 1$. Sie stellt eine vereinfachte

Prognose der zukünftigen Unternehmensentwicklung dar. Der hierbei ermittelte Wert wird auch als **Terminal Value** (Endwert) bezeichnet (siehe hierzu Smeets 2018, S. 22). Der gewogene Kapitalkostensatz (aufgrund dessen zukünftige finanzielle Überschüsse diskontiert werden) wird durch k dargestellt. Der Unternehmenswert (UW) aus zukünftigen Cashflows (CF) bestimmt sich damit als **Marktwert des Eigenkapitals** (EK). Dieser ergibt sich aus der Abzinsung der freien Cashflows (wobei t für die jeweilige Prognoseperiode steht), welche den Marktwert des Gesamtkapitals ergeben, von welchem der Marktwertes des Fremdkapitals (FK) abzuziehen ist (Matschke und Brösel 2013, S. 700).

Neben dem Terminal Value, der klassischerweise über die Hälfte des Unternehmenswertes in der DCF-Methode ausmacht (Matschke und Brösel 2013, S. 714), hat der gewogene Kapitalkostensatz (k) erheblichen Einfluss auf die Unternehmensbewertung. Dieser ermittelt, welche Rendite eine alternative Investition – die Kapitalanlage zum risikolosen Zinssatz – erzielen würde (Smeets 2018, S. 45). Dies wird dargestellt durch den gewichteten Durchschnitt der **Fremdkapitalkosten** nach Steuern und der **Eigenkapitalkosten**, gewichtet mit dem relativen Anteil der Finanzierungsquellen an der Gesamtfinanzierung (siehe Abb. 9.5). Als Teil der DCF-Methode wird er statistisch über Aktienrenditen (Eigenkapitalkosten) sowie über Marktpreise ausstehender Anleihen (Fremdkapitalkosten) von Vergleichsunternehmen abgeleitet und ist somit im Rahmen einer Unternehmensbewertung Ausdruck der Renditeansprüche der Fremdkapital- und Eigenkapitalgeber eines mischfinanzierten Unternehmens (Drukarczyk und Schüler 2016, S. 209). Bei Start-ups handelt es sich jedoch, wie bereits erwähnt, um vorwiegend mit Eigenkapital finanzierte Unternehmen.

Ein weiterer wichtiger Bestandteil der DCF-Methode ist außerdem die richtige Prognose der benötigten Cashflow-Größen. Für das hier angeführte Verfahren ist die Ermittlung des sog. Free Cashflow (**FCF**) relevant. Bei diesem handelt es sich entgegen des Wortlauts nicht um eine Form von laufenden Auszahlungen, sondern viel mehr um **Aufwands- und Ertragsgrößen** anhand einer prognostischen Gewinn- und Verlustrechnung für die nächsten drei bis fünf Jahre (siehe Abb. 9.6).

Definition Der Free Cashflow (FCF) stellt jene Größe dar, die als Zufluss einer Periode den Eigenkapital- und Fremdkapitalgebern zur Verfügung steht, wobei eine fiktive Steuerlast berücksichtigt wird, die der eines unverschuldeten Unternehmens entspricht (Matschke und Brösel 2013, S. 708).

$$\text{Kapitalkostensatz (WACC)} = k = k_{(v)EK} \cdot \frac{EK}{GK} + k_{FK} \cdot (1 - s) \cdot \frac{FK}{GK}$$

$k_{(u/v)EK}$ = (un)verschuldete Eigenkapitalkosten
k_{FK} = Fremdkapitalkosten
S = Unternehmenssteuersatz
EK = Marktwert des Eigenkapitals
FK = Marktwert des Eigenkapitals
GK = Marktwert des Gesamtkapitals

Abb. 9.5 Ermittlung der gewogenen Kapitalkosten

Plan-Gewinn- und Verlustrechnung (Gesamtkostenverfahren)

Gesamtleistung:
– Materialaufwand
– Personalaufwand
– Abschreibungen
– Sonstiger betrieblicher Aufwand
= **operatives Ergebnis**
– **adjustierte** Ertragsteuern

Net Operating Profit Less Adjusted Taxes
NOPLAT

\+ nicht zahlungswirksame Aufwendungen
– nicht aufwandswirksame laufende Auszahlungen
– nicht zahlungswirksame Erträge
\+ nicht ertragswirksame laufende Einzahlungen

Free Cashflow

Abb. 9.6 Ermittlung des Free Cashflows

Eine sorgfältige **Vergangenheitsanalyse** bildet die Basis für die realitätsnahe Einschätzung zukünftiger Free Cashflows, wobei sich die Analyse insbesondere auf strategieabhängige **Werttreiber** konzentriert. Darüber hinaus sind aber auch qualitative Analysen des Marktes und der Wettbewerber relevant, um den Einfluss von externen Faktoren auf die zukünftige Unternehmensentwicklung zu berücksichtigen. Die Gesamtheit dieser Faktoren sind am Ende des Bewertungsprozesses rückblickend auf ihre **Plausibilität** zu überprüfen (Koller et al. 2020, S. 229).

9.2.1.1 Defizite der DCF-Methode

Eine Bewertung von Start-ups im Rahmen der klassischen DCF-Methode ist aus vielfältigen Gründen problematisch. Zum einen fehlen, wie bereits erläutert, historische Daten, welche bei der Einschätzung der Risikoparameter und der zukünftigen Unternehmensentwicklung dringend notwendig sind (Smeets 2018, S. 43). Außerdem führt eine strikte Anwendung der klassischen DCF-Methode zu erheblichen Limitierungen im Bewertungsergebnis, da die wirtschaftlichen Besonderheiten von Start-ups außer Acht gelassen werden.

Dies zeigt sich insbesondere bei der Ermittlung des Free Cashflows. Hier ist die DCF-Methode stark abhängig von der Prognose der Unternehmensentwicklung basierend auf historischen Unternehmensdaten. Eine rückwärtsgewandte Analyse ist bei jungen Start-ups aufgrund ihrer meist erst kurzen Existenz aber nur eingeschränkt möglich. Darüber hinaus zeichnen sich Start-ups durch einen hohen Umsatzwachstum (**Top-Line Growth**) bei gleichzeitig hohen Verlusten aus. Die Prognose der bewertungsrelevanten Cashflows wird somit fast nur durch einen von den Gründern erstellten Business-Plan (s. oben Abschn. 6.2) abgebildet. Die Belastbarkeit der darin enthaltenen finanziellen Kennzahlen ist schon deshalb stark limitiert, da der Business-Plan von einer fortwährenden **Liquidität** ausgeht. Aufgrund der Abhängigkeit von externen Kapitalgebern und gesamtwirtschaftlichen Faktoren ignoriert diese Annahme aber die Realität insofern, als dass sie die verhältnismäßig geringen und nur mittelfristig angelegten Bestände liquider Mittel mit denen von etablierten Unternehmen gleichsetzt. Das hierbei unberücksichtigte **Ausfallrisiko** des Start-ups spielt jedoch für Bewertungsinteressenten eine immanent wichtige Rolle. Dies bleibt im Rahmen der klassischen DCF-Methode allerdings unberücksichtigt, da hier als Grundvoraussetzung vom fortwährenden Bestand des Unternehmens ausgegangen wird (**Going Concern**-Annahme).

Das hohe Ausfallrisiko von Start-ups wird auch nur unzureichend in einem einzigen **konstanten Kapitalkostensatz** reflektiert, mit welchem finanzielle Überschüsse diskontiert werden. Eine periodenspezifische Anpassung der DCF-Methode wird in der Praxis jedoch kaum vorgenommen. Diese bedarf einer entsprechenden Datengrundlage zu welcher meist nur sachverständige Bewerter einen Zugang haben. Auch die Herleitung des Diskontierungssatzes auf Basis der Kapitalkosten ist wegen des Mangels vergleichbarer Unternehmen mit ähnlichem Risiko-Rendite-Profil im Innovationsumfeld nur schwer möglich.

Zuletzt ist auf die hohe **Abhängigkeit** der DCF-Methode vom Terminal Value (s. oben 9.2.1) hinzuweisen, da durch ihn anfängliche Verluste eines Start-ups überkompensiert werden müssen. Da üblicherweise davon ausgegangen wird, dass der bewertungsrelevante Free Cashflow in der Fortführungswert-Phase wächst bzw. konstant bleibt (es wird meist ein hypothetisches Wachstum von 1 % angenommen), ist eine sorgfältige Bestimmung des Terminal Value für den Unternehmensgesamtwert wichtig. Auch hier spielt die limitierte Belastbarkeit eines Business-Plans eine übergeordnete Rolle.

9.2.1.2 Anpassungsmöglichkeiten der DCF-Methode

Um die Unzulänglichkeiten der klassischen DCF-Methode bei der Bewertung von Start-ups zu kompensieren, haben sich sowohl in der Literatur als auch in der Praxis mehrere Ansätze herausgebildet. Im Folgenden sollen nicht abschließende optionale sowie generelle Anpassungsmöglichkeiten aufgezeigt werden. Daneben bestehen allerdings auch weitere Möglichkeiten, bei denen aufgrund ihrer Komplexität die Hinzuziehung von sachverständigen Bewertern erwogen werden sollte.

Eine generelle Anpassungsmöglichkeit besteht in der weiterführenden **Transition des Business-Plans** der Gründer. Anstatt der üblichen drei bis fünf Jahre erfolgt eine weitergehende Prognose der Geschäftsentwicklung über einen Zeitraum von **10 Jahren**. Dies hat zur Folge, dass im Terminal Value ein Zustand nach Abschluss der Wachstumsphase dargestellt werden kann. Eine Überkompensation anfänglicher negativer Cashflows eines jungen Unternehmens, welche die Bestimmung des Unternehmenswertes in die zweite

Phase ($T + 1$) der zukünftig zu erwartenden Cashflows verlagert, wird somit ausgeglichen. Bei der Aufstellung eines solchen langfristigen Business-Plans ist zu beachten, dass eine detaillierte Finanzplanung lediglich für den regulären Zeitraum der ersten drei bis fünf Jahre erfolgen kann. Im darüber hinausgehenden Zeitraum sollte die Prognose lediglich die für die Ermittlung der Free Cashflows relevanten Komponenten, wie eine Ergebnisplanung, eine Investitionsplanung, eine Finanzplanung sowie eine Steuerplanung und eine Bilanzplanung umfassen. Zur Erstellung können die **Prognosen des Marktwachstums** und der sich daraus ableitenden Marktanteile des Start-ups dienen. Da der Voraussage über die zukünftige Entwicklung des Marktes somit eine bedeutende Rolle zukommt, ist darauf hinzuweisen, dass sowohl Investoren als auch Gründer möglichst realistische Wachstumsprognosen zugrunde legen sollten. Diese sollten immer auf Grundlage von Daten getroffen werden, um nicht unglaubwürdig zu erscheinen (siehe Abschn. 6.2.3). Die Entwicklung vergleichbarer Unternehmen und Industrien kann hier als Referenz herangezogen werden.

9.2.1.2.1 Option 1: Adjustierung der Free Cashflows

Eine besonders praxisrelevante Option zur Anpassung der DCF-Methode ist die Adjustierung des Free Cashflows anhand der **Überlebenswahrscheinlichkeit** eines Unternehmens. Auf diese Weise wird dem Insolvenzrisiko und dem damit einhergehenden Ausfallrisiko eines Investments Rechnung getragen.

Der Adjustierung werden zunächst die für die jeweilige Branche des Start-ups einschlägigen Überlebenswahrscheinlichkeiten zugrunde gelegt. Hier ist anzumerken, dass für die Annahme von Überlebenswahrscheinlichkeiten von Start-ups keine einheitliche wissenschaftliche Datenbasis besteht. Annahmen sollten insbesondere unter Beachtung der lokal herrschenden Marktdynamiken getroffen werden. Vorliegend wird zwecks internationaler Vergleichbarkeit auf die Annahmen von Damodaran (2009) verwiesen (Tab. 9.2).

Die für die jeweiligen Planjahre zu erwartenden Free Cashflows werden im Folgenden unter Berücksichtigung der kumulierten Insolvenzwahrscheinlichkeit angepasst. Anhand

Tab. 9.2 Überlebenswahrscheinlichkeit von Start-ups je Industrie

Industry	Year 1	Year 2	Year 3	Year 4	Year 5	Year 6	Year 7
Natural resources	82,3 %	69,5 %	59,4 %	49,6 %	43,4 %	40,0 %	36,7 %
Construction	80,7 %	65,7 %	53,6 %	42,6 %	37,0 %	33,4 %	30,0 %
Manufacturing	84,2 %	68,7 %	57,0 %	47,4 %	40,9 %	37,0 %	33,9 %
Transportation	82,6 %	66,8 %	54,4 %	44,7 %	38,2 %	34,1 %	31,0 %
Information	80,8 %	62,9 %	49,5 %	37,7 %	31,2 %	28,3 %	24,8 %
Financial activities	84,1 %	69,6 %	58,6 %	49,2 %	43,9 %	40,3 %	36,9 %
Business services	82,3 %	66,8 %	55,1 %	44,3 %	38,1 %	34,5 %	31,1 %
Health services	85,6 %	72,8 %	63,7 %	55,4 %	50,1 %	46,5 %	43,7 %
Leisure	81,2 %	65,0 %	53,6 %	43,8 %	38,1 %	34,5 %	31,4 %
Other services	80,7 %	64,8 %	53,3 %	43,9 %	37,1 %	32,3 %	28,8 %
All Firms	81,2 %	65,8 %	54,3 %	43,9 %	38,3 %	43,4 %	31,2 %

Nach Damodaran (2009), Valuing Young, Start-up and Growth Companies der gewogenen durchschnittlichen Kapitalkosten (WACC – Weighted Average Cost of Capital) erfolgt dann eine Abzinsung auf den Bewertungsstichtag. Die Addition der diskontierten Free Cashflows nach Überlebenswahrscheinlichkeiten der jeweiligen Planungsjahre ergibt den aktuellen Unternehmenswert (**Present Value**) (Abb. 9.7).

Zwar erfolgt durch die Adjustierung der Free Cashflows eine realistischere Risikoeinschätzung eines Investments im Vergleich zur klassischen DCF-Methode, jedoch besteht auch hier eine hohe Abhängigkeit der Berechnung vom Terminal Value. Der Anwendung dieser Abwandlung sollte daher ein sorgfältig ausgearbeiteter Business Plan zugrunde gelegt werden.

9.2.1.2.2 Option 2: Adjustierung der Kapitalkosten

Da der Kapitalkostensatz (k) erheblichen Einfluss auf die Ermittlung eines Unternehmenswertes hat, wird seine Berechnung im Rahmen der Bewertung von Start-ups besonders häufig diskutiert. Insbesondere die statistische Herleitung über Aktienrenditen (**Cost of Equity**) und Marktpreise ausstehender Anleihen von Vergleichsunternehmen (**Cost of Debt**) gibt im Umfeld wagniskapitalfinanzierter Start-ups Anlass zur näheren Betrachtung.

Als Teil des gesamten Kapitalkostensatzes sind die Eigenkapitalkosten Ausdruck der Renditeansprüche der Eigenkapitalgeber (von Start-ups). Da diese Ansprüche mit Renditeerwartungen von Eigenkapitalgebern am freien Markt (z. B. Aktienmarkt) schwer vergleichbar sind, erscheint eine Anpassung des Bewertungsverfahrens geboten. Eigenkapitalkosten sollen im Rahmen der Berechnung der Kapitalkosten eine **Risikoprämie** widerspiegeln, die zum risikolosen Zinssatz hinzuaddiert wird, um so einen Vergleich der Renditen zwischen der risikobehafteten Investition (dem zu bewertenden Unternehmen) und einer sicheren Investitionsalternative darzustellen (Smeets 2018, S. 45). Nach der für die Risikoprämie geltenden Portfoliotheorie werden bei der Herleitung der Ei-

Unternehmenswert unter Berücksichtigung von Überlebenswahrscheinlichkeiten

Mio. EUR	2021 Ist	2022 Plan	2023 Plan	2024 Plan	2025 Plan	2026 Plan	2027 Plan	2028 Plan	2029 Plan	2030 Plan	2031 Plan	2032 TV
Revenue		-	1,5	4,2	9,7	21,2	38,2	57,3	66,0	69,9	72,0	72,7
EBIT		-3,5	-4,1	-4,5	-2,1	-1,1	4,9	11,6	14,6	16,0	16,7	16,9
Free Cashflow (FCF)		-3,5	-4,8	-2,5	-1,1	-0,4	2,5	5,0	8,5	10,4	11,3	11,7
Cumulative Failure Rate		*18 %*	*34 %*	*46 %*	*56 %*	*62 %*	*57 %*	*69 %*	*67 %*	*69 %*	*71 %*	*73 %*
FCF nach Überlebenswahscheinlichkeiten		-4,1	-6,4	-3,7	-1,7	-0,2	1,1	1,6	2,8	3,3	3,3	3,1
WACC		10 %	10 %	10 %	10 %	10 %	10 %	10 %	10 %	10 %	10 %	10 %
Diskontierter FCF nach Überlebenswahscheinlichkeiten		-3,7	-5,3	-2,8	-1,7	-0,1	0,6	0,8	1,3	1,4	1,3	13,5
Value	**5,3**											

Abb. 9.7 Adjustierung des Free Cashflows anhand der Überlebenswahrscheinlichkeiten

genkapitalkosten jedoch lediglich systematische Risiken „vergütet" (Markowitz 1952, S. 77). Dies sind z. B. Wirtschaftskrisen oder Kriege. Ein unternehmensspezifisches Risiko des Investitionsobjektes soll dagegen durch Diversifikation im Portfolio eliminiert werden.

Eine solche theoretische Annahme erscheint im Venture Capital Umfeld allerdings realitätsfern. Zum einen sind die unternehmensspezifischen Risiken bei Investitionen in junge Wachstumsunternehmen beträchtlich. Hierzu gehören insbesondere die Gefahr des Scheiterns des Geschäftsmodells, hohe Unsicherheiten in Bezug auf zukünftige Cashflows und die generellen Volatilitäten bestimmter Sektoren. Weiterhin ist beispielsweise die Diversifizierbarkeit von Portfolios von VC-Fonds nur schwer möglich.

Als Alternative zur klassischen Herleitung der Diskontierungssätze hat sich in der Praxis die Heranziehung der für Investitionen in Start-ups erforderlichen Kapitalrendite (**Target Rate of Return**) herausgebildet. Diese bemisst sich anhand der **durchschnittlichen subjektiven Renditeerwartungen** von Investoren (Damodaran 2009, S. 15; Heinrichs 2008, S. 58). Je nach Phase des Start-ups, können diese Renditeerwartungen erheblich schwanken (Tab. 9.3).

Die Adjustierung der Kapitalkosten ermöglicht im Gegensatz zur herkömmlichen DCF-Methode eine realistische Widerspiegelung des mit dem Investment einhergehenden Risikos. Durch die spiegelbildliche Darstellung der subjektiven Renditeerwartungen von Investoren erfreut sich diese Vorgehensweise daher insbesondere bei Venture Capital-Investoren zunehmender Beliebtheit. Jedoch ist auch diese Methode somit ausschließlich von subjektiven Erwartungen der Investoren abhängig und berücksichtigt die bestehenden Interessen von Gründern im Rahmen des Bewertungshandels nur unzureichend.

9.2.1.2.3 Option 3: Szenarioanalysen

Eine Szenarioanalyse basiert auf der Annahme verschiedener **hypothetischer Fälle** der zukünftigen Unternehmensentwicklung. Sie reduziert die Komplexität eines einzelnen Prognoseszenarios, auf welches sich das Bewertungsverfahren stützt, durch die Erstellung zukünftiger alternativer Situationen der Unternehmensentwicklung (Koller et al. 2020, S. 732). Inhaltlich erfolgt also keine Änderung der DCF-Methode, sondern die alternative Berücksichtigung von qualitativen und quantitativen Faktoren, die Auswirkung auf die Entwicklung des Start-ups haben können.

Ausgehend von der gegenwärtigen Situation des Unternehmens werden für die Szenarioanalyse vier verschiedene alternative Szenarien der Entwicklung des Free Cashflows entwickelt. Basierend auf zuvor identifizierten **Schlüsselfaktoren** für den Erfolg des Start-ups (z. B. Produktnachfrage beim Kunden, Entwicklung der Anzahl der Wettbewer-

Tab. 9.3 Durchschnittliche Renditeerwartungen von Investoren

	Seed & Start-up	First Stage	Second Stage	Bridge
Damodaran (2009)	50–70 %	40–60 %	35–50 %	25–35 %
Heinrichs (2008)	50–100 %	40–60 %	30–40 %	20–30 %

ber usw.) wird die Unternehmensentwicklung prognostiziert (Smeets 2018, S. 65). Anschließend erfolgt eine Gewichtung eines jeden Szenarios anhand seiner Eintrittswahrscheinlichkeit. Das Best Case-Szenario unterstellt eine besonders positive Entwicklung der Schlüsselfaktoren. Das Base Case-Szenario simuliert die Weiterentwicklung des aktuellen Entwicklungstrends. Das Low Case-Szenario unterstellt eine negative Entwicklung und das Worst Case-Szenario berücksichtigt all jene externe Faktoren, welche potenziell zu einer Insolvenz führen können (Tab. 9.4).

Unter Zugrundelegung der verschiedenen Einflüsse der Schlüsselfaktoren auf die Unternehmensentwicklung und die hiermit verbundenen finanziellen Kennzahlen, lassen sich hieraus verschiedene Free Cashflows für die jeweiligen Planjahre ableiten (siehe Abb. 9.8). Aus diesen Free Cashflows werden abschließende Unternehmenswerte per DCF-Methode berechnet, welche mit der Eintrittswahrscheinlichkeit eines jeden Szenarios **gewichtet** werden.

Der Vorteil der Szenarioanalyse liegt darin, dass Unternehmenswerte unter Berücksichtigung von einer Vielfalt von qualitativen und quantitativen Faktoren hergeleitet werden, welche Einfluss auf die Unternehmensentwicklung haben. Dies reduziert die Subjektivität, mit der sowohl Gründer als auch Investoren bei der Prognose des zukünftigen Unternehmenswachstums vorgehen. Andererseits führt diese Berechnung nur zu einer gewichteten Auswahl von Unternehmenswerten, die lediglich als Verhandlungsgrundlage im Bewertungshandel zwischen Parteien dienen kann. Ein Schwerpunkt der Verhandlungen wird in der Regel auf der Auswahl der Schlüsselfaktoren und der Gewichtung der Szenarien liegen. Darüber hinaus mangelt es der Szenarioanalyse an einem wissenschaftlichen Fundament, sodass sie damit vor allem als ergänzende Bewertungsmethode in Betracht kommt.

Tab. 9.4 Beispielhafte Szenarioanalyse

Szenario	Schlüsselfaktor: Nachfrage	Eintrittswahrscheinlichkeit
Best Case	Steigt mehr als erwartet	15 %
Base Case	Trend setzt sich fort	45 %
Low Case	Flacht ab	25 %
Worst Case	Substitutionsprodukte	15 %

Free Cashflows im Rahmen einer Szenarioanalyse

Mio. EUR	G	2021 Ist	2022 Plan	2023 Plan	2024 Plan	2025 Plan	2026 Plan	2027 Plan	2028 Plan	2029 Plan	2030 Plan	2031 Plan	2032 TV
Free Cashflow (FCF) in einem													
Best Case-Szenario			-2,5	-3,0	-3,5	-1,1	-0,4	1,5	5,0	8,5	10,4	11,3	11,7
Base Case-Szenario			-3,5	-3,5	-3,5	-2,0	-1,2	1,0	4,0	6,2	7,4	8,2	9,0
Low Case-Szenario			-4,0	-3,8	-5,1	-6,6	-4,9	-2,8	1,8	2,0	2,2	2,2	2,2
Worst Case-Szenario			-4,0	-3,8	-5,1	-6,6	-4,9	-3,0	-3,3	Liquidation			

Abb. 9.8 Beispielhafte Szenarioanalyse

9.2.2 Multiplikatoren-Methode

Die Multiplikatoren-Methode leitet einen Unternehmenswert aus bekannten Werten vergleichbarer Unternehmen her (Matschke und Brösel 2013, S. 688). Diese Methode dient in der Regel bei klassischen Unternehmensakquisitionen (**M&A**) zur komplementären Bewertung und Plausibilisierung der DCF-Methode. Aufgrund ihrer vergleichsweisen einfachen Anwendung erfreut sie sich zunehmender Beliebtheit bei der Bewertung von Start-ups.

Zur Berechnung eines Unternehmenswertes wird zunächst ein vom Typus vergleichbares Unternehmen bestimmt (Smeets 2018, S. 30). Anhand der Relation des Unternehmenswertes des Vergleichsunternehmens zu seinen entsprechenden Finanzkennzahlen (z. B. EBITDA, Umsatz) wird ein Multiplikator entwickelt (siehe Abb. 9.9). Dieser wird dann mit der entsprechenden Bezugsgröße des zu bewertenden Unternehmens multipliziert, um den gesuchten Unternehmenswert zu ermitteln (Matschke und Brösel 2013, S. 688). Bezugswerte können bei der klassischen Multiplikatoren-Methode nicht nur anhand (börsennotierter) vergleichbarer Unternehmen (**Trading Multiples**) bestimmt werden, sondern können auch durch vergleichbare bekannte Transaktionen (**Transaction Multiples**) hergeleitet werden.

Die Multiplikatoren-Methode hat den Vorteil, dass sie im Rahmen eines Bewertungshandels zwischen zwei Parteien gut kommunizierbar ist. Allerdings missachtet die wenig komplexe Anwendung der Methode die nicht zu vernachlässigenden Besonderheiten junger Wachstumsunternehmen. Die Auswahl des richtigen Vergleichsunternehmens und der zugehörigen Bezugsgrößen ist bei Unternehmen der „**old economy**" aufgrund identischer Geschäftsmodelle und Leistungskennzahlen (**Key Performance Indicators**) problemlos möglich. Start-ups haben hingegen im vergangenen Jahrzehnt völlig neue Wege der Monetarisierung ihrer Produkte und Dienstleistungen etabliert, welche nicht nur schwer vergleichbar mit der „old economy" sind (Subscription-Model vs. Transaction-Model). Darüber hinaus sind die Geschäftsmodelle von Start-ups untereinander auch immer schwerer vergleichbar. Zudem dürfte aufgrund der traditionell negativen Erträge bei jungen Wachstumsunternehmen lediglich der Umsatz als finanzielle Bezugsgröße dienen. Da dieser bei Vergleichsunternehmen häufig unbekannt sein dürfte, können nur wenige Ertragskraftindikatoren als Bezugsgröße herangezogen werden. Diese sind jedoch selten besonders zuverlässig. Auch die Heranziehung von Bezugsgrößen aus be-

$$\frac{UW_V}{BG_V} = M$$

$$M \times BG_B = UW_B$$

M = Multiplikator
UW_V = Wert Vergleichsunternehmen
BG_V = Bezugsgröße Vergleichsunternehmen
BG_B = Bezugsgröße Bewertungsobjekt
UW_B = Wert Bewertungsobjekt

Abb. 9.9 Darstellung der Multiplikatorenbewertung

Multiplikatorenbewertung (Enterprise Value/Umsatz)											
Mio. EUR	**2021 Ist**	**2022 Plan**	**2023 Plan**	**2024 Plan**	**2025 Plan**	**2026 Plan**	**2027 Plan**	**2028 Plan**	**2029 Plan**	**2030 Plan**	**2031 Plan**
Vergleichsunternehmen (Umsatz Multiple)		1,5x	1,8x	2,3x	3,1x	3,8x	4,9x	6,8x	9,6x	10,8x	12,1
Bewertungsobjekt	2,0										
Umsatz (Bezugsgröße)	1,5	2,1	2,7	3,2	4,4	5,4	6,8	8,2	9,3	10,2	12,3
Value	**3,0**	**3,15**	**4,86**	**7,36**	**13,64**	**20,52**	**33,32**	**55,76**	**89,28**	**110,1**	**148,8**

Abb. 9.10 Beispielhafte Multiplikatorenbewertung (Forward Multiple-Methode)

kannten VC-Transaktionen führen zu keinem objektiven Bewertungsergebnis. Denn meist sind diese Transaktionen geprägt von subjektiven Erwartungen der Parteien (z. B. Synergien) oder beinhalten individuelle Discounts (z. B. bei **Secondary Sales,** vgl. Abschn. 8.2.1.2) (Abb. 9.10).

9.2.3 Venture-Capital-Methode

Als Weiterentwicklung der Multiplikatoren-Methode hat sich in den vergangenen Jahren die Venture-Capital-Methode als beliebte Methode unter den Venture Capital Gesellschaften etabliert. Hierbei soll ausgehend von einem erhofften oder angestrebten künftigen **Zielverkaufspreis** eines Unternehmens ein potenzieller Wert des Unternehmens zum Bewertungsstichtag ermittelt werden (Matschke und Brösel 2013, S. 693).

Die Ermittlung des Unternehmenswertes erfolgt in mehreren Schritten (siehe hierzu auch Smeets 2018, S. 33). Im ersten Schritt wird der Zielverkaufspreis bestimmt. Dieser richtet sich nach dem geplanten Investitionshorizont des Investors (siehe oben Tab. 9.1). In der Regel kann von einer Haltedauer bis zu 10 Jahren ausgegangen werden. Zur Bestimmung des Zielverkaufspreises ist zunächst der Gewinn des zu bewertenden Unternehmens im Jahr des Exits (E) zu ermitteln. Hierfür wird auf Grundlage des Business Plans der Umsatz im geplanten Jahr des Exits sowie eine geplante Umsatzmarge ermittelt. Unter Zuhilfenahme von Vergleichswerten (siehe Abschn. 9.2.3) wird zum Beispiel ein Kurs/Gewinn-Verhältnis (KGV oder auch **Price-to-Earnings ratio**) eines vergleichbaren bekannten Unternehmens ermittelt. Das **KGV** gibt das Verhältnis zwischen dem Kurs eines Aktienanteils eines Unternehmens und dem Gewinn je Aktie wieder (Drukarczyk und Schüler 2016, S. 477). Schließend wird diese mit dem prognostizierten Gewinn des zu bewertenden Unternehmens im Jahr des geplanten Exits multipliziert und ergibt so den zukünftigen Unternehmenswert. Im folgenden Schritt wird der so ermittelte zukünftige Unternehmenswert durch die Renditeerwartungen des Investors (R) über die veranschlagte Haltedauer (n) auf den Bewertungsstichtag (t = 0) abgezinst (siehe auch Tab. 9.3) (Abb. 9.11).

Im Falle einer (Pre-) Seed-Finanzierung eines vielversprechenden Start-ups mit einer geplanten Investment-Haltedauer von 10 Jahren und einer durchschnittlichen Renditeerwartung von 70 % des Investors ergeben sich somit vertretbare Werte (siehe Abb. 9.12).

$$E_t \cdot KGV_{t=0} = UW_t$$

$$\frac{UW_t}{(1+R_t)^n} = UW_0$$

KGV = Kurs/Gewinn-Verhältnis
UW_t = Zukünftiger Unternehmenswert
E_t = Gewinn im Jahr des Exits
UW_0 = Unternehmenswert im Bewertungszeitpunkt
R_t = Renditeerwartungen des Investors

Abb. 9.11 Darstellung Venture Capital Bewertung

Venture-Capital-Methode (Kurs/Gewinn-Verhältnis)	2030 Plan
KGV Vergleichsunternehmen	15
Gewinn Bewertungsobjekt (Mio. EUR)	15,4
Zukünftiger Unternehmenswert (Mio. EUR)	231
Value (bei einer Renditeerwartung des Investors von Ø 70 %)	**1,1**

Abb. 9.12 Beispielhafte Venture Capital-Bewertung

Zu berücksichtigen bleibt jedoch, dass junge Wachstumsunternehmen in den vergangenen Jahren selbst zum Zeitpunkt des für den Investor relevanten Exits keine positiven Erträge erwirtschafteten (Slack, Uber, Delivery Hero). In Annahme einer Fortsetzung dieses Trends, tendieren Investoren daher vermehrt dazu, den Zielverkaufspreis anhand eines Enterprise Values/Umsatz-Multiplikators eines Vergleichsunternehmens herzuleiten (siehe Abb. 9.10). Der Unternehmenswert des Bewertungsobjekts wird mit den subjektiven Renditeerwartungen des Investors auf den Bewertungsstichtag abgezinst.

Die Venture-Capital-Methode unterliegt zudem vielen Unzulänglichkeiten. Im Falle der Herleitung des Zielverkaufspreises anhand der Multiplikatoren-Methode gelten die Kritikpunkte für diese Methode entsprechend (siehe Abschn. 9.2.3). Daneben erfolgt die Abschätzung des Zielverkaufspreises der Venture Capital-Methode aufgrund der Annahme einer erfolgreichen Unternehmensentwicklung. Dies verschleiert jedoch die realen Unsicherheiten in Bezug auf die Möglichkeit des Scheiterns von jungen Wachstumsunternehmen (Matschke und Brösel 2013, S. 694). Eine lediglich ergänzende Anwendung der Methode scheint daher angebracht.

9.2.4 Weitere Methoden

Neben den genannten Methoden kommen zum Zweck der Bewertung von Start-ups noch weitere in Betracht. Auch diese Methoden sind zum Teil abhängig von der **Verfügbarkeit von Daten**, welche Eingang in die Bewertung eines Start-ups finden. Diese Verfügbarkeit hängt einerseits von der Phase ab, in welcher sich das Start-up befindet. Andererseits kommen hier schwerpunktmäßig qualitative Faktoren zum Tragen, die Eingang in die Bewertung finden. Die folgende (nicht abschließende) Aufzählung von Methoden kann somit genutzt werden, um eine Wertspanne, welche durch die oben benannten Methoden errechnet wurde, weiter einzuschränken.

9.2.4.1 Investitionspreis

Beim Investitionspreis erfolgt eine Post-Money Bewertung eines Start-ups anhand der gegebenen Faktoren von Investitionsvolumina und hierfür ausgegebenen Anteilen. Damit handelt es sich um keine Bewertungsmethode im engeren Sinne, sondern vielmehr um eine Ableitung des Unternehmenswertes anhand einer (vergangenen) **Finanzierungsrunde**.

Auf Grund der Nichtexistenz von bewertungsrelevanten Daten stehen hier zumeist Mindestanforderungen eines Investors im Vordergrund, welche sich aufgrund von Erfahrungswerten und Praktikabilitätserwägungen herausgebildet haben. So verfolgen VC-Fonds nicht selten bei jedem ihrer Investments eine **Investmenthypothese**, welche eine prozentuale Mindestanforderung von Anteilen für einen bestimmten Investmentbetrag in einer jeweiligen Wachstumsphase vorsieht. Sofern sich im Austausch mit den Gründern auf einen Minimum-Betrag für die weitere Finanzierung des Start-ups geeinigt wurde, setzt der Investor einen prozentualen Anteil am Unternehmen als Gegenleistung fest. Verhandlungen über diesen Anteil ohne Änderung des Investmentbetrages finden selten statt, da meistens lediglich qualitative Beurteilungskriterien zur Einschätzung der weiteren Entwicklung des Start-ups zur Verfügung stehen. Unter Berücksichtigung der oben benannten Risikoabwägungen, welche ein Investor zu treffen hat (vgl. Abschn. 9.1.2), führen diese Kriterien selten zur Änderung der Investmenthypothese.

Die Bewertung anhand des Investitionspreises orientiert sich am **Stammkapital** von Kapitalgesellschaften (siehe hierzu Abschn. 6.1.2). Hierbei wird unter Zugrundelegung des Investitionsvolumens und des dafür im Gegenzug gewährten prozentualen Stammkapitals der Preis pro Anteil am Stammkapital errechnet, aus welchem sich wiederum durch Multiplikation mit dem nach der Investition vorhandenen Stammkapital der Gesellschaft eine Pre- und Post-Money Bewertung ableiten lässt. Mit Hinblick auf das gesetzlich geforderte Mindestmaß an **Haftungskapital** einer GmbH in Höhe von EUR 25.000 (§ 5 Abs. 1 GmbHG) lässt sich die Ableitung anhand Abb. 9.13 veranschaulichen.

Eine Ableitung des Unternehmenswertes aufgrund von Finanzierungsrunden in Personengesellschaften oder Einzelunternehmungen ist hingegen nicht möglich. Die Zuhilfenahme des Investitionspreises zum Zweck der Bewertung bei einer Kapitalaufnahme ist darüber hinaus stets in Kombination mit weiteren Bewertungsmethoden anzuwenden.

9.2.4.2 Scoring Model

Eine weitere Methode ist die Anwendung eines sog. „Scoring Models". Dieses Modell basiert auf der Anwendung der DCF-Methode und stellt eine weitere Möglichkeit der Adjustierung der gewogenen Kapitalkosten (k) dar. Der Ansatz basiert auf der Ableitung von 16 qualitativen und quantitativen Merkmalen aus vier Kategorien, welche auf einer

Kapitalerhöhung um EUR 1.000.000 für einen Anteil von 10% am Stammkapital einer GmbH

in EUR	
Stammkapital Gesellschafter (90%)	25.000
Stammkapital Investor (10%)	2,778
Stammkapital nach Kapitalerhöhung	**27.778**
Erhöhung Stammkapital	2,778
Investmentsumme	1.000.000
Preis je Anteil	360
Stammkapital nach Kapitalerhöhung	27.778
Post-Money Bewertung	**10.000.080**

Pre-Money Bewertung: **EUR 9.000.080**
Post-Money Bewertung: **EUR 10.000.080**

Änderung des Eigenkapitals

1) **Erhöhung des Stammkapitals** auf EUR 27.778:
EUR 25.000 / 90% = EUR 27.778
2) **Erhöhung des (Eigen-) Kapitals:**
EUR 1.000.000 –EUR 2.778 EUR = EUR 997.222

Post-money Bewertung

Anzahl der Anteile: 27.778

1) **Preis je Anteil:**
EUR 1.000.000 / 2,778 = **EUR 360**
2) **Post-Money Bewertung:**
27.778 * EUR 360 = **EUR 10.000.080**

Abb. 9.13 Ableitung des Unternehmenswertes anhand des Investitionspreises einer Finanzierungsrunde

Skala von 0 bis 4 Punkten bewertet werden. Beispielsweise wird das Merkmal „Management Expertise" anhand der folgenden vier Skalenwerte bewertet:

0 = No Expertise
1 = Limited Expertise
2 = Certain level of expertise in relevant field
3 = Proven track record

Der gewogene Kapitalkostensatz, welcher Ausdruck des unternehmensspezifischen Risikos sein soll (Abschn. 9.2.1.2.2), wird anhand der kumulierten Punktzahl aus allen Kategorien gebildet. Je höher die Gesamtpunktzahl ist, desto geringer stellt sich das unternehmensspezifische Risiko dar.

Dieses Verfahren bietet eine sinnvolle Ergänzung zur Bewertung von Start-ups und wurde von sachverständigen Bewertern entwickelt. Da die Kumulation der einzelnen Kategorien zu einem eigenen Kapitalkostensatz komplexen und wissenschaftlich fundierten Grundlagen folgt, sollte die Anwendung auch ausschließlich durch diese Berufsgruppe durchgeführt werden.

Fazit

Die fachlich fundierte Bewertung von Start-ups spielt insbesondere im Rahmen von Investitionsrunden eine bisher unterschätzte Rolle. Die hieraus entstehenden **Konflikte** zwischen Investoren und Gründern können erhebliche Auswirkungen auf die weitere Zusammenarbeit und somit auf den zukünftigen Erfolg eines Start-ups haben. Um ein interessengerechtes Ergebnis für beide Parteien zu ermöglichen, empfiehlt sich eine bereits **frühzeitige Auseinandersetzung** mit den geeigneten Methoden zur Bewertung junger Wachstumsunternehmen. Dabei gilt zu beachten, dass es nicht *den einen* Unternehmenswert und *das richtige* Verfahren gibt. Vielmehr geben die oben angeführten Methoden lediglich eine Reichweite von Bewertungsergebnissen wieder, innerhalb derer sich ein **Bewertungshandel** zwischen den Parteien bewegen wird. Um diese Reichweite potenzieller Ergebnisse bestmöglich eingrenzen zu können, gilt es die für die jeweilige Phase des Start-ups geeignetsten Methoden auszuwählen und anhand der verfügbaren Daten und vorausschauender Finanzplanung ein Ergebnis herzuleiten.

Literatur

Achleitner, Ann-Kristin, und Eva Nathusius. 2004. *Venture Valuation – Bewertung von Wachstumsunternehmen. Klassische und neue Bewertungsverfahren mit Beispielen und Übungsaufgaben*. Stuttgart: Schäffer-Poeschel.

Buffet, Warren. 2008. *Letter to the shareholders. Hg. v. Berkshire Hathaway*. https://www.berkshirehathaway.com/letters/2008ltr.pdf. Zugegriffen am 03.11.2020.

Center for Economic Studies. 1976–2016. *Longitudinal Business Database*. https://www.census.gov/programs-surveys/ces/data/restricted-use-data/longitudinal-business-database.html. Zugegriffen am 01.12.2020.

Damodaran, Aswath. 2009. Valuing young, start-up and growth companies: Estimation issues and valuation challenges. *SSRN Journal*. https://doi.org/10.2139/ssrn.1418687.

Drukarczyk, Jochen, und Andreas Schüler. 2016. *Unternehmensbewertung. 7., vollständig überarbeitete und erweiterte Auflage*. München: Verlag Franz Vahlen (Vahlens Handbücher).

Heinrichs, Nicolas. 2008. *Bewertung von Wachstums- und Startup-Unternehmen. Analyse traditioneller Bewertungsverfahren und des stochastischen Modells von Schwartz und Moon*. Hamburg: Diplom.de.

Jaensch, Günther. 1966. *Wert und Preis der ganzen Unternehmung*. Westdeutscher.

Koller, Tim, Marc Goedhart, und David Wessels. 2020. *Valuation. Measuring and managing the value of companies*, 7. Aufl. Hoboken: Wiley (Wiley Finance).

Markowitz, Harry. 1952. Portfolio selection. *The Journal of Finance* 7(1): 77–91. https://doi.org/10.2307/2975974.

Matschke, Manfred Jürgen, und Gerrit Brösel. 2013. *Unternehmensbewertung*, 4. Aufl. Wiesbaden: Springer Fachmedien Wiesbaden.

Smeets, Mario. 2018. *Besonderheiten bei der Bewertung junger Unternehmen*. Wiesbaden: Springer Fachmedien Wiesbaden.

Teil V

Die Besteuerung des Start-ups (Hahn)

Die **Besteuerung des Start-ups** richtet sich danach, ob das Start-up als **Einzelunternehmen, Personen-** oder **Kapitalgesellschaft** organisiert ist. Um (nachträgliche) finanzielle Überraschungen – die z. B. durch Steuernachzahlungen im Rahmen des Veranlagungsverfahrens oder bei späteren steuerlichen Betriebsprüfungen entstehen können – zu vermeiden, sollte sich jeder Gründer mit den nachfolgenden Ausführungen ein steuerrechtliches Grundlagenwissen verschaffen. Eine professionelle Beratung durch einen Steuerberater ersetzen diese jedoch nicht.

Gründungsprozess 10

Christopher Hahn

10.1 Abgrenzung zwischen Gewerbetreibenden und freien Berufen

Neben der Rechtsformwahl des Start-ups ist bereits im **Gründungsprozess** eine **Unterscheidung** zwischen **gewerblicher** und **selbstständiger Tätigkeit** vorzunehmen. Danach richten sich bspw. das Anmeldeverfahren, Buchführungspflichten oder eine etwaige Gewerbesteuerpflicht.

Eine **gewerbliche Tätigkeit** ist regelmäßig dann gegeben, wenn sie selbstständig, nachhaltig und mit Gewinnerzielungsabsicht ausgeführt wird, sich als Beteiligung am allgemeinen wirtschaftlichen Verkehr darstellt und weder als Ausübung von Land- und Forstwirtschaft oder als Ausübung eines freien Berufs bzw. einer anderen selbstständigen Arbeit anzusehen ist, § 15 Abs. 2 des Einkommensteuergesetzes (EStG).

Als **selbstständige Tätigkeit** gelten in erster Linie die **freien Berufe,** § 18 Abs. 1 Nr. 1 EStG. Diese hat der Gesetzgeber nicht definiert, sondern lediglich aufgeführt, welche Tätigkeiten er als freiberuflich ansieht. Hierzu zählen insbesondere die sog. Katalogberufe wie Ärzte, Rechtsanwälte, Ingenieure, Architekten etc. Wie bei der gewerblichen Tätigkeit ist neben der selbstständigen und nachhaltigen Betätigung, die Beteiligung am allgemeinen wirtschaftlichen Verkehr und eine Gewinnerzielungsabsicht erforderlich, wenngleich § 18 Abs. 2 EStG klarstellt, dass eine nur vorübergehende Ausübung der Tätigkeit der Nachhaltigkeit nicht entgegensteht (vgl. auch Birk 2019, Rn. 747 ff.).

Eine selbstständige Tätigkeit, die nicht in die Kategorien der freien Berufe eingeordnet werden kann, wird regelmäßig als gewerbliche Tätigkeit einzustufen sein.

C. Hahn (✉)
trustberg LLP Rechtsanwälte, Berlin, Deutschland
E-Mail: christopher.hahn@trustberg.com

C. Hahn (Hrsg.), *Venture Capital*, https://doi.org/10.1007/978-3-658-33700-1_10

▶ Die Abgrenzung zwischen Gewerbetreibenden und freien Berufen kann häufig zu **Abgrenzungsproblemen** führen. Diese sollten ggf. im Vorfeld mit den Finanzbehörden oder einem professionellen Berater abgestimmt werden.

Gründen allerdings mehrere Freiberufler das Start-up als GbR, so muss jeder Einzelne die Voraussetzungen des freien Berufes erfüllen. Andernfalls liegt insgesamt eine gewerbliche Tätigkeit der GbR vor. Handelt es sich bei dem Unternehmen dagegen um eine UG (haftungsbeschränkt) oder GmbH, ist – unabhängig von den Voraussetzungen der einzelnen Gesellschafter – bereits kraft Rechtsform ein Gewerbebetrieb gegeben.

10.2 Anmeldung beim Finanz- und Gewerbeamt

Die **Anmeldung** des Start-ups beim **Finanzamt** und mithin dessen steuerliche Erfassung ist für die Gründer unerlässlich. Hierzu ist es erforderlich, dass dem Finanzamt zunächst formlos angezeigt wird, **ab wann** die beabsichtigte Tätigkeit und **in welchem Umfang** aufgenommen werden soll. Anschließend wird das Finanzamt dem Gründer einen Fragebogen zur steuerlichen Erfassung des Unternehmens, dem sog. **Betriebseröffnungsbogen** zusenden.

▶ Die Gründer des Start-ups können den Betriebseröffnungsbogen dem Finanzamt auch sofort ausgefüllt zusenden, um das Verfahren zu **beschleunigen.** Die entsprechenden Formulare können bei jedem Finanzamt erfragt bzw. auch im Internet abgerufen werden.

In dem Betriebseröffnungsbogen sind dann sorgfältig u. a. Angaben zu den Gründern und dem Start-up zu machen. Sollten bereits Mitarbeiter beschäftigen werden, muss dies im Betriebseröffnungsbogen genauso angegeben werden wie die Gewinnerwartungen für das erste Wirtschaftsjahr. Diese werden regelmäßig die **Grundlage** der **Steuervorauszahlungen** bilden.

▶ Bei der Gewinnerwartung dürfen die **finanziellen Belastungen** in der Anfangszeit, insbesondere die Anfangsinvestitionen **nicht unterschätzt** werden. Ist die Gewinnerwartung zu hoch, könnten das Start-up bzw. dessen Gründer aufgrund hoher Steuervorauszahlungen ggf. in finanzielle Schwierigkeiten geraten. Andererseits ist natürlich mit höheren (meist unterwarteten) Steuernachzahlungen zu rechnen, wenn die Gewinnerwartung in einem zu geringen Maß prognostiziert wird.

Die Angaben zur umsatzsteuerlichen Einordnung des Start-ups sind von hoher Bedeutung. Danach entscheidet sich letztlich, ob dem Unternehmen eine Umsatzsteuernummer zugeteilt wird **(Regelbesteuerung)** oder ob es eine normale Steuernummer

(**Kleinunternehmer-Regelung**) nach § 19 des Umsatzsteuergesetzes (UStG) erhält (hierzu s. Abschn. 11.2.1.5).

Jedes Start-up, welches einer gewerblichen Tätigkeit nachgehen möchte, muss diese beim **Gewerbeamt** der zuständigen Stadt- oder Gemeindeverwaltung anmelden. Regelmäßig sollte dies noch vor der Kontaktaufnahme mit dem Finanzamt erfolgen, um abzuklären, ob es sich um eine erlaubnisfreie oder -pflichtige Tätigkeit handelt. Letztlich erhält das Finanzamt über die Gewerbeanmeldung automatisch eine Information zur beabsichtigten Tätigkeit und übersendet spätestens dann den entsprechenden Betriebseröffnungsbogen an das Start-up bzw. dessen Gründer. In der Regel werden mit der Gewerbeanmeldung aber auch die zuständigen Industrie- und Handelskammern sowie Berufsgenossenschaften informiert, da dort möglicherweise eine (Pflicht-) Mitgliedschaft vorliegen kann.

► Im Übrigen halten auch die **Industrie- und Handelskammern** regelmäßig eine Vielzahl nützlicher **Informationen** bereit, die gerade im Gründungsprozess des Start-ups – auch für einen ersten Überblick – hilfreich sein können.

Literatur

Birk, D. 2019. *Steuerrecht.* Heidelberg: C. F. Müller.

11 Steuern

Christopher Hahn

11.1 Allgemeines

Die Besteuerung des Start-ups richtet sich maßgeblich nach dessen Rechtsform. Dies sollte im Gründungsprozess zwar berücksichtigt werden, dabei jedoch keinesfalls das entscheidende Kriterium für die Wahl der Rechtsform sein. Neben den rechtsformabhängigen Steuern bestehen aber auch solche, die unabhängig von der Rechtsform entstehen können.

11.2 Rechtsformunabhängige Steuern

11.2.1 Umsatzsteuer

11.2.1.1 Umsatz, Steuerbefreiung und Steuersatz

Das Start-up wird regelmäßig ein „Unternehmer" im Sinne von § 2 des Umsatzsteuergesetzes (UStG) sein. Mithin entsteht für jedes Umsatzgeschäft, das im Inland im Rahmen des Unternehmens ausgeführt wird, gemäß § 1 Abs. 1 UStG **Umsatzsteuer**. Als wichtigster Anwendungsfall für ein Umsatzgeschäft gelten Warenlieferungen oder sonstige Leistungen, z. B. Dienstleistungen. Allerdings kann auch bei der Einfuhr von Gegenständen aus Staaten außerhalb der Europäischen Union in das Inland oder beim entgeltlichen innergemeinschaftlichen Erwerb Umsatzsteuer entstehen.

C. Hahn (✉)
trustberg LLP Rechtsanwälte, Berlin, Deutschland
E-Mail: christopher.hahn@trustberg.com

C. Hahn (Hrsg.), *Venture Capital*, https://doi.org/10.1007/978-3-658-33700-1_11

▶ Der Umsatz ist dann im **Inland** ausgeübt, wenn der **Ort** der Lieferung oder sonstigen Leistung in der **Bundesrepublik Deutschland** liegt. Die Ortsbestimmung ergibt sich im Einzelnen aus § 3 Abs. 6 bis 8 und §§ 3a bis 3f UStG.

Allerdings sind eine Reihe von Umsätzen, wie z. B. Ausfuhrlieferungen (§ 6 UStG) und innergemeinschaftliche (§ 6a UStG) Lieferungen oder Leistungen (der Leistungsempfänger sitzt bspw. in den USA oder in Frankreich) oder auch bestimmte Vermietungsleistungen von der Umsatzsteuer befreit, § 4 UStG. Um diese **Steuerbefreiungen** in Anspruch nehmen zu können, müssen die einzelnen Voraussetzungen gegeben sein und nachgewiesen werden. Zudem sind bestimmte Meldevorschriften zu berücksichtigen.

Für einige nach § 4 UStG steuerfreie Umsätze besteht jedoch die Möglichkeit, diese als steuerpflichtig zu behandeln, was für das Start-up im Rahmen eines etwaigen Vorsteuerabzuges durchaus Vorteile bringen kann. Der Leistungsempfänger muss dazu ebenfalls Unternehmer sein und den Umsatz für sein Unternehmen erhalten, § 9 Abs. 1 UStG. Zudem ist die Optionsmöglichkeit auch von den tatsächlichen bzw. beabsichtigten Umsatzgeschäften des leistungsempfangenden Unternehmers abhängig.

Ist eine Steuerbefreiung letztlich nicht gegeben, unterliegt das Umsatzgeschäft einem **Regelsteuersatz** von derzeit **19 %**, § 12 Abs. 1 UStG. Für bestimmte, in § 12 Abs. 2 UStG im Einzelnen aufgeführte Umsätze ermäßigt sich der Steuersatz auf derzeit 7 %.

▶ Durch Art. 3 des Zweiten Gesetzes zur Umsetzung steuerlicher Hilfsmaßnahmen zur Bewältigung der Corona-Krise vom 29. Juni 2020 – Zweites Corona-Steuerhilfegesetz – (BGBl. I S. 1512) wurden vom 01.07.2020 bis 31.12.2020 der allgemeine Umsatzsteuersatz von 19 Prozent auf 16 Prozent (§ 12 Abs. 1 i. V. m. § 28 Abs. 1 UStG) sowie der ermäßigte Umsatzsteuersatz von 7 Prozent auf 5 Prozent (§ 12 Abs. 2 i. V. m. § 28 Abs. 2 UStG) gesenkt.

Da für die Berechnung der Umsatzsteuer ist der Regel entscheidend ist, wann eine Ware geliefert oder eine Dienstleistung vollständig erbracht wurde, finden die ermäßigten Steuersätze nur für bis zum 31.12.2020 vollständig erbrachte Leistungen bzw. gelieferte Waren Anwendung.

11.2.1.2 Rechnungsstellung

Das Start-up ist berechtigt sowie teilweise auch verpflichtet, über die steuerpflichtigen wie auch steuerfreien Umsätze innerhalb eines Zeitraums von sechs Monaten eine **Rechnung zu erstellen**, § 14 Abs. 2 UStG. So muss über Umsätze an ein anderes Unternehmen oder eine juristische Person stets eine Rechnung ausgestellt werden, bei Umsätzen an Privatpersonen gilt dies nur für steuerpflichtige Werklieferungen oder sonstige Leistungen im Zusammenhang mit einem Grundstück.

Eine Rechnung muss die in § 14 Abs. 4 UStG aufgezählten Angaben enthalten (diesbezüglich s. auch Abb. 11.1).

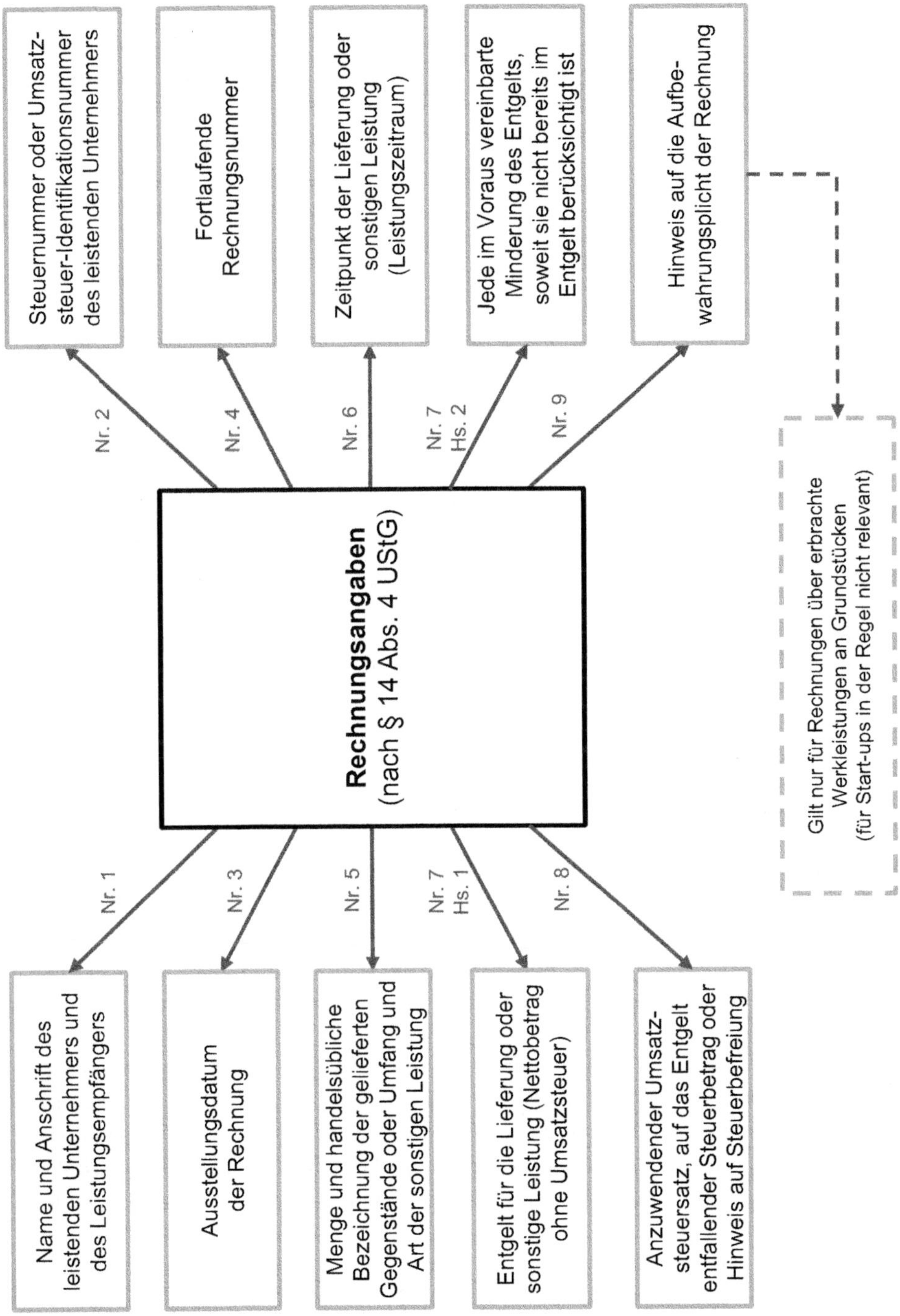

Abb. 11.1 Notwendiger Rechnungsinhalt

Darüber hinaus sind für bestimmte Umsätze die Sonderregelungen des § 14a UStG bei der Rechnungslegung zu berücksichtigen. So werden einerseits Umsätze genannt, in denen die Pflicht zur Rechnungserstellung ebenfalls besteht. Andererseits werden Umsätze aufgezeigt, in denen die Angabe der eigenen sowie der **Umsatzsteuer-Identifikationsnummer** des leistungsempfangenden Unternehmers erforderlich wird und bei denen auf die Steuerfreiheit z. B. einer innergemeinschaftlichen Lieferung oder auf die Steuerschuldnerschaft des Leistungsempfängers in der Rechnung hinzuweisen ist.

▶ Bei einer Vielzahl von Lieferungen oder sonstigen Leistungen kann es gemäß § 13b UStG zu einer sog. **Umkehr** der **Steuerschuldnerschaft** kommen. In diesem Fall ist der Empfänger der Leistung – abweichend vom Normalfall – der Schuldner der Umsatzsteuer. Erbringt das Start-up eine solche Leistung, so darf es die Umsatzsteuer in der Rechnung nicht mit ausweisen. Zudem ist auf den Wechsel der Steuerschuldnerschaft hinzuweisen.

Ist das Start-up allerdings Empfänger einer Leistung im Sinne von § 13b UStG, so kann es auch Schuldner der entsprechenden Umsatzsteuer sein und muss diese an das Finanzamt abführen. Korrespondierend dazu kann natürlich ein Vorsteuerabzug gegeben sein.

11.2.1.3 Vorsteuern

Das Unternehmen wird nicht nur Umsatzgeschäfte ausüben, sondern in der Regel auch Vorleistungen von anderen Unternehmern beziehen. Diese werden insbesondere für die spätere Erbringung eigener Leistungen oder aber die Unterhaltung des Unternehmens benötigt, z. B. Computer oder Server, Waren und Dienstleistungen oder aber auch bloßes Büromaterial. Über diese Vorleistungen wird der andere Unternehmer gemäß den vorstehenden Vorgaben eine Rechnung erstellen, da er seinerseits ein Umsatzgeschäft generiert hat. Die darin offen ausgewiesene Umsatzsteuer kann sich das Start-up unter den Voraussetzungen des § 15 UStG (hierzu s. Abb. 11.2) nunmehr im Wege des sog. **Vorsteuerabzugs** vom Finanzamt wieder zurückholen bzw. mit der Umsatzsteuer für die **eigenen Umsatzgeschäfte verrechnen** und mithin die **eigene Zahllast mindern**. Die geschieht regelmäßig in der **Umsatzsteuer-Voranmeldung** bzw. **Umsatzsteuererklärung**.

▶ Die Unternehmereigenschaft des Start-ups beginnt regelmäßig mit dem **ersten** nach **außen** erkennbaren **Tätigwerden**, wenn dieses auf eine Unternehmertätigkeit gerichtet und die spätere Ausführung entgeltlicher Leistungen beabsichtigt ist (vgl. A 2.6 Abs. 1 des Umsatzsteuer-Anwendungserlass [UStAE]). Somit können auch Vorsteuerbeträge, die durch Anschaffungen im Rahmen der Unternehmensgründung selbst entstehen, beim Finanzamt geltend gemacht werden. Für die Gründung des Start-ups als GmbH gilt dabei, dass die Vorgesellschaft und die GmbH steuerlich als ein Subjekt angesehen werden (vgl. Gosch 2020, § 1, Rn. 35).

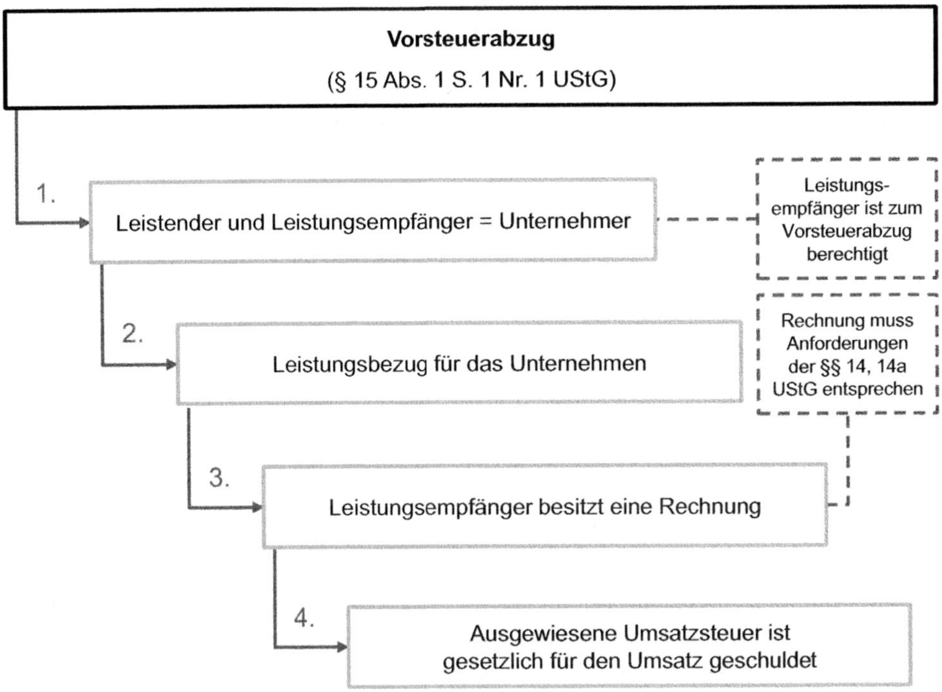

Abb. 11.2 Voraussetzung Vorsteuerabzug

Beispiel:

Das Start-up hat in einem Voranmeldungszeitraum (Kalendermonat) steuerpflichtige Umsätze in Höhe von EUR 11.900, d. h. EUR 10.000 zuzüglich EUR 1900 Umsatzsteuer ausgeführt. In diesem Zeitraum hat es zugleich Rechnungen über in Anspruch genommene Leistungen erhalten, in denen Vorsteuerbeträge von insgesamt EUR 1000 ausgewiesen sind. Die Umsatzsteuerzahllast beträgt für diesen Zeitraum somit EUR 900 und ergibt sich aus der Differenz von EUR 1900 (Umsatzsteuer) abzüglich EUR 1000 (Vorsteuer). Diese EUR 900 müssen im Ergebnis an das Finanzamt abgeführt werden.

Betragen die Vorsteuerbeträge bspw. EUR 2200, ergibt sich dagegen eine Umsatzsteuererstattung von EUR 300, da die Vorsteuer- die Umsatzsteuerbeträge um diesen Betrag übersteigen. Dieser Betrag wird vom Finanzamt ohne besonderen Antrag ausgezahlt, soweit nicht eine Verrechnung mit Steuerschulden des Start-ups vorzunehmen ist. Allerdings kann die Auszahlung auch von einer Sicherheitsleistung abhängig gemacht werden.

Soweit die bei der Einfuhr von Waren aus Drittländern in die Bundesrepublik Deutschland entstehende Einfuhrumsatzsteuer zu entrichten ist oder Umsatzsteuer für den innergemeinschaftlichen Erwerb von Gegenständen für das Unternehmen anfällt, können diese ebenfalls als Vorsteuern abzugsfähig sein.

Der Vorsteuerabzug für Vorleistungen kann u. U. aber ausgeschlossen sein, z. B. wenn bestimmte steuerfreie Umsätze – wie die Vermietung von Wohnraum – getätigt werden. Bei einigen dieser steuerfreien Umsätze könnte das Start-up – wie oben gezeigt – aber auf die Steuerfreiheit verzichten, mit der Folge, dass der Ausschluss vom Vorsteuerabzug nicht mehr gelten würde.

11.2.1.4 Umsatzsteuervoranmeldung und Umsatzsteuererklärung

Der **Voranmeldezeitraum**, d. h. der Zeitraum in welchem die Umsatz- und Vorsteuerbeträge gegenüber dem Finanzamt zu erklären sind, ist gemäß § 18 Abs. 2 UStG grundsätzlich das Kalendervierteljahr. Beträgt die Steuer für das vorangegangene Kalenderjahr allerdings mehr als EUR 7500, so stellt der Kalendermonat den Voranmeldezeitraum dar. Bei einer abzuführenden Umsatzsteuer des Vorjahres von weniger als EUR 1000 kann das Unternehmen jedoch von der Pflicht zur Voranmeldung und Vorauszahlung vom Finanzamt befreit werden. In diesem Fall müsste später lediglich eine Jahreserklärung abgegeben werden. Unabhängig von diesen Größen ist ein neu gegründetes Unternehmen in den ersten zwei Jahren aber stets zur Abgabe einer **monatlichen Umsatzsteuervoranmeldung** verpflichtet.

Eine Umsatzsteuervoranmeldung muss bis zum 10. Tag nach Ablauf des jeweiligen Voranmeldungszeitraums beim Finanzamt abgegeben und eine errechnete Umsatzsteuerzahllast zugleich abgeführt werden. Im Falle eines Vorsteuerüberhangs erfolgt in der Regel wenig später die Erstattung durch das Finanzamt. Die Voranmeldungen sind dabei grundsätzlich authentifiziert mit einem elektronischen Zertifikat zu übermitteln. Nur in Härtefällen und auf schriftlichen Antrag kann das Finanzamt die Übermittlung in Papierform gestatten.

▶ Sofern die Umsatzsteuervoranmeldungen monatlich abzugeben sind, kann jährlich bis zum 10. Februar ein Antrag auf Fristverlängerung beim Finanzamt gestellt werden, die sog. **Dauerfristverlängerung**. Wird diese gewährt, sind die Voranmeldungen und Vorauszahlungen jeweils einen Monat später fällig (§ 18 Abs. 6 UStG i. V. m. §§ 46 ff. der Umsatzsteuer-Durchführungsverordnung [UStDV]).

Nach Ablauf eines Kalenderjahres ist zudem eine Umsatzsteuererklärung in elektronischer Form beim Finanzamt einzureichen und darin die Umsatzsteuerzahllast oder der (Vorsteuer-) Überschuss für das gesamte Kalenderjahr selbst zu berechnen.

Zu berücksichtigen ist ferner, dass die Umsatzsteuer grundsätzlich nach **vereinbarten Entgelten** (sog. **Soll-Besteuerung**) berechnet wird. Sie entsteht mit Ausführung der Leistung, sodass es zunächst nicht darauf ankommt, ob der Empfänger der Leistung diese auch bezahlt hat, § 13 Abs. 1 Nr. 1a UStG. Allerdings hat das Start-up unter den engen Voraussetzungen des § 20 UStG auch die Möglichkeit, die Besteuerung nach **vereinnahmten Entgelten** (sog. **Ist-Besteuerung**) beim Finanzamt zu beantragen. Hierbei wäre dann der Zufluss des Entgeltes maßgebend.

11.2.1.5 Kleinunternehmerregelung

Für Unternehmen, die im Kalenderjahr der Betriebseröffnung einen Umsatz (inklusive Umsatzsteuer) von voraussichtlich **nicht mehr als EUR 22.000** (bis 2019: EUR 17.500) erwarten, wird kraft Gesetzes grundsätzlich **keine Umsatzsteuer** erhoben. In diesem Fall handelt es sich bei dem Start-up um einen sog. **Kleinunternehmer** nach § 19 UStG, der einerseits selbst keine Umsatzsteuer in Rechnungen ausweisen darf, andererseits aber auch nicht zum Vorsteuerabzug berechtigt ist. Auf den fehlenden Umsatzsteuerausweis in der Rechnung sollte mit dem Hinweis auf die Kleinunternehmerregelung nach § 19 UStG hingewiesen werden.

Die Kleinunternehmerregelung findet so lange Anwendung, wie der Umsatz des laufenden Kalenderjahres EUR 50.000 EUR voraussichtlich nicht übersteigt und der Umsatz des vorangegangenen Kalenderjahres EUR 22.000 EUR nicht überstiegen hat.

► Bei den EUR 50.000 kommt es allein darauf an, ob das Start-up – nach seiner eigenen **Erwartungshaltung** – diese Größe voraussichtlich nicht überschreiten wird. Ausschlaggebend ist eine zu Beginn des Kalenderjahres vorzunehmende Beurteilung der Verhältnisse für das laufende Jahr, welche vorsorglich auch dokumentiert werden sollte. Der tatsächliche Umsatz, der ggf. doch die EUR 50.000-Grenze überschritten hat, ändert an der umsatzsteuerlichen Beurteilung als Kleinunternehmer für dieses Kalenderjahr nichts (vgl. A 19.1 Abs. 3 UStAE).

Als Kleinunternehmer muss das Unternehmen keine Umsatzsteuer-Voranmeldungen beim Finanzamt abgeben, sondern in einer Umsatzsteuererklärung lediglich den jeweils getätigten Jahresumsatz angeben und auf die Kleinunternehmerschaft verweisen, d. h. in der Erklärung entsprechend „ankreuzen".

Da eine Kleinunternehmerschaft nicht zum Vorsteuerabzug berechtigt, kann dies insbesondere bei größeren Anfangsinvestitionen mit entsprechend hoher Umsatzsteuer eher nachteilig sein. Daher besteht nach § 19 Abs. 2 UStG – unabhängig von den Umsatzgrößen des Start-ups – die Möglichkeit, auf die Anwendung der Kleinunternehmerregelung zu verzichten. Die in den Rechnungen an das Start-up ausgewiesene Umsatzsteuer kann nun – bei Vorliegen der übrigen Voraussetzungen – als Vorsteuer abgezogen werden. Allerdings sind dann alle Umsatzgeschäfte ebenfalls der Umsatzsteuer zu unterwerfen.

► Der **Verzicht** auf die Kleinunternehmerregelung sollte wohl durchdacht werden, da das Start-up für mindestens fünf Jahre daran gebunden ist.

11.2.2 Lohnsteuern

11.2.2.1 Allgemein

Die Lohnsteuer ist keine weitere Steuerart, die auf das Start-up zukommt. Es handelt sich hierbei lediglich um eine **besondere Erhebungsform** der **Einkommensteuer**. Sie entsteht dann, wenn Arbeitnehmer beschäftigt werden – unabhängig davon, in welcher Rechtsform das Unternehmen betrieben wird.

> Zu den Arbeitnehmern eines Start-ups in der Rechtsform einer Kapitalgesellschaft gehören regelmäßig auch die **geschäftsführenden** bzw. **angestellten Gesellschafter**.

In diesem Fall ist das Start-up als Arbeitgeber verpflichtet, bei jeder **Lohn-** oder **Gehaltszahlung** (Arbeitsvergütung) an den Arbeitnehmer die entsprechenden Lohn- und (Lohn-) Kirchensteuern – sofern der Arbeitnehmer kirchensteuerpflichtig ist – nebst Solidaritätszuschlag einzubehalten und an das zuständige Finanzamt abzuführen, §§ 38 ff. EStG. Die Höhe der jeweiligen Lohnsteuer etc. lässt sich anhand der Eintragungen des jeweiligen Arbeitnehmers in der von der Finanzverwaltung zur Verfügung gestellten Datenbank (sog. elektronische Lohnsteuerabzugsmerkmale – kurz ELStAM) und der amtlichen Lohnsteuertabellen ermitteln. Dies erfolgt regelmäßig im Rahmen der **Lohnbuchhaltung** des Unternehmens.

> **Wichtig** Das Start-up ist als Arbeitgeber zum Einbehalt und zur Abführung der Lohnsteuern etc. nicht nur verpflichtet, sondern es **haftet** gemäß § 42d EStG auch hierfür.
>
> Im Übrigen bestehen diese Verpflichtungen auch für die **Sozialversicherungsbeiträge** der **Arbeitnehmer**. In diesem Zusammenhang kann das Unternehmen als Arbeitgeber ebenfalls in Anspruch genommen werden. Zudem ist die Nichtabführung der Arbeitnehmeranteile am Sozialversicherungsbeitrag eine Straftat nach § 266a StGB, was im Falle einer Kapitalgesellschaft insbesondere für den Geschäftsführer von persönlicher Bedeutung sein kann (dieser haftet gem. §§ 823 Abs. 2 BGB, 266a StGB).
>
> An die Arbeitnehmer wird daher letztlich der Nettolohn bzw. das Nettogehalt nach Abzug der Lohnsteuer nebst Solidaritätszuschlag sowie ggf. Kirchenlohnsteher und der Sozialversicherungsbeiträge ausbezahlt.

Der **Anmeldezeitraum** für die Lohnsteuer ist grundsätzlich der Kalendermonat, § 41a Abs. 2 S. 1 EStG. Bei kleinen Beträgen kann dieser Anmeldezeitraum aber auch das Kalendervierteljahr (bei einer abzuführenden Lohnsteuer im vorangegangenen Kalenderjahr von EUR 1080 bis EUR 5000) oder sogar das Kalenderjahr (bei einer abzuführenden Lohnsteuer im vorangegangen Kalenderjahr bis EUR 1080) sein. Im Falle der Neugründung im Kalenderjahr wird die abzuführende Lohnsteuer auf einen Jahresbetrag entsprechend hochgerechnet.

Die Lohnsteueranmeldung muss dann jeweils bis spätestens am 10. Tag nach Ablauf des Anmeldezeitraums authentifiziert an das zuständige Finanzamt (Betriebsstättenfinanzamt) übermittelt und die entsprechenden Beträge abgeführt werden, § 41a Abs. 1 EStG. Für eine solche authentifizierte Übermittlung ist ein elektronisches Zertifikat erforderlich, welches von den Finanzbehörden vergeben wird. Nur in absoluten Ausnahmefällen kann das Finanzamt gestatten, dass die Übermittlung der Lohnsteueranmeldung in Papierform vorgenommen werden darf.

> Für geringfügig bzw. kurzfristig Beschäftigte im Unternehmen (sog. **Minijobs** bzw. **Saisonbeschäftigung**) können sich Sonderregelungen ergeben. Ein erster Überblick hierzu findet sich auf der Internetseite der Minijob-Zentrale bei der Knappschaft-Bahn-See (http://www.minijob-zentrale.de/DE/0_Home/node.html).

Als Arbeitgeber ist das Start-up gemäß § 41b EStG ferner verpflichtet, seinen Arbeitnehmern bis zum 28. Februar des Folgejahres einen nach einem amtlich vorgeschriebenen Muster gefertigten Ausdruck **(elektronische Lohnsteuerbescheinigung)** auszuhändigen bzw. elektronisch, z. B. per E-Mail, bereitzuhalten (Blümich 2020, § 41b, Rn. 8).

11.2.2.2 Virtuelle Beteiligung (Phantom Stocks)

Wie bereits ausgeführt wurde (vgl. Abschn. 7.2.1.3.4.3), kann eine sog. virtuelle Beteiligung unterschiedlich ausgestaltet sein. Es kann sich z. B. um eine **(a)typische stille Beteiligung** (hierzu s. sogleich Abschn. 11.3.2.4) oder aber um eine **Mitarbeiterbeteiligung** im Rahmen des **Arbeitsverhältnisses** handeln. Hiervon ist letztlich auch die die steuerrechtliche Behandlung der virtuellen Beteiligung abhängig.

Erfolgt die Beteiligung des Arbeitnehmers innerhalb seines **Arbeitsverhältnisses**, so stellen spätere Zahlungen grundsätzlich **Arbeitslohn** dar. Dieser ist gemäß § 19 Abs. 1 i. V. m. § 8 Abs. 1 EStG bei Mitarbeiterbeteiligungsmodellen regelmäßig dann gegeben, wenn dem Arbeitnehmer (Vermögens-) Vorteile **unentgeltlich oder im Vergleich zu Dritten verbilligt** eingeräumt werden, z. B. durch eine nicht fremdübliche, überhöhte Verzinsung einer Vermögenseinlage oder verbilligte Überlassung einer Vermögensbeteiligung. In solchen Fällen unterstellt der Gesetzgeber, dass der gewährte Vorteil eine (anteilige) Gegenleistung für die Tätigkeit des Arbeitnehmers im Rahmen des Arbeits- bzw. Angestelltenverhältnisses darstellt und mithin als Arbeitslohn bzw. geldwerter Vorteil zu versteuern ist.

Gemäß § 3 Nr. 39 EStG ist für die unentgeltliche oder verbilligte Überlassung von (echten, nicht virtuellen) Vermögensbeteiligungen am Unternehmen des Arbeitgebers eine Steuerbefreiung vorgesehen. Eine Voraussetzung hierfür ist, dass die Beteiligung allen ein Jahr oder länger beschäftigten Arbeitnehmern des Unternehmens offensteht. In diesem Fall ist die Steuerbefreiung für jeden Mitarbeiter auf EUR 360 je Dienstverhältnis im Kalenderjahr begrenzt, sodass ein diesen Betrag übersteigender geldwerter Vorteil (noch) als Arbeitslohn zu versteuern ist.

> Die steuerliche Behandlung der Mitarbeiterbeteiligung in Deutschland sieht sich (zurecht) einer ständigen Kritik ausgesetzt. Dies gilt insbesondere für Beteiligungsprogrammen mit realen Anteilen, da hier bereits bei Zuteilung ein lohnsteuerpflichtiger geldwerter Vorteil entsteht. Dies gilt auch dann, wenn dem Mitarbeiter keine Geldmittel zufließen, aus denen die (Lohn-)Steuerschuld beglichen werden kann

(„**Dry Income**"). Allerdings sind mit dem Fondstandortgesetz zum 01.07.2021 hier diverse Gesetzesänderungen geplant, s. hierzu 7.2.1.3.4.3 a.E.

▶ Bei virtuellen Beteiligungsprogrammen ist zu berücksichtigen, dass diese Arbeitslohn darstellen und somit bereits grundsätzlich der (meist hohen) Lohnbesteuerung unterworfen werden.

Das Vorliegen von Arbeitslohn hat insbesondere zur Folge, dass das Unternehmen verpflichtet ist, die entsprechenden Lohn- und ggf. (Lohn-)Kirchensteuern auf diesen Zahlungen nebst Solidaritätszuschlag einzubehalten und an das zuständige Finanzamt abzuführen.

11.3 Rechtsformabhängige Steuern

11.3.1 Bei einem Einzelunternehmen

Die steuerlich einfachste Rechtsform eines Start-ups ist das Einzelunternehmen . Ist dieses freiberuflich tätig, so unterliegt dessen Gewinn der Einkommensteuer. Ist es dagegen gewerblich tätig (zur Abgrenzung s. § 10.1), kann neben der Einkommen- zusätzlich noch Gewerbesteuer entstehen.

11.3.1.1 Exkurs: Gewinnermittlung im Steuerrecht

Der Gewinn dürfte die wohl maßgebliche Größe für die Besteuerung des Start-ups sein, sodass der nachfolgende Exkurs zunächst einen kurzen Überblick über die steuerliche Gewinnermittlung verschaffen soll.

11.3.1.1.1 Allgemein

Die Ermittlung des gewerblichen oder freiberuflichen Gewinns muss entweder durch eine **Einnahme-Überschuss-Rechnung** (§ 4 Abs. 3 EStG) oder durch einen **Betriebsvermögensvergleich** (Bilanzierung, §§ 4 Abs. 1, 5 EStG) erfolgen. Die Möglichkeit zur Bilanzierung besteht dabei immer. Die Einnahme-Überschuss-Rechnung darf dagegen nur derjenige durchführen, der nicht zur Bilanzierung verpflichtet ist (vgl. Tipke und Lang 2020, § 9, Rn. 1 ff.).

Da Freiberufler gemäß § 2 Abs. 1 Nr. 3 i. V. m. § 18 EStG Einkünfte aus selbstständiger Arbeit erzielen und diese kraft Gesetzes zu den Überschusseinkünften gehören, sind sie nicht zur Buchführung verpflichtet und können folglich den Gewinn durch eine Einnahme-Überschuss-Rechnung ermitteln. Sie können aber auch freiwillig eine Gewinnermittlung per Betriebsvermögensvergleich durchführen und haben insoweit ein Wahlrecht.

Im Gegensatz dazu sind Gewerbebetriebe gemäß §§ 140, 141 der Abgabenordnung (AO) grundsätzlich zur Buchführung und mithin zur Gewinnermittlung durch Betriebsvermögensvergleich § 5 i. V. m. § 4 Abs. 1 EStG verpflichtet. Diese Verpflichtung besteht insbesondere für im Handelsregister eingetragene Kaufleute (Kapitalgesellschaften sind z. B. gemäß § 6 HGB Formkaufleute) oder wenn bei einem gewerblichen Unternehmer (Gewerbetreibenden) der Gewinn EUR 50.000 oder die Umsätze EUR 500.000 im Kalenderjahr übersteigen. Im ersten Fall beginnt die Buchführungspflicht bereits mit dem Beginn der Tätigkeit bzw. der Eintragung in das Handelsregister. Im zweiten Fall beginnt die Pflicht zur Buchführung mit Beginn des Wirtschaftsjahres, das auf die Bekanntgabe der Mitteilung des Finanzamtes folgt, dass die Gewinn- oder Umsatzgrenzen überschritten wurden (vgl. Birle et al. 2013, Buchführung, Rn. 6 ff.). Ein eingetragener Kaufmann (e. K.) kann ausnahmsweise jedoch von der Buchführungspflicht befreit sein, wenn er diese Grenzen in zwei aufeinanderfolgenden Geschäftsjahren nicht überschreitet, § 241a HGB.

Sofern sich aus den genannten Normen keine Pflicht zur Buchführung ergibt, können auch Gewerbetreibende ihren Gewinn durch Einnahme-Überschuss-Rechnung ermitteln. Unabhängig von der Art der Gewinnermittlung müssen die hierfür maßgeblichen Unterlagen vom Unternehmen allerdings zehn Jahre aufbewahrt werden.

11.3.1.1.2 Einnahmen-Überschuss-Rechnung

Bei der Einnahmen-Überschuss-Rechnung nach § 4 Abs. 3 EStG werden alle Betriebseinnahmen den getätigten Betriebsausgaben gegenübergestellt. Maßgeblich ist dabei grundsätzlich der tatsächliche **Zeitpunkt des Zu- bzw. Abflusses der Betriebseinnahmen** und **-ausgaben**. Ausnahmen gelten jedoch bspw. für Wirtschaftsgüter des Anlagevermögens, bei denen nur die jeweiligen Abschreibungsbeträge berücksichtigt werden, oder für die Inanspruchnahme und spätere Rückzahlung von Darlehen.

Die einzelnen Geschäftsvorfälle werden im Rahmen der Einnahme-Überschuss-Rechnung in chronologischer Reihenfolge aufgrund der entsprechenden Buchungsbelege in einem sog. Journal aufgezeichnet. Dabei dürfte es z. B. sinnvoll sein, die Ausgaben nach Kostenarten zu trennen. Zudem sind bestimmte Wirtschaftsgüter in entsprechende Verzeichnisse aufzunehmen.

11.3.1.1.3 Betriebsvermögensvergleich (Bilanzierung)

Im Gegensatz zur Einnahme-Überschuss-Rechnung wird bei der Gewinnermittlung durch Betriebsvermögensvergleich gemäß §§ 4 Abs. 1 und 5 EStG das Betriebsvermögen am Schluss eines Wirtschaftsjahres mit dem Betriebsvermögen am Schluss des vorangegangenen Wirtschaftsjahres verglichen. Der sich dabei ergebene Unterschiedsbetrag, korrigiert um Entnahmen bzw. Einlagen, ist der **Gewinn**. Ergibt sich ein negativer Unterschiedsbetrag, so ist dies der **Verlust**.

Mit Betriebsvermögen ist hierbei das Eigenkapital gemeint, welches die nach Abzug der Passiva (Schulden) von den Aktiva (Vermögen) verbleibende Größe darstellt (vgl. Tipke und Lang 2020, § 9, Rn. 13). Diese ist grundsätzlich – soweit sich aus dem Steuerrecht nichts anderes ergibt – nach den handelsrechtlichen Grundsätzen ordnungsgemäßer Buchführung zu ermitteln, § 5 Abs. 1 EStG. Danach sind alle Geschäftsvorfälle vollständig, richtig, zeitgerecht und geordnet zu erfassen, so dass sie insbesondere von einem sachverständigen Dritten, z. B. den Finanzbehörden, in ihrer Entstehung und Abwicklung nachvollzogen werden können (vgl. Alber et al. 2020, Buchführung, Rn. 20 ff.). Dies erfordert zu Beginn der Tätigkeit u. a. auch die Durchführung einer Inventur und das Aufstellen einer Eröffnungsbilanz. Im Laufe eines Wirtschaftsjahres sind dann die einzelnen Geschäftsfälle im Wege der Buchführung zu erfassen. Dies erfolgt einmal auf Konten im Soll und einmal auf Konten im Haben, sodass man auch von einer **doppelten Buchführung** spricht. Hieraus wird dann am Ende eines Kalenderjahres die jeweilige Schlussbilanz – als Teil des Jahresabschlusses – erstellt. Mit dem Betriebsvermögensvergleich ist jeweils ein periodengerechter Gewinn zu ermitteln, d. h. Betriebseinahmen und -ausgaben sind grundsätzlich in dem Zeitpunkt zu berücksichtigen, in dem sie – unabhängig vom Zu- bzw. Abfluss – auch entstanden sind. Dies erfordert neben Periodenabgrenzungen auch die Bildung von Rückstellungen sowie die Verbuchung von Forderungen und Verbindlichkeiten.

11.3.1.2 Einkommensteuer

Die **Bemessungsgrundlage** für die Einkommensteuer ist gemäß § 2 Abs. 5 EStG das zu versteuernde Einkommen einer natürlichen Person (hier also des Inhabers des Start-ups) innerhalb eines **Veranlagungszeitraums** (Kalenderjahres). Hierzu gehören neben weiteren Einkunftsarten auch die Gewinneinkünfte, also die Einkünfte aus Gewerbebetrieb nach § 15 EStG oder selbstständiger (insbesondere freiberuflicher) Arbeit nach § 18 EStG. Beide ergeben sich aus dem gewerblichen oder freiberuflichen Gewinn, welcher entweder durch Einnahme-Überschuss-Rechnung oder durch Betriebsvermögensvergleich ermittelt wird (s. Abschn. 11.3.1.1).

Nachdem alle Einkünfte der natürlichen Person gesondert ermittelt wurden, werden diese zusammengerechnet und sind um bspw. Sonderausgaben, außergewöhnliche Belastungen oder diverse Freibeträge zu mindern, bis letztlich das zu versteuernde Einkommen feststeht, § 2 Abs. 1 bis 5 EStG. Eine (vereinfachte) Darstellung der Ermittlung des zu versteuernden Einkommens ist Abb. 11.3 zu entnehmen.

Der auf das zu versteuernde Einkommen anzuwendende Einkommensteuertarif ist **progressiv** ausgestaltet und berechnet sich nach einer mehr oder weniger komplizierten Formel (vgl. Birk et al. 2020, Rn. 631 ff.). Hierbei entsteht z. B. bei einem zu versteuernden Einkommen unterhalb des Grundfreibetrages gar keine Einkommensteuer . Dieser beträgt für einzeln veranlagte Personen ab 1. Januar 2021 EUR 9696 (Grundtabelle) und für Verheiratete EUR 19.392 (Splittingtabelle). Mit steigendem zu versteuerndem Einkommen bewegt sich der jeweilige **Steuertarif** für die Einkommensteuer von **14 %** bis hin zu **45 %**.

Auf die Einkommensteuer wird zusätzlich der **Solidaritätszuschlag** in Höhe von 5,5 % erhoben, §§ 1, 4 Solidaritätszuschlaggesetz (SolZG). Dieser ist dann gemeinsam mit der Einkommensteuer an das Finanzamt abzuführen.

► Der Solidaritätszuschlag wird seit 01.01.2021 erst erhoben, wenn das jährlich zu versteuernde Einkommen über rund EUR 61.700/Jahr und bei Verheirateten rund EUR 123.400/Jahr liegt.

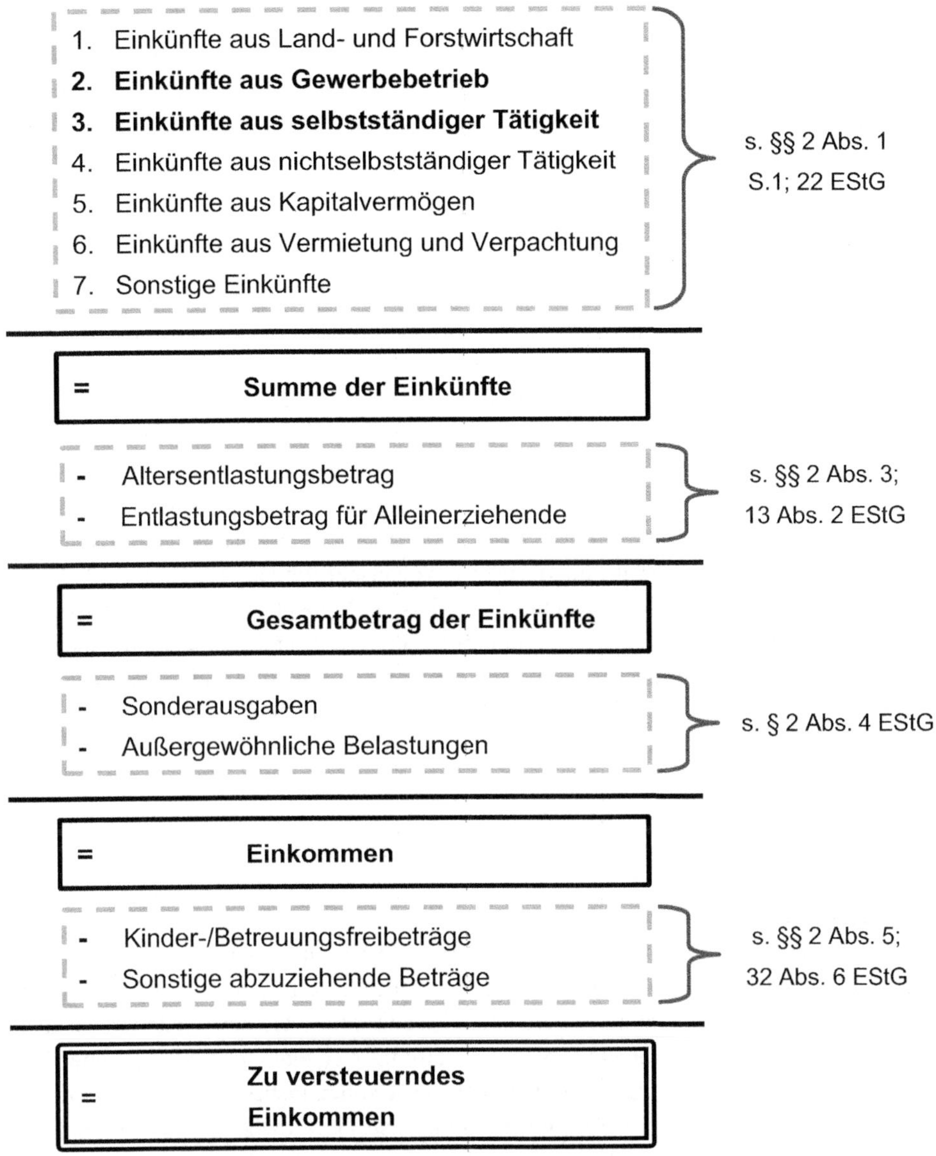

Abb. 11.3 Ermittlung des zu versteuernden Einkommens

Sofern der Einzelunternehmer kirchensteuerpflichtig ist, fällt ferner **Kirchensteuer** an. Diese beträgt je nach Bundesland zwischen 8 (Baden-Württemberg und Bayern) und 9 % (restliche Bundesländer) der Einkommensteuer.

Für nicht entnommene Gewinne aus dem Einzelunternehmen besteht die Möglichkeit einer Tarifbegünstigung nach § 34a EStG (sog. **Thesaurierungsbegünstigung**). Danach werden diese Gewinne auf Antrag – anstatt mit dem tariflichen Steuersatz – ganz oder teilweise vorerst mit 28,25 % (zuzüglich ggf. 5,5 % Solidaritätszuschlag) der Besteuerung mit Einkommensteuer zugrunde gelegt. Bei einer späteren Entnahme der Gewinne müssen diese dann allerdings mit 25 % (zuzüglich ggf. 5,5 % Solidaritätszuschlag) nachversteuert werden. Es kann somit zweimal Steuer entstehen. Daher ergibt sich letztlich wohl nur dann eine Begünstigung für den Einzelunternehmer, wenn der persönliche Einkommensteuersatz im Spitzenbereich liegt und der Gewinn wegen der späteren Nachversteuerung langfristig thesauriert wird. Eine Inanspruchnahme der Thesaurierungsbegünstigung sollte daher unbedingt mit fachkundiger Hilfe eines Steuerberaters abgestimmt werden.

Die Einkommensteuer entsteht jeweils mit Ablauf des Veranlagungszeitraumes, d. h. eines Kalenderjahres und wird vom Finanzamt entsprechend der Angaben aus der Einkommensteuererklärung festgesetzt, § 25 Abs. 1 EStG. Diese Erklärung ist grundsätzlich am 31. Mai des folgenden Kalenderjahres beim Finanzamt einzureichen. Wird das Start-up von einem Steuerberater betreut, verlängert sich die Abgabefrist grundsätzlich bis zum 30. September bzw. sogar bis zum 31. Dezember des Folgejahres. In Ausnahmefällen kann die Frist vom Finanzamt auf Antrag auch weiter verlängert werden. Das Einzelunternehmen bzw. dessen Inhaber ist allerdings verpflichtet, auf die voraussichtliche Einkommensteuer, die für ein Jahr entsteht, quartalsweise **Vorauszahlungen** – d. h. am 10. März, 10. Juni, 10. September und 10. Dezember – zu leisten. Maßgebend sind die voraussichtlichen Einkünfte und insbesondere der voraussichtliche Gewinn des Einzelunternehmens, die im laufenden Kalenderjahr erzielt werden. Da sich die Einkünfte und insbesondere der Gewinn unterschiedlich entwickeln können, ist eine Änderung und mithin Anpassung der (quartalsweisen) Vorauszahlungen jederzeit auf Antrag möglich und sollte entsprechend mit dem zuständigen Finanzamt abgestimmt werden.

Die Vorauszahlungen beziehen sich selbstverständlich auch auf den Solidaritätszuschlag zur Einkommensteuer und einer etwaigen Kirchensteuer.

11.3.1.3 Gewerbesteuer

Sofern das Einzelunternehmen einen Gewerbebetrieb betreibt, kann neben der Einkommen- auch Gewerbesteuer entstehen. Bemessungsgrundlage hierfür ist der **Gewerbeertrag** des Einzelunternehmens eines Veranlagungszeitraumes, der sich wiederum aus dem nach dem EStG ermittelten Gewinn ableitet. Allerdings sieht das GewStG noch eine Vielzahl von Hinzurechnungen und Kürzungen vor. Diese sollen insbesondere der Ermittlung der objektiven Ertragskraft des Einzelunternehmens als Gewerbebetrieb und der Vermeidung von Doppelbelastungen, aber auch der gewerbesteuerlichen Gleichstellung mit Personen- und Kapitalgesellschaften dienen (vgl. auch Birk et al. 2020, Rn. 1381 ff., 1398 ff.).

Um die Gewerbesteuer zu ermitteln, wird der Gewerbeertrag zunächst auf volle EUR 100 abgerundet und um einen Freibetrag von EUR 24.500, höchstens jedoch in Höhe des abgerundeten Gewerbeertrags, gemindert. Der so korrigierte Gewerbeertrag wird mit der Steuermesszahl von derzeit einheitlich 3,5 % multipliziert. Ergebnis dieser Rechnung ist der sog. **Steuermessbetrag**. Dieser wird nun mit dem Hebesatz der Gemeinde, in welcher das Einzelunternehmen betrieben wird, multipliziert, um letztlich die Gewerbesteuer zu erhalten. Der Hebesatz muss gemäß § 16 Abs. 4 Satz 2 GewStG mindestens 200 % betragen. Er kann zwischen den Gemeinden mitunter aber stark schwanken, sodass die Wahl des Unternehmenssitzes durchaus von gewisser strategischer Bedeutung ist. So beträgt der Hebesatz z. B. in Berlin 410 %, in Hamburg 470 % und in München sogar 490 % (in der an München angrenzenden Gemeinde Grünwald hingegen nur 240 %), was zu Folge hat, dass auf den gleichen Gewerbeertrag in München eine höhere Gewerbesteuer zu zahlen ist, als in Hamburg oder Berlin.

Auch auf die Gewerbesteuer sind regelmäßig **Vorauszahlungen** zu leisten. Diese sind abhängig vom voraussichtlichen Gewerbeertrag und erfolgen an die zuständige Gemeinde am 15. Februar, 15. Mai, 15. August und 15. November des laufenden Kalenderjahres, § 19 GewStG. Die jährlichen Erklärungen zur Gewerbesteuer werden in der Regel zusammen mit den Einkommensteuererklärungen beim Finanzamt eingereicht.

▶ Die Gewerbesteuer ist zwar nicht als Betriebsausgabe abzugsfähig und kann damit den steuerlichen Gewinn des Unternehmens nicht mindern, § 4 Abs. 5b EStG. Allerdings kann eine Ermäßigung der tariflichen Einkommensteuer um gewerbliche Einkünfte gemäß § 35 Abs. 1 EStG erfolgen. Im Ergebnis kann die Gewerbesteuer dadurch doch unter bestimmen Umständen vollständig auf die Einkommensteuer angerechnet werden.

11.3.1.4 Verluste

Erzielt das Einzelunternehmen statt eines Gewinns einen Verlust, so kann dieser regelmäßig berücksichtigt werden – sowohl bei der Einkommen- als auch bei der Gewerbesteuer.

Bei der Einkommensteuer erfolgt der **Verlustausgleich** zunächst **innerhalb derselben Einkunftsart**, d. h. der Verlust des Einzelunternehmens ist mit anderen positiven gewerblichen bzw. freiberuflichen Einkünften des Inhabers des Einzelunternehmens auszugleichen. Anschließend kann ein Verlustausgleich mit den übrigen positiven Einkünften erfolgen. Ist der Verlustausgleich in einem Kalenderjahr nicht bzw. nicht vollständig möglich, so sind die Verluste gemäß § 10d Abs. 1 EStG bis zu einem Betrag von EUR 5 Mio. (im Falle der Zusammenveranlagung von Ehegatten bis zu EUR 10 Mio.) in den vorangegangenen Veranlagungszeitraum zurückzutragen. Verluste, die unberücksichtigt bleiben, sind gemäß § 10d Abs. 2, 4 EStG in die folgenden Veranlagungszeiträume vorzutragen und können jeweils bis zu einem Betrag von EUR 1 Mio. (im Falle der Zusammenveranlagung von Ehegatten bis zu EUR 2 Mio.) unbeschränkt und darüber hinausgehend bis zu 60 % mit positiven Einkünften verrechnet werden. Verluste, die auch hiernach nicht verrechnet werden können, sind zeitlich unbeschränkt auf weitere Jahre vorzutragen, § 10d Abs. 4 EStG.

Gewerbesteuerliche Verluste können dagegen ausschließlich mit zukünftigen Gewerbeerträgen desselben Einzelunternehmens verrechnet werden, § 10a GewStG. Hierbei ist der Gewerbeertrag des Folgejahres bis zu einem Betrag von EUR 1 Mio. unbegrenzt und darüber hinausgehend bis zu 60 % zu verrechnen. Nicht zu berücksichtigende Verluste sind – wie bei der Einkommensteuer – auf die folgenden Jahre vorzutragen.

11.3.2 Bei einer Personengesellschaft

Bei der nachfolgenden Darstellung wird unterstellt, dass der einzelne Gesellschafter der Personengesellschaft auch Mitunternehmer ist und er sowohl über Mitunternehmerinitiative verfügt als auch Mitunternehmerrisiko trägt. Als Mitunternehmerinitiative wird dabei grundsätzlich die Teilhabe an den unternehmerischen Entscheidungen bzw. zumindest die Möglichkeit der Ausübung von Gesellschafterrechten wie Stimm-, Kontroll- und Widerspruchsrechten verstanden. Ein Mitunternehmerrisiko des Gesellschafters ist regelmäßig bei der Beteiligung am Gewinn und Verlust der Gesellschaft sowie an den stillen Reserven und einem etwaigen Geschäftswert gegeben (vgl. H 15.8 Abs. 1 der Einkommensteuer-Hinweise 2011 (EStH 2011)).

11.3.2.1 Einkommen- und Körperschaftsteuer

Im Gegensatz zum Einzelunternehmen unterliegt die Personengesellschaft (Mitunternehmerschaft) als solche nicht der Einkommen- oder Körperschaftsteuer. **Steuerpflichtig** sind allein die einzelnen **Gesellschafter**, d. h. Mitunternehmer der Personengesellschaft, die ihren Anteil am Gewinn der Gesellschaft im Rahmen ihrer persönlichen Einkommensbesteuerung versteuern müssen. Handelt es sich beim Gesellschafter also um eine natürliche Person, so unterliegt deren Anteil der Einkommensteuer nebst Solidaritätszuschlag und etwaiger Kirchensteuer. Ist der Gesellschafter dagegen eine Kapitalgesellschaft, so unterliegt deren Anteil der Körperschaftsteuer nebst Solidaritätszuschlag.

Um die Anteile der Gesellschafter korrekt zuordnen zu können, ist die Personengesellschaft verpflichtet, eine Erklärung zur gesonderten und einheitlichen Feststellung z. B. des Gewinns aus Gewerbebetrieb bei dem für die Personengesellschaft zuständigen Finanzamt abzugeben. Daraufhin wird dieses den Gewinn der Personengesellschaft und die entsprechenden Anteile der Gesellschafter hieran feststellen und den für die Gesellschafter zuständigen Finanzamt mitteilen. Für die Gesellschafter sind diese Feststellungen für die einkommens- bzw. körperschaftsteuerlichen Folgen bindend.

► Soweit Bedenken gegen die einzelnen Feststellungen bei der Personengesellschaft bestehen, muss gegen diese direkt vorgegangen werden. Bei der späteren Veranlagung der einzelnen Gesellschafter ist eine Änderung grundsätzlich nicht mehr möglich, unabhängig ob die Feststellungen richtig oder falsch sind.

Zu den gewerblichen Einkünften eines Gesellschafters gehören gemäß § 15 Abs. 1 Satz 1 Nr. 2 EStG neben dem Anteil am Gewinn der Personengesellschaft auch etwaige Vergütungen, die er von der Personengesellschaft z. B. für seine Tätigkeit in deren Diensten, für die Hingabe eines Darlehens oder für die Überlassung von Wirtschaftsgütern erhalten hat (sog. **Sonderbetriebseinnahmen**). Allerdings können auch Ausgaben, die der einzelne Gesellschafter wegen der Gesellschafterstellung zu tragen hat, dessen Gewinnanteil als sog. **Sonderbetriebsausgaben** mindern (vgl. Tipke und Lang 2020, § 10, Rn. 138).

Die Thesaurierungsbegünstigung des § 34a EStG für nicht entnommene Gewinne gilt grundsätzlich auch für die Gewinnanteile des Gesellschafters an einer Personengesellschaft. Voraussetzung ist jedoch, dass die Personengesellschaft ihren Gewinn durch Betriebsvermögensvergleich ermittelt und der Anteil des Gesellschafters daran mehr als 10 % beträgt oder EUR 10.000 übersteigt, § 34a Abs. 1 Satz 3 EStG. Im Übrigen kann auf die Darstellung unter Abschn. 11.3.1.2 verwiesen werden.

11.3.2.2 Gewerbesteuer

Ist die Personengesellschaft auch gewerblich tätig (zur Abgrenzung s. Abschn. 9.1), so unterliegt ihr Gewinn zusätzlich der Gewerbesteuer. Insoweit ist die Personengesellschaft auch Steuersubjekt und zur Zahlung der Gewerbesteuer und entsprechender Vorauszahlungen verpflichtet. Eine Zuweisung an die Gesellschafter der Personengesellschaft – wie für die Einkommen- oder Körperschaftsteuer – erfolgt hinsichtlich der Gewerbesteuer gerade nicht. Die Regelungen für die Berechnung der Gewerbesteuer entsprechen denen des Einzelunternehmens (s. Abschn. 11.3.1.3) Der Personengesellschaft wird dabei gemäß § 11 Abs. 1 Satz 3 Nr. 1 GewStG ebenfalls – einmal – ein Freibetrag in Höhe von EUR 24.500 gewährt.

► Die Gewerbesteuer ist – wie beim Einzelunternehmen auch – nicht als Betriebsausgabe der Personengesellschaft abzugsfähig. Allerdings kann sich die Einkommensteuer der einzelnen Gesellschafter wiederum gemäß § 35 Abs. 1 EStG anteilig ermäßigen.

11.3.2.3 Verluste

Sofern bei der Personengesellschaft ein Verlust entstanden ist, kann dieser grundsätzlich im Rahmen der Einkommen- bzw. Körperschaftsteuerveranlagung des jeweiligen Gesellschafters berücksichtigt und verrechnet werden. Handelt es sich bei der Personengesellschaft um eine KG und ist der Gesellschafter ein Kommanditist, kann eine Berücksichtigung des Verlustanteils u. U. nur beschränkt, d. h. nach Maßgabe von § 15a EStG erfolgen.

Bei der Gewerbesteuer kann der Verlust wiederum nach Maßgabe des § 10a GewStG berücksichtigt werden (s. Abschn. 11.3.1.4). Allerdings ist zu beachten, dass ein Wechsel des Gesellschafterbestandes in der Personengesellschaft oder eine Änderung der Beteiligungsquote Auswirkungen auf den gewerbesteuerlichen Verlustabzug haben und dieser mithin anteilig bzw. sogar vollständig entfallen kann (vgl. auch Birk et al. 2020, Rn. 1398 ff.).

11.3.2.4 Exkurs: Stille (virtuelle) Beteiligung

Im Gegensatz zu einer Mitunternehmerstellung ist der typisch stille Gesellschafter gemäß § 230 HGB allein mit einer Vermögenseinlage am Gewinn und je nach Vereinbarung auch am Verlust einer Gesellschaft beteiligt. Eine Teilhabe am Vermögen der Gesellschaft ist nicht gegeben.

Erhält der typisch stille Gesellschafter seinen **Anteil am Gewinn**, so liegen bei ihm **Einkünfte aus Kapitalvermögen** nach § 20 Abs. 1 Nr. 4 EStG vor. Diese unterliegen in der Regel der **Abgeltungsteuer von 25 %** (zuzüglich ggf. Solidaritätszuschlag und etwaiger Kirchensteuer). Soweit der Sparer-Pauschbetrag nach § 20 Abs. 9 EStG nicht verbraucht ist, kann er noch ergebnismindernd berücksichtigt werden. Ein Abzug tatsächlicher Werbungskosten, wie z. B. Finanzierungszinsen, ist nicht möglich. Allerdings kann die Anwendung der Abgeltungsteuer nach Maßgabe des § 32d Abs. 2 Nr. 1 EStG ausgeschlossen sein. In diesem Fall könnten den erzielten Einnahmen wiederum die tatsächlichen Werbungskosten gegengerechnet werden.

Werden dem stillen Gesellschafter dagegen so umfangreiche Vermögens- und Kontrollrechte eingeräumt, dass er im Sinne des § 15 EStG ein **Mitunternehmerrisiko** trägt und eine **Mitunternehmerinitiative** entfaltet, spricht man von einer **atypisch stillen Gesellschaft**. Hierbei ist der atypisch stille Gesellschafter nicht nur am Gewinn und Verlust, sondern insbesondere auch am Vermögen der Gesellschaft beteiligt, einschließlich des Anlagevermögens, der stillen Reserven und ggf. des Geschäftswerts. Als Mitunternehmer erzielt der Gesellschafter dann **Einkünfte aus Gewerbebetrieb**, die er mit seinem persönlichen Steuersatz zu versteuern hat (hierzu vgl. auch Abschn. 11.3.2.1). Die Gewinnermittlung und -verteilung erfolgt hingegen unmittelbar auf Ebene der atypisch stillen Gesellschaft.

Sofern eine sog. virtuelle Beteiligung (diesbezüglich s. A Abschn. 11.2.2.2 und 7.2.1.3.4.3) als stille Gesellschaft ausgestaltet ist, sind die vorstehenden Grundsätze auch hierauf anzuwenden.

11.3.3 Bei einer Kapitalgesellschaft

Die wohl häufigste Rechtsform eines Start-ups ist die einer GmbH oder einer UG (haftungsbeschränkt) und somit eine Kapitalgesellschaft . Kapitalgesellschaften mit Sitz oder Geschäftsleitung in der Bundesrepublik Deutschland erzielen gemäß § 8 Abs. 2 KStG **ausschließlich Einkünfte aus Gewerbebetrieb**, unabhängig davon, woher diese Einkünfte stammen. Diese unterliegen daher sowohl der **Körperschaft- als auch der Gewerbesteuer**. Neben der Besteuerung auf Ebene der Kapitalgesellschaft ist jedoch auch die Besteuerung auf Ebene der Anteilseigner, d. h. der Gesellschafter zu beachten.

11.3.3.1 Körperschaftsteuer und Solidaritätszuschlag

Die Körperschaftsteuerpflicht einer Kapitalgesellschaft beginnt im Stadium der sog. Vorgesellschaft, also mit Abschluss des notariellen Gesellschaftsvertrages bzw. der notariellen Beurkundung der Satzung der Gesellschaft. Dabei beträgt die **Körperschaftsteuer einheitlich 15 %** des zu versteuernden Einkommens der Kapitalgesellschaft, welches diese innerhalb eines Veranlagungszeitraums erzielt, § 23 Abs. 1 KStG. Dies ist grundsätzlich das Kalenderjahr. Es besteht aber auch die Möglichkeit, ein vom Kalenderjahr abweichendes Wirtschaftsjahr zu wählen. In diesem Fall bildet das abweichende Wirtschaftsjahr den Veranlagungszeitraum für die Körperschaftsteuer.

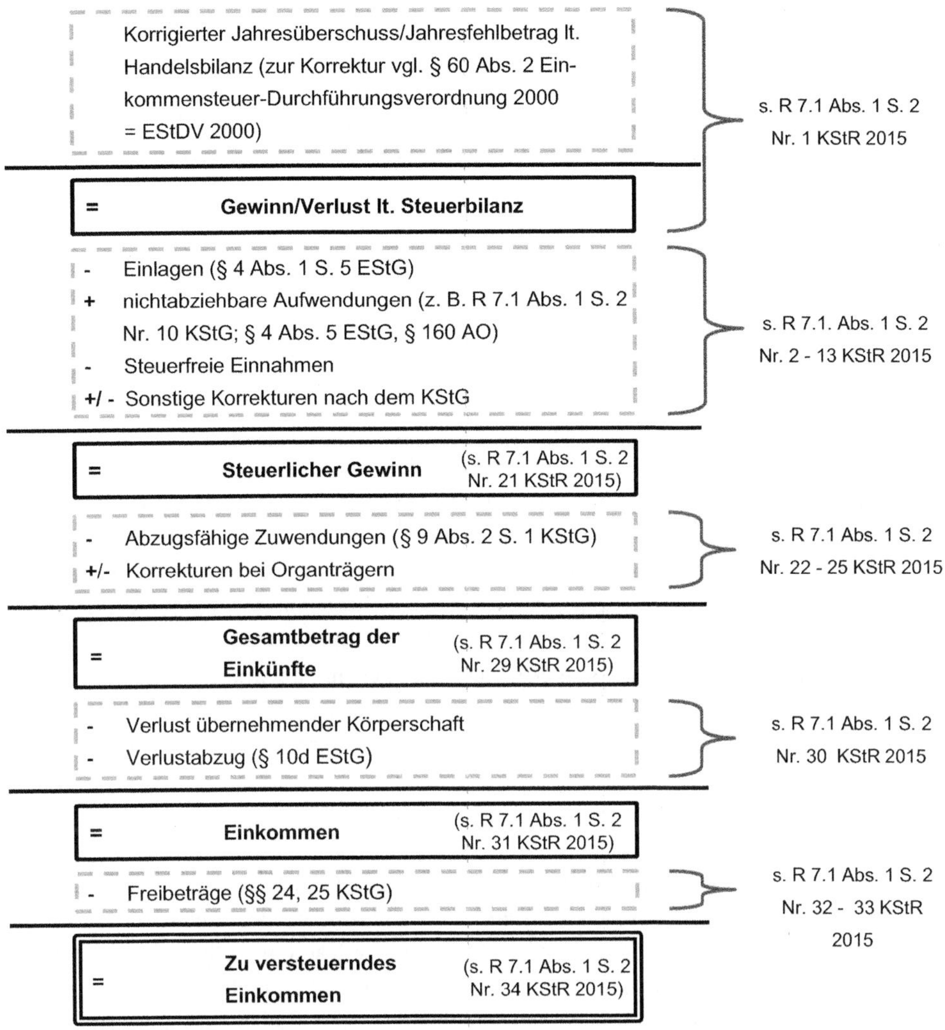

Abb. 11.4 Ermittlung des zu versteuernden Einkommens bei Kapitalgesellschaften

Maßgebend für das zu versteuernde Einkommen der Kapitalgesellschaft ist deren steuerlicher Gewinn (Jahresüberschuss), der sich aus dem Betriebsvermögensvergleich nach den Vorschriften des EStG ergibt, gemindert und/oder erhöht um die Kürzungen und/oder Hinzurechnungen entsprechend der Vorschriften des KStG. Darunter sind insbesondere die speziellen Steuerbefreiungen des KStG, z. B. bei Gewinnausschüttungen, welche die Kapitalgesellschaft von einer anderen Kapitalgesellschaft bezieht, aber auch die nach dem KStG abziehbaren oder nichtabziehbaren Aufwendungen zu verstehen.

Abb. 11.4 stellt die Ermittlung des zu versteuernden Einkommens der Kapitalgesellschaft gemäß R 29 Abs. 1 der Körperschaftsteuer-Richtlinien 2004 (KStR 2004) – vereinfacht – dar.

Auf die Körperschaftsteuer der Kapitalgesellschaft entfällt weiterhin ggf. noch der Solidaritätszuschlag in Höhe von 5,5 %, der gemeinsam mit der Körperschaftsteuer an das Finanzamt abgeführt werden muss. Wie bei der Einkommensteuer ist letztlich auch die Kapitalgesellschaft verpflichtet, Vorauszahlungen auf die Körperschaftsteuer nebst Solidaritätszuschlag zu leisten. Für die Abgabe der Körperschaftsteuererklärungen gelten grundsätzlich dieselben Fristen wie für Einkommensteuererklärungen (Abschn. 11.3.1.2).

► Gemäß § 8 Abs. 3 S. 2 KStG dürfen sog. **verdeckte Gewinnausschüttungen** das Einkommen der Kapitalgesellschaft nicht mindern. Das bedeutet, dass Betriebsausgaben unter bestimmten Voraussetzungen im Ergebnis steuerlich nicht berücksichtigt werden dürfen. Als Beispiel hierfür sind zunächst die Gehälter des Gesellschafter-Geschäftsführers zu nennen. Hier müssen vor der Aufnahme der Geschäftsführertätigkeit in einem entsprechenden Geschäftsführervertrag klare und nachprüfbare Vereinbarungen getroffen werden, die darüber hinaus auch dem sog. **Fremdvergleich** standhalten. Dies ist grundsätzlich der Fall, wenn das Gehalt des Gesellschafter-Geschäftsführers angemessen ist, d. h. sich u. a. nach Art und Umfang der Kapitalgesellschaft richtet und dem entspricht, was ein ordentlicher und gewissenhafter Geschäftsleiter der Gesellschaft mit einem Fremdgeschäftsführer vereinbaren würde. Aber auch Zins- oder Mietzahlungen, welche die Kapitalgesellschaft für in Anspruch genommene Darlehen oder für angemietete Wirtschaftsgüter an ihre Gesellschafter leistet, können verdeckte Gewinnausschüttungen sein, wenn sie einem sog. fremden Dritten nicht dergestalt und insbesondere nicht in dieser Höhe gezahlt worden wären.

11.3.3.2 Gewerbesteuer

Die Kapitalgesellschaft unterliegt bereits kraft Rechtsform der Gewerbesteuer mit der Folge, dass nicht nur ihre gewerbliche Tätigkeit, sondern jedwede Tätigkeit eine Gewerbesteuerpflicht auslöst, § 2 Abs. 2 GewStG. Damit ist die Kapitalgesellschaft zur Zahlung der Gewerbesteuer sowie entsprechender Vorauszahlungen verpflichtet. Die Regelungen für die Berechnung der Gewerbesteuer entsprechen im Wesentlichen denen des Einzelunternehmens bzw. der Personengesellschaft (s. Abschn. 11.3.1.3 und 11.3.2.2). Allerdings ist ein Freibetrag für Kapitalgesellschaften nicht vorgesehen.

11.3.3.3 Verluste

Dadurch, dass die Kapitalgesellschaft selbst **Subjekt der Körper- und Gewerbesteuer** ist, können etwaige Verluste (Jahresfehlbeträge) auch nur auf deren Ebene berücksichtigt werden und ihr versteuerndes Einkommen in späteren Jahren mindern. Damit reduzieren Verluste allein die Steuerbelastung der Kapitalgesellschaft.

Bei der Körperschaftsteuer kann der Verlustabzug gemäß § 8 Abs. 1 KStG i. V. m. § 10d Abs. 1 EStG jährlich bis zu einem Betrag von EUR 1 Mio. unbeschränkt vorgenommenen werden. Darüber hinaus können lediglich 60 % des übersteigenden Betrages mit dem Verlustvortrag verrechnet werden. Somit verbleibt eine sog. Mindestbesteuerung in

Höhe von 40 % des verbleibenden Gewinns je Veranlagungszeitraum. Sofern im Veranlagungszeitraum, welcher dem Verlustentstehungszeitraum vorangeht, Gewinne erzielt wurden, können die Verluste auch bis zu einem Betrag von EUR 1 Mio. zurückgetragen und mit diesen Gewinnen verrechnet werden.

Bei der Gewerbesteuer können Verluste – wie beim Einzelunternehmen oder einer Personengesellschaft – allein nach Maßgabe des § 10a GewStG berücksichtigt werden (s. Abschn. 11.3.1.4 und 11.3.2.3). Das bedeutet, dass der Gewerbeertrag des dem Verlust nachfolgenden Jahres bis zu einem Betrag von EUR 1 Mio. unbegrenzt und darüber hinausgehend bis zu 60 % verrechnet werden kann. Nicht zu berücksichtigende Verluste sind auf die folgenden Jahre vorzutragen.

Allerdings ist zu beachten, dass ein Wechsel des Gesellschafterbestandes in der Kapitalgesellschaft oder eine Änderung der Beteiligungsquote Auswirkungen auf den Verlustabzug haben kann. Werden nämlich innerhalb von fünf Jahren mehr als 25 % des gezeichneten Kapitals, der Mitglieds-, Beteiligungs- oder Stimmrechte an der Kapitalgesellschaft mittelbar oder unmittelbaren einen Erwerber oder einer dem Erwerber nahestehenden Person übertragen, so ist der vorgetragene Verlust bei der Körperschaftsteuer insoweit nicht mehr abziehbar und mithin verloren gegangen. Erfolgt eine solche Übertragung zu mehr als 50 %, so entfällt der vorgetragene Verlust dagegen vollständig. Dies gilt gemäß § 8c Abs. 1 KStG und § 10a S. 10 GewStG für die Körperschaft- und die Gewerbesteuer gleichermaßen.

11.3.3.4 Exkurs: Besteuerung auf Ebene der Anteilseigner

Der Anteilseigener, d. h. Gesellschafter der Kapitalgesellschaft wird regelmäßig an deren positiven Ergebnissen partizipieren und demzufolge **Gewinnausschüttungen (Dividenden)** erhalten. Die steuerliche Behandlung dieser Dividenden ist wiederum von mehreren Faktoren abhängig:

Befinden sich die Anteile an der Kapitalgesellschaft **im Privatvermögen** eines Anteilseigners (natürliche Person), dann gehören die Dividenden gemäß § 20 Abs. 1 Nr. 1 EStG zu seinen Einkünften aus Kapitalvermögen. Sie unterliegen dabei grundsätzlich den Regelungen der sog. **Abgeltungsteuer** und sind von dem Anteilseigner mit einem Steuersatz von 25 % (zuzüglich ggf. 5,5 % Solidaritätszuschlag und etwaiger Kirchensteuer) zu versteuern. Liegt dessen persönlicher Einkommensteuersatz unter 25 %, so besteht auch die Möglichkeit, die Dividenden letztlich doch nur mit diesem niedrigeren persönlichen Steuersatz zu besteuern. Hierbei werden für alle Einkünfte aus Kapitalvermögen insgesamt pauschal EUR 801 als Werbungskosten (sog. Sparer-Pauschbetrag) abgezogen. Dies hat zur Folge, dass z. B. laufende Zinsen, die dem Anteilseigner aufgrund der Fremdfinanzierung der Anschaffungskosten für die Beteiligung entstehen, nicht weiter steuermindernd geltend machen können, § 20 Abs. 9 S. 1 EStG.

Ist der Anteilseigner allerdings unmittelbar oder mittelbar zu mindestens 25 % an der Kapitalgesellschaft beteiligt oder zu mindestens 1 % beteiligt und für die Kapitalgesellschaft beruflich tätig, so kann er auf die Anwendung der Abgeltungsteuer auf Antrag verzichten, § 32d Abs. 2 Nr. 3 EStG. In diesem Fall unterliegen die Dividenden dem sog.

Teileinkünfteverfahren und müssen zu 60 % bei den Einnahmen aus Kapitalvermögen angesetzt werden. Die übrigen 40 % sind dagegen steuerfrei, § 3 Nr. 40d EStG. Zudem ist der Werbungskostenabzug auch nicht mehr auf die EUR 801 beschränkt. Vielmehr können die in wirtschaftlichen Zusammenhang mit der Beteiligung an der Kapitalgesellschaft stehenden Werbungskosten, z. B. die oben angesprochenen Finanzierungszinsen, ebenfalls zu 60 % berücksichtigt werden und die Einnahmen entsprechend mindern. Diese Differenz würde der Anteilseigner letztlich mit seinem persönlichen Einkommensteuersatz versteuern. Die Option, auf die Abgeltungsteuer zu verzichten, kann daher insbesondere bei hohen Werbungskosten sinnvoll sein.

Werden die Anteile an der Kapitalgesellschaft dagegen **im Betriebsvermögen** – einer natürlichen Person oder einer Personengesellschaft an der ausschließlich natürliche Personen beteiligt sind, – gehalten, so gehören die Dividenden grundsätzlich zu den Einkünften aus Gewerbebetrieb, §§ 20 Abs. 1 Nr. 1, Abs. 8 i. V. m. § 15 EStG. Das bedeutet, dass das **Teileinkünfteverfahren** hierauf anzuwenden ist. Die Dividenden sind – wie dargestellt – zu 40 % steuerfrei und „nur" zu 60 % der Besteuerung zugrunde zu legen. Etwaige in unmittelbarem Zusammenhang stehende Werbungskosten bzw. Betriebsausgaben können wiederum zu 60 % mindernd berücksichtigt werden.

Befinden sich die Anteile an der Kapitalgesellschaft jedoch **im Betriebsvermögen einer anderen Kapitalgesellschaft** (bspw. „Founder"- oder „Investment- Vehikel"), so sind die Dividenden bei dieser im Ergebnis zu 95 % von der Körperschaftsteuer befreit, § 8b Abs. 1, 5 KStG. Dies gilt für allerdings nur, sofern es sich hierbei nicht um eine sog. **Streubesitzbeteiligung** handelt und mithin eine unmittelbare Beteiligung von mindestens 10 % besteht (s. sogleich Abschn. 11.3.3.5).

► Beim steuerlichen Abzug von Finanzierungsaufwendungen, die im Zusammenhang mit zum Betriebsvermögen gehörenden Beteiligungen stehen, ist rechtsformübergreifend stets die sog. **Zinsschranke** zu beachten, § 4h EStG, § 8a KStG. Danach ist für Zinsaufwendungen grundsätzlich nur der bis zur Höhe der Zinserträge des Unternehmens, darüber hinaus nur bis zur Höhe von 30 % des um Zinsaufwendungen erhöhten und die Zinserträge verminderten Gewinns ein Betriebsausgabenabzug möglich.

Werden Gewinnausschüttungen an die Anteilseigner vorgenommen, so hat die Kapitalgesellschaft – unter Berücksichtigung etwaiger Freistellungsaufträge des Anteilseigners im Rahmen des Sparer-Pauschbetrages – die darauf entfallende **Kapitalertragsteuer** nebst Solidaritätszuschlag einzubehalten und für Rechnung des Anteilseigners an das Finanzamt abzuführen, §§ 43 ff. EStG. Bei der Kapitalertragsteuer handelt es sich um keine eigene Steuerart, sondern um eine Erhebungsform der Einkommen- bzw. Körperschaftsteuer. Sie beträgt 25 % (ggf. zuzüglich 5,5 % Solidaritätszuschlag) der Gewinnausschüttung und hat gemäß § 43 Abs. 5 EStG, ggf. i. V. m. 31 Abs. 1 KStG dem Grunde nach eine abgeltende Wirkung (sog. Abgeltungsteuer). Die Einkommen- bzw. Körperschaftsteuer gilt als damit endgültig erhoben, so dass die Gewinnausschüttungen grundsätzlich auch nicht mehr in die Veranlagung des Anteilseigners einbezogen werden. Eine Erhebung der Kapitalertragsteuer erfolgt trotz der Steuerbefreiungen nach § 3 Nr. 40d EStG bzw. § 8b KStG (i. V. m. § 43 Abs. 1 Satz 3 und ggf. § 31 Abs. 1 Satz 1 KStG). Hierüber wird die Kapitalgesellschaft dem Anteilseigner sodann eine Steuerbescheinigung ausstellen, da dieser die einbehaltene Kapitalertragsteuer und den entsprechenden Solidaritätszuschlag regelmäßig – und ggf. sofern er auf die Abgeltungsteuer verzichtet hat – auf seine Einkommen- bzw. Körperschaftsteuerschuld anrechnen lassen kann. Bei ausländischen Anteilseignern können ferner besondere Regelungen gelten, die sich z. B. aus dem jeweiligen Doppelbesteuerungsabkommen ergeben.

11.3.3.5 Exkurs: Streubesitzbeteiligung

Bis zur teilweisen Neuregelung der steuerlichen Behandlung beim Empfänger von Gewinnausschüttungen (Dividenden) waren Erträge, die eine Körperschaft und mithin eine Kapitalgesellschaft (z. B. eine Gründer- oder Investoren-Holding) aus Beteiligungen an einer anderen Körperschaft in Form von Dividenden oder Veräußerungsgewinnen beim Verkauf erzielte, gemäß § 8b KStG grundsätzlich steuerfrei. Lediglich 5 % hiervon galten als pauschale Ausgaben, die nicht als Betriebsausgaben abgezogen werden durften. Im Ergebnis lag somit eine 95 %-ige Steuerbegünstigung vor, unabhängig von der Höhe der Beteiligungsquote. Zwar wurde bei der Ausschüttung von Dividenden auf den Bruttobetrag zunächst die Kapitalertragsteuer in Höhe von 25 % nebst Solidaritätszuschlag von 5,5 % einbehalten und an das Finanzamt abgeführt. Allerdings wurde diese bei inländischen unbeschränkt steuerpflichtigen Körperschaften (Sitz oder Geschäftsleitung in Deutschland) als Dividendenempfänger im Rahmen des Veranlagungsverfahrens mit der tatsächlichen Steuerlast verrechnet und ein entsprechender Überhang erstattet. Somit wurde letztlich eine 95 %-ige Steuerbegünstigung erreicht.

Für die Empfängerkörperschaften, die weder ihren Sitz oder ihre Geschäftsleitung in der Bundesrepublik Deutschland haben und Beteiligungen von weniger als 10 % halten, hat die abgeführte Kapitalertragsteuer dagegen zumindest in Höhe von 15 % eine abgeltende Wirkung und kann insoweit nicht erstattet werden. Darin hat der Europäische Gerichtshof eine Schlechterstellung ausländischer Empfänger von Dividenden mit einer Beteiligungsquote von unter 10 % gegenüber inländischen Dividendenempfängern gesehen und mithin einen Verstoß gegen die Kapitalverkehrsfreiheit festgestellt.

Aufgrund dieser europarechtlichen Vorgaben musste der deutsche Gesetzgeber reagieren, um inländische und ausländische Empfänger von Dividenden gleich zu behandeln. Gemäß § 8b Abs. 4 EStG gilt die obige Steuerbefreiung nun nicht mehr für Dividenden aus **Beteiligungen unter 10 %**, den sog. **Streubesitzdividenden**, unabhängig davon, ob es sich um eine inländische oder ausländische Empfängergesellschaft handelt. Veräußerungsgewinne sind von der Neureglung jedoch nicht betroffen und unterliegen somit weiterhin der Steuerbefreiung des § 8b KStG.

Damit sind die z. B. von Kapitalgesellschaften empfangenen Dividenden in vollem Umfang körperschaftsteuerpflichtig, wenn eine Beteiligung von unter 10 % besteht. Maßgeblich für die Beteiligungshöhe sind grundsätzlich die Verhältnisse zu Beginn eines Ka-

Tab. 11.1 Rechtsformvergleich Einzelunternehmung, Personen- und Kapitalgesellschaften

	Einzelunternehmen	Personengesellschaft	Kapitalgesellschaft
Gewinnermittlung	Betriebsvermögensvergleich/Einnahme-Überschuss-Rechnung		Betriebsvermögensvergleich
Vergütung des Unternehmers/der Gesellschafter	Lohn/Gehalt nicht als Betriebsausgabe abziehbar		Lohn/Gehalt der Gesellschafter als Betriebsausgabe abziehbar
Ertragsteuer	Einkommensteuerpflichtig ist der Betriebsinhaber	Einkommensteuerpflichtig ist jeder Gesellschafter (Mitunternehmer)	Gewinn der Gesellschaft unterliegt Körperschaftsteuer
	Progressiver Tarif	Progressiver Tarif	Steuersatz: 15 %
	Thesaurierungsbegünstigung möglich	Thesaurierungsbegünstigung möglich	Kein Grundfreibetrag
Umsatzsteuer	Umsatzsteuerpflichtig ist der Betriebsinhaber	Umsatzsteuerpflichtig ist die Gesellschaft	
Gewerbesteuer	Gewerbesteuerpflichtig ist der Betriebsinhaber	Gewerbesteuerpflichtig ist die Gesellschaft	
	Steuermesszahl: 3,5 %		Steuermesszahl: 3,5 %
	Freibetrag: EUR 24.500		Kein Freibetrag
	Anrechnung auf Einkommensteuer möglich; keine Gewerbesteuerpflicht für Freiberufler		Keine Anrechnung auf Körperschaftssteuer
Verlustverrechnung	Verrechnung von Verlusten mit anderen Einkunftsarten möglich		Nur Ausgleich mit Verlusten der Gesellschaft möglich
Steuerschuldner/Haftung	Betriebsinhaber mit seinem gesamten Vermögen	Jeder vollhaftende Gesellschafter mit seinem gesamten Vermögen	Gesellschaft mit ihrem Vermögen

lenderjahres. Dabei gilt der Erwerb einer Beteiligung von mindestens 10 % als zu Beginn eines Kalenderjahres erfolgt. Bei der Ermittlung der Beteiligungshöhe werden nur unmittelbare Beteiligungen am Grund- oder Stammkapital berücksichtigt. Anteile, die über eine Mitunternehmerschaft gehalten werden, gelten dabei allerdings anteilig als eine unmittelbare Beteiligung des Mitunternehmers.

▶ Entscheidend für die Steuerbefreiung ist, dass die Kapitalgesellschaft aufgrund der Art ihrer Geschäfte keine anderen steuerpflichtigen Einnahmen erzielt. Von Vorteil ist hier, wenn in der Satzung der Gesellschaft das „Erwerben, Halten und Verwalten von Beteiligungen" als Unternehmensgegenstand benannt ist (Juhn 2017). Würde die Satzung auch bspw. die Erbringung von Dienstleistungen erlauben, interpretiert die Finanzverwaltung dies nämlich als Absicht, künftig steuerpflichtige Umsätze erzielen zu wollen (Juhn aaO).

11.3.4 Rechtsformvergleich

Wie dargestellt, gibt es eine Vielzahl von Faktoren, die das steuerliche Ergebnis des Start-ups, sei es als Einzelunternehmen, Personen- oder Kapitalgesellschaft beeinflussen. Daher lässt sich keine pauschale Aussage treffen, welche Rechtsform nun die „Beste" für ein Start-up ist. Diesbezüglich soll Tab. 11.1 noch einmal einen Überblick über die wichtigsten steuerlichen Aspekte der Rechtsformwahl geben und könnte somit ggf. zur Entscheidungsfindung beitragen.

Literatur

Alber, M., H. Arendt, S. Faber, A. Fey, A. Golombek, T. Haug, I. Heß, J. Hottmann, S. Illing, T. Kremer, S. Lahme, E. Leicht, W. Maier, J. Melchior, P. Nürnberg, W. Rauh, T. Scheel, E. Vogl, N. Wirfler, und L. Zipfel. 2020. *Beck'sches Steuer- und Bilanzrechtslexikon*. München: Beck.

Birk, D., M. Desens, und H. Tappe. 2020. *Steuerrecht*. Heidelberg: C. F. Müller.

Blümich, W. 2020. *Einkommensteuergesetz. Körperschaftsteuergesetz. Gewerbesteuergesetz*. München: Vahlen.

Gosch, D. 2020. *Körperschaftsteuergesetz*. München: Beck.

Juhn, C. 2017. *Holdinggesellschaften: So geht es ohne Kapitalertragsteuer*. https://www.deutsche-startups.de/2017/09/21/holdinggesellschaften-geht-es-ohne-kapitalertragsteuer. Zugegriffen am 18.01.2021.

Tipke, K., und J. Lang. 2020. *Steuerrecht*. Köln: Schmidt.

„Steuerfallen“ erkennen und vermeiden 12

Christopher Hahn

12.1 Gründungsaufwand

Aufwendungen , die bereits in der Vorbereitungsphase der eigentlichen Start-up-Gründung entstehen, können in der Regel steuerlich berücksichtigt werden und als **Betriebsausgaben** den späteren **Gewinn mindern.** Darunter fallen bspw. die Kosten für Berater, für Reisen oder die Bewirtung von Geschäftspartnern.

Vorsicht ist jedoch bei der Gründung des Start-ups als GmbH oder UG (haftungsbeschränkt) und deren Entstehung in drei Phasen geboten (Vorgründungsgesellschaft, Vorgesellschaft und die eigentliche GmbH bzw. UG [haftungsbeschränkt]). Denn auf dieser Ebene können die Gründungsaufwendungen nur dann berücksichtigt werden, wenn sie nach notarieller Beurkundung des Gesellschaftsvertrages (sog. Vorgesellschaft) entstehen. Aufwendungen, die davor entstanden sind (Vorgründungsgesellschaft (GbR), deren Zweck allein auf die Gründung einer GmbH/UG gerichtet ist), können ggf. auf Ebene der Gesellschafter berücksichtigt werden (vgl. Winnefeld 2015, Kapitel N, Rn. 112).

Bei Vorliegen der weiteren Voraussetzungen kann die in den Gründungsaufwendungen enthaltene Umsatzsteuer ggf. auch vom Start-up als Vorsteuer geltend gemacht werden (s. Abschn. 11.2.1.3).

C. Hahn (✉)
trustberg LLP Rechtsanwälte, Berlin, Deutschland
E-Mail: christopher.hahn@trustberg.com

C. Hahn (Hrsg.), *Venture Capital*, https://doi.org/10.1007/978-3-658-33700-1_12

12.2 Steuervorauszahlungen

Eine stets ausreichende Liquidität ist für das Unternehmen lebensnotwendig. Allerdings veranlasst dies einige Gründer bzw. Gesellschafter dazu, Steuervorauszahlungen nicht in ausreichender Höhe anzusetzen und an das Finanzamt abzuführen. Folge hiervon sind zumeist **hohe Steuernachzahlungen,** welche die für das operative Geschäft des Unternehmens erforderliche Liquidität schnell entziehen und eine finanzielle Schieflage begünstigen können. Dies kann nicht zuletzt bis zur Insolvenz des Unternehmens führen. Aber auch die Gesellschafter selbst, z. B. Mitunternehmer einer Personengesellschaft, können von unerwartet hohen Steuernachzahlungen betroffen sein.

▶ Um hohen Steuernachzahlungen von Anfang an zu entgehen, sollten die monatlichen bzw. quartalsweise anfallenden Vorauszahlungen regelmäßig überprüft und ggf. auch freiwillig angepasst werden. Um letztlich einer Überraschung durch das Finanzamt zu entgehen, könnten auch etwas höhere Steuervorauszahlungen in Erwägung gezogen werden. Dies kann dann sogar zu späteren Steuerrückzahlungen führen.

12.3 Verträge zwischen nahen Angehörigen

Grundsätzlich können Verträge auch mündlich geschlossen werden. Allerdings müssen dann besondere Formerfordernisse beachtet werden, wenn Verträge zwischen nahen Angehörigen (zum Begriff vgl. § 15 AO) geschlossen werden. Hierbei wird von den Finanzbehörden häufig unterstellt, dass Vermögenszuwendungen oder Leistungen unter nahen Angehörigen auf familiäre Beziehungen beruhen, ohne dass ihnen rechtlich wirksame Verträge zugrunde gelegt werden können (vgl. auch Klein 2020, § 41 Rn. 30 ff.). In diesen Fällen werden regelmäßig die steuerlichen Folgen, z. B. ein Betriebsausgabenabzug verneint. Dies kann gerade in der Gründungsphase des Start-ups von Bedeutung sein, wenn die unterstützende Hilfe der nahen Angehörigen auch steuerwirksam berücksichtigt werden soll.

Damit Verträge zwischen nahen Angehörigen steuerlich berücksichtigt werden können, müssen sie wirksam sein, inhaltlich dem zwischen fremden Dritten Üblichen entsprechen und auch tatsächlich durchgeführt werden (sog. **Fremdvergleich,** vgl. auch BFH, BStBl. II 2011, S. 20). Dies gilt insbesondere für Arbeits-, Darlehens-, Miet- und Gesellschaftsverträge (vgl. Birk et al. 2020, Rn. 327 f.). Zu Dokumentationszwecken sollten diese stets auch schriftlich festgehalten werden.

12.4 Fehlende Absprachen mit einem (steuer-)rechtlichen Berater

Um in der Anfangsphase Geld zu sparen, neigen Gründer eines Start-ups oft dazu, sich die Beratungskosten bei einem Rechtsanwalt oder Steuerberater zu ersparen. In vielen Fällen kann sich dies jedoch als kostspieliger Fehler erweisen, der durch eine kompetente Steuerplanung und -beratung hätte vermieden werden können. Um mögliche Alternativen, z. B. zur Rechtsformwahl, oder Einsparungen zu eruieren, sollte daher frühzeitig Kontakt zu einem (steuer-) rechtlichen Berater aufgenommen werden. Die Kosten hierfür können in den meisten Fällen als **Gründungsaufwendungen** wiederum **steuermindernd** berücksichtigt werden.

12.5 Versäumnis von Fristen

Gerade in der Gründungszeit werden oft die steuerlichen Fristen vergessen. Abgesehen von möglichen Steuerschätzungen entstehen häufig auch teure „Mahngebühren", die gerade zu Beginn das vorhandene Kapital des Start-ups unnötig belasten. Daher kann nur empfohlen werden, die steuerlichen Fristen, z. B. bei der Abgabe der Steuererklärung einzuhalten bzw. frühzeitig Kontakt zu den Finanzbehörden aufzunehmen, um so unnötigen Ärger zu vermeiden. Tab. 12.1 stellt diesbezüglich die Fälligkeit wichtiger Steuerfristen dar, die die Gründer stets im Blickfeld behalten sollten.

Tab. 12.1 Wichtige Fälligkeitsregelungen im Steuerrecht

Steuer	Fälligkeit
Lohnsteuer	Zehnter Tag nach Ablauf des Lohnsteuer-Anmeldungszeitraums
Einkommensteuer-Vorauszahlung	10. März, 10. Juni, 10. September, 10. Dezember
Einkommensteuer-Vorauszahlung/ rückwirkende Erhöhung (Anpassung)	Ein Monat nach Bekanntgabe des Änderungsbescheids
Einkommensteuer-Abschlusszahlung	Ein Monat nach Bekanntgabe des Einkommensteuerbescheids
Körperschaftsteuer-Vorauszahlung	10. März, 10. Juni, 10. September, 10. Dezember
Körperschaftsteuer-Abschlusszahlung	Ein Monat nach Bekanntgabe des Körperschaftsteuerbescheids
Gewerbesteuer-Vorauszahlung	15. Februar, 15. Mai, 15. August, 15. November
Gewerbesteuer-Abschlusszahlung	Ein Monat nach Bekanntgabe des Gewerbesteuerbescheids
Umsatzsteuer-Vorauszahlung	Zehnter Tag nach Ablauf des Umsatzsteuer-Anmeldungszeitraums
Umsatzsteuer-Abschlusszahlung	Ein Monat nach dem Eingang der Jahressteuererklärung

Fazit

Die **Besteuerung** des Start-ups richtet sich regelmäßig danach, in welcher **Rechtsform** das Unternehmen betrieben wird, d. h. als Einzelunternehmung, Personen- oder Kapitalgesellschaft. Allerdings gibt es auch Steuern, die unabhängig von der Rechtsform entstehen – die **Umsatz**- und die **Lohnsteuer.**

Bei einem **Einzelunternehmen** und einer **Personengesellschaft** ist – gerade mit Blick auf die **Gewerbesteuer** – eine Abgrenzung zwischen **gewerblicher** und selbstständiger (**freiberuflicher**) :freiberufliche Tätigkeit :gewerbliche vorzunehmen. Bei **Kapitalgesellschaften** liegen dagegen bereits **kraft Gesetzes gewerbliche Einkünfte** vor. Der gewerbliche oder freiberufliche Gewinn wird dann entweder durch **Einnahme-Überschuss-Rechnung** oder durch **Betriebsvermögensvergleich** ermittelt.

Entsteht statt eines Gewinns ein **Verlust,** so kann dieser auf unterschiedliche Weise berücksichtigt, d. h. verrechnet werden. Bei Personen- und Kapitalgesellschaft ist jedoch zu beachten, dass die gewerbe- und körperschaftsteuerlichen Verluste durch einen **Gesellschafterwechsel** teilweise oder sogar vollständig entfallen können.

Mit der **Gründung** des Start-ups ist eine Vielzahl weiterer steuerlicher Pflichten einzuhalten. Neben der Anmeldung des Unternehmens sind dies insbesondere eine fristgerechte Abgabe von **Steueranmeldungen** und **-erklärungen** sowie die Tilgung fälliger **Steuervoraus**- bzw. **Abschlusszahlungen.** Die Gründer bzw. das Unternehmen sollten darüber hinaus potenzielle **„Steuerfallen"** vermeiden. Daher ist es regelmäßig auch unerlässlich, sich bspw. von einem Steuerberater eine fachkundige Beratung einzuholen.

Literatur

Birk, D., M. Desens, und H. Tappe. 2020. *Steuerrecht*. Heidelberg: C. F. Müller.

Klein, F. 2020. *Abgabenordnung*. München: Beck.

Winnefeld, R. 2015. *Bilanz-Handbuch. Handels- und Steuerbilanz. Rechtsformspezifisches Bilanzrecht. Bilanzielle Sonderfragen. Sonderbilanzen. IAS/US-GAAP*. München: Beck.

Teil VI

Public/Investor Relations (Krause)

Die Bewertung eines Start-ups wird auch maßgeblich davon mitbestimmt, welches Image und welchen Bekanntheitsgrad das Start-up und seine Gründer in der eigenen Branche und breiten Öffentlichkeit genießen. Eine durchdachte PR-Strategie schafft hier Mehrwert für Kunden und Investoren.

Public/Investor Relations 13

Michaela Krause

Grundlagen von PR für die Start-up-Finanzierung

Nach der gängigen Definition von Grunig und Hunt (1984) umfasst **Public Relations** das **Management von Kommunikation zwischen einer Organisation und ihren Stakeholdern**. Bewusst weit gefasst zählen zu diesen Stakeholdern daher Investoren, Kunden und potenzielle Geschäftspartner, aber auch Mitarbeiter und Bewerber. In der Regel kann man Stakeholder dabei in zwei Gruppen einteilen:

All jene werden mittels PR entweder direkt oder indirekt angesprochen. Zur indirekten Ansprache setzt Öffentlichkeitsarbeit auf Medien, Journalisten, Blogger, Influencer oder sonstige Multiplikatoren. Im Nachfolgenden sollen möglichst praxisnah Ziele, Strategien und Taktiken für diese indirekte Ansprache beleuchtet werden.

Einerseits Interessengruppen, die das Start-up selbst als wichtig erachtet (z. B. Kunden und Partner) und andererseits Stakeholder, die vom Start-up Informationen einfordern (z. B. Politik, Umwelt- und Verbraucherschützer).

M. Krause (✉)
Laika Communications GmbH, Berlin, Deutschland
E-Mail: michaela.krause@laika.berlin

C. Hahn (Hrsg.), *Venture Capital*, https://doi.org/10.1007/978-3-658-33700-1_13

Die meisten Start-ups stehen schon frühzeitig vor der Frage, ob und wann Öffentlichkeitsarbeit für sie in Betracht kommt. Ob B2B- oder B2C-Start-up: **Mehr Aufmerksamkeit von Kunden und potenziellen Partnern** sowie eine gewisse **Anziehungskraft auf Investoren** und Mitarbeiter sind wichtige Argumente für Gründer, sich von Anfang an damit auseinander zu setzen, wie die eigene Geschichte erzählt werden soll. Grundsätzlich ist PR jedoch ein langfristig ausgelegtes Instrument mit hohem Zeitaufwand.

- PR und Start-up- Finanzierung
- Ziele

> Die Bewertung eines Start-ups wird auch maßgeblich davon mitbestimmt, welches Image und welchen Bekanntheitsgrad das Start-up und seine Gründer in der eigenen Branche und breiten Öffentlichkeit genießen. **Image und Bekanntheit** zählen dabei zu den **immateriellen Gütern eines Start-ups**, die schwer messbar sind.

- Öffentlichkeitsarbeit vor Finanzierung

Nur wenige Start-ups schaffen es aus dem Stegreif ohne Marketing und Kommunikation zu Bekanntheit unter Investoren. Ein wenig „hausgemachte" Öffentlichkeitsarbeit ist oftmals vonnöten, um die gezielte Aufmerksamkeit zu erhalten. Im folgenden Kapitel soll daher beleuchtet werden, wie Gründer und Start-ups in Eigenregie erste PR-Erfolge erzielen können.

- Ziele

In der Regel verfolgen Start-ups die drei gleichen **übergeordneten PR-Ziele** wie etablierte Unternehmen. Mit Öffentlichkeitsarbeit bezwecken sie:

- **Aufmerksamkeit** bei Stakeholdern zu wecken, die das Start-up noch nicht kennen;
- **Vertrauen** bei Stakeholdern zu stärken, die das Start-up bereits auf dem Radar haben;
- **Glaubwürdigkeit** bei Stakeholdern zu erhöhen, um eine Handlung auszulösen (z. B. dass Journalisten über das Start-up schreiben, Investoren an das Start-up herantreten, erste Nutzende einen Service testen oder bereits bestehende Kunden erneut einen Kauf tätigen).

Um diese Ziele zu erreichen, benötigen sie in der Regel **Medien, Journalisten, Blogger oder Influencer als Multiplikatoren** für die Kommunikation ihrer Botschaften. Im nächsten Abschnitt soll daher darauf eingegangen werden, wie Start-ups für sie geeignete Multiplikatoren ausfindig machen und erfolgreich ansprechen können.

Auswahl geeigneter Zielmedien

Wichtig für Medienarbeit als Teilbereich der PR ist die **gezielte Auswahl der richtigen Kontakte**, Kanäle und Medien. Nicht nur Start-ups, sondern auch etablierte Unternehmen unterschätzen oftmals den Zeitaufwand für die Recherche geeigneter Kanäle und passender Journalisten sowie die Kontaktanbahnung zu diesen.

Erfahrungsgemäß fokussieren sich viele Gründer zunächst auf die gängigen Start-up-Medien wie zum Beispiel TechCrunch, VentureBeat, Gründerszene (neuerdings Business Insider) und deutsche-startups.de. Dies ist jedoch zu kurz gegriffen.

Zunächst einmal ist diese Auswahl zwar naheliegend, aber für langfristige PR-Erfolge viel zu klein und lediglich eine Nabelschau der Start-up-Szene. Natürlich beobachten Investoren gerade diese Medien ganz genau, aber gleichzeitig ist vielen von ihnen wichtig, dass ein Jungunternehmen auch über die Start-up-Szene hinaus Bekanntheit erreicht. Schließlich möchte es vielleicht an ganz andere oder viel breitere Zielgruppen verkaufen.

Auch die großen Wirtschaftstitel und Tageszeitungen berichten regelmäßig über aufstrebende Gründer und innovative Ideen – entweder in eigenen Subressorts (z. B. WiWo Gründer http://www.wiwo.de/themen/gruender), regulär im Wirtschaftsressort oder auf Lokalseiten. Start-ups sind in der Mitte der Gesellschaft und damit auch mitten im Nachrichtenalltag angekommen.

Investoren studieren die einschlägigen Medien gründlich und achten dabei erfahrungsgemäß auf zwei Dinge: weckt das Start-up in der gängigen Technologie und Gründerpresse regelmäßig das Interesse von ihnen und anderen Investoren? Schlummert hier ein Trend, auf den es sich lohnt aufzuspringen? Und: ist das Start-up schon in Gründerkreisen bekannt, so schafft es dann auch den Sprung in für Kunden und Partner wichtige (Fach) medien, um sich durch positive PR Wachstum zu erschließen? Eine Kombination aus reichweitenstarken Wirtschafts-/Tagesmedien und gezielter Fachpresse zeigt Investoren: „Hier ist ein Start-up im Aufwind, dessen nähere Betrachtung sich lohnt."

Darüber hinaus ist ein zu starker Fokus auf die Start-up-Presse allein oftmals ein fehlgeleiteter Einsatz kostbarer Zeit und Ressourcen. Zwar wird diese in der Szene verfolgt, aber Kunden und potenzielle Mitarbeiter, die bislang mit der Start-up-Branche wenig in Kontakt kamen, werden so nicht erreicht. In der Erweiterung des eigenen Horizonts bei der Auswahl von Medienkontakten schlummert verborgenes Wachstumspotenzial auf vielen Ebenen.

Recherche-Tipps für die Erstellung von Presseverteilern

In der Praxis ist die Zusammenstellung von effektiven Presseverteilern vor allem Fleißarbeit. Zwar bieten Unternehmen wie Meltwater (https://www.meltwater.com/de/), Cision (http://www.cision.de/) und andere mittlerweile riesige Datenbanken mit Kontaktdetails von Journalisten und Bloggern weltweit an, jedoch ist der Zugang zu diesen Informationen mit oftmals für Start-up-Zwecke zu hohen Kosten verbunden. Zudem sind auch bei professionellen Mediendatenbanken Informationen oftmals veraltet – sich tausende Kontaktadressen teuer zu kaufen, endet daher nicht selten in großer Enttäuschung. Erschwerend kommt hinzu, dass sich die thematische Suche nur langsam entwickelt und das zielgerichtete Filtern nach Redakteuren, die sich für die eigene Zukunftstechnologie interessieren, oftmals nicht möglich ist. Darüber hinaus haben Kontaktdatenbanken einen weiteren Haken: die in ihnen registrierten Journalisten werden von PR-Abteilungen geradezu überrannt – dementsprechend hart ist der Wettbewerb um Aufmerksamkeit. Genervt von der Vielzahl unspezifischer Anfragen lassen sich zudem viele Redakteure anschließend aus den Datenbanken austragen und sind damit, sofern man sich allein auf gekaufte Adressen verlässt, nicht länger auffindbar.

Empfehlenswert ist daher für Start-ups die manuelle Recherche, bei der sie ganz nebenbei auch noch einiges über die jeweiligen Medien und Redakteure lernen. Hierfür eignen sich folgende Wege:

- Online-Recherche durch Google News Suche: in regelmäßigen Abständen sollten Start-ups und Gründer hier thematisch verwandte Suchbegriffe nutzen. Beispiel: Ein Fintech-Start-up möchte seine neue Blockchain-API in die Presse bringen? Dann lohnt es sich, schon Wochen vorab mittels der Google News Suche nach Artikeln zu den Themen „Blockchain", „Bitcoin", „Kryptowährung" und „Fintech" zu recherchieren. In der Regel werden bei Artikeln die Namen der verantwortlichen Redakteure angegeben. Durch diese zugegeben etwas aufwendige Recherche finden Start-ups nicht nur die passenden Journalisten, sondern haben zudem vielleicht gleich noch einen aktuellen Gesprächsanlass, um in Kontakt zu treten.
- Durch Nachfragen bei befreundeten Gründern lassen sich viele Start-up-interessierte Medien und Journalisten in Erfahrung bringen. Ein Austausch und Vergleich von Pressekontakten hilft Start-ups in der Anfangsphase sehr.
- Oftmals bietet das Impressum von Print- oder Onlinemedien bereits einen guten Überblick über Ressorts und Kontaktadressen. Findet man hier zwar Namen, aber keine E-Mail-Adressen, so hilft das kostenlose Portal hunter.io (www.hunter.io) bei der Recherche nach dem E-Mail-Kontakt.
- Im deutschsprachigen Raum noch in den Kinderschuhen stecken Online-Plattformen, auf denen Journalisten gezielt nach Antwortgebern für Fragen jeglicher Art suchen. Eine von ihnen ist ResponseSource (https://www.responsesource.de/signup/). Hier lohnt es, sich als Gründer oder PR-Verantwortlicher im Start-up zu registrieren, um mit wenig Aufwand aktuelle Recherchethemen von Journalisten zu verfolgen.
- Begrenzt eignen sich auch die sozialen Medien für die Recherche von Medienkontakten. So haben sich zum Beispiel im englischsprachigen Raum die Hashtags #journorequest #bloggerrequest und #prrequest auf Twitter (https://twitter.com/hashtag/journorequest) etabliert. Mittels ihnen suchen Journalisten nach Gesprächspartnern zu Themen oder aktuellen Anlässen.
- Das Einrichten von Google Alerts (https://www.google.de/alerts) hilft ganz einfach und bequem dabei, Themen zu beobachten, die das eigene Start-up betreffen. Dies ist nicht nur zur Recherche von Kontaktdaten nützlich, sondern dient auch dem sofortigen Newsjacking).

13.1 Individuelle Ansprache statt Massenversand

Ist der Presseverteiler erst einmal erstellt, steht dem ersten Versand nicht mehr viel im Weg. Viele Start-ups wählen nun das ihnen durch E-Mail- und Newsletter-Marketing bekannte Prinzip des Massenversandes als vermeintlich effektives und effizientes Werkzeug. Zusätzlich werden oftmals noch alle erdenklichen kostenfreien Presseportale online bespielt. Diesem liegt der Irrglaube zugrunde, dass Journalisten ihren Tag damit verbringen, auf zufällige Pressemitteilungen zu warten und diese dann genau studieren. Das Gegenteil ist der Fall: Journalisten sind in Zeiten schrumpfender Redaktionen ihrerseits und einer wachsenden Anzahl von PR-Vertretern auf Unternehmensseite zunehmend überfordert, die Flut an Presseinformationen noch zu durchdringen. Auch die ausbleibenden Werbeeinnahmen und Einschränkungen durch die Corona-Krise haben dafür gesorgt, dass sich die Reihen der Redakteure weiter gelichtet haben.

Widmen sich Journalisten doch einer Presseinformation und entdecken zugleich, dass diese bereits über Presseportale verteilt wurde, gehen sie oftmals davon aus, dass die Story bereits an Aktualität verloren hat.

Der zumeist richtige Weg, um journalistische Aufmerksamkeit zu gewinnen, ist daher die **individuelle Ansprache einzelner Medienkontakte** – gerne auch vorab als Exklusivgeschichte, die nur einem einzelnen Zielmedium angeboten wird. Hierbei ist den Redakteuren in in einer die Pressemitteilung begleitenden E-Mail oder Anruf zu erläutern, wieso das Thema genau zu ihm oder dem von ihm betreuten Medium passt, inwiefern die Leser, Zuschauer oder Zuhörer von diesem Thema profitieren und weswegen unter Umständen auch zeitliche Relevanz besteht.

Natürlich bestätigt die Ausnahme die Regel: manche Themen eignen sich unter Umständen doch für den Massenversand. Und zwar Themen, die so eilig, wirtschaftlich oder fachlich relevant oder einzigartig sind, dass Journalisten fast nachlässig handeln würden, sie nicht zu beachten. Hierzu zählen zum Beispiel größer angelegte Studien oder aber Finanzzahlen großer Unternehmen. Auf die PR-Themen unbekannter Start-ups trifft dies jedoch in der Regel nicht zu. Sie können das Interesse der Journalisten nicht erwarten, sondern müssen es für sich gewinnen.

13.2 Start-up-Launch-Kommunikation

Viele Start-ups machen es sich zum Anfang zu leicht und gehen davon aus, dass allein die Tatsache, dass sie neu auf dem Markt sind, auch berichtenswert für Medien ist. Dies ist in Zeiten von Start-up-Boom jedoch nicht (mehr) der Fall. Bei Journalisten hat sich ein gewisser Müdigkeitseffekt eingestellt. Auch schauen vor allem deutsche Medienvertreter zuweilen skeptisch auf die Szene und warten lieber erst einmal ab, ob sich ihrer Meinung nach ein Jungunternehmen am Markt bewährt.

Daher ist die erste Bekanntmachung des eigenen Start-ups mittels PR akribisch vorzubereiten. Bevor Medienvertreter in welcher Form auch immer angesprochen werden, gilt es, den Nachrichtenwert des eigenen Unternehmens zu prüfen, die Spielregeln im Umgang mit Medienvertretern zu verstehen und das nötige PR-Handwerk zu erlernen. Im Folgenden sollen einige Praxistipps Anregung dafür geben, wie ein erfolgreicher PR-Start in Eigenregie möglich ist.

13.3 Informieren ohne Buzzword-Bingo

In der Start-up-Szene regieren Denglisch und IT-Sprech – man ist ja schließlich unter sich und versteht sich. Gerade national reichweitenstarke Medien stehen jedoch vor der Herausforderung, eine breite Zielgruppe abzuholen. Gute Öffentlichkeitsarbeit zeichnet sich daher durch einfache, allgemein verständliche Sprache ab. Jegliches **Buzzword-Bingo** ist zu **vermeiden**, genauso wie komplizierte Schachtelsätze oder Übertreibungen.

Für Start-ups und Gründer empfiehlt es sich, ihre PR-Materialien auf **Branchenjargon** zu prüfen – idealerweise durch eine dritte Person, die der Szene fremd ist. Erst wenn jemand fachfremdes keinerlei Probleme hat, die Start-up-Geschichte zu verstehen, sollte das Thema auch an Medien herangetragen werden.

Mitunter neigen technologiegetriebene Start-ups auch dazu, zu sehr in Produkten und zu wenig in Geschichten zu erzählen. Ein Produkt an sich ist jedoch erst einmal keine Story wert, die Art und Weise wie es Probleme löst, die eine Vielzahl von Menschen oder Branchen betreffen, ist es schon eher. Statt also über neue Funktionen, Technologien und Produktpaletten zu reden, sollten Jungunternehmen gerade bei ihrem PR-Start darauf achten, das Problem klar zu umreißen und sich selber als Lösung zu präsentieren. Denn eins haben viele Start-ups gemeinsam: sie lösen mitunter Probleme von deren Existenz oder Dimension Journalisten noch nicht einmal wussten. Daten- und faktenbasierte Aufklärungsarbeit mit anschaulichen Beispielen kann hier helfen.

Ein weiterer typischer Start-up-Fehler ist es, Pressemitteilungen & Co. durch inhaltsleere Worthülsen aufwerten zu wollen. Stichwort: „Innovative" oder „disruptive" Technologie, „best-in-class", „Big Data" oder „customer focused". Journalist*innen reagieren auf diese oder ähnliche Versprechen bestenfalls mit einem müden Gähnen, schlimmstenfalls bohren sie verärgert nach und enthüllen, dass ihrer Meinung nach nichts hinter den Worthülsen steckt. Start-ups tun sich daher einen Gefallen, auf branchentypische Buzzwörter und Superlative zu verzichten und ihre Presseinformationen stattdessen mit Zahlen, Daten und Fakten zu untermauern sowie Testimonials und Case Studies mitzuliefern.

13.4 Struktur und Storytelling zählen

Journalisten stehen ständig unter Zeitdruck und hören tagtäglich hunderte Stories gleichzeitig. Dementsprechend wichtig ist es, der eigenen Geschichte Struktur zu verleihen.

Eine professionelle Pressemitteilung beantwortet so frühzeitig wie möglich die **5 W-Fragen**: wer hat Was Wann Wo und Warum getan? Eine klare Struktur sieht dabei folgendermaßen aus:

- Eine Aufmerksamkeit gewinnende Überschrift, die in der Regel darüber entscheidet, ob eine Pressemitteilung überhaupt gelesen wird. Hier punkten Start-ups mit Prägnanz, Kürze und Kreativität.
- Eine Unterzeile mit Bulletpoints oder einer Subheadline, die die Überschrift kurz weiter erläutert.
- Im Anreißer müssen die 5 W-Fragen beantwortet werden, ansonsten steigt spätestens hier der Leser aus.
- Im Mittelteil hat das Start-up nun die Chance, detaillierte Informationen zu geben und einzelne Aspekte die ihm wichtig sind, näher hervorzuheben. Ebenso sind präzise Zitate von Geschäftsführern, Investoren, Kunden oder Partnern hier an der richtigen Stelle. Aber Vorsicht: zu viele Zitate stören den Lesefluss und enden oft im Eigenlob.
- Abschließend fasst die sogenannte **Boilerplate** noch einmal die wichtigsten Informationen über das Start-up zusammen.

Rein formal sollte eine Pressemitteilung eine bis zwei DIN-A4-Seiten keinesfalls übersteigen.

Dies soll nur als Beispiel dienen, denn natürlich gibt es viel mehr Formate und Wege als eine Pressemitteilung, um die eigene Geschichte zu erzählen.

13.5 Namen als Türöffner

Zu Beginn jeglicher Öffentlichkeitsarbeit ist es für fast alle Start-ups schwer, bei Medien Gehör zu finden – schließlich hat man sich noch keinen Namen gemacht. „**Namedropping**" (dt. Referenznennung) kann daher unbekannten Gründern, Unternehmen und Produkten dabei helfen, Beachtung zu finden. In der Praxis heißt dies, dass PR-Verantwortliche im Start-up und Gründer sich genau umschauen sollten, welche Investoren, Kunden oder Partner ihnen beim Thema Öffentlichkeitsarbeit behilflich sein könnten. In der Regel PR-erfolgreicher sind Start-ups, die bei der Medienansprache auf **bekannte Kunden oder Investoren** verweisen können – diese Referenzen wirken als Türöffner zur Aufmerksamkeit beim Journalisten

13.6 Die Pressemitteilung ist kein Allheilmittel

Oftmals wird Öffentlichkeitsarbeit mit dem Schreiben und Versenden von Pressemitteilungen gleichgesetzt. Dabei ist die **Pressemitteilung nur ein taktisches Mittel von vielen**. Zugegeben: sie ist bei Unternehmen aller Größen sehr beliebt, schließlich ist sie schnell geschrieben und gestreut. In der Folge hat es sich jedoch eingebürgert, Pressemitteilungen zu den selbst kleinsten Unternehmensankündigungen an Massenverteiler zu versenden. Viele dieser Pressemitteilungen eint, dass ihr Nachrichten- und Erkenntniswert gering ist. Dementsprechend genervt und überfordert reagieren Journalisten: entweder sie lesen die Pressemitteilung gar nicht erst oder sie scannen nur die ersten Zeilen auf ihren Nachrichtenwert.

Start-ups sollten daher von Fall zu Fall prüfen, ob die Pressemitteilung das geeignete Mittel für die eigene Kommunikation ist. **Bewährte Alternativen** sind zum Beispiel:

- Ankündigungen im Rahmen von Events

Ankündigungen im Rahmen relevanter **Branchen- und Industrieevents** haben den Vorteil, dass oftmals hier bereits Medienvertreter vor Ort sind und Zeit und Interesse mitgebracht haben. Von eigens organisierten Pressekonferenzen ist jedoch in der Regel abzuraten: nur selten machen sich Journalisten die Mühe, das Presse-Event eines einzelnen, bislang noch unbekannten Start-ups zu besuchen. Zu groß ist der zeitliche und logistische Aufwand und zu häufig sind Anfragen dieser Art. Start-ups sollten daher eher darüber nachdenken, welche ihrer Zielkontakte sie zu Events einladen können, die ohnehin stattfinden.

- Redaktionsbesuche

Besonders den Bedürfnissen von Journalisten entgegen kommen Start-ups, die auch nicht den Aufwand scheuen, **Redaktionen** zu **besuchen**. Eine einfache Nachfrage des Gründers, ob er nicht einmal für 30 Minuten in der Redaktion vorbeischauen soll, um ein neues Produkt vorzuführen, bewirkt oftmals Wunder. Unangekündigte Besuche sind hingegen unbeliebt.

- Produktproben anbieten

Nicht für jedes Start-up geeignet, aber für manche effektiv – das **Versenden von Produktproben** oder Testgeräten an ausgewählte Multiplikatoren. Dies ist natürlich schwierig für Anbieter von Dienstleistungen, aber auch hier gibt es Möglichkeiten wie **Testzugänge zu Software oder Gutscheine** für die einmalige Buchung eines Services.

- Experten-Statements und Newsjacking

Experten-Statements (**O-Töne**) bieten sich für Start-ups an, um sich als Experte im eigenen Gebiet zu positionieren. Hierfür beziehen Gründer zu aktuellen Themen Stellung – idealerweise in einigen kurzen, prägnanten und vielleicht auch kontroversen Äußerungen. **Aktualität** ist dabei der **zentrale Faktor**, der schnell wieder verloren geht – haben sich schon zu viele Meinungsgeber geäußert, findet die eigene Stimme kein Gehör mehr.

Beim **Newsjacking** hingegen geht es darum, als Unternehmen einen aktuellen Medientrend zu kapern – d. h. einen Teil der Medienaufmerksamkeit um ein Thema zu rauben.

Auch dies kann eine erfolgreiche Taktik für Start-ups sein. Hierbei gibt es mehrere mögliche Vorgehensweisen, die Start-ups für sich nutzen können: zum einen können sie den zu einer Story recherchierenden Journalisten direkt extra Material und Informationen zukommen lassen (ähnlich zum Experten-Statement) oder aber sie produzieren ihre Inhalte direkt für soziale Medien, um auf die dortige Welle aufzuspringen.

- Ratgeberthemen

Ratgeber-Beiträge und Whitepaper eignen sich vor allem für die Platzierung in Fachmedien. Sie gehen inhaltlich in die Tiefe und helfen ähnlich wie die o. g. Experten-Statements Gründern und Start-ups dabei, die **eigene Expertise hervorzuheben**. Start-ups sollten diese aufwändigen Texte jedoch nicht ungefragt an Redaktionen verschicken, sondern zunächst einen kurzen Abstract der Thematik vorbereiten und den jeweils zuständigen Redakteuren anbieten. Stößt das Thema auf Interesse, kann der Artikel finalisiert werden.

- Hintergrundartikel und Reportagen

Hintergrundartikel und Reportagen sind ein interessantes Angebot für Medien, wenn Start-ups zu maximaler Transparenz bereit sind. Journalisten schauen gerne „**hinter die Kulissen**" – kann ein Start-up einmalige Einblicke in die eigene Fertigung und Produktion bieten, so kann z. B. eine Werksbesichtigung von Interesse für Medien sein.

- Blogposts, kurze Status-Updates, Sammeln von News

Blogposts bieten sich für die Ankündigung kleinerer Produkt-Updates und neuer Funktionen an. Die besten eigenen Medienkontakte können anschließend mit einer kurzen Mail und einem Link zum Blogpost ganz einfach auf die Neuigkeit hingewiesen werden. Kurze regelmäßige Status-Updates via E-Mail an bereits interessierte Journalisten sind eine weitere Möglichkeit, um in Kontakt zu bleiben.

Das Sammeln mehrerer Neuigkeiten für eine gemeinsame Story ist ratsam, anstatt viele kleine Einzelheiten anzukündigen. Diese Informationen in eine gemeinsame Meldung zu einem späteren Zeitpunkt zu verpacken, erhöht die Chancen, dass Journalisten einen **Nachrichtenwert** in ihnen sehen.

- Themenpläne und PR Kalender nutzen

PR-Erfolg beruht auf **Vorbereitung und Planung**. Glücklicherweise lassen sich Medien dabei zumindest ein wenig in die Karten schauen. Gerade bei der Fachpresse ist es üblich, **Sonderthemen** lange im Voraus zu planen. Start-ups können sich diese sogenannten „**Themenpläne**" üblicherweise zu Ende des Jahres für das Folgejahr auf der Website des jeweiligen Fachmediums herunterladen. Zu wissen, wann welches Thema für Redakteure auf dem Plan steht, kann dabei helfen, die eigenen Themen zeitlich abzustimmen.

Zudem empfiehlt es sich für jedes Start-up, auch einen eigenen Themenkalender anzulegen. In der Regel gibt es für jedes Unternehmen saisonale oder vorhersehbare Ereignisse, die für Öffentlichkeitsarbeit genutzt werden können. Hierzu zählen zum Beispiel Feiertage, Sportereignisse etc.

13.7 Gängige Anfängerfehler bei der Medienansprache

Doch auch wenn Thema und Taktik stimmen, kann ein Pitch der eigenen Story noch an kleinen, handwerklichen Fehlern scheitern. Folgende Fehler führen oftmals dazu, dass Multiplikatoren Start-ups ignorieren:

- **Nichtsagende Betreffzeilen** in E-Mails: In der täglichen Flut an Informationen gilt es herauszustechen. Zu lange oder nichtsagende Betreffzeilen sind ein häufiger Grund, wieso ein Start-up nicht zu den gewünschten Redakteuren durchdringt.
- **Unpersönliche Ansprache**: Hat sich das Start-up nicht wie in Abschn. 13.2.2.2 beschrieben die Mühe gemacht, seine Ansprechpartner und deren Interessen genau zu recherchieren, so sinken die Chancen auf Aufmerksamkeit gegen Null.
- **Falsches Timing**: Das Thema kann noch so relevant sein – kurz vor dem Wochenende, an Feiertagen oder während stressiger Konferenzzeiten werden Journalisten kaum auf Pressemitteilungen reagieren.
- Die **Pressemitteilung** wurde **als Anhang** verschickt: Journalisten öffnen nur ungern Anhänge – daher sollten Start-ups ihren Pressetext unter die individuelle Ansprache direkt in die E-Mail kopieren.
- „**Das Thema ist durch**“: Hat ein Medium gerade erst über Wettbewerber XY berichtet, so ist es für das Start-up oftmals schwer, zeitnah auch in die Berichterstattung zu rücken – schließlich geht es der Redaktion um thematische Abwechslung. Hier hilft nur, mittels neuer Aspekte und Blickwinkel auf sich aufmerksam zu machen.
- **Aufdringliches Nachfassen**: Leider immer noch gängige Praxis ist aufdringliches und Druck erzeugendes telefonisches Nachfassen. Hierdurch fühlt sich das Gegenüber oftmals jedoch mehr bedrängt als geholfen. Eine simple E-Mail mit einer kurzen Nachfrage, ob das Thema relevant war, reicht oftmals aus.

13.8 Selbst ist das Start-up vs. professionelle Unterstützung

Die gute Nachricht zuerst: im Vergleich zu klassischer Werbung ist PR für Start-ups kostengünstiger. Bereits mit **wenig Budget** lassen sich die **ersten Maßnahmen erfolgreich umsetzen**. Die schlechte Nachricht: **Erfolgreiche Öffentlichkeitsarbeit ist zeitintensiv**. Zeit ist jedoch für die Mehrheit der Gründer ein rares Gut. Dementsprechend schnell entsteht der Wunsch nach professioneller Unterstützung durch eine **PR-Agentur** oder einen **PR-Freelancer**. Mittlerweile haben sich eine Vielzahl von Agenturen und Berater sogar auf die „**Zielgruppe Start-up**" spezialisiert.

Die Öffentlichkeitsarbeit auf **externe Dienstleister** auszulagern ist jedoch gerade in frühen Start-up-Phasen mit Vorsicht zu betrachten: hierdurch entsteht ein **zusätzlicher Kostenfaktor**, den **Investoren** in einem frühen Stadium oftmals **skeptisch** gegenüber stehen – zumal viele Agenturen mit ihren Kunden Halbjahres- oder Jahresverträge abschließen. Eine dermaßen lange vertragliche Bindung an einen externen Dienstleister kann von potenziellen Geldgebern kritisch hinterfragt werden. Neben der finanziellen Frage hat eine **interne Lösung** weitere **Vorteile**:

- Auch die Auslagerung an einen externen Dienstleister heißt nicht, dass das Thema PR für Gründer und Teams zu 100 % vom Tisch ist. Agenturen und Freelancer sind auf Informationen innerhalb des Unternehmens angewiesen und müssen geführt werden. Dementsprechend ist gerade am Anfang für viele Start-ups die Einsparung beim **Faktor Zeit** nicht so groß wie erwartet.
- Bei der Öffentlichkeitsarbeit innerhalb des Start-ups sind die **Informationswege kürzer** und das Produktverständnis größer. Gerade bei komplexen Technologiethemen kann es schwierig sein, einen externen PR-Partner zu finden, der ausreichend mit der Materie vertraut ist.
- Bei der Umsetzung von PR-Maßnahmen innerhalb des Start-up-Teams ist die Identifikation der beteiligten Personen größer – ein nicht unwichtiger Aspekt, wenn man sich vor Augen führt, dass erfolgreiche PR oftmals Beziehungsarbeit ist. Bei der Auslagerung an Agenturen hingegen kann das geringe Start-up Budget unter Umständen dazu führen, dass das Start-up als „**kleiner Fisch im großen Teich**" behandelt wird – sprich, dass sich die Agentur nicht ausreichend Zeit nimmt, um das Start-up zum PR-Erfolg zu führen.

Vorteile externer PR-Dienstleistungen können hingegen sein:

- Der **Einkauf der nötigen PR-Expertise**; denn wie vorhergehend geschildert, erfordert erfolgreiche Öffentlichkeitsarbeit Recherche, Einarbeitung und ein gewisses Talent für Storytelling etc.
- Der **Zugang zum bestehenden Mediennetzwerk** der externen Berater oder der externen Agentur.
- Der **Zugang zu professionellen PR-Werkzeugen** wie Kontaktdatenbanken, Medien-Monitoring, Themenplänen, Eventkalendern usw.
- Auslagerung auf Dienstleister bietet eine Lösung für ein gängiges Problem vieler Gründer: fehlende **Zeit.** Häufig haben Gründer so viele Themen auf dem Tisch, dass Kommunikation hinten angestellt wird. Eine Agentur oder Freelancer können dabei helfen, PR Themen anzugehen und Liegengebliebenes aufzuarbeiten. Aber Vorsicht: ganz ohne Mitwirken der Gründer geht es in der Regel nicht!

- Erfolgreiche Öffentlichkeitsarbeit für Finanzierungsrunden

Ein freudiges Ereignis, das durchdacht kommuniziert werden will: die eigene Finanzierungsrunde steht an. Was zunächst banal klingt, ist in der Praxis ein **aufwändiger Kommunikationsfahrplan,** der neben aktiven Investoren und Medien weitere Stakeholder wie die eigenen Mitarbeiter, künftige Investoren und die breite Öffentlichkeit abholen soll. Im Folgenden sollen daher Praxis-Tipps für die erfolgreiche Kommunikation von Finanzierungsrunden gegeben werden.

13.9 Mehrwert schaffen – wie die eigene Finanzierungsmeldung heraussticht

Grundsätzlich ist die **Kommunikation** der eigenen, kürzlich abgeschlossenen Finanzierungsrunde für jedes Start-up sinnvoll. Jedoch hängt die Form der Ankündigung stark von der **Höhe der Runde**, der **beteiligten Investoren** und der Bereitschaft zur **Transparenz** ab.

Journalisten interessieren bei Finanzierungsmeldungen vor allem harte Zahlen. Fehlt **belastbares Zahlenmaterial**, so landet die Meldung meist umgehend im Papierkorb. Leider hat sich jedoch in den letzten Jahren auf Druck von Investoren oftmals die Praxis eingeschlichen, konkrete Zahlen nicht zu veröffentlichen oder diese zu verschleiern. Verständlich: schließlich sind Kapitalgeber und Gründer zugleich oftmals um die Bewertung des Start-ups besorgt. Realistisch ist ein Verstecken dieser Zahlen mittelfristig jedoch gar nicht möglich. Alle halbwegs erfahrenen Journalisten wissen, dass sie sich dieses Zahlenmaterial einfach über den Jahresabschlussbericht im Bundesanzeiger beschaffen können. Mit nur wenigen Klicks wissen Journalisten somit spätestens dann, über welches Kapital ein Start-up verfügt.

Doch nicht nur die Höhe der geflossenen Gelder ist ein interessantes Detail für Medienvertreter. Um eine relevante Geschichte zu schaffen, sind sie in der Regel auch daran interessiert, wie das **Investment** künftig **eingesetzt** werden soll: ist eine Expansion ins Ausland geplant? Werden zusätzliche Stellen in der Region geschaffen? Fließt das gesammelte Kapital in Marketing-Kampagnen oder in die Entwicklung? All diese Aspekte sollte eine Finanzierungsmeldung im Idealfall proaktiv beantworten, um aus der Masse herauszustechen.

Darüber hinaus erwarten Journalisten weitere **Kennzahlen**, die das **Marktpotenzial des Start-ups** illustrieren. Schließlich können Finanzierungsrunden allein nur Anschub geben, aber nicht das Überlegen des Start-ups sichern. Gründer und PR-Verantwortliche sollten daher in Pressemitteilungen und Interviews dafür gewappnet sein, auch (kritische) Fragen zur Marktgröße, Reichweite und Nutzerzahlen proaktiv zu beantworten. Auch hier erwarten Journalisten in der Regel belastbare Zahlen – Wachstumsraten zum Beispiel geben keinen wirklichen Aufschluss darüber, welchen Stellenwert das Unternehmen bereits erreicht hat.

Besonders kritisch betrachtet werden übrigens Finanzierungsrunden in Millionenhöhe, bei denen kein echtes Geld fließt. Sogenannte „**Media for Equity“-Deals** haben sich in der Vergangenheit oft als leere Versprechen entpuppt. Solange kein ausgeklügelter Mediaplan dahintersteckt, handelt es sich hier oftmals nur um Werbe-Restplätze. Ohne Geld für Mitarbeitende, Vertrieb, Produktion oder Entwicklung geht Gründer*innen und Start-ups hier oftmals die Luft aus.

13.10 Exklusiv-Story vs. Massenansprache

Wie bereits in 13.2.2.3. angesprochen, stehen PR-Verantwortliche von Zeit zu Zeit vor der schwierigen Entscheidung, ob eine Presseinformation eher als **Exklusivgeschichte** an Medien herangetragen werden sollte oder aber ob eine sofortige **breite Kommunikation** die gewünschte Aufmerksamkeit schafft.

In der Praxis hat sich die Kombination von beidem bewährt: ist sich das Start-up wie in 13.2.2.2. skizziert über die wichtigsten Zielmedien im Klaren, so empfiehlt es sich, eine Auswahl dieser zu treffen und diese nach Faktoren wie Reichweite, Zielgruppe etc. zu priorisieren. Anschließend vorab dem wichtigsten Zielmedium eine Finanzierungsrunde als Exklusiv-Thema anzubieten, bietet diesem Medium die Chance, die Geschichte tiefergehend zu beleuchten, Rückfragen zu stellen und der Story mehr Raum im eigenen Medium zu geben als es beim Erhalt eines Massenversandes möglich wäre. Bei Letzterem würde die Meldung durch das Wettrennen der Medien untereinander um den News-Gehalt der Geschichte oftmals nur in Kürze übernommen.

Basis für das Anbieten einer **Exklusiv-Story** sind jedoch folgende Faktoren:

- Eine **gründliche und rechtzeitige Vorbereitung der Ansprache** ist zentrale Basis einer erfolgreichen exklusiven Platzierung. Im Idealfall sollte die Exklusivmeldung bereits Tage vor dem offiziellen Ankündigungsdatum inklusive sogenannter „**Sperrfrist**“ bzw. „Embargo“ an den Journalisten herangetragen werden. Nur so hat er oder sie Zeit, das Thema zu begutachten, gegebenenfalls anzunehmen und weiter zu bearbeiten. Journalisten freuen sich in der Regel darüber, als Exklusivpartner in Betracht gezogen zu werden und dank der Sperrfrist Zeit zu haben, sich dem Thema in der Tiefe zu widmen. Auch kann sich das Start-up nicht darauf verlassen, dass der Wunschkontakt Interesse oder Zeit hat. Durch eine rechtzeitig gestartete Ansprache erhöhen Start-ups daher die Chancen zur zielgerichteten **Platzierung ihrer Finanzierungsrunde**.
- Eine persönliche Beziehung zum Journalisten und das Vertrauen darin, dass dieser das vereinbarte Embargo nicht bricht, ist von elementarer Wichtigkeit für eine exklusiv platzierte Finanzierungsmeldung. Journalisten sind zum Einhalten von Embargos nicht verpflichtet, ein Brechen dieser Vereinbarung bleibt in der Praxis aber die große Ausnahme. Sperrfristen gelten als **Ehrenkodex**. Start-ups sollten sich aber bewusst sein, dass dies aus Versehen oder bei unklaren Absprachen durchaus passieren kann.

13.11 Nach der Runde ist vor der Runde

Bei einer Finanzierungsrunde steht für Start-ups, Investoren, Medien und Öffentlichkeit die **Unternehmensbewertung im Mittelpunkt**. Ist die Finanzierungsrunde erst einmal abgeschlossen, so gehen auch viele Start-ups erst einmal davon aus, dass das Thema Bewertung für einige Zeit abgehakt ist.

Führt man sich jedoch vor Augen, in welchen Abständen neuer Kapitalbedarf besteht und wie schnell gewonnene Aufmerksamkeit und Vertrauen durch Nicht-Kommunikation wieder verfliegen können, so wird deutlich, wieso es sich für Start-ups lohnt, auch nach der erfolgreichen Finanzierung **PR** als **langfristig ausgelegtes Kommunikationsinstrument** weiter am Laufen zu halten.

Literatur

Grunig, J. E., und T. Hunt. 1984. *Managing public relations*. Rinehart and Winston: Holt.

Teil VII

Einblicke erfolgreicher Gründer und Investoren (Hahn/Frey)

Die Einblicke erfolgreicher Gründerinnen und Gründer vermitteln eindrucksvoll, wie sie die Finanzierung und das Set-up Ihres Start-ups auf dem Weg zu einem erfolgreichen Unternehmen gemeistert haben. Darüber hinaus erläutern erfolgreiche Investoren, auf welche Aspekte sie beim Gründerteam und ihrem Geschäftsmodell ganz besonderen Wert legen.

Qunomedical (Sophie Chung) 14

Christopher Hahn und Philipp Frey

14.1 Unternehmen

Qunomedical ist ein Plattform, die Patient:innen weltweit Zugang zu Behandlungen ermöglicht, während Arztwahl, Kosten und Wartezeit bis zur Behandlung optimiert werden. Dafür kooperiert das Unternehmen mit führenden Ärzt:innen und Krankenhäusern in 25 verschiedenen Ländern, wobei das Behandlungsspektrum von Zahnimplantaten, über Haartransplantationen oder Fettabsaugungen bis hin zu Herzoperationen reicht. Dank strenger Qualitätsstandards werden nur Kliniken auf internationalem Top-Niveau zugelassen und stetig entlang der Patientenzufriedenheit geprüft.

Zu den Investoren zählen unter anderem Project A, 500 Startups und Kima Ventures. Aktuell beschäftigt Qunomedical mit Hauptsitz in Berlin 70 Mitarbeiter:innen und vermittelt Behandlungen für Patient:innen aus über 50 Ländern.

14.2 Einblick von Sophie Chung, Gründerin

Welche Tipps würdest Du einem jungen Gründer, der an die von Dir erreichten Erfolge anknüpfen will, für die Erstellung des Businessplans/Pitch Decks geben?

C. Hahn (✉)
trustberg LLP Rechtsanwälte, Berlin, Deutschland
E-Mail: christopher.hahn@trustberg.com

P. Frey
hy - the Axel Springer Consulting Group, Berlin, Deutschland
E-Mail: philipp.frey@hy.co

C. Hahn (Hrsg.), *Venture Capital*, https://doi.org/10.1007/978-3-658-33700-1_14

Analysen zum Markt und zum Wettbewerb, Details zu Finanzen, dem Produkt und zum Team sind – das liegt auf der Hand – natürlich ganz grundsätzlich die wichtigsten Bestandteile eines guten Pitch Decks. Der Business Case sollte meiner Erfahrung nach optimistisch und dennoch realistisch sein und zudem erklären, wovon das Wachstum des Startups konkret abhängig ist. Beispielsweise sind die Entwicklungsphasen von Healthcare-Startups deutlich länger als die von E-Commerce-Startups, was ein Pitch berücksichtigen muss. Hier zeigt sich, wer die Hausaufgaben gemacht hat.

Entscheidend für Erfolg oder Misserfolg von Pitch Decks ist aber, dass alle Informationen klar aufbereitet und verständlich sind. Es muss beim Lesen jede:m sofort klar werden, welches Problem das Startup lösen will. Wer sich in zu komplexen Ausführungen verliert, hat schlechte Karten.

Welche Erfahrungen hast Du mit Inkubatoren und/oder Business Angels gemacht?

Mit Qunomedical hatten wir bisher keine Berührungspunkte zu Inkubatoren. Allerdings habe ich mit Business Angels sehr gute Erfahrungen gemacht, denn häufig sind sie selbst erfahrene Unternehmer:innen, die die Leidenschaft für Gründungen und neue Geschäftsideen teilen. Wenn die Chemie stimmt, dann sind sie mit ihrem Know-how und Netzwerk wahnsinnig wertvolle Sparringspartner:innen, Impulsgeber:innen und helfende Hände.

War Venture Capital für die Finanzierung Deines Start-ups von wesentlicher Bedeutung? In welcher Form (z. B. Kapitalerhöhung, Wandeldarlehen, virtuelle Anteile) hast Du den/die VC-Geber beteiligt?

Für mich war schon von Anfang an klar, dass ich mit Qunomedical schnell und stark wachsen will: Wir wollten schnell eine bestimmende Position im Markt einnehmen und unser Angebot ausweiten. Dafür brauchten wir die entsprechenden Mittel und waren damit ein klassischer VC-Case. Dank der ersten Kapitalerhöhung konnten wir den Plan in die Tat umsetzen: Seit vier Jahren wächst das Unternehmen in allen Bereichen.

Wie wichtig war für Dich die Auswahl der richtigen Führungsmitarbeiter/key persons? Worauf sollte man bei der Auswahl ganz besonders achten?

Ohne ein gutes Team hat eine gute Idee keine Chance auf Erfolg. Die Auswahl der Mitarbeiter:innen – ganz egal für welche Position – ist deshalb erfolgskritisch und abhängig vom Entwicklungsgrad des Unternehmens. Anfangs sind Menschen gefragt, die anpacken können, unternehmerisch denken und schon beinahe wie Co-Founder agieren: Sie müssen vielseitig und flexibel sein, damit das ganze Team agil bleibt. Zwischenmenschlich muss es da natürlich auch passen, denn besonders bei jungen Startups ist die Arbeit oft sehr intensiv.

Nach einer gewissen Zeit sollten die Allrounder dann von Expert:innen abgelöst werden, die mehr Struktur in das Startup hineintragen und bestimmte einzelne Bereiche in den Fokus nehmen. Auf diese Weise kann das Unternehmen an Tiefe gewinnen und sich immer weiter entwickeln.

Habt Ihr bei Euch ein Mitarbeiterbeteiligungsprogramm (real/virtuell)?

Programme zur Beteiligung der Mitarbeiter:innen kenne ich seit meiner Zeit beim New Yorker Healthcare-Startup Zocdoc. Dass ich das bei der Gründung eines eigenen Unternehmens auch meinen Mitarbeiter:innen bieten möchte, war vollkommen selbstverständlich. Seit dem ersten Tag ist das eine Sache, bei der ich mich von niemandem umstimmen lasse.

Die Bedingungen für eine reale Beteiligung der Mitarbeiter:innen sind in Deutschland sehr aufwändig, deshalb haben wir uns bei Qunomedical für ein virtuelles Modell entschieden. Dabei bekommt jede:r Mitarbeiter:in unter bestimmten Voraussetzung entsprechende Anteile. Insgesamt ist das Programm sehr umfangreich und steht einer realen Beteiligung in nichts nach.

Was sind Deiner Meinung nach die 3 wichtigsten Faktoren, die zum Erfolg Deines Unternehmens geführt haben bzw. beitragen?

Entscheidend für den Erfolg von Qunomedical war und ist die Tatsache, dass wir zum richtigen Zeitpunkt mit einem relevanten Business-Case in einen offenen und großen Markt eingetreten sind. Damit waren die Voraussetzungen dafür gegeben, dass ein talentiertes Team mit viel Einsatz jeden Tag daran arbeiten kann, dass das Unternehmen stetig wächst. Um in den Worten von Simon Sinek zu sprechen: Der wichtigste Erfolgsfaktor und unsere ständige Motivation ist unser *Why*, nämlich der unermüdliche und optimistische Glaube an eine bessere und gesündere Welt.

15 Lieferando.de/Just Eat Takeaway.com (Jörg Gerbig)

Christopher Hahn und Philipp Frey

15.1 Unternehmen

Just Eat Takeaway.com ist ein weltweit führender Online-Marktplatz für Essenslieferungen, der Verbraucher und Restaurants über seine Plattform in 23 Ländern miteinander verbindet. 2014 erfolgte die Übernahme des u. a von Jörg Gerbig gegründeten deutschen Wettbewerbers Lieferando.de.

15.2 Einblick von Jörg Gerbig, Gründer

Welche Tipps würdest Du einem jungen Gründer, der an die von Dir erreichten Erfolge anknüpfen will, für die Erstellung des Businessplans/Pitch Decks geben?

Speziell beim Pitch Deck liegt die Würze in der Kürze. Euer Pitch muss Investoren emotional begeistern. Bringt eure Geschäftsidee also möglichst prägnant auf den Punkt. Zeigt das Problem und den Bedarf eurer Kunden auf, und macht klar, wie euer Service oder Produkt ihnen eine Lösung liefert. Lieferando bietet Restaurants nicht nur einen Logistik-

C. Hahn (✉)
trustberg LLP Rechtsanwälte, Berlin, Deutschland
E-Mail: christopher.hahn@trustberg.com

P. Frey
hy - the Axel Springer Consulting Group, Berlin, Deutschland
E-Mail: philipp.frey@hy.co

C. Hahn (Hrsg.), *Venture Capital*, https://doi.org/10.1007/978-3-658-33700-1_15

service, sondern vor allem einen Marktplatz, auf dem sie einfach findbar sind, um mehr Bestellungen zu erhalten. Unsere Konsumenten sparen nicht nur den Weg zum Restaurant. Wir erweitern und vereinfachen wir ihnen vor allem die Auswahl und die Bestellung. Neben eurem Markt muss auch euer Team überzeugen.

Welche Erfahrungen hast Du mit Inkubatoren und/oder Business Angels gemacht?

Business Angel und Inkubatoren können sehr hilfreich sein in der Gründungsphase. Denn meist verfügen sie über eine fundierte Expertise und sind gut vernetzt. Dennoch kommt es auf die Auswahl der richtigen Partner an. Vor allem für Erstgründer sind Sparingspartner wichtig, die schwierigen Situationen bereits durchlaufen haben. Denn davon werdet ihr in den ersten Jahren einige erleben. Zudem sollte die persönliche Ebene stimmen, um einen guten Erfahrungsaustausch zu gewährleisten.

War Venture Capital für die Finanzierung Deines Start-ups von wesentlicher Bedeutung? In welcher Form (z. B. Kapitalerhöhung, Wandeldarlehen, virtuelle Anteile) hast Du den/die VC-Geber beteiligt?

Venture Capital war natürlich ein wesentlicher Treiber für unser schnelles Wachstum. Unser Geschäftsmodell basiert auf dem Aufbau von Netzwerkeffekten. Erstbesteller sind nicht profitabel, aber der wiederkehrende Kunde ist es. Insofern müssen wir Kunden mittels Marketing einkaufen und diese Kundenakquise vorfinanzieren. Je stärker wir wuchsen, desto größer wurde der Kapitalbedarf, bis irgendwann der Kundenstamm die Kosten deckte. In den ersten Jahren haben wir durch Kapitalerhöhungen Anteile an Business Angels und Venture Capital-Firmen abgeben, bevor wir dann in 2016 an die Börse gegangen sind. Bei der Beteiligung von VC-Gebern kam es mir vor allem darauf an, dass diese unsere Vision und Strategie unterstützen, und dass sie uns den Freiraum gewähren, diese weiterzuentwickeln.

Wie wichtig war für Dich die Auswahl der richtigen Führungsmitarbeiter/key persons? Worauf sollte man bei der Auswahl ganz besonders achten?

Wir haben keine Fabriken und keine Produktion. Unser wichtigstes Asset sind unsere Mitarbeiter. Entsprechend wichtig sind Begeisterung und Commitment für die gemeinsame Vision und Mission. Gerade in der Anfangsphase sollten Führungskräfte Verantwortung übernehmen und lösungsorientiert arbeiten. Oft habe ich gefragt: „Wie würdest du entscheiden, wenn es deine eigene Firma wäre?“ Klasse geht hier ganz klar vor Maße. Gründer und Führungskräfte in Startups neigen dazu, Wachstum durch Neueinstellungen zu bewerkstelligen. Dabei ist es oft effizienter, Prozesse neu zu durchdenken, um die Firma skalierbar weiterzuentwickeln. Führungskräfte sollten diese Denke teilen.

Habt Ihr bei Euch ein Mitarbeiterbeteiligungsprogramm (real/virtuell?)

Bei Just Eat Takeaway haben wir ein Beteiligungsprogramm, allerdings erst ab höheren Führungsebenen. Dies besteht aus Aktien und Optionen. Als ich Lieferando vor mehr als zehn Jahren gegründet habe, waren solche Beteiligungen noch weniger populär. Viele Beteiligungsprogramme sind sehr komplex und administrationsaufwändig. Dennoch haben wir auch damals schon einige Mitarbeiter unseres Führungsteams beteiligt. Zum Börsengang in 2016 haben wir dann allen Mitarbeitern Anteile geschenkt, aus dem Erlös unserer eigenen Anteile. Für manche Mitarbeiter im Wert von bis zu zwei Jahresgehältern. Ich denke, dass viele Mitarbeiter noch Aktien aus dieser Zeit halten, und damit gut fahren.

Was sind Deiner Meinung nach die 3 wichtigsten Faktoren, die zum Erfolg Deines Unternehmens geführt haben bzw. beitragen?

Der Mut, auf Basis von Trends früh zu gründen, harte Arbeit und die Fähigkeit zum Fokussieren sind sicherlich hilfreich.

In meiner Zeit als Investmentbanker durfte ich Abends bei Überstunden auf Kosten der Firma Essen bestellen. Also habe ich mir den Markt näher angeschaut. Jedoch gab es nach der Finanzkrise 2009 wenig Kapital im Markt. Eine Finanzierung zu bekommen, war äußerst mühsam. Auch glaubten damals noch die Wenigsten, dass der Markt für Online-Essensbestellungen einmal so groß und alltagsrelevant werden würde.

Wir haben damals relativ schnell erkannt, dass das Geschäftsmodell funktioniert, da unsere Kunden schnell zu wiederkehrenden Kunden wurden, das Produkt also sehr gut annahmen. Schon damals schafften wir es, die Kosten für eine Kundenakquise binnen 1–2 Jahren wieder einzuspielen.

Das bestätigte zwar unser Geschäftsmodell. Aber damit fing die Arbeit erst richtig an. Denn Erfolg ohne harte Arbeit, Ausdauer und Leidensfähigkeit ist selten. Meist ist es ein Marathon. Gründer müssen in der Lage sein, auf diesem Weg mit Erfolgen und Misserfolge umzugehen. Das gleicht zuweilen einer emotionalen Achterbahnfahrt.

Wenn das Geschäftsmodell sich als nachhaltig herausstellt, kommt es darauf an, zu fokussieren, um Komplexität zu reduzieren und nicht unnötig Ressourcen zu verschwenden.

16 Trade Republic (Christian Hecker)

Christopher Hahn und Philipp Frey

16.1 Unternehmen

Die Trade Republic Bank ist ein mobiler und provisionsfreier Broker. Sie gehört zu den am schnellsten wachsenden Startups in Europa und ermöglicht ihren Nutzern das gebührenfreie Handeln von ETFs, Aktien und Derivaten über eine App. Zu den aktuellen Investoren zählen unter anderem Accel und Peter Thiels Founders Fund aus den USA. Aber auch Creandum aus Schweden, Project A aus Berlin, sowie die Zalando-Aufsichtsratschefin Cristina Stenbeck und HelloFresh-Gründer Dominik Richter haben sich beteiligt.

16.2 Einblick von Christian Hecker, Gründer Trade Republic

Welche Tipps würdest Du einem jungen Gründer, der an die von Dir erreichten Erfolge anknüpfen will, für die Erstellung des Businessplans/Pitch Decks geben?

Wenn man diese Frage mit einem Vergleich beantworten wollen würde, so finde ich passt der eines Autos gut.

C. Hahn (✉)
trustberg LLP Rechtsanwälte, Berlin, Deutschland
E-Mail: christopher.hahn@trustberg.com

P. Frey
hy - the Axel Springer Consulting Group, Berlin, Deutschland
E-Mail: philipp.frey@hy.co

C. Hahn (Hrsg.), *Venture Capital*, https://doi.org/10.1007/978-3-658-33700-1_16

Das Pitch Deck ist das, was von außen betrachtet werden kann – Farbe, Form, Design, ... Der Businessplan ist das Innere des Autos, also das, was man erst bei genauer Nutzung erkennt – Ausstattung, Motor, Fahrgefühl, ... Manche Leute interessieren sich für ein Auto, weil es von außen toll zu betrachten ist. Letztendlich kaufen es die Meisten jedoch erst, nachdem sie es auch gefahren sind. Der Vergleich hinkt natürlich auf vielen Ebenen, grundsätzlich sollte ein junger Gründer aber vermutlich genauso über das Pitch Deck und den Businessplan nachdenken.

Nutzt das Pitch Deck also, um eine Geschichte zu erzählen: Was ist das Problem? Wie wollt ihr es lösen? Wer seid ihr? Warum werdet ihr erfolgreicher sein als andere? Investiert viel Mühe und Liebe in das Design und die Story. Ein gutes Pitch Deck weckt Interesse, ohne dass es von euch erklärt werden muss: Eben wie ein tolles Auto, das an euch vorbeifährt.

Nutzt den Businessplan, um zu zeigen, dass ihr euer Unternehmen und das darin steckende Potenzial verstanden habt. Dabei liegt die Herausforderung darin, komplexe Prozesse einfach und strukturiert darzustellen. Die notwendige Tiefe hängt dabei von der Phase ab, in der sich euer Unternehmen befindet. Dinge, die es jedoch immer zu beachten gibt, sind Fehlerfreiheit, Vollständigkeit sowie möglichst wenige Überschneidungen. Ein guter Businessplan zeigt, dass Dinge funktionieren (könnten) – ähnliche wie eine Probefahrt.

Welche Erfahrungen hast Du mit Inkubatoren und/oder Business Angels gemacht?

Meine Erfahrungen mit Business Angels sind grundsätzlich positiv.

Viele waren essenziell für unseren Erfolg – mit diesen stand und stehe ich im wöchentlichen Austausch und konnte viel von ihnen lernen. Mit anderen habe ich seit dem Investment nur wenig Kontakt.

Mein grundsätzlicher Tipp bei der Auswahl von Business Angels ist, einerseits hohen Wert auf die persönliche Komponente zu legen – d. h. Habe ich Lust, nach langen Arbeitstagen noch mit ihm/ihr zu telefonieren? Würde diese Person mir auch helfen, wenn es meinem Unternehmen nicht gut gehen würde? – und andererseits Expertise in konkreten Gebieten zu suchen, damit diese mir bei schwierigen Fragen helfen können.

War Venture Capital für die Finanzierung Deines Start-ups von wesentlicher Bedeutung? In welcher Form (z. B. Kapitalerhöhung, Wandeldarlehen, virtuelle Anteile) hast Du den/die VC-Geber beteiligt?

Venture Capital war für Trade Republic von wesentlicher Bedeutung.

Wir haben mehrere Jahre gebraucht, um eine Banklizenz zu erhalten und unsere Trading-Infrastruktur zu bauen – beides Dinge, die uns jetzt vom Großteil der Konkurrenz abheben. Trade Republic ist somit ein Paradebeispiel für die Venture Capital Welt, da eine Startfinanzierung notwendig war, um die Entwicklung eines Produkts vorantreiben zu können, welches uns nun seit zwei Jahren exponentielles Wachstum ermöglicht.

Wie wichtig war für Dich die Auswahl der richtigen Führungsmitarbeiter/key persons? Worauf sollte man bei der Auswahl ganz besonders achten?

Wesentlich – gerade in jungen Unternehmen können wenige Mitarbeiter zwischen Erfolg und Misserfolg entscheiden.

Ich habe selbst erst kürzlich gelernt Experten von Managern zu unterscheiden. Experten haben, wie der Name vermuten lässt, tiefe Kenntnisse in einem bestimmten Themengebiet. Sie sind durch ihr Wissen aber nicht zwangsläufig geeignet Teams zu führen.

Manager sind oftmals gut darin mit verschiedenen Typen von Mitarbeitern umzugehen, diese zu führen und zu motivieren. Sie können aber aufgrund mangelnder Expertise daran scheitern ihre Kollegen inhaltlich zu challengen.

Nur sehr selten gibt es Manager die ausgiebige Expertise in einem Themengebiet aufweisen und die Gabe haben, diese Expertise auch auf weitere Teammitglieder zu übertragen. Solche Personen können ganze Organisationen mitreißen und ihre Kompetenz und Motivation multiplizieren. Hier gilt es also für jede Rolle das spezifische Anforderungsprofil abzuwägen.

Habt Ihr bei Euch ein Mitarbeiterbeteiligungsprogramm (real/virtuell)?

Ja, wir haben ein virtuelles Mitarbeiterbeteiligungsprogramm.

Solche Optionen sind ein toller Weg, um die Interessen einzelner Mitarbeiter mit denen des Unternehmens anzugleichen. Sie können dafür sorgen, dass Mitarbeiter weniger an das eigene und stärker an das Wohl der Gruppe denken. Speziell in der Frühphase sind Optionen essenziell, um herausragende Talente zu gewinnen, da ein Startup in der Regel weder hohe Gehälter noch normale, geregelte Arbeitszeiten bieten kann. Auch in der jetzigen Phase geben wir noch Optionen aus, jedoch vermehrt an Führungskräfte oder an Mitarbeiter, welche sich als starke Leistungsträger herausgestellt haben.

Was sind Deiner Meinung nach die 3 wichtigsten Faktoren, die zum Erfolg Deines Unternehmens geführt haben bzw. beitragen?

1) *Culture eats Strategy for Breakfast* – wie Peter Drucker schon gesagt hat. Je größer dein Unternehmen wird, desto weniger wichtig wird die einzelne Person und umso wichtiger die effektive und effiziente Zusammenarbeit der breiten Belegschaft. Wir versuchen alles, um unsere Mitarbeiter zu befähigen – durch Transparenz, Verantwortung und Support – und glauben, dass dies einer der Gründe ist, warum wir so schnell wachsen konnten.
2) *Increase Talent Density.* Wir glauben, dass in bestimmten Rollen – vor allem den kreativen und strategischen – ein High-Performer ein Vielfaches an Leistung zu einem durchschnittlichen Mitarbeiter bringen kann. Wir haben daher niemals versucht, günstig zu hiren. Der wirkliche Erfolg kommt jedoch erst dann, wenn gute Leute befähigt werden eigene Leute einzustellen: Denn sehr gute Leute stellen wiederum sehr gute Leute ein. Wir fragen uns also bei jedem Kandidaten ob er/sie den Qualitäts-Durchschnitt bei Trade Republic heben würde.
3) *Build into a Growing Market.* Das Marktwachstum ist im Nachhinein schwer zu beeinflussen, macht den Erfolg jedoch signifikant einfacher. Es ist sehr viel leichter, ein Produkt an Leute zu verkaufen die nach einer neuen Lösung suchen als sie von einem Produktwechsel zu überzeugen. Das ist etwas mit dem wir großes Glück hatten und ein Gedanke, den wir jedem Gründer vor der Gründung seines Unternehmens ans Herzen legen möchten.

Capnamic Ventures (Olaf Jacobi) 17

Christopher Hahn und Philipp Frey

17.1 Venture Capital Fond

Capnamic Ventures mit Sitz in Köln und Berlin gehört zu Europa's führenden Early-Stage Venture Capital-Investoren. Der Investmentfokus des VCs liegt auf jungen Technologie-Startups mit disruptiven Geschäftsmodellen im deutschsprachigen Raum. Darüber hinaus investiert Capnamic mit internationalen Co-Investoren. Alle Portfolio-Unternehmen werden von Capnamics globalem Industrie- und Experten-Netzwerk sowie der umfangreichen Expertise des Teams unterstützt. Das Capnamic-Team besteht aus erfahrenen Investoren, die auf über 80 Beteiligungen, zahlreiche Trade Sales und IPOs sowie eigene unternehmerische Erfahrungen zurückschauen können.

17.2 Einblick von Olaf Jacobi, Investor

In welchen Branchen und Unternehmensphasen liegt Euer Investmentfokus?

Capnamic Ventures investiert in technologiebasierte Unternehmen. Hier handelt es sich insbesondere um Software-Unternehmen und Plattformen, die ein konkretes Problem lösen, eine klar definierte Zielgruppe haben und mit einer verteidigbaren Technologie

C. Hahn (✉)
trustberg LLP Rechtsanwälte, Berlin, Deutschland
E-Mail: christopher.hahn@trustberg.com

P. Frey
hy - the Axel Springer Consulting Group, Berlin, Deutschland
E-Mail: philipp.frey@hy.co

C. Hahn (Hrsg.), *Venture Capital*, https://doi.org/10.1007/978-3-658-33700-1_17

aufgebaut sind. Ein weiterer Bereich unserer Investmentstrategie ist Basistechnologie, die die Grundlage einer intelligenten Infrastruktur bildet und die Leistung von Online- und Offline-Geschäften verbessert und/oder deren Komplexität verringert. Zudem fokussieren wir uns auf Geschäftsmodelle, die bestehende Wertschöpfungsketten verändern und eine effizientere Nutzung von Ressourcen ermöglicht.

Unser initiales Investment in ein Unternehmen findet in den ersten Investitionsrunden statt. Das sind überwiegend Investments zur Seed- und A-Runde statt. Dies bedeutet, dass potenzielle Portfoliounternehmen in der Lage sein sollten, ein marktreifes Produkt mit einem grundlegenden Proof-of-Concept, oder zumindest einen MVP, vorweisen zu können. Darüber hinaus sollten die Unternehmen ein klares Bild von ihren Zielkunden haben. Als Grundregel kann man zudem sagen, dass umso komplexer und innovativer die Technologien und umso erfahrener die Gründer-Teams sind, desto früh-phasiger investieren wir in ein Unternehmen.

Welche Kriterien sind für Euch bei einer Investition entscheidend?

Die Entscheidung, ob wir in ein Startup investieren, basiert auf vielen einzelnen Kriterien. Letztlich entscheidend sind für uns die *drei Ts*:

Team – Das Startup wird von einem Team leidenschaftlicher, motivierter und disziplinierter Unternehmer gegründet und geleitet, die in der Lage sind, die besten Leute an Bord zu holen.

Timing – Das Startup zeigt das Potenzial, in Märkte und Industrien, die sich durch technologische Innovation und hohes Wachstum auszeichnen, zu einem führenden Anbieter zu werden.

Technologie – Das Startup entwickelt eine verteidigbare Technologie, skalierbare Produkte und Dienstleistungen durch Spezialisierung und Standardisierung.

Welche Punkte dürfen in keinem Businessplan/Pitchdeck fehlen?

Pitchdecks sind unglaublich divers – und das ist auch gut so, denn jedes Team ist anders. Trotzdem würde ich Teams ein paar Aspekte ans Herz legen, die für mich ein gutes Pitchdeck ausmachen. Einer der wichtigsten Tipps ist, dass Pitchdeck kurz und prägnant zu halten. So sollte ein Pitch Deck zwischen 10 und max. 20 Seiten haben. Die Seiten dürfen nicht zu textlastig sein. Komplexe Sachverhalte werden einfacher durch aussagekräftige Grafiken veranschaulicht.

Eine Best Practice für die mögliche Struktur eines Pitch Deck kann so aussehen:

1. Einleitung
2. Das Team

3. Das Problem
4. Die Lösung
5. Produkt & Technologie
6. Traction
7. Markt
8. Alleinstellungsmerkmal
9. Wettbewerb
10. Proof of Concept
11. Geschäftsmodell
12. Finanzierungsbedarf und -verwendung

Diese wesentlichen Punkte dürfen in keinem Pitch Deck fehlen. Weitere Informationen, z. B. zu den Themen Technologie-Stack, Marketing, Go-to-Market-Strategie etc., können je nach Relevanz das Pitchdeck erweitern oder auch in entsprechenden Back-Ups eingebaut werden.

Wie sieht ein idealer CapTable eines Start-ups zum Zeitpunkt Eurer Investition aus?

In vielen Fällen sind wir der erste institutionelle Investor im CapTable. Vor unserem initialen Investment haben u. U. bereits Business Angels in einer Pre-Seed bzw. Seed Phase investiert.

Zu viele Investoren und Shareholder können für ein Startup hinderlich sein, da die Komplexität in der Kommunikation und Entscheidungsfindung auf Shareholder-Seite mit jedem weiteren Investor stark zunimmt.

Die Gründer sollten zum Zeitpunkt unseres Investments über den weitaus größten Unternehmensanteil verfügen. Wir investieren in Gründerteams, die unternehmerisch denken und stark durch den Wertaufbau ihres Unternehmens incentiviert sind.

Wie geht Ihr bei der Bewertung des Start-ups vor? Welche eigene Vorstellung bzw. Aussagen über die Bewertung erwartet Ihr von den Gründern?

Eine Bewertung für ein Startup zu finden, hängt von viele Faktoren ab und ist auch immer ein Abwägen von weiteren Konditionen und Klauseln, die in den Investmentverträgen festgehalten werden. Bei der Findung der Bewertung sind mehrere Parteien involviert. Neben uns bzw. weiteren neuen Investoren, haben insbesondere die Gründer aber auch die Bestandsinvestoren Vorstellungen zu der Bewertung und den Konditionen der anstehenden Finanzierungsrunde.

Wir orientieren uns bei der Findung der richtigen Unternehmensbewertung u. a. an derzeit üblichen Marktpreisen, dem CapTable, den wichtigen KPIs des Startups, dem Wachstumspotenzial und dem prognostizierten zukünftigen Finanzierungsbedarf.

Welche sind die Top 3 Dealbreaker? Was kann möglicherweise geheilt werden, so dass Ihr trotzdem investiert?

Eine der ersten Fragen, die wir uns bei jedem neuen Deal stellen, ist die Frage nach dem Potenzial. Kann aus diesem jungen und noch kleinen Startup ein stark wachsendes und großes Unternehmen werden? Als Venture Capital Investor sind wir grundsätzlich auf der Suche nach möglichen Outliers – also Unternehmen, die alle Voraussetzungen haben, stark zu wachsen und richtig groß zu werden.

Sollten wir bei spannenden Deals nicht ausreichend Potenzial sehen, arbeiten wir oft gemeinsam mit den Gründern daran, das langfristige Potenzial zu erweitern. Wenn das nicht funktioniert, kommt der Deal aber meist nicht zustande.

Als Frühphasen-Investor investieren wir insbesondere in die handelnden Personen, in das Gründer-Team. Auch wenn fast kein Team von Anfang an komplett ist, sollte das Kern-Gründer-Team überzeugen und uns das Vertrauen geben, dass sie in der Lage sind die besten Talente ins Unternehmen zu bekommen. Sie müssen ihr Unternehmen gegenüber Kunden und weiteren Investoren hervorragend verkaufen können und eine robuste und skalierbare Technologie bzw. Produkt entwickeln und vermarkten können.

Während der Verhandlung für ein Investment kann es zu unüberwindbaren, unterschiedlichen Vorstellungen hinsichtlich der Unternehmensbewertung und Investment-Terms kommen. Auch wenn Gründer sowie Investoren gern zusammenarbeiten möchten, können solche Aspekte Dealbreaker sein.

Earylbird (Paul Klemm) 18

Christopher Hahn und Philipp Frey

18.1 Earlybird Venture Capital

Earlybird ist ein Venture-Capital-Investor mit Fokus auf Technologieunternehmen in Europa. Der 1997 gegründete Kapitalgeber konzentriert sich auf Investments in verschiedenen Wachstumsphasen der Unternehmensentwicklung und bietet seinen Portfoliounternehmen nicht nur finanzielle Mittel, sondern auch strategische und operative Unterstützung sowie den Zugang zu einem internationalen Netzwerk und zum Kapitalmarkt. Earlybird verwaltet Fonds in den Bereichen digitale Technologien in Ost- und Westeuropa, sowie in Health Technologies. Mit einem verwalteten Kapital von 1,5 Mrd. Euro, sieben Börsengängen sowie 30 Trade Sales zählt Earlybird zu den erfahrensten und erfolgreichsten europäischen Wagniskapitalgebern.

18.2 Einblick von Paul Klemm, Investor

In welchen Branchen und Unternehmensphasen liegt Euer Investmentfokus?

Earlybird versteht sich als Dienstleister gegenüber seiner Anleger:innen und seiner Gründer:innen. Entsprechend ist auch der Investmentfokus der Firma strukturiert. Es existieren

C. Hahn (✉)
trustberg LLP Rechtsanwälte, Berlin, Deutschland
E-Mail: christopher.hahn@trustberg.com

P. Frey
hy - the Axel Springer Consulting Group, Berlin, Deutschland
E-Mail: philipp.frey@hy.co

C. Hahn (Hrsg.), *Venture Capital*, https://doi.org/10.1007/978-3-658-33700-1_18

vier Fondsprodukte, welche sich durch eine geografische Nähe zum jeweiligen Startup Ökosystem und durch eine Spezialisierung des Investmentfokus auszeichnen. Mit dieser Struktur garantiert Earlybird den bestmöglichen Mehrwert und ist in der Lage Unternehmer:innen sowie Frühphasenkapital als auch Wachstumskapital zur Verfügung zu stellen. Earlybird Health investiert bis zu €5 Mio. initial in Health Startups mit einem pan-europäischen Fokus. Earlybird Digital East, mit Sitz in Istanbul und einer Fondsgröße von €200 Mio., fokussiert sich auf Frühphaseninvestments im Softwarebereich in Osteuropa. Earlybird Digital West, mit Sitzen in Berlin und München, fokussiert sich auf Früphaseninvestments in West-, Nord und Zentraleuropa. Der Investmentfokus liegt ähnlich wie bei Earlybird Digital East auf Softwareunternehmungen, initiale Investments können bis zu einer Höhe von €8 Mio. getätigt werden. Das vierte Fondsprodukt ist ein sogenannter „Growth Opportunity Fond", welcher bestehenden Portfoliofirmen bis zu €60 Mio Wachstumskapital zur Verfügung stellen kann.

Welche Kriterien sind für Euch bei einer Investition entscheidend?

Es ist Earlybirds Ziel, Unternehmen:innen zu fördern, welche eine neue (Software) Kategorie erschaffen möchten. Entsprechend sind eine Marktgröße von global >€5 Mrd., ein erstklassiges Team und erste Visibilität auf einen potenziellen Product Market Fit bei einer Investition entscheidend.

Welche Punkte dürfen in keinem Businessplan/Pitchdeck fehlen?

Häufig unterschätzen Gründer:innen die Relevant einer konkreten und verständlichen Go-To-Market Strategie. Diese stellt dar, wie das neu eingesammelte Geld von Investoren konkret in den Bereichen Produkt und Technologie investiert werden soll und wie diese Investments dann skalierbar und erfolgreich an den Markt gebracht werden sollen. Es ist von Vorteil, wenn die Go-To-Market Strategie entsprechend konkretisiert und ausgestaltet wird. Ein entsprechender Detailgrad überzeugt potenzielle Investoren:innen vom Marktverständnis der Gründer:innen und stellt ebenso eine klare Struktur in der Ausübung des Plans dar.

Earlybird investiert in Unternehmer:innen Persönlichkeiten, entsprechend sollten diese

Wie sieht ein idealer CapTable eines Start-ups zum Zeitpunkt Eurer Investition aus?

auch im Cap Table repräsentiert sein. Als Faustregel kann gelten: >70 % Eigentum an der Firma der Gründer:innen nach einer Seed Finanzierungsrunde und >50 % nach einer Series A Finanzierungsrunde. Gleichzeitig ist es von Bedeutung, dass Mitarbeiter:innen durch ein VSOP (Virtual Stock Option Plan) im Cap Table berücksichtigt werden.

Wie geht Ihr bei der Bewertung des Start-ups vor? Welche eigene Vorstellung bzw. Aussagen über die Bewertung erwartet Ihr von den Gründern?

Die Ermittlung der Bewertung von Startups in frühen Phasen ist eher eine Kunst als eine Wissenschaft. Faktoren sind unter anderem die Traktion und die vorherige Erfahrung des Teams. Es ist für Earlybird von hoher Bedeutung, dass die Gründer:innen langfristig am Erfolg des Startups teilhaben. Entsprechend leitet sich die Bewertung auch von der Kapitalintensität des Geschäftsmodells ab. Je nach den oben genannten Variablen, sehen wir Verwässerungen von bis zu 25 % in Seed und bis zu 20 % Verwässerung in Series A Finanzierungsrunden.

Welche sind die Top 3 Dealbreaker? Was kann möglicherweise geheilt werden, so dass Ihr trotzdem investiert?

Die Top 3 Dealbreaker lauten: unterschiedliche Bewertungsvorstellen, Abweichungen über den Geschäftsverlauf, welche in der Due Diligence zum Vorschein kommen sowie unterschiedliche Auffassung/Akzeptanz der Deal Terms. Ersteres und letzteres stellen keine Dealbreaker dar, sondern können durch einen guten Dialog bzw. gutes Verhandeln für beide Seiten ausgeglichen werden. Zweiteres, also Abweichungen über den Geschäftsverlauf, welche erst zu einem späteren Zeitpunkt in der Due Diligence auftauchen, stellen dann häufig Dealbreaker dar.

Visionaries Club (Sebastian Pollok) 19

Christopher Hahn und Philipp Frey

19.1 Venture Capital Fond

Visionaries Club ist ein Frühphasen Venture Capital Fonds mit Fokus auf europäische B2B-Startups. Mit einem Investorennetzwerk aus Digitalgründern und Familienunternehmern ist der Visionaries Club ein Brückenbauer zwischen Old und New Economy. Hier haben erfolgreiche Digitalunternehmer, wie die Gründer von UiPath, Skype, Spotify, Flixbus, HelloFresh, Idealo, Personio und Trivago, sowie Familienunternehmer, wie Swarovski, Mittal, Fiege, Oetker, Henkel und Bitburger, investiert.

19.2 Einblick von Sebastian Pollok, Investor

In welchen Branchen und Unternehmensphasen liegt Euer Investmentfokus?

Wir investieren ausschließlich in B2B. Nach 15 Jahren Disruption durch B2C-Innovationen sehen wir, dass die nächste große Welle im B2B Bereich stattfindet und das Potenzial hat, unsere gesamte europäische Wirtschaft signifikant zu verändern.

Wir konzentrieren uns auf zwei Investment-Hypothesen:

C. Hahn (✉)
trustberg LLP Rechtsanwälte, Berlin, Deutschland
E-Mail: christopher.hahn@trustberg.com

P. Frey
hy - the Axel Springer Consulting Group, Berlin, Deutschland
E-Mail: philipp.frey@hy.co

C. Hahn (Hrsg.), *Venture Capital*, https://doi.org/10.1007/978-3-658-33700-1_19

1. Wir sind überzeugt, dass fast jeder Teil der Wertschöpfungskette langfristig digital revolutioniert oder „enabled" wird, um das volle Potenzial der Automatisierung auszuschöpfen. Deshalb investieren wir in digitale Technologien zur Automatisierung der industriellen Wertschöpfungskette.
2. Wir sehen, dass die Arbeit zunehmend digital, verteilt und komplex wird, wofür es mehr und bessere Werkzeuge braucht. Deshalb investieren wir in digitale Tools und Plattformen für die „future of work".

Der Schwerpunkt unserer Strategie liegt auf der Seed- und frühen Wachstumsphase. Mit unserem Visionaries Club Seed Fund investieren wir so früh wie es geht (also Pre-Seed oder Seed) in spannende Teams – auch teilweise bevor es überhaupt ein Produkt gibt. In diesen frühen Phasen können wir nicht nur unsere eigene unternehmerische Erfahrung einbringen, sondern insbesondere durch die Verknüpfung unser Portfoliounternehmen mit unseren Fondsinvestoren einen signifikanten Mehrwert liefern. Die erfolgreichen Digitalgründer (davon mehr als 30 Unicorn Founder) geben ihre Expertise beim Aufbau großer Unternehmen an unser Portfolio weiter, während unser Industrienetzwerk einen „unfair competitive advantage" liefert, indem es für unsere Portfoliofirmen ein Treiber für einen schnellen Weg in Richtig „Product Market Fit" und erste Umsätze darstellt.

Welche Kriterien sind für Euch bei einer Investition entscheidend?

Wir schauen uns sechs Kriterien mit den folgenden Kernfragen an, wenn wir ein potenzielles Investment beleuchten.

1. Team: Wer sind die Gründer*innen und welche Erfahrungen bringen sie mit? Was treibt sie an? Wie komplementär ist der Teamaufbau?
2. Produkt: Was bewirkt das Produkt? Kann dadurch ein neuer Markt geschaffen werden („category creating") oder ein bestehender Markt revolutioniert werden („category disrupting")?
3. Geschäftsmodell: Was ist das Geschäftsmodell und wie wird es monetarisiert? Wie sehen die Unit Economics dahinter aus?
4. Markt & Wettbewerb: Wie groß ist der adressierbare Markt (TAM) und wie viel davon kann das Startup davon erobern? Wie hoch ist der Wettbewerb etablierter Plattformen?
5. Produktakzeptanz/Timing: Wie disruptiv ist die Technologie – 10x besser als der Status quo auf dem Markt? Ist jetzt der richtige Zeitpunkt, um zu investieren, und warum?
6. Funding Dynamiken: Passt die Rundengröße und Bewertung zum Status Quo der Firma?

Welche Punkte dürfen in keinem Businessplan/Pitchdeck fehlen?

Das optimale Pitchdeck beantwortet die oben genannten Kernfragen, ist klar strukturiert und maximal 15 Slides lang, damit auch bei einem schnellen Durchscrollen die wesentlichen Aspekte der Geschäftsidee klar werden.

Wir mögen diesen Aufbau, der logisch ist und trotzdem eine Geschichte erzählt:

1. Intro-Folie: das Unternehmen in einem Satz
2. Problem: das Problem des Marktes/der Kunden, das die Firma lösen möchte
3. Lösung: das Produkt auf einen Blick
4. Markt: die Marktgröße und die Wettbewerbssituation
5. Business Case: das Geschäftsmodell inkl. bisheriger Traction
6. Team: die Profile und Verantwortungsbereiche des Gründerteams
7. Finanzierungsbedarf: die Höhe des Finanzierungsbedarfs und geplante Verwendung

Wie sieht ein idealer CapTable eines Start-ups zum Zeitpunkt Eurer Investition aus?

Bei Visionaries Club ist uns eine starke Beteiligung der Gründer auch nach den ersten Finanzierungsrunden wichtig, damit das Team, das mit viel Herzblut etwas aufbaut, auch weiterhin am stärksten an einem zukünftigen Erfolg beteiligt ist. Für Firmen in der Seed Stage sollten die Gründer deshalb >70–75 % der Anteile an ihrem Unternehmen halten. Außerdem ist für uns ein nicht zu stark fragmentierter Cap Table mit einer passenden Auswahl an starken Business Angels am attraktivsten.

Wie geht Ihr bei der Bewertung des Start-ups vor? Welche eigene Vorstellung bzw. Aussagen über die Bewertung erwartet Ihr von den Gründern?

Um die Bewertung und Rundengröße einzuschätzen, wägen wir marktübliche Benchmarks, den aktuellen Stand des Unternehmens (z. B. Produktentwicklung, Pilotprojekte, erste Umsätze), die Erfahrung des Gründerteams (z. B. Serial Founder vs. First Time Founder), sowie das Wachstumspotenzial des Unternehmens (z. B. 10x Growth möglich, wenige Wettbewerber bereits am Markt mit ähnlicher Lösung etc.) ab.

Basierend auf unserer Erfahrung, sehen die üblichen Rundengrößen in Europa im Frühstadium wie folgt aus:

- Pre-Seed/Angel Round: €300–750k
- Seed Round: €1–4M
- Series A: €5–15M

In Seed- und Series-A-Runden rechnen wir mit einer Dilution von circa 15–20 % pro Runde, je nachdem, wie groß die Runde und das Marktinteresse ist.

Von den Gründern erwarten wir, dass sie eine realistische und nachvollziehbare Vorstellung zur Bewertung haben, die den Status Quo des Unternehmens, die Teamerfahrung und das Wachstumspotenzial berücksichtigt.

Welche sind die Top 3 Dealbreaker? Was kann möglicherweise geheilt werden, so dass Ihr trotzdem investiert?

Das sind die Top 3 Dealbreaker für uns bei Visionaries Club:

- Es gibt negative Referenzen zum Gründerteam. Weil wir so eng und lange mit den Gründerteams zusammenarbeiten werden, gehen wir hier keine Kompromisse ein.
- Der Total Addressable Market (TAM) ist zu klein, um zu einem Hyper Growth Case – d. h. 10x Growth möglich – zu werden. Über das Growth Potenzial diskutieren wir mit den Gründern viel – auch weil es maßgeblich von der Vision und Execution des Gründerteams abhängt, einen neuen Markt zu schaffen oder einen bestehenden Markt zu revolutionieren.
- Wir sind – insbesondere nach Gesprächen mit unseren Industrieexperten – noch nicht vom durchschlagenden Potenzial des Produkts überzeugt und glauben deshalb, dass es noch kein passender VC-Case ist. In so einem Fall überlegen wir, welche anderen Investoren (z. B. Angels oder Family Offices) aus unserem Netzwerk Interesse haben könnten zu investieren oder bei der Produktentwicklung mit Expertise zu unterstützen.

Selfapy (Farina Schurzfeld) 20

Christopher Hahn und Philipp Frey

20.1 Unternehmen

Selfapy ist Deutschlands führender Anbieter für Online-Therapien bei psychischen Belastungen und wurde 2016 von Nora Blum, Katrin Bermbach und Farina Schurzfeld in Berlin gegründet. In Deutschland leiden 18 Millionen Menschen an einer psychischen Erkrankung wie Burnout, Depression oder Angststörungen. Oftmals müssen sie bis zu sechs Monate auf eine Behandlung warten. Selfapy bietet Menschen in psychischen Belastungssituationen flexible und psychologisch begleitete Online-Therapie. Die dreimonatigen Online-Programme wurden von Psychologen entwickelt und basieren auf Ansätzen der kognitiven Verhaltenstherapie. Seit 2021 ist Selfapys Depressionskurs Teil des Digitalen Versorgegesetzes und wird damit von allen gesetzlichen Krankenkassen übernommen.

20.2 Einblick von Farina Schurzfeld, Gründer

Welche Tipps würdest Du einem jungen Gründer, der an die von Dir erreichten Erfolge anknüpfen will, für die Erstellung des Businessplans/Pitch Decks geben?

C. Hahn (✉)
trustberg LLP Rechtsanwälte, Berlin, Deutschland
E-Mail: christopher.hahn@trustberg.com

P. Frey
hy - the Axel Springer Consulting Group, Berlin, Deutschland
E-Mail: philipp.frey@hy.co

C. Hahn (Hrsg.), *Venture Capital*, https://doi.org/10.1007/978-3-658-33700-1_20

Ein Pitch Deck ist ein Sales Deck, es sollte also je nach Verwendungszweck ohne große Erklärung Interesse wecken für eine Idee, den Markt, das Potenzial. Das dieser verständlich und fehlerfrei sein sollte (JA, ich habe schon viele Decks mit Rechtschreib,- & Kalkulationsfehlern gesehen!), alle wichtigen Fragen des Interessenten beantwortet (Problem, Markt, Lösung, Team, Next Steps etc) und eine Geschichte erzählt, der man folgen kann, will und die Spannung aufbaut. Dieses sollte im besten Fall durch den Business Plan unterlegt sein, auch hier eine optimistisch-realistische Einschätzung der nächsten 3 Jahre aufzeigt und nicht einen Hockeystick modelliert, den niemand nachvollziehen kann. Plus Know your numbers und seid im Stande diese zu erklären.

Welche Erfahrungen hast Du mit Inkubatoren und/oder Business Angels gemacht?

Inkubatoren eignen sich m. E nach insb. für First time Founder, die auf eine bestehende Infrastruktur aufbauen wollen, auch mit einer Minderheitsbeteiligung zufrieden sind und den Mehrwert des Inkubator-Ökosystems nutzen wollen. Dies eignet sich insb. in Märkten die stark reguliert sind, wo der Inkubator Experten und ein Netzwerk an Unterstützern bietet.

Angel Investoren investieren meist in Early Stages und hier eher in den Gründer/Team anstatt in die Idee. Hier geht es also primär um eine persönliche Beziehung, die (auch) auf Sympathie beruht.

Ich habe in beiden Umfeldern gearbeitet und meine Erfahrungen gesammelt. Die Inkubatorenwelt ist für mich persönlich zu restriktiv und liefert manchmal nicht den Mehrwert für den Anteil den sie als Equity Stake halten. Angel hingegen, sofern man die richtigen findet, haben mich sehr unterstützt und wir haben uns gegenseitig befruchtet re Wissen, Kontakte, Expertise.

War Venture Capital für die Finanzierung Deines Start-ups von wesentlicher Bedeutung? In welcher Form (z. B. Kapitalerhöhung, Wandeldarlehen, virtuelle Anteile) hast Du den/die VC-Geber beteiligt?

Wir haben in meinem derzeitigen Venture Selfapy sowohl Funds geraised über Kapitalerhöhungen, aber auch öffentliche Gelder (Förderungen) und Wandeldarlehen. Eine Gründung im klinischen Gesundheitsbereich ist kapitalintensiv, da man viele Regularien erfüllen muss wie z. B wissenschaftliche Studien, Medizinproduktzertifizierung etc. Zudem gibt es ohne eine Integration in das Gesundheitssystem oft eine geringe Zahlungswilligkeit der Nutzer. Bedeutet ohne Fremdkapital hätten wir die ersten 3 Jahre nicht frei agieren und das Unternehmen aufbauen können. Zudem waren auch strategische Investoren elementar in der komplexen Navigation durch das deutsche Gesundheitssystem.

Wie wichtig war für Dich die Auswahl der richtigen Führungsmitarbeiter/key persons? Worauf sollte man bei der Auswahl ganz besonders achten?

Die Mitarbeiter sind für mich die Treiber der Vision, also das Öl für den Motor ohne den das Auto nicht (schnell) fahren kann. Damit ist auch die Auswahl essenziell und da man zudem viele Stunden gemeinsam verbringt, ist neben dem professionellen auch das menschliche ein wichtiges Kriterium für mich. Mein Mantra: Hire personality, train skill. Das passt zwar nicht für jeden und jede Rolle, aber gemeinsame Werte spielen für mich eine zentrale Rolle. Ich schaue also insb. nach Mindset, Skillset aber vor allem versuche ich zu verstehen ob die Organisation mit ihrer Vision zu der Person passt, denn wenn eine Zielausrichtung hier deckungsgleich ist, ist das eine gute Voraussetzung für eine gemeinsame Reise.

Habt Ihr bei Euch ein Mitarbeiterbeteiligungsprogramm (real/virtuell)?

Ja, wir haben ein ESOP Programm- also Optionen auf Anteile. Ich finde das essenziell, um den Mitarbeitern ein Gefühl von „Teil des Ganzen" und Verantwortungsbewusstsein zu geben. Zudem kann man in einem Startup Setting oft keine Marktüblichen Gehälter zahlen damit ist ein ESOP auch ein Teil Gehaltsbestandteil.

Was sind Deiner Meinung nach die 3 wichtigsten Faktoren, die zum Erfolg Deines Unternehmens geführt haben bzw. beitragen?

Eine gemeinsame Vision
Hands on Mentalität des Teams
Freude an den Aufgaben

21 Forto (Michael Wax)

Christopher Hahn und Philipp Frey

21.1 Unternehmen

Forto wurde 2016 als FreightHub von Erik Muttersbach, Michael Wax und Ferry Heilemann mit dem Ziel gegründet, eine digitale Spedition für Verlader des 21. Jahrhunderts zu entwickeln. Von seinem ursprünglichen Schwerpunkt auf der Seeschifffahrt zwischen Deutschland und Asien, entwickelte es sich schnell zu einem führenden Anbieter von Supply Chain Management Software und globalen Transportlösungen. Die intuitive Plattform deckt die gesamte Prozesskette ab, von Angebot, Buchung, Dokumentenverwaltung, Tracking und Tracing bis hin zur proaktiven Freistellung Abwicklung und Analyse der Supply Chain. In vier Jahren wuchs das Berliner Unternehmen auf über 400 Mitarbeiter mit 10 Niederlassungen und mehr als 2500 Kunden weltweit. Forto konnte erfolgreich > $ 126 M Kapital von Maersk, Rider Capital, H14, Iris Capital, Inven Capital, Cherry Ventures, Northzone und Global Founders Capital sammeln.

C. Hahn (✉)
trustberg LLP Rechtsanwälte, Berlin, Deutschland
E-Mail: christopher.hahn@trustberg.com

P. Frey
hy - the Axel Springer Consulting Group, Berlin, Deutschland
E-Mail: philipp.frey@hy.co

C. Hahn (Hrsg.), *Venture Capital*, https://doi.org/10.1007/978-3-658-33700-1_21

21.2 Einblick von Michael Wax, Gründer

Welche Tipps würdest Du einem jungen Gründer, der an die von Dir erreichten Erfolge anknüpfen will, für die Erstellung des Businessplans/Pitch Decks geben?

Ich glaube jeder steht zu Beginn vor den gleichen Herausforderungen, die wahrscheinlich jedes Start-up anfangs (und darüber hinaus) erlebt: wie bekommt man Unterstützung, wie bringt man die Finanzierung auf und wie kann man andere davon überzeugen, dass die eigene Idee erfolgreich sein wird?

Grundsätzlich würde ich vor allem damit starten, mir genau zu überlegen, warum ich Geld einsammeln möchte. Dafür sprechen aus meiner Erfahrung primär diese **drei Gründe**:

1. Zu Beginn wird ein initialer Invest für Hardware bzw. Regulatorik benötigt (z. B. Lilium, N26).
2. Wenn man einen Product Market Fit erreicht hat (z. B. gute Unit Economics und sehr gutes Kundenfeedback) und schneller wachsen und internationalisieren möchte (z. B. Celonis).
3. Da der Markt super kompetitiv ist, sollte man nie den Anschluss verlieren (z. B.Tier).

Ehrlicherweise habe ich in den letzten 7 Jahren und 8 Finanzierungsrunden, die ich selbst verantwortet habe noch nie einen Businessplan schreiben müssen, da von den Investoren meist ein Pitch Deck (im Umfang von 15–20 Seiten) erwartet wird.

Daher meine **Top 3**, die man für ein erfolgreiches Pitch Deck beachten sollte:

1. Decke alle folgenden (wichtigen) Bereiche ab:
   a. **Problem:** Welches Problem hat man im Markt entdeckt?
   b. **Lösung:** Mit welcher neuartigen Lösung möchte man das Problem lösen?
   c. Warum ausgerechnet jetzt?**: Marktdynamiken und Trends.**
   d. **Markt:** Wie groß ist der Markt? Wächst er?
   e. **Wettb**_ewerb: Wer ist noch dabei das gleiche oder ähnliche Probleme zu lösen? Wie lange schon? Wie sind sie finanziert? Sind sie erfolgreich?_
   f. Produkt: Kurzer Überblick zu dem Produkt/Dienstleistung.
   g. Geschäftsmodell: Wie wird die Firma Geld verdienen?
   _h. Te_**am:** Welche Rollen sind besetzt? Besteht bereits Erfahrung im Team mit der Gründung und Skalierung von Unternehmen? Welche Kernrollen müssen noch besetzt werden?
   i. **Finanzen:** Hat das Unternehmen bereits erste Umsätze? Wie plant es weiter zu wachsen?
2. Versprich nicht zu viel und plane nicht zu konservativ.

3. Teile nicht zu viele Informationen vorab und stelle das Deck immer persönlich/in einem Call selbst vor.

Welche Erfahrungen hast Du mit Inkubatoren und/oder Business Angels gemacht?

Ich hatte bisher das Glück bereits mit vielen, wirklich hilfreichen und erfahrenen Business Angels zusammenarbeiten zu dürfen. In folgenden Bereichen kann dies besonders hilfreich sein:

1. Es schafft Vertrauenswürdigkeit gegenüber anderen Investoren und Erfahrungsaustausch durch Expertise in einem speziellen Markt (Bspw. zu dem CEO einer Spedition/Reederei bei Forto).
2. Es ermöglicht einen Erfahrungsaustausch zu Finanzierungen von Start-up Unternehmen und Zugang zu weiteren Investoren (Bspw. zu dem CEO eines Startups, welches bereits mehrfach erfolgreich Geld eingesammelt hat).
3. Man erhält Zugang zu Kunden und zu aktuellen oder potenziellen Problemen (bspw. zu dem CEO eines potenziellen Kunden).
4. Man erhält grundsätzlich wertvolle Erfahrungen, da Business Angels bereits viele erfolgreiche Investments getätigt haben und auch bei persönlichen Herausforderungen als Coach und Partner für den Gründer da sein können.

War Venture Capital für die Finanzierung Deines Start-ups von wesentlicher Bedeutung? In welcher Form (z. B. Kapitalerhöhung, Wandeldarlehen, virtuelle Anteile) hast Du den/die VC-Geber beteiligt?

Auf jeden Fall. Wir konnten bereits mehr als USD 126 Millionen Wagniskapital durch Kapitalerhöhungen, Wandeldarlehen und Fremdkapital aufnehmen. Ohne diesen Mittel hätten wir nur sehr viel langsamer wachsen und weit weniger in die Entwicklung unserer Software investieren können. Außerdem hilft das Aufnehmen von Kapital beim Einstellen von sehr erfahrenen Managern und Talenten, die man andernfalls nicht bezahlen könnte oder die davor zurückschrecken, in ein Unternehmen einzusteigen, welches potenziell nur wenige Monate Cash Reserven vorweisen kann.

Wie wichtig war für Dich die Auswahl der richtigen Führungsmitarbeiter/key persons? Worauf sollte man bei der Auswahl ganz besonders achten?

Bei Forto liegt unser Fokus darauf, erfahrene Profis ins Unternehmen zu holen und junge Führungskräfte aus den eigenen Reihen aufzubauen und weiterzubilden. Die Expertise von Mitarbeitern, die bereits ähnliche Wachstumsphasen erlebt haben hilft uns dabei, kommende Wachstumsschmerzen besser zu antizipieren. Führungskräfte weiterzuentwickeln und Mitarbeiter, die schon sehr früh ins Unternehmen eingestiegen sind, wachsen zu sehen ist bestimmt eine der befriedigendsten Bestandteile unseres Jobs und führt zu einer Kontinuität unserer Unternehmenskultur und lückenlosem Wissenstransfer.

Wir versuchen aber auch, uns eine naive Neugier auf das Kommende zu bewahren, was uns erlaubt, mit der Zeit zu gehen und flexibel zu bleiben. Diese Kombination schafft eine wunderbare kollaborative Unternehmenskultur. Für mich ist es wichtig, einen sinnvollen Ort zu schaffen, an dem Menschen lernen und wachsen können. Das steht für mich immer im Vordergrund, wenn es darum geht, Entscheidungen zu treffen.

Bei der Auswahl der richtigen Führungsmitarbeiter/key persons setzen wir auf:

1. **Cultural enhancement:** wird die Person im Einklang mit unseren Werten handeln und eine positive Bereicherung zum jetzigen Wertebild sein und dieses auch fördern? Ein kleiner Auszug aus den Forto Werten:

   We are one.

   Egal, was passiert – wir unterstützen uns gegenseitig, vertrauen aufeinander und wachsen zusammen.

   We love what we do.

   Unsere Arbeit ist mehr als ein Job, es ist unsere Leidenschaft. Wir geben alles und stecken mit unserer Begeisterung an.

   We think customer & act owner.

   Der Erfolg unserer Kunden ist unser Erfolg. Mit Fokus auf die Bedürfnisse unserer Kunden, übernehmen wir Verantwortung für die passenden Lösungen.

   We nail it and scale it.

   Geht nicht, gibt's bei uns nicht. Wir denken groß, suchen Herausforderungen und meistern sie.

   We focus on impact.

   Wir haben immer ein Ziel vor Augen und konzentrieren uns auf die großen, lohnenden Herausforderungen.
2. **Hard skills:** Haben wir das Vertrauen, dass die Person die Verantwortung der Rolle ausfüllen und vollumfänglich abbilden kann? Hat sie bereits ähnliche Aufgaben und Ziele nachweislich und messbar in anderen Unternehmen erfüllen können?
3. **Soft skills:** Zeigt die Person, dass sie Durchhaltevermögen, Teamgeist, analytische Denkweise, Neugierde und Ownership Mentalität mitbringt?

Darüber hinaus: Unternehmenskultur, Werte und Operating Principles sind im Endeffekt der kleinste gemeinsame Nenner, an dem sich jeder Mitarbeiter orientieren kann. Ich glaube, es gibt so viele Beispiele von großen Unternehmen, die zeigen, wie Kultur den Erfolg eines Unternehmens maßgeblich mit definiert, vor allem dann, wenn es schnell wächst. Eines der wichtigsten Values bei Forto ist „we are one", d. h. Kollaboration, Zusammenarbeit in jeglichen Aspekten. In einem Logistikprozess, wo du mit mehreren Nationen aus Indien, China oder Südamerika einen Container importiert oder ein Luftfahrzeug navigieren und koordinieren musst, ist Kollaboration extrem wichtig. Daher sind alle unsere Probleme, all unsere Challenges, aber auch jeglicher Erfolg, immer davon abhängig, wie gut wir cross-functional zusammenarbeiten. Es ist uns extrem wichtig, dass dies in unserer DNA verankert ist.

Dementsprechend wären wir ohne unseren starken Fokus auf diesem Thema weniger erfolgreich.

Habt Ihr bei Euch ein Mitarbeiterbeteiligungsprogramm (real/virtuell)?

Ja, wir arbeiten mit einem **VSOP** (**V**irtual **S**tock **O**wnership **P**lan). Damit können wir Schlüsselmitarbeiter und das Management Team am Unternehmen beteiligen (derzeit sind das ca. 20 % der Mitarbeiter).

Was sind Deiner Meinung nach die 3 wichtigsten Faktoren, die zum Erfolg Deines Unternehmens geführt haben bzw. beitragen?

1. Hartnäckigkeit **und Energie:** ich kenne kein Start-ups, bei denen alles immer auf Anschlag geklappt hat. Die Teams, die mit der nötigen Hingabe und Ausdauer in schnellen Zyklen an einem herausragenden Produkt arbeiten, werden erfolgreich.
2. **Keine Angst Fehler zu machen:** Das was ihr macht ist einzigartig. Keiner hat eine solch eine Reise zuvor bestritten und ihr werdet Fehler machen müssen. Je schneller ihr Euch davon erholt und je mehr ihr daraus lernt, desto erfolgreicher kann die Firma werden.
3. **Es muss nicht weh tun:** Auch wenn der Aufbau eines schnell-wachsenden Unternehmens jeden Tag aufs Neue fordernd und anstrengend sein wird, darf man den Spaß nicht vergessen. Ihr habt die Freiheit, Eure Arbeit so zu gestalten, dass sie nicht ein Job sondern wirklich eine Wirkungsstätte für Euch wird.

22 flaschenpost (Dr. Stephen Weich)

Christopher Hahn und Philipp Frey

22.1 Unternehmen

Die flaschenpost ist Deutschlands erster Getränkesofortlieferdienst. Getränke ohne Kistenschleppen oder lästige Pfandrückgabe – eine Idee, die Visionär Dieter Büchl gemeinsam mit dem Gründungsteam Dr. Stephen Weich, Niklas Plath und Christopher Huesmann vor rund vier Jahren kurzerhand in die Tat umsetzte und im westfälischen Münster startete. Die flaschenpost wurde schnell über die Stadtgrenzen hinaus bekannt. Mittlerweile beliefert die flaschenpost von 22 Lagerstandorten aus rund 150 Städte in Deutschland. Die Lieferung von Getränken erfolgt durch die sofortige Auslieferung nach der Bestellung innerhalb von 120 Minuten, das Leergut wird direkt mitgenommen und der Pfandbetrag sofort von der Rechnung abgezogen. Ende 2020 übernahm die Oetker-Gruppe als Eigner des Durstexpress die flaschenpost. So entstand ein führender Getränkesofortlieferdienst unter der gemeinsamen Marke flaschenenpost.

C. Hahn (✉)
trustberg LLP Rechtsanwälte, Berlin, Deutschland
E-Mail: christopher.hahn@trustberg.com

P. Frey
hy - the Axel Springer Consulting Group, Berlin, Deutschland
E-Mail: philipp.frey@hy.co

C. Hahn (Hrsg.), *Venture Capital*, https://doi.org/10.1007/978-3-658-33700-1_22

22.2 Einblick von Dr. Stephen Weich, Gründer

Welche Tipps würdest Du einem jungen Gründer, der an die von Dir erreichten Erfolge anknüpfen will, für die Erstellung des Businessplans/Pitch Decks geben?

Bei der Erstellung eines Pitch Decks sollten vor allem die Einzigartigkeit des Produkts bzw. Geschäftsmodells, der damit einhergehende Kundennutzen sowie das Marktpotenzial klar und leicht verständlich dargestellt werden. Zudem sollte das im Pitch Deck dargestellte Zahlenwerk selbstverständlich zum Businessplan passen. Eine wesentliche Anforderung ist daher ein fundiertes Zahlenwerk – im Idealfall bestehend aus P&L, BS und CF-Statement, welches das Marktpotenzial illustriert und durch entsprechende (validierte und validierbare) Annahmen stützt. Inkonsistenzen im Model sowie zwischen Businessplan und Pitch Deck sind ein „No Go“ und dürfen nicht passieren. Ein fundierter und konsistenter Business Case zeigt, dass die Marktrelevanz des eigenen Geschäftsmodells realistisch eingeschätzt wird, Chancen und Risiken erkannt und diese in P&L-Effekte überführt werden können. Diese „Zahlenfestigkeit“ ist unabdingbar, um mit interessierten Investoren „auf Augenhöhe“ diskutieren zu können. Ferner ist es ratsam, sich für den Businessplan Feedback von erfahrenen Gründern und/oder Business Angels einholen, um sicherzustellen, dass die getroffenen Annahmen valide sind.

Welche Erfahrungen hast Du mit Inkubatoren und/oder Business Angels gemacht?

Die Bezeichnung „Business Angel“ (BA) ist kein geschützter Begriff. Dies führt dazu, dass es teilweise erhebliche Qualitätsunterschiede gibt und man als Gründer sehr genau hinschauen muss, mit wem man wirklich zusammenarbeiten möchte, da ein Investment durch einen BA vergleichbar mit einer Ehe ist ;) BA können aber sehr hilfreich sein und – insofern sie über ein vitales Netzwerk in der relevanten Industrie verfügen – viele Türen öffnen. Ebenso können sie eine große Unterstützung bei künftigen Finanzierungsrunden sowie als Sparringspartner und Coach sein und so Möglichkeiten eröffnen, an ihren Erfahrungen zu partizipieren.

War Venture Capital für die Finanzierung Deines Start-ups von wesentlicher Bedeutung? In welcher Form (z. B. Kapitalerhöhung, Wandeldarlehen, virtuelle Anteile) hast Du den/die VC-Geber beteiligt?

Definitiv. Da zu Beginn unklar war, ob unser Geschäftsmodell funktioniert und skalierbar ist, war Venture Capital eine der wenigen Finanzierungsformen, die unserem damaligen Risikoprofil entsprachen und für uns in Frage kamen. Daher waren in der frühen Phase sowohl ein Convertible als auch ordentliche Kapitalerhöhungen die relevanten Finanzierungsformen. Neben dem Geld war insbesondere die „Smartness des Geldes“ relevant, das heißt die inhaltliche Unterstützung der jeweiligen Investoren/VCs, die für mich bei vielen Themen Ratgeber und Sparringspartner waren. Eine Unternehmensgründung ist vor allem auch eine Reise ins Unbekannte, bei der man mit ganz unterschiedlichen Themen konfrontiert wird, mit denen man sich vorher noch nie beschäftigt hat. Da hilft ein Austausch mit einem erfahrenen Investor enorm. Zudem hat mir das VC-Netzwerk durch Kontaktanbahnung zu interessanten Unternehmern, die für einen Erfahrungsaustausch zur Verfügung standen, sowie zu potenziellen Folgeinvestoren geholfen.

Wie wichtig war für Dich die Auswahl der richtigen Führungsmitarbeiter/key persons? Worauf sollte man bei der Auswahl ganz besonders achten?

Die Auswahl des richtigen Führungsteams ist für die Skalierung und die flächendeckende Realisierbarkeit der unternehmerischen Idee entscheidend. Denn gerade weil das Team in den Anfängen noch sehr klein und überschaubar ist, müssen alle Kolleginnen und Kollegen für die Idee brennen und der Funke vom Gründerteam auf diese überspringen, um das nötige Engagement freizusetzen und so die Bereitschaft zu erzeugen, die Extrameile zu gehen. Dabei ist es wichtig, zu Beginn vor allem auf „generalistische Persönlichkeiten“ zu setzen, die ein breites Aufgabenspektrum abdecken und sich in unbekanntem Terrain eigenverantwortlich zurechtfinden. Demgegenüber wird es im Zuge des Unternehmenswachstums und der Skalierung zunehmend wichtiger, für die immer spezifischeren und komplexeren Fragestellungen Spezialisten an Bord zu holen, die entsprechende Erfahrungswerte mitbringen und helfen können, Fehler zu vermeiden, Strukturen aufzubauen und strategische Ziele umzusetzen.

Was sind Deiner Meinung nach die 3 wichtigsten Faktoren, die zum Erfolg Deines Unternehmens geführt haben bzw. beitragen?

Das ist zunächst unsere sehr einfach zu verstehende Dienstleistung selbst, die zudem einen sehr großen Markt anspricht. Sowohl die leichte Zugänglichkeit der Dienstleistung als auch die Tatsache, dass jeder Mensch trinken muss, haben dazu geführt, dass wir eine außergewöhnlich hohe Nachfrage bei gleichzeitig sehr guter Retention-Rate haben. Der zweite Faktor war der entschlossene Wille des Gründerteams, die Idee zu verwirklichen und auszurollen und Probleme als Herausforderungen anzusehen und zu lösen. Dabei gab es zum Glück nie Uneinigkeit zwischen Management und Investoren, denn nur dann kannst du dich 100 Prozent auf dein Business konzentrieren und 200 Prozent Leistung geben. Als dritten Faktor würde ich die richtige Auswahl und Zusammensetzung der Führungsmannschaft nennen, denn die ist die Voraussetzung für den Erfolg. Hier haben wir ausschließlich auf A-Leute gesetzt, die wir für die Idee wirklich begeistern und an uns binden konnten.

Erratum zu: Venture Capital

C. Hahn (Hrsg.), *Venture Capital*,
https://doi.org/10.1007/978-3-658-33700-1

“Aufgrund eines Fehlers in der Produktion, enthielt die zuerst veröffentlichte Fassung dieses Buchs, viele Dopplungen von Begriffen im Text, die nachträglich entfernt wurden. Der Verlag entschuldigt sich bei seinen Lesern.“

Die ursprüngliche Version dieses Buches wurde revidiert. Ein Erratum zu diesem Buch finden Sie unter: https://doi.org/10.1007/978-3-658-33700-1

C. Hahn (Hrsg.), *Venture Capital*, https://doi.org/10.1007/978-3-658-33700-1_23

Stichwortverzeichnis

C. Hahn (Hrsg.), *Venture Capital*, https://doi.org/10.1007/978-3-658-33700-1

Printed by Printforce, the Netherlands